教育思想の50人

Fifty Modern Thinkers on Education, From Piaget to the Present

ジョイ・A・パーマー
リオラ・ブレスラー
デイヴィッド・E・クーパー
編著

広岡義之＋塩見剛一 訳

青土社

教育思想の50人　目次

はじめに　9

A・S・ニイル　1883—1973　13
スーザン・アイザックス　1885—1948　22
ハロルド・ラッグ　1886—1960　30
ルートヴィヒ・ウィトゲンシュタイン　1889—1951　38
マルティン・ハイデッガー　1889—1976　54
ハーバート・エドワード・リード　1893—1968　62
レフ・セミョーノヴィチ・ヴィゴツキー　1896—1934　71
ジャン・ピアジェ　1896—1980　78
マイケル・オークショット　1901—92　89
カール・ロジャーズ　1902—87　97
ラルフ・ウィニフレッド・タイラー　1902—94　105
バラス・フレデリック・スキナー　1904—90　112
ハリー・ブラウディ　1905—98　121

シモーヌ・ヴェイユ　1909―43　130
ジョセフ・J・シュワブ　1909―88　137
クラーク・カー　1911―2003　146
ベンジャミン・S・ブルーム　1913―99　157
ジェローム・ブルーナー　1915―　164
トーステン・フーセン　1916―2009　174
リー・J・クロンバック　1916―　182
ドナルド・トーマス・キャンベル　1916―96　187
マキシン・グリーン　1917―　198
R・S・ピーターズ　1919―　207
ジョン・I・グッドラッド　1920―　214
パウロ・フレイレ　1921―97　222
セイモア・B・サラソン　1919―　229
イズラエル・シェフラー　1923―　243
ジャン＝フランソワ・リオタール　1924―98　253

ローレンス・A・クレミン　1925—90　262
バジル・バーンスティン・F　1925—2000　272
ミシェル・フーコー　1926—84　284
マーガレット・ドナルドソン　1926—　293
イヴァン・イリイチ　1926—2002　301
ローレンス・コールバーグ　1927—87　312
ポール・H・ハースト　1927—　320
フィリップ・ウェスレイ・ジャクソン　1928—　330
ジェーン・ローランド・マーティン　1929—　336
ネル・ノディングス　1929—　346
ユルゲン・ハーバーマス　1929—　355
カール・ベライター　1930—　370
ピエール・ブルデュー　1930—2002　378
ニール・ポストマン　1931—　386
セオドア・R・シザー　1932—　398

エリオット・アイズナー　1933—　408
ジョン・ホワイト　1934—　417
リー・S・シャルマン　1938—　425
マイケル・W・アップル　1942—　434
ハワード・ガードナー　1943—　448
ヘンリー・ジルー　1943—　460
リンダ・ダーリング＝ハモンド　1951—　470

訳者あとがき　479
五〇音順目次　(8)　**索引**　(10)
編著者紹介／執筆者一覧　(1)　**翻訳者一覧**　(5)

教育思想の50人

はじめに

本書は『教育の主要思想家50人――孔子からデューイまで』（未邦訳）と一対をなしている。この二冊は、教育の分野において重要な思想や活動、あるいは現代の教育に関する研究などに大きな功績を残した人物の解説をとおして、意義深い論題を提供する。古代から現代に至るまで、教育思想と教育実践に与えた影響力を考慮して人選している。『教育の主要思想家50人』では孔子からデューイの時代に至るまでの五〇人の思想家について、その生涯と影響を検討した。本書では前著より時代が下って、ピアジェから現在まで、五〇人の思想家が教育に与えた貢献を、続けて検討している。

二冊の内でみられるいずれの論文も共通した形を採っている。すなわち、それぞれの論文のはじめには、導入をなす引用句がおかれ、その思想家を象徴する文章が示される。つぎに、読者に対して主要著作の概観や、基本的な伝記的内容が提供される。それから、各論文担当者は批判的な意見を取り入れることで、論文の対象となる人物の思想、もしくは思想に匹敵する教育実践や教育研究のもつ影響力や重要性、あるいは思想の独自性を明らかにしようとしている。換言すれば、担当者は単に事実の列挙にとどまらず、それぞれの人物の生涯、思想、作品がもたらし、あるいはわれわれの理解や教育実践に役立ちうるような、理論的・実践的影響の本質について考察を行っている。

各論文の終わりには、さらに詳しく知りたい読者のために、関連する情報を提示しておいた。第一に、本文中に数字で示した注の出典を載せてある。第二に二冊のなかで紹介された人物で、その思想と業績が論文の対象である思想に明確な関連性をもつ人物を、「参照項目」として挙げている。第三に、その思想家の主要著作（そのうちで入手可能なもの）の一覧を付した。最後にその人物についてさらに深く学習を進めたい方のために、参考となる関連図書を掲載した。

これら二冊を編纂するにあたっては、教育に関連する一〇〇人の思想家の、最終的なリストを決定する作業がひじょうに困難であった。教育のように幅広い領域で、二〇〇〇年以上にもわたる思想史のなかから一〇〇人を、どのようにして選び出すことができようか？　必然的に、私も他の編者たちも、明らかに紙幅の都合上、省かざるを得なかった人物をたくさん数え上げ、思い浮かべざるをえない。最終的に決定した一〇〇人の思想家のうちには、プラトンやジョン・デューイ、ジャン゠ジャック・ルソーのようにたいへん著名な人物もいれば、あまりよく知られてはいないけれども、実際に影響力をもった人々も含まれる。私たちはまた教えること、学ぶことに関わる広大で複雑な領域のなかで、一〇〇人の思想家を選出した。その際の基準としては、哲学、心理学、古代思想、心理検査や評価といった範囲に限定している。だが最も重要なこととして、この両著が決して教育のすべてを網羅するものではないことを強調しておきたい。主題の選択の際にたいへんな困難を伴ったことは、すでに述べたとおりである。さらに、この共同作業からなる著作は世界的によく知られた一〇〇人の偉大な教育思想家の生涯について、そのあらましを述べ尽している、と主張するつもりは毛頭ない。が、本書には教育の思想や実践上で、おそらく世界的に最も大きな影響を及ぼした人たちも採り上げている。しかし、それよりなお重要なこととして、採り上げたすべての人物は、教育思想上、何らかの理念等において、非常に本質的な貢献を果たしているとわれわれは確信している。本書から読者が、これまで知らなかった人物の生涯に触れて、有益な示唆と満足をたくさん見出してくれることを期待している。最後に、教育理論と世界中の人々の教育実践に影響を与えた、過去から現在に至る人物についてより深く研究したいと思っている読者すべてに対して、本書がみなさんの関心をそそるものとなることを願っている。

ジョイ・A・パーマー

A・S・ニイル 1883—1973

A. S. Neill

私は何事であれ、権威による押しつけはまちがっていると思っている。子どもはみずから確たる意見をもつまで、事をなすべきではない――自分の意見をもつこと――それが子どものなすべきことである。[★1]

アレクサンダー・サザーランド・ニイルは一八八三年、スコットランドの都市ダンディーの北十五マイルに位置する、フォーファーという小さな町に生まれた。彼の父、ジョージ・ニイルは、ニイル自身が学校生活を送ったキングスミューアの近郊の村で教師をしていた。十四歳のときに学校を卒業して以来、二年にわたり様々な職業を経験し、ニイルは一八九九年に見習い教師となった。見習い教師として四年の年季を勤めてから、エジンバラ大学の入学許可を無事に取得することに成功した。ニイルは人文科学を学び、大学での学業にはほとんど情熱を示さなかったけれども、一九〇五年に英文学士として卒業した。それからの十二年間は、スコットランドの公立学校で教職に就いている。

ニイルは一九一七年にイギリス陸軍に入隊し、戦後、その生活はより積極的な方向へ進み始めた。まず新しい実験学校（キング・アルフレッド・スクール）の教師になると、一九二一年には新教育協会の創設者であるエンソア女史のもとで雑誌の副編集長になった。この協会は長くは続かなかったが、ニイルは伝統的形式とは全く異なる、彼が主張するところの新しいタイプの教育を今や確認するに至った。

ニイルの着想を実行に移す機会が訪れたのは、一九二一年にドイツのドレスデンにある進歩主義学校の教職員として招かれたときのことであった。一九二三年までニイルは学校に留まったが、学校がウィーン近郊の修道院跡に移転すると、現地の住民との間で揉め事が生じてしまい、一九二四年、やむなくニイルはイギリスに帰国した。それから、ドイツやオーストリアで一緒に働いていたノイシュテッター女史と共同して学校をライム・リージスに創設し、一九二七年にはノイシュテッター女史と結婚している。学校は、その所在地の名称にちなんでサマーヒルと名づけられた。

そこでニイルは子どもの自由を尊重し、教師の権威をしりぞけるという進歩的な計画を、組織立てて実行に移しはじめた。サマーヒルは徐々に有名になり、比較的成功を収めたが、それでもこの時期の在籍者数は平均して四十人程度に過ぎなかった。一九二七年に学校をロンドンの北約百マイルのところにある、サーフォーク州のレイストンに移転し、おそらく英語圏で最も有名な進歩主義学校として今日に至っている。ニイルが亡くなった一九七三年からは二人目の妻であるイナが学校を運営し、イナが退いた一九八五年からは娘のゾーイが運営にあたっている。

ニイルのサマーヒル学園が与えた広範囲に及ぶ影響は、ニイルの著した二十冊の書物によっているといっても過言ではない。一九一五年から一九七二年にかけて書かれたそれらの著作には、ニイルの教育思想が明らかに、そして率直に説明されている。そのなかでも最も影響力のある本（二百万部以上売れた）は『サマーヒル（*Summerhill*）』であり、ニイルのこれまでの著作を編集したものである。同書は元々アメリカで一九六〇年に出版され、次いでイギリスでは一九六二年に出版され、ペンギン文庫版が一九六八年に出版された［邦訳題名は『人間育成の基礎』、霜田静志訳、誠信書房、初版一九六二年、改版一九七一年］。この本の序章でニイルは、「私たちは、子どもに対する献身を明確に述べている。「私たちは、子どもの自由に自分らしさを認める学校を、創ろうと試みる。そのために、あらゆる訓練、指図、提案、道徳教育、宗教教育を捨て去らなければならなかった。★2」子どもは決して学ぶように強いられるべきではない、さらに言えばサマーヒルの基本的な原則は、子どもが何歳であっても、授業への出席は自発的である、ということである。自発的になされた学習にだけ価値がある、とニイルは言い、また子どもたちは、いつ学習に向かう準備ができているのかを自分たち自身で分かるようになるだろう、とも言う。

子どもは自由であってはじめて幸福になれる。というのも、たいていの不幸は外的な抑圧によって子どものうちに生じた内的な反感のために引き起こされるからである。ニイルはこの点ではフロイト派の理論に影響を受けており、この内的反感は両親やその他の権威者に対してあからさまに示しえないために自己の内部へと向けられ、そして自己嫌悪に陥ってしまうと捉えていた。次に内的反感は反社会的なふるまいとなって表れ、最悪の場合、いわゆる「問題児」と呼ばれるに至る。そのようなたくさんの子どもがサマーヒルに通い、最初の段階で自由な生活をあてがわれることで子どもたちの「問題」が取り除かれたとニイルは主張する。

　このようにニイルにとって幸福は、抑圧が最も少ない状態を意味する。積極的な意味において、幸福は「好調な内的感情、バランスのとれた感情、生活の満足」から成り立ち、「人が自由を感じるときにのみ、以上の感情が存在しうるのである。[★3]」従来の教育は感情よりも知性を称揚するという間違いを犯しており、結果的に子どもたちは知識をたくさんもってはいるが、心の安らぎや充足感は欠いている。それゆえ、ニイルは著作のタイトル[★4]にもなっているように「学校では知識よりも感情」を支持する。そして「もしも感情が真に自由であることを許されるならば、知性は自身を統御するであろう[★5]」と述べている。

　伝統的に学校で行われる授業科目はサマーヒルでも大体行われているが、授業科目を強制的に課されることはない。けれども、全カリキュラムのなかで重点が置かれている領域のひとつは芸術の分野（美術、工芸、ダンス、劇など）で、ニイルはそれが独創性や想像力、満足感をふくらませると考えていた。特にこういった科目は、精神的な困難を抱えた子どもを治療する働きがあり、また学習上あまり才能を発揮できない子どもたちに、何事かで秀でる機会を与えている。

　ニイルの自由に対する強い信念は、別の確信、すなわち子どもの本質的な善性と深く関わっている。ニイルいわく、「子どもは本来善なるものであるとするこの信念は、過去四十年にわたって殆んど微動だにしなかった。それは今や決定的な確信となりつつある。[★6]」またニイルは「子どもは本来分別があり現実的である。大人が何らの指図をすることなく、子どもの好きなようにさせておけば、子どもは自分の能力の許す限りの発達を遂げるであろう[★7]」と考えていた。

　これらの確信は、ニイルが道徳教育と宗教教育の双方を拒絶する強い要因となっている。子どもが自然に成長するのにまかせるなら、授業で道徳や宗教を吹き込んだり、それで拘束したりする必要はない。というのは、子どもの自然な善性は、善性がそれ自体の独自なやり方で現れるのにまかせておけばよいからである。ニイルは次のように言い切りさえする。「道徳教育なるものが子どもを悪くするのである、とわたくしは信ずる。よくない子どもも、その子どもが受けてきた道徳教育を粉砕したとき、善良な子どもになったのをわたくしは見ている。[★8]」宗教もまったく必要ないことをニイルは見いだした。「人生に対しひたむきに果敢に直面していく自由な子どもたちは、なんら神を想定することを必要としない。[★9]」

もちろんサマーヒルでは、権威に基づいた罰が与えられることはない。「罰は必ず憎しみから生じた行為である[★10]」とニイルは見なし、また自制心のある子どもは罰を必要としない。それではサマーヒルでは、社会的な統制はどのようにしてもたらされているのだろうか。学園はできるかぎり民主的に運営され、学校運営に関わる最も重要な決定は週一回の総会において投票で決められ、全員（ニイルも含めて）が一票を投じて、多数票の希望が優先される。いじめのように反社会的なふるまいを行ったと見受けられた子どもは、集団のなかでふさわしい罰が決められる。この場合の罰は、たとえば小遣いを譲り渡すことであったり、映画を見られなかったりすること[★11]であって、しばしば罰金やペナルティを課す形態を採っている。この取り組み方は子どもたちが生きていくうえで意義のある経験をもたらすものであって、一般的に言ってたいていの評者はサマーヒルの成功した側面であるという評価を与えている。

たえまなく論争がなされ、非難を受けつづけたのにもかかわらず、全生涯を捧げてその実現に費やした信念、ニイルが抱き、専心したその信念は、どのようにして確信されるに至ったのだろうか。おそらくニイル自身が受けてきた不愉快な学校生活や大学の経験が主な理由であって、サマーヒルはそのような教育が採っていた伝統的な権威主義的手法を完全に排した学校とみなすことができる。ニイルに影響を及ぼしたであろう他の教育理論家を考えるなら、まずはルソーを思い浮かべることができる。ルソーとニイルは、子どもの自然な善性、児童・生徒をできるかぎり自由にさせること、感情の重視やその他の点において、多くの理念を共有していると思われる。しかしながら、ニイルはサマーヒルを開設した後の五〇歳まで『エミール』を読んだことがなかった[★12]。ニイルはまたルソーの『エミール』を読んでいくぶん失望したと記しており、次のような鋭い読後感を述べている。「エミールは自由であるが、その自由は彼の家庭教師によって決定された環境のうちだけのことである。サマーヒルも決められた環境であるが、決定するのは共同体であって、家庭教師が個人で決めたものではない。[★13]」

だがニイルは同時代の人物からは、強く影響を受けている。性的な抑圧や罪悪感を与えないことの重要性に関してはフロイトの、性的な解放や自律の重要性に関してはヴィルヘルム・ライヒの、子どもの反社会的なふるまいを罰する代わりに褒美を与えるというアイデア（すなわち、憎しみのかわりに愛でもって応じる）[14]や、自治に関してはホーマー・レーンの、といった影響が認められる。ニイルはライヒもレーンもどちらもよく知っており、自伝である『ニイルのおばかさん（*Neill! Neill! Orange Peel!*）』[15]のなかで二人に一章を充てて、自分が受けた影響を語っている。

長年にわたって、ニイルはとてもたくさんの賛辞と非難にさらされてきたが、そのうちのいくらかはあまりに極端なものである。たとえば、『サマーヒル――その賛否』という本では、ある執筆者が自分の子どもたちをサマーヒルにやるくらいなら、売春宿にやったほうがましだ、とまで言っているかと思えば、別の執筆者はサマーヒルを「聖なる場所」[16]と呼んでいる。ニイルが受けた批判には、急進的で新しい教育的な試みに対する、保守派の明らかな過剰反応と見なされるものもあるが、ニイルの思想には批判に対して弱いと思われる部分もある。

第一に、ニイルは教育についての体系的な熟慮された哲学、とりわけ筋道立った知識の理論を欠いている。ニイルの考えは主として自身の経験や観察に基づいており、それを心理学的な（特に精神分析的な）理論の研究で補っている。たしかにどのような教育理論であっても自分自身の経験は重要な位置を占めているが、経験は知識の本質・学習・道徳・人間の本質・社会等を主題とした、より体系的で哲学的な見地によって補足される必要がある。ニイルの著作は実践に焦点を合わせているため読んでいてとても面白いが、事例を欠いた断言や、誇張された表現、個々の事例（たとえば、特定の生徒についての逸話など）を普遍的な教育原理に一般化するという傾向が往々にして見られる。ニイルはまた、自由と放縦の決定的な識別といった複雑な哲学的論題を、あまりにも単純化しがちである。すなわち、ニイルは両概念に関して単に区別を設ければ十分と考えており、ランダムに抽出した行動例をいくつか挙げて、いずれかを自由、あるいは放縦と見なしている。そこに欠けているのは、これらの哲学的議論を要する事例が一方の範疇に属するのか、もしくは他方の範疇に属するのかを決定する明確な原理や、またそのような決断を迫られる状況で両者の対立を解決するのに役立つ明確な原理である。

同様にニイルは、道徳教育や宗教教育が必然的に権威主義的で教訓的な性格を備えているという、かなり簡単に割り切った、時代遅れの考え方をしていることも指摘されうる。自由形式の議論を通して子どもたちに導入される道徳や宗教の自主性に関する現代の教育的な概念は、ニイルの理解とは一致していないように思われる。したがって道徳教育や宗教教育の領域でニイルが経験したことや観察したことの大部分は、明らかに伝統的な尺度に対応して書かれている。

サマーヒルにおけるもうひとつの重大な問題は、ニイルがサマーヒルにもたらした反知性的な傾向である。学習はニイルが主張するように、重要でないということだろうか。[★17] 書物は本当に「学校において最も意味のない道具」なのだろうか。[★18] 子どもたちはいつでも教育的に最も有益なことを知っているのだろうか。人は確固たる知識の核や重要な選択をするための基礎的な考えをもたずに、自分の自由を十分に活用できるだろうか。なぜ適切な教育はいつも直感的で実践的な性質を備えていなければならないのだろうか。ニイルの著作を読むとこういった類いの問いに答えを見出せず、困難を来しはじめる。ニイルの信念と誠意にもかかわらず、これらの諸問題はニイルが十分に認めきれなかった教育の主要な側面をそれとなく示唆している。

教育理論の優れた試金石のひとつは、現にその教育を実地で体験した人の意見を確かめることである。サマーヒルの元生徒に関する二本の報告書からは、とてもよく似た反応が見いだされる。[★19] 概してサマーヒルに入学したことで最も評価されているのは、サマーヒルが彼らをいっそう独立させ、自覚をもって物事によりよく対処し、彼らをより寛容にさせたことだ、と述べられている。研究者のなかには、サマーヒルは確かに彼らを人生の困難な状況から救い出した、伝統的な学校ではサマーヒルほどうまく彼らに対応しきれなかっただろう、という人もいる。だが、少数の研究者はサマーヒルが本当にすべての生徒を救ったのではないという――すなわち、人生の困難な状況に陥った生徒たちは一般的により内向的な性格の子どもといわれる生徒たちのことであって、サマーヒルには外向的な性格の子どもの方が適しているのだという。面白いことに、サマーヒルにいた子どもたちであった。きまって長い間サマーヒルを批判する生徒たちは一般的に取り沙汰される不平といったものがあるとしたら、教育の学術的な側面がおろそかにされている点と、教師を鼓舞するものに多くの場合欠けていた点が挙げられよう。

サマーヒルはわれわれが抱えるすべての教育問題に対して必ずしも解答を与えるわけではないと思われるし、

あらゆる性格の子どもたちに対して恩恵をもたらすものではないだろう。しかし、サマーヒルはなんらかの価値あるものを一部の人に提供し、従来の教育体系に対する画期的な選択肢をもたらす役割を果たし、教育が本来的な意味で子どもの自由に基づいていることを実践で示した。サマーヒルがこれほど長い間うまく機能した理由の一つは、ニイルのカリスマ的な人格と誠実な愛、そして子どもたちへの理解があったからである。(これはまた、サマーヒル出身者たちが述べていることでもある。)

それではサマーヒルの未来はどうであろうか。OFSTED(Office for Standards in Education; 教育基準局)は一九九九年三月に学園を視察して、学校運営のいくつかの面を批判し、若干の重大な修正を勧告した。学園側は視察に対する抗議を行い、もし勧告を受け入れたなら、サマーヒルの根本的な哲学が損なわれてしまうと主張した。二〇〇〇年三月に学園は裁判で勝訴し、少なくとも当分の間、サマーヒルの根本的な方針はそのまま損なわれないで保たれることになった。★20

★注

★1 *Summerhill*, Harmondsworth: Penguin Books, p.111, 1968.(『人間育成の基礎』霜田静志訳、誠信書房、一九九〇年、一四三頁)
★2 Ibid., p.20. 同書、五頁
★3 Ibid., p.308. 同書、四五一頁
★4 *Hearts not Heads in the Schools*, London: Herbert Jenkins, 1944(『知識よりも感情』霜田静志訳、黎明書房、一九八五年)
★5 Ibid., p.99.『人間育成の基礎』一二五頁
★6 Ibid., p.20. 同書、五頁
★7 Ibid. 同書、同頁
★8 Ibid., p.221. 同書、三一六頁
★9 Ibid., pp.216-17. 同書、三〇九頁
★10 Ibid., p.151. 同書、二〇九頁
★11 Ibid., p.58. 同書、六四頁

★12　*Neill! Neill! Orange Peel!: A Personal View of Ninety Years*, London, Quartet Books, p.238, 1977（『ニイルのおバカさん　A・S・ニイル自伝』霜田静志・堀真一郎訳、黎明書房、一九八七年）
★13　Ibid. p.238-9
★14　たとえば、以下を参照のこと。
S. Freud, *Two Short Accounts of Psychoanalysis*, Harmondsworth: Penguin Books, 1962.　同書所収の二論文は、それぞれ以下の著書に邦訳が収められている。
「精神分析について」『フロイト著作集一〇』高橋義孝他訳、人文書院、一九八三年、一三九—一七五頁
「素人による精神分析の問題」『フロイト著作集一一』高橋義孝他訳、人文書院、一九八四年、一五九—二二七頁
ホーマア・レイン『親と教師に語る——子供の世界とその導きかた』小此木眞三郎訳、日本評論社、一九五〇年
W. Reich, *Selected Writings: An Introduction to Orgonomy*, New York: Farrar, Straus and Giroux, 1973.
★15　*Neill! Neill! Orange Peel*, op cit., Part Two.（『ニイルのおバカさん　A・S・ニイル自伝』二四三頁以下）
★16　H. Hart (ed.), *Summerhill: For and Against Assessments of A. S. Neill*, New York: Hart, 1978; and Sydney: Angus and Robertson, pp.17 and 28, 1973.
★17　*Summerhill*, p.37.『人間育成の基礎』三二頁
★18　Ibid., p.38. 同書、三三頁
★19　E. Bernstein, 'Summerhill: A Follow-up Study of its Students', *Journal of Humanistic Psychology*, VIII, 2, Fall 1968, pp.123–36; J. Croall, *Neill of Summerhill; The Permanent Rebel*, London: Ark Paperbacks, chap. 23, 1984.
★20　OFSTED報告の詳細と、その結果として生じた裁判の議事録はサマーヒルのウェブサイト上に掲載されている。
http://www.s-hill.demon.co.uk.

参照項目

『教育の主要思想家50人』所収、**ルソー**の項

ニイルの主要著作

ニイルの著作二十冊のうち、近年に出版された最も影響力の強い書物五冊は以下のとおり。

・*The Free Child*, London: Herbert Jenkins, 1953.（『自由の子ども』ニイル著作集7、霜田静志訳、黎明書房、一九八五年）
・*Summerhill*, NewYork: Hart, 1960; London: Gollancz, 1962; Harmondsworth: Penguin, 1992.（『人間育成の基礎』霜田静

志訳、誠信書房、一九九〇年）

- *Freedom Not License!*, NewYork: Hart, 1966.（『自由は放縦ではない』ニイル著作集8、霜田静志訳、黎明書房、一九八七年）
- *Talking of Summerhill*, London: Gollancz, 1967.（『ニイルの教育　サマーヒルを語る』ニイル著作集9、霜田静志訳、黎明書房、一九八四年）
- *Neill! Neill! Orange Peel!*: A Personal View of Ninety Years, London, Weidenfeld & Nicolson, 1973; London: Quartet Books, 1977.（『ニイルのおバカさん　A・S・ニイル自伝』霜田静志・堀真一郎訳、黎明書房、一九八七年）

関連図書

- Croall, J., *Neill of Summerhill: The Permanent Rebel*, London: Ark Paperbacks, 1984.
- Hart, H., (ed.), *Summerhill: For and Against Assessments of A. S. Neill*, New York: Hart, 1978; and Sydney: Angus and Robertson, pp.17 and 28, 1973.
- Hemmings, R., *Fifty Years of Freedom: A Study of the Development of the Ideas of A. S. Neill*, London: Allen and Unwin, 1972
- Purdy, B., *A. S. Neill: 'Bringing Happiness to Some Few Children'*, The Educational Heretics Series, Nottingham: Educational Heretics Press, 1997.

（ピーター・ホブスン）

スーザン・アイザックス　*1885 — 1948*　Susan Isaacs

熟練した教育者が賢明な実践を行うにあたっての最も重要な基本原理は、子どもを管理し、習慣づけ、そして十分な個人的自由を多分に活用しながら、社会的な道筋にしたがった明確な援助の安定した枠組みを提供することである。これはまた、子どもは叱られたりぶたれたりしてはじめて勉強するという考えや、あるいは子どもは勉強などしなくてよい、ただ善良さを引き出してやるだけでいい、といった意見の誤りを正す原理でもある。
（スーザン・アイザックス、一九九三年、p.421）

スーザン・アイザックスは、イギリスにおける進歩主義的教育に精神分析的手法を導入した人物である。アイザックスはまた、子どもに対する深い理解に基づいた「無意識の幻想」の活動に関する研究によって、精神分析理論の発展に貢献した。

アイザックスはランカシャー地方のボルトンで生まれた。活力にあふれ、あけっぴろげな話しかたをする北部地方の女性である。★1 ジャーナリストであった父はメソジスト派の平信徒の牧師でもあったが、（九番目の子どもである）スーザンの進路に反対した——特にスーザンが不可知論者になったと告げたときには、学業を続けることに反対した。しかしアイザックスはなんとか家庭教師という職を見つけだし、各地で住み込みの家庭教師をした。ついにマンチェスター大学に入学したアイザックスは、その才能を発揮して一九一二年にはケンブリッジ大学に移り、さらに心理学の研究を続けた。その地でフロイトに関心を示しだしたものと思われる。

第一次世界大戦中にアイザックスはブランズウィック・スクウェア診療所の教育課程部門の講座に出席しはじめた。診療所では戦争の後遺症による神経症患者に対する治療が施され、またイギリスではじめて催眠術による精神療法と精神分析の教育課程が開設された。そこでスーザンが出会ったジェームス・グローバーは、大戦後スーザンをベルリンにいるオットー・ランクの下へ、精神分析を学びに行くよう後押しした人物である。

ブランズウィック・スクウェア診療所が一九二四年に閉鎖されると、スーザン・アイザックスはイギリス精神分析学会に入会し、J・C・フリューゲルとともに新たな精神分析研究にとりかかる。一九二四年はスーザンが『ニュー・ステイツマン』誌上の採用広告に応募した年でもある。それは、従来にない方針による学校の運営を任せるために、大卒の女性を求めた広告であった。この広告は第一次世界大戦で国に尽力した独立不羈の企業家、ジェフリー・パイクが掲載したものであり[★2]、またジェフリーの妻マーガレットは、国際計画出産連盟の草分けをなす創設者として知られている。

ジェフリー・パイクは自分の学校生活がみじめであったので、わが子らに自分とは異なった学校体験をさせたいと願っていた。パイクはケンブリッジ郊外にある邸宅を用意してモールティング・ハウス校とし、スーザン・アイザックスにその運営を任せた。

第一次世界大戦後、新たな社会秩序に対する関心の高まりにつれて「新教育」[★3]運動が集結し、新教育協会が一九二〇年に誕生した。モールティング・ハウス校もこの進歩主義教育運動に一助を果していた。この運動に加わった学校では、創設者たちが自分自身の教育体験に基づいて、「それよりも良い教育となるように」改善を図った場合も多かった。一般的にこの教育運動を支える基本原理は、子どもが学習するにあたって自由であることだった[★4]。新教育協会は一九四〇年代まで『新時代』誌を出版しており、エルムハーストのダーティントン・ホール・スクール（一九二七年）やドーラ・ラッセルのビーコン・ヒル・スクール（一九二七年）、A・S・ニイルのサマーヒル（一九二七年）などを含め、その方針に沿ったたくさんの教育実験を生みだした。これらの実験校は、ドイツのフレーベルやアメリカのデューイの教育に深い影響を受けている。スーザン・アイザックスの教育実験は二年半のあいだ続けられ、『幼児の知的発達』(London:Routledge, 1930. 邦訳は椨瑞希子訳、明治図書、一九八九年の抄訳がある）と『幼児の社会性発達』(London:Routledge, 1933）という二冊の本にまとめられて報告されている。

アイザックスのモールティング・ハウス校での教員生活は一九二七年に終わりを迎えた。そのころはパイクが事業に失敗しつつあった時期なので、ひとつには財政的な困難が増えたためにアイザックスは教職を辞していたのかもしれない。また、幼児の生活における言葉や言語の重要性[★5]に関して、パイクとのあいだでいくぶん意見の対立があったことも、彼女が学校を去る一因となった。モールティング・ハウス校はその後すぐに閉校している。当時フリューゲルはロンドン大学のユニバーシティー・カレッジ（UCL）で心理学の教授をしていた。一九二七年、モールティング・ハウス校で行った実践に基づき、UCLで児童発達学を教えるよう、フリューゲルはアイザックスを指名した。また、イギリス精神分析学会の初期の会員であり、ロンドン大学教育学部の教授であったパーシー・ナン卿にフリューゲルは接触していた。一九三二年には、ナンに命じられてアイザックスはロンドン大学教育学部の児童発達学科を創始した。

　スーザン・アイザックスは幼児の知的発達が情緒的な発達に深く関係しているという立場に立っており、ピアジェとはやや見解が違っている。けれども精神分析的手法を教育に応用したのは、アイザックスがはじめてではない。イギリスではホーマー・レーンがリトル・コモンウェルス（一九一三―一七年）を設立し、そこで青年期の非行少年・少女各人に、精神分析的な治療を施していた。同時にレーンはデューイによって主張された政治的作用に理解を示し、精神分析の用語でいう集団作用へと応用した。[★6] ヨーロッパ大陸では、教師であったフロイトの娘のアンナが、子どもに対する精神分析を教育学に応用し発展させていた。他にもウィーンでは、ヘルミーネ・フック＝ヘルムート[★7]や、アウグスト・アイヒホルン[★8]、ジークフリート・ベルンフェルトらが本能的発達の理論を教育へと応用していた。彼らは児童期の昇華のはたらきがもつ重要性と、教育における昇華の役割を強調した。一九三〇年に開かれた、アンナ・フロイトによる教師向けの講演[★9]では、昇華についての学術研究が簡潔に語られている。昇華の主要因と判断されたのは、超自我である。超自我は子どもの性的衝動を抑制し、性的衝動を知的学習の作業や技能の習得へと転化するように命じる。教育の役割は抑圧された本能的欲望を社会的に承認された活動へと差し向けるための方法である。これが昇華と呼ばれる。

　アイザックスは、イギリスで進歩主義的教育を支えた他の人たちと同じように、教室内を自由にすれば学習阻害や人格発達のゆがみは取り除かれるという観点から教育を開始した。アイザックスは自由な生活様式を確立した。そして本能的な生き方を表現する方法として、また世間と自由に交わることに気づく方法として、あるいは昇華による技術を発達させるための方法として遊戯を奨励した。というのも精神分析では、神経症は抑圧によってひき起こされると解釈されており、その議論では進歩主義的学校での先進的な取り組みが引き合いに出され、立証されていた。だがアイザックスはすぐに自分の研究方法を改めた。ただ単に表現の自由を与えるだけでは、一旦解き放たれた子どもたちの間に極端な対立や攻撃性をひき起こすだけだった。教育も本能の昇華であるに違いないが、解放された本能こそが、学習や自己表現における昇華の自然な発達を抑制するかもしれない。もし本能的な願望があまりに強力であるならば、子どもたちは自身の形成や記号や言葉の使用によって、打ちまかされたり、抑制されたり、制限されたりするように思われる。さらには学習においてまったくやる気をそがれるかもしれない。このようにアイザックスの用いた精神分析のやり方はウィーン学派と異なっており、子どもの超自我を支持するものであった。アイザックスはこの解釈をメラニー・クラインに依拠している。

一九二六年にメラニー・クラインがロンドンへ移り住み、イギリス精神分析学会に加入するとすぐに、アイザックスはクラインが発展させた児童分析の形式に関心を強めた。このクラインの分析は、アンナ・フロイトの児童分析の形式といくぶん違いが見られる。クラインが一九一八年にブダペストでサンドラ・フェレンツィと研究し、後にベルリンでカール・アブラハムとともに行った研究は、幼児に対する分析の手法において先駆をなしていた。クラインの手法は、[★10]幼児の——二歳と九カ月といった幼い年齢の——無意識的活動に、子どもの自己表現がとる自然な形態である遊戯を用いて接近を図るというものである。クラインはウィーン学派が認識していなかった、超自我の側面を明確に説明した。クラインは乳幼児が遊戯のなかで自分自身の攻撃性に対する苦悩を行動によって表現していると指摘する。それゆえ、子どもの遊戯は推奨されるにしても、必ずしももっと自由に遊ばなければならないことはない。——たとえ現に多くの子どもが自由気ままな遊戯をしているにしても。あまりにも自由にすぎると、攻撃的衝動まで自由に解放されるという悩みごとまでひき起こしてしまいかねない。超自我は生まれてからすぐに活発に現れ、なかでも早い時期に形成された超自我はとりわけ強い。クラインは強い超自我から生じた罪悪感は、子どもをとても臆病にし、そのうえ他の人に対する復讐心を覚えさせることになる、と考えた。攻撃性はそれ自体で増大しうるものである。そしてそのような罪悪感、おびえ、仕返しの一連の激しさは、学習における厳しい抑制をひき起こすことにもなりうる。[★11]

クラインとアイザックスは子どもに耐性《トレランス》を求める管理方法が、超自我の狭窄的なかたくなさを少しでも和らげるのに役に立つ、と考える点で意見が一致していた。だがあまりに強い耐性を課したとしても、子どもに罪悪感を覚えさせることになる（これはクラインがロンドンに移住して間もないうちに、モールティング・ハウス校を訪れてのコメントである）。アイザックスは、表現の自由と抑制のあいだにバランスを取る必要があるという見解に達した。

クラインの影響を受けて、アイザックスは遊戯の役割をただ単に、世間と自由に交わるためのものや、あるいは昇華による技術を学ぶためのものとして捉えるべきではない、と考えつつあった。遊戯はまた、苦痛をともなう空想力《ファンタジー》の現実的な表現であり、空想力《ファンタジー》とは発達を支えるものであった。空想力《ファンタジー》はただ遊戯においてだけでなく、学習上でも子どもの困難さの表現として認められている。その際の空想力《ファンタジー》の最も重要な役割は、知的発達と社会的発達の関係というアイザックスの洗練された見解へと導くことであった。自由な遊戯《フリープレイ》を重要視することによって、生物学的な本能から表現能力へと関心の重点を移した。これは学術研究の分野において、アイザックスが精神分析に果たした最大の貢献であり、メラニー・クラインの研究に対する最も強力な支援となった。

クラインが追求した実践と思索の方向性は、フロイトや、ウィーンで広まったような伝統的精神分析からは比較的独立していた。フロイトらとクラインとの論争はたいそう紛糾したが[★12]、一九三八年にフロイトとその家族がロンドンへと亡命すると、論争は著しく高まりを見せた。特にフロイトの没した後の一九三九年には、クラインを支持する人たちとアンナ・フロイトを支持する人たちとが別々に組織された団体を作りはじめ、結果的にいわゆる「論争的討論」が行われ、一九四三年から四四年のあいだ、およそ十八カ月にわたって学会の公式会議を中心に、クラインの革新的な研究について議論がなされた[★13]。この期間中ずっと、アイザックスはクラインの信頼を最も厚く受けた代理としての任務を果たした。アイザックスはクラインの思想を弁護する者として模範を示し、その鋭い頭脳でもって討論の矢面に立った。アイザックスは研究論文「幻想《ファンタジー》の本質と機能」（Isaacs, 1948）を提出して公式の議論を始めた――そしてこの論文は今日でもクライン派の心理分析の古典的な基礎テキストであり、その論文においてアイザックスは、空想力とは「無意識の精神過程についての根源的内容」[★14]である、と主張している。討論では、アイザックスのたいへん巧妙な語り口がアンナ・フロイトやアンナの一派の説をたびたび打ち負かすという結果をもたらした。アイザックスによってウィーン派の精神分析学者たちがクライン派に転向することはなかったが、アイザックスがクライン流の精神分析的思想に厳密さを与えたとも言える。

精神分析と教育の融合は、二〇世紀における教育の最も重要な発展のひとつである。UCLや、後にはロンドン大学教育学部においてアイザックスが教え研究したのは、幼児の知的生活や社会生活にとって早期の情緒的な発達が重要であることであった。アイザックスはとても頻繁に小論を書き、（ときには「ウルスラ・ワイズ」という変名を用いて）子どもの発達や幼児のための教育に関する論文を一般誌に寄稿した。[★15] 心理学者としての側面にかえて教育者の側面に目を向けてみると、アイザックスは、教師たちが子どもの発達に関する最新の学説を得られるように寄与した。そして一九三〇年代にはイギリス心理学会の教育部門の部長も務めた。第二次世界大戦中、アイザックスはロンドンからケンブリッジに大学の学科ともども疎開し、[★16] ケンブリッジの心理学者グループを率いて、疎開した子どもとその家族を対象にした「ケンブリッジ疎開調査」を行った。この調査研究の主眼は子どもの観点におかれた。

アイザックスの教育に関する業績は、精神分析からその着想を得ている。特に抑圧の概念、昇華、遊戯の重視、無意識的な幻想を展開した思想は精神分析から着想を得ている。アイザックスの古典的な研究論文ができ上がるにあたっては、精神分析の領域から教育に対する貢献がなされたが、今後は、アイザックスの研究論文が教育の領域から精神分析の領域へと貢献しつづけることになるであろう。

★注

★1　Dorothy Gardner, *Susan Isaacs: The First Biography*, London: Methuen, 1969.
★2　David Lampe, *Pyke, the Unknown Genius*, London: Evans Brothers, 1959.
★3　W. Boyd and W. Rawson, *The Story of the New Education*, London: Heinemann, 1965.（W・ボイド、W・ローソン『世界新教育史』国際新教育協会訳、玉川大学出版、一九六六年）and Maurice Bridgeland, *Pioneer Work with Maladjusted Children*, London: Staples, 1971.

★4 T. Percy Nunn, *Education: Its Data and First Principles*, London: Edward Arnold, 1920.（パーシー・ナン『自己表現の教育学』三笠乙彦訳、明治図書、一九八五年、第二部に全十六章中十章が抄訳されている）

★5 ガードナーは前掲書（D. Gardner, *Susan Isaacs*, p.67）で次のように述べている。「パイクは、言語とはしきたりであって、言葉は物ではないということをはっきり理解させるように子どもたちに教えるべきだと考えていたが、スーザンは幼児にそのようなやり方で観念を植えつけようとしても、子どもが成長してもう少し後の段階にならなければ、きっと無理だろうと考えていた。」

★6 David Wills, *Homer Lane: A Biography*, London: George Allen and Unwin, 1964.

★7 George MacLean and Ulrich Rappen, *Hermine Hug-Hellmuth, her life and work*, New York: Routledge, 1991.

★8 August Aichorn, *Wayward Youth*, New York:Viking, 1925.

★9 Anna Freud, *Einführung in die Psychoanalyse für Pädagogen*, Vier Vorträge, Stuttgart: Hippokrates, 1930.（アンナ・フロイト『児童分析入門』岩村由美子・中沢たえ子訳、岩崎学術出版、一九八一年、第Ⅱ部に「精神分析に関する教師と両親のための四つの講義」という、著者自身の改訂した版が訳出されている）

★10 Melanie Klein, *The Psychoanalysis of Children: The Writings of Melanie Klein*, Volume. 2, London: Hogarth, 1932.（メラニー・クライン『児童の精神分析』衣笠隆幸訳、誠信書房、一九九七年）

★11 Melanie Klein, 'The Importance of Symbol-Formation in the Development of the Ego', *The Writings of Melanie Klein*, Volume 1, London: Hogarth, 1930.（メラニー・クライン「自我の発達における象徴形式の重要性」『子どもの心的発達』第一二章、村田豊久・藤岡宏訳、誠信書房、一九八四年）

★12 Riccardo Steiner, 'Some Thoughts about Tradition and Change from an Examination of the British Psychoanalytical Society's Conventional Discussions (1943–1944,)' *International Review of Psychoanalysis*, 12, 1985, pp.12–71.

★13 Pearl King and Riccardo Steiner, *The Freud–Klein Controbersies 1941–1945*, London: Routledge, 1991.

★14 Isaacs, 'The Nature and Function of Phantasy,' p.81.

★15 Isaacs, *Childhood and After*, and *Troubles with Children and Parents*. *Troubles with Children and Parents*（アイザックス『幼児のしつけ方』懸田克躬訳、要書房、一九五四年）

★16 アイザックスはしばらくのあいだメラニー・クラインとアパートを共用していた。

参照項目

本書の**ニイル**の項

アイザックスの主要著作

・*Social Development in Young Children*, London: Routledge, 1930.（『幼児の知的発達』 椨瑞希子訳、 明治図書、 一九八九年）
・*Psychological Aspects of Child Development*, London: Evans, 1935.
・*Childhood and After*, London: Routledge & Kegan Paul, 1948.
・'The Nature and Function of Phantasy', *International Journal of Psycho-Analysis*, 29, 1948, pp.73–97; republished in Melanie Klein, Paula Heimann, Susan Isaacs and Joan Riviere, *Developments in Psycho-Analysis*, London: Hogarth, 1952.
・*Troubles with Children and Parents*, London: Methuen, 1948.（『幼児のしつけ方』 懸田克躬訳、 要書房、 一九五四年）

関連図書

・Gardner, Dorothy, *Susan Isaacs: The First Biography*, London: Methuen, 1969.
・Smith, Lydia, *To Help and to Understand: The Life and Work of Susan Isaacs*, London: Associated Universities Press, 1985.

（ロバート・ハインシェルウッド）

ハロルド・ラッグ　*1886―1960*　Harold Rugg

新たな時代へと進むための王道は存在しない。今われわれが立っているのは、新時代のための分かれ道である。すなわち、そこには教育のいばらの道があるだけで、なかでも人々の同意を得るというとりわけ困難な道のりが存在するだけである。この過程において学校はリーダーシップを発揮できるものであるし、発揮すべきものである。社会や社会の抱える問題を吟味することによって、学校は、鋭敏で洞察力に富み、恐れを知らぬ自信に満ちた若者の成長に努力すべきである。その若い男女は、実際に生きることでアメリカ流の生活を理解し、アメリカの生活を自分たちやその子どもたちが崇高な文明にするよう堅く決意している。この目的のために学校の活動やプログラムは、古典にこり固まったカリキュラムではなく、国民の文化からじかに計画されなければならない。いまや教科中心の学校が建てられるべきではなく、児童中心主義の学校はもちろん本当の意味での社会中心主義の学校が建てられるべき時である。★1

ハロルド・オードウェイ・ラッグはアメリカにおける進歩主義教育の指導者である。ジョン・デューイの言葉によると、進歩主義の教育学者は「学校とは社会の進歩に根本的で最も効果的な利益を与えるものである」★2という意見を共有している、という。ラッグの教育思想は進歩主義のどのような系統にも安易に同調するものではない。しかしながらラッグが人々の記憶に残っている理由はなによりも、社会を再構成する観点と、それにより生じた論争によってである。

ラッグの若いころの経歴に、彼が将来世界的に有名な教育（学）者になるだろうと暗示させる事績は乏しい。マサチューセッツで生まれたラッグは、単科大学で土木工学を学んだのち、短期間土木事業に従事し、また土木工学を教えていた。教育実践をとおして、人がどのような方法で学習するかに関心をもちはじめたラッグは、イリノイ大学の博士課程に入学し、教育学を専攻した。

一九一五年には博士号を取得し、シカゴ大学で教職に就いている。シカゴにおいて、ラッグがともに研究した教員のなかで最も注目すべき人物はチャールズ・ジャッドで、ジャッドは進歩主義の教育学の「科学的」傾向を典型的に示している。シカゴでも、戦時中に首都ワシントンで政府のために行った困難をきわめた行政職でも、ラッグの土木工学の技法は見事にかみ合っていた。

　また、ワシントンでの任務の間に、ラッグは芸術家や文化論者と交際するようになり、これらの人々に強い影響を受けた。シカゴに短期間滞在した後、一九二〇年にはラッグはニューヨーク市のコロンビア大学のティーチャーズ・カレッジに異動した。そこでラッグは教授になり、ティーチャーズ・カレッジと提携した実験校であるリンカーン・スクールを対象とした学術研究の責任者を務めた。ニューヨークでラッグは、グリニッジ・ヴィレッジ近郊で自由奔放な暮らしをする人々のうちで、戦時中から親交があった独創的な思想家たちとの交流を再開した。のちにローレンス・クレミンが記すところでは、ラッグは「アルフレッド・スティーグリッツを取り巻く芸術家や文学者のグループ」[★3]に参加していた。そして「この集まりは潔癖主義や俗物根性・機械文明への抵抗を主張し、ワインを鯨飲していた。」[★3]

　したがって教育の科学的方法論を捨てることは絶対ないにしても、ラッグは科学的方法論に加えて、個人の創造性に深い傾倒を示した。創造的自己表現に対してラッグが与える賞讃は、拡大する商業主義と対比される――「アメリカ国民の主要な務め《ビジネス》は実業《ビジネス》だ」とクーリッジ大統領は断言した――一九二〇年代のアメリカにおいてである。進歩主義教育では、個人の創造性への傾倒が児童中心主義教育となって現れる。ラッグは、前もって決められた標準カリキュラムを用いてすべてのクラスで一斉に授業を進めることよりも、個々の子どもの創造性や直観力の発展を意図した児童中心主義の「活動」に、いたく感銘を受けた。だがラッグはまた、子どもの活動が教育目標のためにあまりにも限定されるのではないか、という疑問も抱いた。ラッグは一九二八年に次のように記している。自己表現の名目で児童中心主義の教育者たちは「自己表現と同じくらい、教育の重要な目標であるその他の事柄、すなわち、自分たち自身と、現代文明のきわだった特徴に対する寛容な理解を軽視しがちである。」[★4]

　児童中心主義教育についてのラッグが抱くためらいは、進歩主義教育においてラッグの立場を容易には分類できないことに象徴的に表れている。だがラッグとデューイの比較を通じて、ラッグの立場の特徴が明らかとなる。

たとえば児童中心主義の方法において本質に関心が払われないことにラッグ、デューイはどちらも疑問を共有している。そしてラッグはデューイの「知を獲得する唯一の方法としての」実験主義が限定的であり[★5]、芸術家によって用いられる、直観や想像による知の様式を軽んじていると考えていた。一方デューイとラッグは学校が社会改革の機関になるべきであるという意見で一致しているが、デューイは改革を社会の再構成に限定している。デューイは、ラッグの同調者であり社会改造主義者のジョージ・カウンツが記した有名な文句のように、学校がそれ自体で「新たな社会秩序を築く」[★6]ことができるかどうか、疑わしく思っていた。さらに、社会の再構成において教化という語彙の響きは、デューイの知的自由の意図を損なってしまう。そのような違いがあるにもかかわらず、出版物の検閲官たちにラッグが非難された際には、信念に基づく者らしくデューイは即座にラッグの擁護にあたった[★7]。

ほかの多くの進歩主義的教育者と同じく、ラッグは産業社会における一般の学校教育の現代性について強い関心を示している。多くのほかの進歩主義的教育者と違い、ラッグの教育理論が実践に移された場合どのようなものであったかと推測する必要はない。というのは、両大戦間の数十年にわたって、ラッグはその思想を指導上の計画《プログラム》へと発展させたからである。ラッグは産業社会の進歩と継続に重点をおいた計画《プログラム》が早急に必要であると考えていた。すなわち、現代生活に要請されている計画《プログラム》である。

ラッグは、現代生活の要求を果たすという任務のために十分な教授体系がまったく備わっていないものが既存の学校計画《プログラム》であると断言し、次のように述べる。「そのようなバラバラの教材からでは、生徒の側が天才でもなければ現代生活についての秩序だった理解を導き出すことはできないでしょう[★8]。」ラッグの理想とする学校計画《プログラム》は、みずからの教育観を具体化するものであり、とりわけ「身体教育」と「創造的活動」に特別な配慮がなされている。そして数学および「その他の技術」（今日でいうところの「スキル」）は学習計画や学習単元の形態に組織されたものとしてではなく、教育課程《カリキュラム》の一部としてあるだけなのである[★9]。

しかしながらラッグの思想の本当の試みは、実験とプログラムの発展を社会科で行うことである（すなわち、歴史、地理、公民、経済や、それらに関係する学科において）。ここで教育課程《カリキュラム》の発展に取り組むラッグの科学的手法と「新しい社会科学」の信念が一致し、ラッグの最も際立った業績が生み出されることとなる。すなわち、現代生活の問題を重点的に取り扱う統合的な教育計画《プログラム》である。「科学的」な教育課程《カリキュラム》と比較して「机上の」教育課程《カリキュラム》にラッグは我慢がならなかった。この不満はあらかじめ細かに指示された面白味のない教育課程《カリキュラム》に対する取りうるべき当然の反動であった。その反動は教室でなされる自発的な教育課程《カリキュラム》による授業という、進歩主義的教育者たちがそれまで考えもしなかった期待をもたらした。だがラッグは以下のように嘆いてもいる。「幅広い教育課程《カリキュラム》でもって三十人から四十人もの若者を対象として上述のような計画《プログラム》を実行しようとしたら、必然的に教育の大混乱を招く結果となるのは避けられない。」★10ラッグは実際に実行されるべき正当な計画《プログラム》は、発展的になされるべきであると確信していた（もちろん、受け手の特別な事情に応じた配慮がなされるのはいうまでもない）。一九二〇年代から三〇年代にかけてラッグの行った主な活動は、社会科においてそのような計画《プログラム》を発展させ、実地調査を行い、改良したことである。

　教育課程《カリキュラム》の進歩的な概念を実現するうえで貴重なモデルとして、注意深く精巧に作られたラッグの計画《プログラム》のことを、反対者と同調者たちは双方ともに認めていた。歴史や地理といった伝統的な科目よりもむしろ、ラッグの教材は「理解すべき単元（understanding units）」に基づいており、それは経済協力や農業不振、富の不均衡について、あるいは計画経済や異文化交流、国際協力の必要性などといった当面の問題について論じている。ラッグの教材では計画《プログラム》の目標を達成するために情報の供給源、そして最適な学習のために学習活動の配列《シークウェンス》、計画に基づいた繰り返しや多様性に最大限の配慮が払われたのであった。ラッグは伝統的な方法や教材のように事実に基づいたバラバラの情報を学ぶより、概念や一般化したものを子どもたちは学ぶほうがよいと考えていた。たとえばアメリカ以外の文化社会を学習するにあたって、子どもたちが理解できる以上に多数の国家を網羅し事実を追って表面的になぞるために時間を費やすよりも、ラッグは現代の世界において顕著な特徴を備えた典型的な国家を選ぶという方法をとった。

　異論はあるにせよ、ラッグはあまりに成功を収めたことで、結局のところまたその思想が見放される原因にもなったと考えられる。ラッグの最初の教材は中学校を対象とするものであった。当時の中学校にとって、この新しい動向に即した教育課程のうち全国規模で利用された教材は、ラッグの教材以外にはなかった。★11一九二九年から一九三九年にかけて、アメリカ全土において四千以上の学区で百三十万部以上のテキストが購入された。[12] このテキストは急進的というよりリベラルな論調であったが、世界大恐慌時のアメリカというイデオロギー的な大激動期にラッグの教材はうまく適合し、とりわけニューディール政策の意図とうまく合致していた。さらに、ラッグの教材を歴史や地理、公民といった既存の科目で用いると、科目中心の方法論による教材と比較した場合、よりよい学習結果が出ることが調査によって示された。[13]

一九三〇年代の初頭になっても、ラッグのいくつかの著作に示される原理があまりに急進的すぎると考えられたために、それらは内容を作り変えられた。一九三〇年代末までには、ラッグの著作に対する社会からの非難が始まった。実業団体や自称「愛国的な」組織がラッグの思想は反資本主義的であって、アメリカの伝統や既存の社会秩序を覆すものであるといって責め立てた。一九四〇年代に入ると非難はいっそう強まり、数年にわたってラッグの著作はほとんどの学区から排除され、出版は中止された。振り返ってみるとラッグの立場の進歩主義的教育が効果的であると喧伝されたために、それだけいっそう保守主義者や反動主義者にとって脅威と映ったのであろう。だがラッグは「開拓的な」思想が、現代生活に対する自らの視点のしなやかさを証明するものとしての、的確な骨子であると確信しており、さらには教育者には「大胆に……はっきりと自明な真理を認める」[14] 必要があることを当然視していた。この考えは明らかに自由主義に基づく思想家たちに由来するものである。

ラッグは時事問題に焦点を当てた自らのテキストに対してなされる非難に向かって活発に応答した。その反論によると、問題への対処方法は「検閲官を自称するものたちが、われわれは『新しい社会秩序のための計画』を『アメリカの若者に鼓吹する』ように計画して、そのような画策を暗に含みこんでいるというが、そのようなものではない。」そしてラッグは「若い人たちは……目の前にはっきりと並べられた二者択一の機会に立ち向かわなければならない」[15] と強く示唆した。さらに続けて「問題に直面するよりほかにどのようにして人間は実践的な決定がなせるだろうか」[15] という。ラッグの弁明にもかかわらず、一九四〇年代にみられた保守主義の拡大を受けて、非難は断固として続けられた。

ラッグの思想がかつてのような勢いを取り戻すことは二度となかったが、自身は現役の学者として――それどころかその研究を教員養成やその心構えを明白に論じるまでに拡げながら――生涯を全うした。さらには、ラッグの教育思想をまとめるというこの小論の範囲を超えてしまうが、ラッグは進歩的な社会思想や政治思想についても貢献しつづけ、一例を挙げれば第二次世界大戦のさなかも、リベラルな戦後の社会を求めて勇気ある声明を残した。

教育実践における影響を、判断の正当な基準とみなすならば、確かにラッグは進歩主義的教育者たちのなかの偉大な人物の一人であるだろう。ラッグの企図や、時流のなかでの非難に左右されない忍耐力、細部にわたる社会批評など、後続の数少ない進歩主義的教育者たちはそれらを説明することから教育計画《プログラム》を構成し、その理論的根拠を具体化する。またラッグの著作は教師が、「科目《サブジェクト》」と「科目の主題《サブジェクト・マター》」とを識別できる模範的な教育者でありつづけるように、鼓舞しつづけることだろう。ラッグの教育思想を賞讃し、それに賛同する私たちにとって、ラッグの論じる理にかなった独創的な教育学や、より配慮された、十分に信頼のできる社会を志向した教育課程《カリキュラム》は、いまなおきめ細やかに役立つ教育方針として多くのことを教えてくれている。

★注

★1 Harold Rugg, *That Men May Understand: An American in the Long Armistice*, New York: Doubleday, Doran, p.xv, 1941.

★2 John Dewey, 'My Pedagogic Creed', in D. J. Flinders and S. J. Thornton (eds), *The Curriculum Studies Reader*, New York: Routledge, p.23, 1997.（J・デューイ『明日の学校・子供とカリキュラム』（デューイ＝ミード著作集8）、河村望訳、人間の科学社、二〇〇〇年、二五八頁。同書での訳は以下の通り。「社会進歩と改良の主要で、最も効果的な関心としての学校」）

★3 Lawrence A. Cremin, *The Transformation of School: Progressivism in American Education, 1876–1957*, New York: Vintage, p.182, 1964. スティーグリッツ：米国の写真家。写真美術界の第一人者

★4 Rugg and Ann Shumaker, *The Child-centered School*, New York: Arno Press and The New York Times, pp. viii-ix, 1969.

★5 Rugg, *Culture and Education in America*, New York: Harcourt, p.4, 1931.

★6 George S. Counts, *Dare the School Build a New Social Order?*, Carbondale and Edwardsville, IL: Southern Illinois University Press, 1932.（G・S・カウンツ「学校は新しい社会秩序をつくりうるか」『地域社会と教育』中谷彪他訳、明

治図書、一九八一年、一一一頁以下)

★7　Alan Ryan, *John Dewey and the High Tide of American Liberalism*, New York: Norton, p.340, 1995.

★8　Rugg, *American Life and the School Curriculum: Next Steps Toward Schools of Living*, Boston, MA: Ginn, p.332, 1936.

★9　Ibid., pp.354–5.

★10　Ibid., p.345.

★11　Murry R. Nelson, 'The Development of the Rugg Social Studies Materials', *Theory and Research in Social Education*, 5, 3, p.68, December 1977.

★12　Naida Tushnet Bagenstos, 'Social Reconstruction: The Controversy Over the Textbooks of Harold Rugg', *Theory and Research in Social Education*, 5, 3, p.29, December 1977.

★13　B. R. Buckingham, *Rugg Course in the Classroom: The Junior-High-School Program*, Chicago, IL: Ginn, pp.69–72, c. 1935.

★14　Rugg, *Foundations for American Education*, New York: World Book Company, p. xi, 1947.

★15　Rugg, *That Men May Understand*, op cit., pp.244-5.

参照項目

『教育の主要思想家50人』所収、**デューイ**の項

ラッグの主要著作

ラッグは何十という書物や数多くの論説を著しているが、すべてが教育に関するものではない。またその著述には前作と同じ内容の繰り返しがみられる作品もいくつかある。以下のリストはラッグが教育に関して大きな影響を与えた代表的な著作に限定したものである。ラッグが学校用に考案した教材は記載していないが、コロンビア大学の教員養成大学にあるミルバンク記念図書館の特別収蔵部門にインターネットでアクセスすれば、資料を入手できる。

・Rugg, H. O. and Bagley, W. C., *Content of American History*, Chicago, IL: University of Illinois, School of Education, 1916.
・Rugg, H. O. and Hockett, J., *Object Studies in Map Location*, New York: Lincoln School of Teachers College, 1925.
・Rugg, H. O. and Shumaker, A., *The Child-centered School*, New York: Arno Press and The New York Times, 1969, c.1928.
・*Culture and Education in America*, New York: Harcourt, 1931.
・*American Life and the School Curriculum: Next Steps Toward Schools of Living*, Boston, MA: Ginn, 1936.

- *That Men May Understand: An American in the Long Armistice*, New York: Doubleday, Doran, 1941.
- *Foundations for American Education*, New York: World Book Company, 1947.

関連図書

- Bowers, C. A., *The Progressive Educator and the Great Depression*, New York: Random House, 1969.
- Carbone, Peter F., *The Social and Educational Thought of Harold Rugg*, Durham, NC: Duke University Press, 1977.
- Kliebard, Herbart M., *The Struggle for the American Curriculum, 1893-1958*, 2nd, edn, New York: Routledge, 1995.
- Stanley, William B., *Curriculum for Utopia: Social Reconstructionism and Critical Pedagogy in the Postmodern Era*, Albany, NY: State University of New York Press, 1992.

（ステファン・J・ソーントン）

ルートヴィヒ・ウィトゲンシュタイン　*1889—1951*

Ludwig Wittgenstein

哲学を教えるときの私のやり方は、あなたが通る道すじを自分で見つけ出すようにロンドンじゅうの道路を示すガイドのようなものである……要はかなりまずいガイドである。★1

ルートヴィヒ・ウィトゲンシュタインは一八八九年四月二六日に、ウィーンの上流階級の家庭で生を受けた。ウィトゲンシュタインは八歳という幼さにしてたいへん早熟な神童で、そのころからずっと、天才、芸術的創造性、自殺の問題について心を奪われていた（彼の兄弟は三人が自殺を遂げている）。一九一一年、ゴットロープ・フレーゲに助言を受けてウィトゲンシュタインはケンブリッジ大学のバートランド・ラッセルに会いに行き、その出会いののち（ケンブリッジ大学の）トリニティ・カレッジに入学を許可された。ウィトゲンシュタインに感銘を受けたラッセルは、数理論理学を研究するようにすすめた。まだウィトゲンシュタインは正式には学部学生に過ぎなかったにもかかわらず、ふたりは共同して研究を行った。だがやがて、ウィトゲンシュタインとラッセルの関係はこじれだしてしまい、ウィトゲンシュタインは一九一三年にケンブリッジ大学を去ることになる。そして第一次世界大戦の開戦が布告されてわずか数日のうちにオーストリア軍に入隊したウィトゲンシュタインは、結局イタリアで捕虜となってしまったが、囚われていた期間をうまく活用し、一冊の哲学書を記した。これがウィトゲンシュタインの生前に唯一出版された書物である『論理哲学論考』である。『論理哲学論考』の草稿はウィトゲンシュタインがまだ捕虜であった時期にラッセルのもとへ届けられ、ラッセルの援助を受け（たとされるがはっきりしない）、ついに一九二二年にラッセルの序文を添えて出版された。同書は哲学界、とりわけルドルフ・カルナップ、ハーバート・フィーゲル、モーリッツ・シュリック、フリードリヒ・ヴァイスマンといった哲学者たちを含めたウィーン学団の論理実証主義者に大きな影響を及ぼし、彼らの間でその名はよく知られるようになった。

ウィトゲンシュタインは、父が没した一九一三年に一家の莫大な財産の大部分を相続していた。一九一九年に遺産のすべてを寄付すると、トラッテンバッハ、ハスバッハ、プッフベルク、オッタータールといったオーストリアの小村で、一九二〇年から二六年にかけて教師として勤めていたが、その後、オッタータールで教職を辞している。その理由は、伝えられるところではウィトゲンシュタインに女生徒をぶったという疑いがかけられたためである（しかし、教職に就いている時期に彼が生徒をぶったのはこれが初めてではないらしい）。庭師の仕事や、妹が行っていた家のデザインや建築の手伝いを経たのち、一九二九年に再びケンブリッジ大学へと舞い戻った。博士論文としての『論理哲学論考』の評価に基づいて博士号が認められ、特別研究員の地位が五年間認められたウィトゲンシュタインはケンブリッジ大学のトリニティ・カレッジで一九三五年まで講師をしていたが、再び大学を去ると、ロシアやノルウェー、オーストリア、アイルランドで無為に過ごしている。それというのも一九三五年ごろ、ウィトゲンシュタインは哲学の意義に対して深刻な疑問を抱くようになり、学生に向かってもっと「役に立つ」たぐいの仕事を求めるよう、活発に助言をしていたためであった。しかしまた一九三八年にケンブリッジ大学に戻り、一九三九年には教授になっている。

一九三〇年代から一九四〇年代にかけて、ウィトゲンシュタインは論評、警句、断篇といった形式で膨大な量におよぶ原稿を著している。しかし、いずれの著作も生前には出版されることはなかった。これらの著述の大部分は『論理哲学論考』に次ぐ主著である『哲学探究』として一九四五年までに編纂されていたが、ウィトゲンシュタインの没後二年が経過した一九五三年まで出版されていない。『哲学探究』では、『論理哲学論考』で展開した考察が批判され、かなりの程度までその考えが捨てられている。特に言語については、より「人間学的」にして実践的な考察が繰り広げられる。――そこからウィトゲンシュタインがその生涯において、ふたつの重大にして相反する哲学思想上の動向に推進力を与えた、という注目すべき現象を見ることができる。ウィトゲンシュタインは一九四七年に教授職を辞してからも、前立腺ガンによって没する一九五一年四月まで『哲学探究』やそのほかの研究を続けている。その生涯を通じてウィトゲンシュタインは、哲学者としてのみずからの真価や哲学それ自体の意義について、そして自己のアイデンティティや道徳性、性愛の結びつきについて自信喪失にさいなまれつづけた。

　ウィトゲンシュタインはその人自身が教育思想家として見なされることはほとんどない。たしかにいくつかの論評や警句を除けば、教育という論題で記した文章はきわめてわずかである。だが一方でウィトゲンシュタインが教育について非常に思慮深く考えていたこともまた明白な事実である。よく知られている例であるが、ウィトゲンシュタインは一種独特なふるまい方でもって講義を行ったので、何年にもわたってケンブリッジ大学では若い哲学者たちがウィトゲンシュタインの癖や話し振りをまねしていた。またあまり知られていない例を挙げると一九二〇年代の「空白の時代」、オーストリアの片田舎で教師をしていた時期に、ウィトゲンシュタインは学校の教科書を作っている。そしてウィトゲンシュタインの書物では、哲学上の思索を述べる際に教育学的な例や推論に頻繁に直面する。実のところわれわれ執筆者の両名は、ウィトゲンシュタインの著述様式と哲学が、根本的に教育学的であるとすでにほかの書物でも論じている。そこでは、哲学上の問題を考える方法として教えることが前提とされ、また——多くの場合——学習しないことは未熟な哲学上の態度として確信されていることを論証した。[★2]

　さらにウィトゲンシュタインの教育学的思想と実践を検討するには、少なくとも三通りの方法が考えられる。第一には大学での講義によってである。第二には、オーストリアの小学校や中学校教師としての経験についてなされた記述によってである。第三には、とりわけ後期の著作における著述様式や哲学思想を構成する手法を通じてである。

　第一の方法では、ウィトゲンシュタインの講義を受けた大学生の記憶や再現にほとんどを頼ることになる。実際にウィトゲンシュタインの「遺作」はその多くが板書や討論、草稿、学生や同僚の録音した講義で成り立っている。それゆえ教育実践における教えかたや思索の仕方は、彼の現存する著作の重要な部位を構成しているのである。

　ウィトゲンシュタインの授業についての逸話からは、思索にかける熱意とその誠実さによって、彼が思想家であると同時に教育者であったことが裏づけられる。ウィトゲンシュタインが学生たちに厳格にふるまったとすれば、それは彼が自分自身に対して厳格であったからである。教室では長く重苦しい沈黙がときおり見られ、教師として守るべき制度上のしきたりは無視されたが、厳しい批判（および自己批判）はウィトゲンシュタインの教育方法の本質的な部分をなしていた。

哲学教師としてのウィトゲンシュタインの逸話は伝説的である。D・A・T・ガスキンとA・C・ジャクソンは、ウィトゲンシュタインが自らの教育について説明した次のような一文を伝えている。

哲学をあなたに教えるときの私のやり方は、あなたが通る道すじを自分で見つけ出すようにロンドンじゅうの道路を示すガイドのようなものである。私は街の東西南北いたるところ、イーストンからテムズ川沿い、ピカデリーからマーブルアーチまで、あなたを連れまわすだろう。街中をあらゆる方向へとめぐる行程に何度となく連れだったのちには、どの街路であっても幾度も通っているだろう。――そして同じ通りを横切るとしても、それは異なった行程の途上にあってのことである。結果として、あなたはロンドンという街を知ることになり、ロンドンっ子のように道を探せるようになるだろう。もちろん、優れたガイドはわき道へ連れていったりするよりも、もっと大きい通りに幾度も連れていくに違いない。だがまずいガイドはその正反対である。そして哲学においては、私はかなりまずいガイドである。[★3]

この一節は哲学することを旅することになぞらえて、ウィトゲンシュタインの哲学教育に対する志向を簡潔に述べている。

ガスキンとジャクソンはウィトゲンシュタインがいうところの「討論の技法」に焦点を当て、その技法がなによりもまず、人を当惑させるものであったと描写している。

例のうえにさらに例が重ねて用いられた。ときにその例は現実離れした突飛なものであった。たとえば、ある架空の種族を想像して、その種族が用いる言語をはじめとした、とても奇妙なふるまいを空想してみる、などといった例である。……あるいは、よく知られた、ありふれた事実をただ思い起こさせるだけの例もあった。事例はいつでも具体的で細部にまでわたる説明がくわえられ、気取らない日常的な言葉で描写された。

語られたほとんどの事柄は容易に理解でき、たいていは誰も異論をさしはさまないようなたぐいの内容だった。[4]

ウィトゲンシュタインの講義の難解さは、この「繰り返しが多く具体的な」話題が議論をどこへと導いていくか見極めにくいことにあった。ときおりウィトゲンシュタインは「急に話をやめると、こう言った。『ちょっと待って、考えさせてくれ!』……あるいはこう叫んだ。『これはまったく、なんて難しいんだ[5]』。」また、あたかも明白で単純な解答があったかのように、たくさんの例が示す要点が突然明らかになる場合もあった。ガスキンとジャクソンの伝えるところによると、ウィトゲンシュタインは学生たちがこれまで思いつかなかったことを考えられるようにするために、彼らの頭を悩ませるようなことを語ったのだという。それゆえ、学生に対して自らの方針を次のように説明したとされる。「きみたちは本当に考えていることを述べなければならない。これまで誰も、自分ですらも耳にしえなかったような本当の考えを。[6]」

ウィトゲンシュタインは、哲学者が哲学を適切に教えているかどうかを見分けるためのテストは作ることができないと考えていた、とカール・ブリトンは記している。『たいていの学生はただ単に僕自身の考えをそのまま外に出しているだけだ』、とウィトゲンシュタインは言った。そして『僕の声色や態度を真似しているだけだ』、とも。『しかし、学生たちが本当に理解しているか否かは容易に判別することができる』、とも言っていた。[7]」確かに、この影響力の強さをかんがみると、ウィトゲンシュタインがおそらくは良い教師であっただろうと思われる。

生徒に授業をするなかで、教師が素晴らしい結果、いやむしろ驚くほどの成果をあげたとしても、その教師がすぐれた教師であるとはかぎらない。なぜなら、生徒はじかに教師の影響を受けており、教師は当人らにとって不自然な高みにまで生徒らを引き上げ、みずからその水準に達するまで、生徒が備える能力を育むようにはしていない、とも考えられるからである。そのため教師が教室から出ていくとさっそく生徒らは引き上げられた高みから元々の水準まで下がってしまう。おそらくこれは私の授業にもあてはまる状況だろう。[8]

G・H・フォン・ライトは決して客観的な傍観者とはいえないにしろ、ウィトゲンシュタインの「生徒を高みにまで引き上げてしまうという」この懸念が事実に基づいた根拠の確かなものであると考察している。

ウィトゲンシュタインは教師として自分の与える影響を総体的に見ると、教え子が自主性を身につけるうえで悪影響を及ぼしているのではないかと考えていた。……彼の個性や話しぶりのもつ不思議な魅力は、ひとを強く惹きつけ、説得力をもっていた。ウィトゲンシュタインの講義を受けると、その表現方法や言いまわし、はては声の調子や物腰、しぐさにいたるまで、あらゆるものを模倣せずにはいられなかった。[★9]

口述形式をとるか著述形式をとるかにかかわらず、ウィトゲンシュタインは常に哲学することを最も重視した。われわれの言葉（あるいはわれわれの文化や思考）に含まれる深遠な問題を指し示すことが、それを解決するのと同じくらい大切であると考えていた。哲学することはハエをハエとり壺のなかから外へ出すようなものである。それによって私たちは堂々巡りする混乱から救い出され、役に立つ実践的な生活への道筋が開かれる。ウィトゲンシュタインはこう述べている。「哲学の問題は『私はどうすればよいのか分からない』という形式をとる。」[★10] ウィトゲンシュタインの哲学教育の方法は、聞き手がある事柄に対し、もともとある考え方だけでなくて別の考えに変えられるように計画されており、ウィトゲンシュタインの見解によるとその方法が問題を「解決する」唯一のやり方であった。この見解にしたがうならば、教師が教えるのは「ガイド」として紹介する立場に立ってのみ可能となる。

第二の方法として、ウィトゲンシュタインの主要な伝記作家であるレイ・モンクが伝記の一章（「ひたすら田舎の日々」）を割いて描いている、学校教師としてすごした一九二〇年代のウィトゲンシュタインの活動が検証される。[★11] 伝記によれば、オーストリアの田園地帯にある農村部の小学校において教員として勤めた当時のウィトゲンシュタインは、規律に厳格で怒りっぽく、生徒に対して怒りを爆発させる教師として描かれている。

伝記上に示されているこういった詳細なできごとは重要である。確かにファニア・パスカルが示唆するように、ウィトゲンシュタインは教職に就いているときに女生徒を平手打ちしたという（のちに校長に対しては否定しているが）エピソードは、「壮年期に差しかかったウィトゲンシュタインに訪れた危機があらわになった」[★12] 出来事であって、そのために教員を辞職することにした。リースは同じエピソードに言及し、ウィトゲンシュタインからラッセルに宛てた手紙を引用している。「どうやって人間である前に論理学者であることができましょうか！私自身について最も大事な事柄は、決して書かれはしないでしょう！」[★13]

モンクはグレッケルの学校改革に対するウィトゲンシュタインの不安と、『小学生のための辞典――つづり方の辞典』（一九二五年）の出版について記してはいるが、学校教師としての経験がウィトゲンシュタインの後の哲学に与えた影響の意義は認めていない。ウィリアム・バートリーはウィトゲンシュタインが一九二〇年代にみせた思想的展開に論及している数少ない学者のうちのひとりである。バートリーがウィトゲンシュタインの展開を史的に論じた主張の要点は、「グレッケルの教育プログラムのうちいくらかの主題やビューラーの理論と、ウィトゲンシュタインの後期の著作に吹き込まれた思想との間には、ある種の類似点がある」[★14]というものだった。オットー・グレッケルは社会主義による学校改革をすすめた行政長であり、生徒を受身にして丸暗記させるハプスブルグの古い「ドリル式の」学校を糾弾し、生徒の積極的な参加と、なすことによって学ぶという方法論に基づいたアルバイッシューレ（Arbeitsschule）、すなわち「労作学校」の設立を主張した人物である。バートリーはグレッケルらによる学校改革運動を中心にすえて、ウィトゲンシュタインが受容した思想的影響を考察した。なかでもとりわけウィーン大学の哲学教授でウィーン教育学会に属したカール・ビューラー（ビューラーはグレッケルによってウィーンに招かれ、グレッケルの同僚として一九二二年までウィーン大学に勤めていた）の思想に影響を受けたため、ウィトゲンシュタインの哲学的考察は一九二〇年代に重大な変化を生じたと推測している。バートリーはこのように主張するにあたって、グレッケルおよびビューラーと、ウィトゲンシュタインの思想に見られる「著しい類似」や、過去の事実を傍証としてその論拠を示している。また、バートリーはウィトゲンシュタイン自身の文章も論拠に挙げ、『断片』のなかから引用もしている。「私のしていることは児童心理学なのだろうか？　私は教育の概念と意味の概念を結びつけようとしているのである。」[★15]トラッテンバッハにいた一九二一年ごろのウィトゲンシュタインは、まだ言葉を話せない赤ん坊を口の利けない女性と二人だけで暮らすようにしたら、原始的な言語や自分たちだけの新たな言語を作り出すか否か、という実験についてよく生徒たちに話していた、という逸話もまたバートリーは紹介している。それに対し『哲学探究』が子どもの言語習得に関する聖アウグスティヌスの考察を論評した内容で始まっていることを注視するようにバートリーは示唆し、それは同時期にウィトゲンシュタインの思想に流入した影響が現れたことを裏づける証拠になると考えている。

だがバートリーの研究に批判が加えられているのもまた事実である。たとえばユージーン・ハーグローブとポール・エンゲルマンは、学校改革運動やビューラーの思想よりも、むしろウィトゲンシュタインが子どもに直接触れ合った経験が、言語についてのウィトゲンシュタインの思考に影響を与えたのだと論じている。

『哲学探究』のほとんどすべてのページにわたって、ウィトゲンシュタインが教師であったころの影響が見て取れるものと私は思っている。というのも、『哲学探究』では子どもについて言及しないページが続けて出てくることが極めてわずかしかないからである。ウィトゲンシュタインの後期の哲学思想では、しばしば子どもについての個人的な観察が例証として援用されている。これらの観察は学校の教師であったころになされており、そのころに蓄えた知識が後になって用いられたのであって、この観察はウィトゲンシュタインの著作に本当に大きな影響を与えていると私は考えている。そしてその影響は、教員養成学校で教えられた原理や学校改革家によってウィトゲンシュタインの目前で展開された原理によって与えられたものではないと考えている。[★16]

C・J・B・マクミランはこれをウィトゲンシュタインの「教育学上の方向転換」と称している。「ウィトゲンシュタインが言葉や概念の意味を考察することから、『これはどのようにして学ばれたのか』であるとか『あなたはそれをどうやって教えようとしたのか』という問いへと移行しているのはしばしば認められるところである。」[★17]

第三の方法としては、すでに記したように、伝統的な哲学の実践へのこころみとは異なった、ウィトゲンシュタインのやり方による「哲学すること」を吟味する。ウィトゲンシュタインのやり方は、論理的に解決し難い(アポリア的な)やり方であるが、ソクラテス的なやり方ではない。すなわち対話的ではあるが、伝統的な哲学の意味においての対話というものではない。ウィトゲンシュタインはこう記している。「ソクラテスの対話篇を読むと、こういった気持ちになる。なんて恐ろしい時間の無駄だろう！　なにも証明せず、なにも明らかにしないこれらの議論の目的はどこにあるのか。[★18]」さらにウィトゲンシュタインは弁論の遊戯性に苛立ちをおぼえる。

ソクラテスはソフィストを沈黙させる――だが、ソクラテスがそうするのに正当な理由があるだろうか？　むろんソフィストは、分かっていると思っていることを正しく分かっていない、というのは確かである。しかし、だからといってソクラテスが勝利するわけではない。「ほらごらん！　君は分かっていないじゃないか！」ということはできない。――すなわち、「だから、誰もなにも分からないんだ！[★19]」と勝ち誇っていうこともまたできないのである。

したがってウィトゲンシュタインが自らの研究手法を「ソクラテスの対話の正反対[★20]」と称するのも驚くに値しない。ソクラテスは自分が無知であると公言し、周囲の人々を臆見から解放しようと努めるのに対してウィトゲンシュタインは、教育や著述といった対話の形式を通じて自分自身が抱いている疑いや問いを顕在化しようとしており、自分の心のなかで克服しようとしているような類いの問題の本質を示している。「私の著作は、ほとんどすべてが自己自身との対話からなっている。私自身と差し向かいで話していることを書いているのである。[★21]」（これまで示してきた内容から、ほぼ同じことがウィトゲンシュタインの教育に対しても言えるであろう。）

『哲学探究』はウィトゲンシュタインの対話的著作の代表である。だが対話的といってもソクラテスが確立した哲学の意味での対話とは明らかに異なる。またソクラテスについてウィトゲンシュタインが評した言葉から判断しても、『哲学探究』がソクラテス的対話篇の形式や方法を踏襲せず、見習わなかった理由は明らかである。『哲学探究』は対話形式では書かれていないが、対話的な構造やジェスチャーのあらゆる技術を活用している。テリー・イーグルトンは『哲学探究』に言及する際にこのことを承認している。

徹底的に対話的な作品は作者が明瞭に述べてはいなくても、対話者を想定しており、われわれがその問いに取り組める水準に達しているか否かに関わらず、対話者であるわれわれに問いかけるのである……対話的作品は読者に対して自己を解明することに努めるよう強要するのであって、意図的に大胆なやり方でわれわれ読者が自己の解明に関係するよう親切にも働きかけるのである。[★22]

『哲学探究』は自己を映し出す鏡を、そして言語ゲームやジェスチャーの多様なモデルを描こうと試みている。こうして『哲学探究』は典型的な教育的主題としての役割を果たしているが、そのような目的はウィトゲンシュタインが生徒たちに、みずからを考えることでこれらの問題を考えるように仕向けたやり方に通じている（これまで見てきたように、その目的は、ウィトゲンシュタイン自身はいつもうまく果たせていないと感じていたものであろう）。ウィトゲンシュタインは研究に対話的方法を採用しただけでなく、著述の形式や構成を刷新した。そしてそのことは、われわれの思考を変容させるように企図された、思慮深い試みの一端であった。確かにウィトゲンシュタインは読者や聴衆によって、自分の思考を形態であっても内容であっても模倣されることを嫌った。そしてまた哲学「すること」の唯一の方法はないと考えていた。

ウィトゲンシュタインは自分の著作の形式をひどく考え悩んだすえに、たいへん複雑な著述の構成方法を発達させた。「自分の考えを体系づけようと努めることは私にとって苦痛である。……私は自分の考えを整理するという、なんの価値もないかもしれないことに言い表せないほどの努力を尽している。[★23]」ウィトゲンシュタインは哲学的見解や断篇を書くだけでなく、ときには文書のなかで著述の構成手順にも言及している――哲学は「ある目的のために想像をかき立たせる手がかりを収集することで成り立っている。[★24]」

それゆえ、『哲学探究』や後期の著作では「次のような言葉を考えてみよう……[★25]」など、われわれに「考える」よう求めることで始まる文章が頻繁に表れてくるといった変化が認められる。ほかにも「思うに……」や「考えてみると……」、「自分自身に問いかけてみよう……」といった言葉によって文頭が成り立っている。これらの思考実験は『哲学探究』の中核をなし、文体をになう役割を果たしている。そして思考実験は証明の結果を明示するよりも思考における変化をもたらすように、換言すれば説得よりも示唆に対して、あるいは指導よりも助言するように方向づけられていることで、哲学に関する特徴だった論述方法を築いている（ウィトゲンシュタインの後期著作においては、道しるべや街のなかを散策すること、道に迷うことやガイドの必要性、通い道の発見やどのようにして行動すべきか自覚することなどについてしばしば言及されている点に注目したい）。このような取り組みがウィトゲンシュタインの教育の概念であり、ウィトゲンシュタインの著述を通じた教育である。そして、明確な議論のすじ道に沿った指導に基づいた、一定の結論にいたるためのソクラテスの『メノン』における古典的なこころみとは大きく異なっている。

ほかにも『哲学探究』でよく見受けられる基本的な形態としては、ウィトゲンシュタインが自分自身に対して、想像上の対話者をおいて問いかける質問がある。対話者は一つの答え以外に考えられるいろいろな答えを列挙したり、「でも……」という不満を表明するのに特有の応え方に続いて、仮説的に応答したりしている。K・T・ファンの記すところによると、ウィトゲンシュタインは『哲学探究』のなかでおよそ八百の問いを立てているが、問いに答えているのはわずか百あまりで、回答のうちの大多数（およそ七十）は答えを出すことを厳しく拒絶している。★26 ウィトゲンシュタインは読者にある種の質問をさせないようにしたがっている。すなわち、言語を用いるにあたって文脈上の関係や社会的な慣用法から導かれた論理的な答えを用意することが求められるような類いの「哲学的」質問をすることである。その代わりに、ウィトゲンシュタインの問いと答えは想像をかき立てる手がかりとして役立つことから、人間の言語や経験のうちでもよく知られた側面へとわれわれを連れ戻す。つまり例えるなら、現実に重要なのは一族のなかで親類がどの人か見分けられることであって、一族全員に共通した特徴がないとしても、どの人かを見分けられたらそれで良いのである。

この対話形式は論証にはならないが、思索としては有益である。ウィトゲンシュタインが著作と同じく教育においても、想像上のやりとりや思考実験、図解、絵、例示や格言、たとえ話を用いたのは、彼自身の疑念や質問や思考過程を具体化する経過のうちに読者（生徒）を引き入れようとする目的のためであった。その哲学上の目的は、ウィトゲンシュタインがどのようにして質問したかを見ても明らかに示されている。その表現形式がそのままウィトゲンシュタインの教育方法論であり、その著作は方法論の内容を提示する好例として認められる。形式や構造の問題に対するウィトゲンシュタインの関わりかたは議論を提示するだけではなく、同時にウィトゲンシュタイン自身が感じた限界的な心理状況を読者に味わわせる。ウィトゲンシュタインの哲学の表現方法を正しく知ることは、ウィトゲンシュタインの試みが根本的に教育的な性格を備えていた事実を理解することである。

注

★1 D. A. T. Gasking and A. C. Jackson, 'Wittgenstein as a Teacher', in K. T. Fann (ed.), *Ludwig Wittgenstein: The Man and His Philosophy*, New Jersey: Humanities Press; Sussex: Harvester Press, p.52, 1962.

★2 この小論の内容の一部は、以下の書物の二つの章をまとめ直したものとなっている。Michael Peters and Nicholas C. Burbules, 'Wittgenstein, Styles, and Pedagogy', in Michael Peters and James Marshall, *Wittgenstein: Philosophy, Postmodernism, Pedagogy*, South Hadley, MA: Bergin and Garvey, pp.152–73, 1999. 'Philosophy as Pedagogy: Wittgenstein's Styles of Thinking', pp.174–91.

★3 Gasking and Jackson, 'Wittgenstein as a Teacher', p.52.

★4 Ibid., p.50

同箇所の文章は、ノーマン・マルコム『ウィトゲンシュタイン――天才哲学者の思い出』平凡社、一九九八年の解説(二〇七頁)に、「教師としてのウィトゲンシュタイン」中の一文として抜粋されている。以下が抜粋された訳文である。「つぎつぎと例が繰り出された。そうした例のあるものは突拍子もないものだった。たとえば、想像上の部族の奇妙な言辞的・非言語的振る舞いを考えるといった例である。……また、ある例は、周知のありふれた事実を思い出させるだけのものであった。いつでも、そうした事例は、具体的な細部にわたってまで与えられ、率直な日常のことばで記述された。言われたことのひとつひとつを理解することはむずかしくなく、だいたいの場合、誰も反対しないようなことだった。」

★5 Ibid., p.52.

★6 Ibid., p.53.

★7 Quoted in M.O'C. Drury, 'A Symposium: Assessments of the Man and the Philosopher', in K. T. Fann (ed.), *Ludwig Wittgenstein: The Man and His Philosophy*, New Jersey: Humanities Press; Sussex: Harvester Press, p.61, 1967.

★8 Ludwig Wittgenstein, *Culture and Value*, G. H. Von Wright (ed.) (in collaboration with Heikki Nyman), trans. Peter Winch, Oxford: Basil Blackwell, p.38, 1980.(L・ヴィトゲンシュタイン『反哲学的断章』丘沢静也訳、青土社、一九九九年、一一一頁、「授業の間にすぐれた成果を、それどころか驚くべき成果をもたらす力があっても、それだけで、すぐれた教師だとは言えない。というのも生徒たちは、じかに教えてもらっている間、生来そなわっている以上の能力を引き出してもらうとしても、自力をつけてその高さまで伸びたわけではないので、先生が教室からいなくなると、たちまち化けの皮が剝がれてしまうからだ。それは私のことであるかもしれない。」)

★9 G. H. Von Wright, *Wittgenstein*, Oxford: Blackwell, p.31. 1982.

★10　Ludwig Wittgenstein, *Philosophical Investigations*, trans. G. E. M. Anscombe, Oxford: Blackwell, p.49, 1953, 3rd edn, 1972.（ウィトゲンシュタイン『哲学探究』藤本隆志訳、ウィトゲンシュタイン全集8、大修館書店、一九九五年、一〇四頁、「哲学の問題は、『私は途方にくれている』という形をとる。」）

★11　Ray Monk, *Ludwig Wittgenstein: The Duty of Genius*, London: Vintage, 1991.（レイ・モンク『ウィトゲンシュタイン1』岡田雅勝訳、みすず書房、一九九五年。一九二〇年代の活動を記した一章〈まったくの、田舎の環境〉は二〇六頁以下。）

★12　Fania Pascal, 'A Personal Memoir', in Rush Rhees (ed.), *Recollections of Wittgenstein*, Oxford and New York: Oxford University Press, pp.37–8, 1894.

★13　Rush Rhees, 'Postscript', in R. Rush Rhees (ed.), *Recollections of Wittgenstein*, Oxford and New York: Oxford University Press, p.191, 1984.

★14　W. W. Bartley, III, *Wittgenstein*, Philadelphia, PA and New York: J. B. Lippincott, p.20, 1973.（ウィリアム・W・バートリー『ウィトゲンシュタインと同性愛』小河原誠訳、未来社、一九九〇年、二五頁、「一方において、グレッケルの綱領中のいくつかの主題とビューラーの理論、他方において、ウィトゲンシュタインの後期著作に滲みわたっている諸観念、これらのあいだに見られるいくつかの類似点」）

★15　Ludwig Wittgenstein, *Zettel*, G. E. M. Anscombe and R. Rhees (eds), Oxford: Blackwell, p.74, 2nd edn, 1981.（ウィトゲンシュタイン『断片』菅豊彦訳、ウィトゲンシュタイン全集9、大修館書店、一九九一年、三〇七頁、「わたくしは児童心理学をやっているのか――わたくしは、教育の概念と意味の概念を関連づけようとしているのである。」）

★16　Eugene Hargrove, 'Wittgenstein, Bartley, and the Glöckel School Reform', *History of Philosophy*, 17, p.461, 1980.

★17　C. J. B. Macmillan, 'Love and Logic in 1984', in Emily Robertson (ed.), *Philosophy of Education 1984*, Normal, IL: Philosophy of Education Society, p.7. 1984.

★18　Wittgenstein, *Culture and Value*, p.14.（ウィトゲンシュタイン『反哲学的断章』六二頁、「ソクラテスの対話を読むと、こんな気持ちになる。なんと恐るべき時間の無駄！　なにも証明せず、なにも明晰にしない、これらの議論は、なんの役に立つのか。」）

★19　Ibid., p.56.（同書、一五九頁、「ソクラテスは、ソフィストをいつも黙らせてしまう。――それは正当なことなのだろうか。たしかにソフィストは、自分になにがわかっているのか、わかっていない。だからといって、それがソクラテスの勝ちにはならない。つまり、『ほら、君にはわからないだろう』とは言えないし、『結局、誰もわからないんだ』と、勝ち誇ったように言うこともできないのだ。」）

★20　Wittgenstein, quoted in J. C. Nyiri, 'Wittgenstein as a Philosopher of Secondary Orality', manuscript, to appear in *Grazer Philosophische Studien*: 'I cannot summarize my standpoint better than saying it is opposed to that which Socrates represents in the Platonic dialogues.'

★21　Wittgenstein, *Culture and Value*, p.77.（ウィトゲンシュタイン『反哲学的断章』二一〇頁、「ほとんどいつも私は、自分自身との対話を書いている。私自身とふたりっきりで話していることを、書いているのだ。」）

★22　Terry Eagleton, 'Introduction to Wittgenstein', *Wittgenstein: The Terry Eagleton Script, The Derek Jarmin Film*, London: British Film Institute, p.9, 1993.

★23　Wittgenstein, *Culture and Value*, p.77.（ウィトゲンシュタイン『反哲学的断章』八九頁、「無理に一本の線にそって考えつづけることは、私には苦痛である。……思想を整理するなんて、まるで意味がないことかもしれないのに、そのために私は、言いようのない徒労を重ねている。」）

★24　Wittgenstein, Philosophical Investigations, p.50.（ウィトゲンシュタイン『哲学探究』一〇五頁、「（哲学者の仕事は、）一定の目的に向かって、諸々の記憶を寄せ集めることである。」）

★25　Ibid., p.3.（同書、一六頁）

★26　Fann, *Ludwig Wittgenstein: The Man and His Philosophy*, p.109.

参照項目

『教育の主要思想家50人』所収、**ルソー**、**ソクラテス**の項

ウィトゲンシュタインの主要著作

・*Philosophical Investigations*, trans. G. E. M. Anscombe, Oxford: Blackwell, 1953, 3rd edn, 1972.（『哲学探究』藤本隆志訳、ウィトゲンシュタイン全集8、大修館書店、一九九五年）

・*Tractatus Logico-Philosophicus*, trans. D. F. Pears and B. F. McGuinness, London: Routledge & Kegan Paul, 1961.（『論理哲学論考』野矢茂樹訳、岩波書店、二〇〇三年）

・*The Blue and Brown Book*, Oxford: Blackwell, 1969.（『青色本・茶色本他』大森荘蔵訳、ウィトゲンシュタイン全集6、大修館書店、一九九五年）

・*On Certainty*, G. E. M. Anscombe and G. H. von Wright (eds), trans. Denis Paul and G. E. M. Anscombe, Oxford: Blackwell, 1979.（『確実性の問題・断片』黒田亘・菅豊彦訳、ウィトゲンシュタイン全集9、大修館書店、一九九一年）

・*Culture and Value*, G. H. Von Wright (ed.) (in collaboration with Heikki Nyman), trans. Peter Winch, Oxford: Blackwell, 1980.（『反哲学的断章――文化と価値』丘沢静也訳、青土社、一九九九年）
・*Zettel*, G. E. M. Anscombe and R. Rhees (eds), Oxford: Blackwell, 2nd edn, 1981.（『反哲学的断章――文化と価値』丘沢静也訳、青土社、一九九九年）

関連図書

・Anscombe, G. E. M., *An Introduction to Wittgenstein's Tractatus*, Philadelphia, PA: University of Pennsylvania Press, 1971.
・Baker, G. P. and Hacker, P.M.S., *Wittgenstein: Understanding and Meaning*, Oxford: Blackwell, 1980.
・―― *Wittgenstein: Rules, Grammer and Necessity*, Oxford: Blackwell, 1985.
・Bartley, III, W.W., *Wittgenstein*, Philadelphia, PA and New York: J. B. Lippincott, 1973.
・Cavell, Stanley, *The Claim of Reason: Wittgenstein, Skepticism, Morality, and Tragedy*, Oxford and New York: Oxford University Press, 1979.
・Englemann, Paul, *Letters from Wittgenstein with a Memoir*, Oxford: Blackwell, 1967.
・Hacker, P. M. S., *Wittgenstein: Meaing and Mind*, Oxford: Blackwell, 1990.
・Janik , Allen and Toulmin, Stephen, *Wittgenstein's Vienna, London:* Weidenfield & Nicolson, 1973.（S・トゥールミン＋A・ジャニク『ウィトゲンシュタインのウィーン』藤村龍雄訳、平凡社、二〇〇一年）
・Kenny, Anthony, *Wittgenstein*, Harmondsworth: Penguin Books, 1975.（A・ケニー『ウィトゲンシュタイン』野本和幸訳、法政大学出版局、一九八二年）
・Kripke, Saul A., *Wittgenstein on Rules and Private Language*, Cambridge, MA: Harvard University Press, 1984.（ソール・A・クリプキ『ウィトゲンシュタインのパラドックス――規則・私的言語・他人の心』黒崎宏訳、産業図書株式会社、一九八七年）
・Malcolm, Norman, *Ludwig Wittgenstein: A Memoir*, Oxford and New York: Oxford University Press, 1984.（ノーマン・マルコム『ウィトゲンシュタイン――天才哲学者の思い出』板坂元訳、平凡社、一九九八年）
・McGuiness Brian, *Wittgenstein: A Young Life*, 1889–1921, London: Duckworth, 1988.（ブライアン・マクギネス『ウィトゲンシュタイン評伝――若き日のルートヴィヒ　一八八九―一九二一』藤本隆志ほか訳、法政大学出版局、一九九四年）
・Monk, Ray, *Ludwig Wittgenstein: The Duty of Genius*, London: Vintage, 1991.（レイ・モンク『ウィトゲンシュタイン1・2』岡田雅勝訳、みすず書房、一九九四年）

- Rhees, Rush (ed.), *Recollections of Wittgenstein*, Oxford and New York: Oxford University Press, 1984.
- Sluga, H. and Stern, D. G. (eds), *The Cambridge Companion to Wittgenstein*, Cambridge: Cambridge University Press, 1996.
- Von Wright, G. H., *Wittgenstein*, Oxford: Blackwell, 1982.

（ニコラス・C・バビュラス&マイケル・ピーターズ）

マルティン・ハイデッガー　*1889—1976*

Martin Heidegger

学習することとは、いつでもそれ自体が私たちに語りかけているところの重要な事柄すべてに対し、応答しようとすることである。……そして教育は学習より難しい。なぜなら、教育とは「学習するようしむけること」を意味するからである。★1

二〇世紀の思想におけるマルティン・ハイデッガーの重要性は、いくら強調しても強調しすぎることはない。ハイデッガーは間違いなく同時代で最も影響力のあった——そして議論をまき起こした——哲学者であり、研究者はハイデッガーの思想が哲学のみならず様々な学問分野に影響を与えていると解説している。すなわち、神学、精神医学、文芸批評、歴史的研究方法論、言語理論、科学哲学、テクノロジー社会の分析といった分野である。★2ジャン゠ポール・サルトル、モーリス・メルロ゠ポンティ、ハンス゠ゲオルク・ガダマー、ハンナ・アーレント、ミシェル・フーコー、ピエール・ブルデュー、ジャック・デリダ、チャールズ・テイラー、リチャード・ローティといった、数世代にわたる優れた思想家たちが、ハイデッガーに思想の源泉を負っていると認めている。★3このようにハイデッガーの著書は独創的な性格を有しているうえに、非常に大部に及んでいる。現在も刊行中のハイデッガー全集は、最終的に百巻近くにも達すると考えられている。ハイデッガーが教育という論題それ自体にはっきりと焦点を当てて取り組むことはほとんどなかったが、人間の状況や、学習・思考・理解の本質に対して深い洞察がなされているため、ハイデッガーの思想のなかでも教育という領域が、教育思想に大きな影響をもたらしうる——現在ではそのように認められだしている。

マルティン・ハイデッガーは一八八九年九月二六日、ドイツの（バーデン州）メスキルヒで生まれた。

一九〇九年にフライブルク大学に入学したハイデッガーは神学と哲学を学び、一九二二年にはマールブルク大学で哲学を教授するように任ぜられた。マールブルク大学において、ハイデッガーは思考への情熱をはっきりと体現して聴講者を刺激し、思考それ自体を伝えたことにより、学生を感化する教師として好評を得ていた[★4]。また最初の主著で、思想界に大きな影響をもたらした『存在と時間』は一九二七年に出版されている。これらの功績から一九二八年にハイデッガーはフライブルク大学の哲学講座の正教授に任命され、世界的にも卓越した存在として知られるようになってきた。第二次世界大戦期前後の争乱期も絶えることなく一九六七年まで講義を続け、また一九七六年五月二六日に没する直前まで執筆を続けた。遺骸は生まれ故郷であるメスキルヒに埋葬されている。

　一見非常にアカデミックな生涯にまどわされて、その思想までが単に学究的な価値しかないものと考えるのは誤りである。教育に関連していうならば、思考や個人の本来性の概念を発展させたことや、現代の応用科学に対して極めて重要な、徹底した批判を行ったことは、ある点において教育実践の進展に深い影響を与える潜在的な可能性が認められる。本章の冒頭でひいた引用が示すように、ハイデッガーは学習について、非常に要請が強く、参加を強く求める性格をもっていると見なしていた。それというのも学習とは、学習者が十分に没頭することを要し、徹底して教え込む過程を経ることなく習得することは決してできないものだからである。そしてまた確かにハイデッガーの著述では、国家的な教育カリキュラムにおいて達成すべき詳細な教育目的は、あらかじめ規定された言葉でもって描かれてはいない。さらに教師は生徒を学ぶようにしむけるべきであって、生徒に学習を強いるべきではない、とされる。このような言葉からはかなり受動的な学習の性格が想定されているようにみえるが、そのような解釈はハイデッガーの思想の真髄と大きな隔たりがある。ハイデッガーが重視するのは、学習者が思考の要求と厳密さを甘んじて受け容れることである――すなわち学習者は、みずからのおかれた唯一無二の学習状況に基づいて、考えるように求められた指令に応えるべきである。思考のメカニズム化にハイデッガーは反対するが、それというのもメカニズム化は思考をあらかじめ規定された枠内にとどめてしまい、往々にして思考を手段としての機能に限定し、思考の可能性を閉じてしまうからである。ハイデッガーにとっての本当の思考とは、あらかじめ規定された一連の情報や思想に同化することではなく、未知の事柄へと突入する、刺激的でかつ骨の折れる行程であった。ここまで描かれたところで、ハイデッガーの考察を考えるうえでわれわれが理解するための手がかりとなる端緒は与えられているが、まだ自明となるには至っていない。

　このような学習に対する見解は、本来的な生の本質、本来的な理解などに対するハイデッガーの見解を考えてみても広く認められる。ハイデッガーが『存在と時間』でなした（未完の）探究は、「存在」の本質を理解すること――すなわち、実在する事物を通じて理解することであった。この解釈をすすめる手段として、ハイデッガーは存在がみずからを顕わに示す場について深みのある分析を始める――すなわち人生やその理解（「現実存在」）についての分析である。

　それと同時に、人間の実存についての分析は、ハイデッガーにとっては存在という論点を研究するための足がかりに過ぎないが、実存の分析はそれ自体として、教育を考えるうえで大きな示唆を与えるものである。『存在と時間』においてハイデッガーが人間の存在について行う性格づけのなかでも重要とされているのは、人間が自分という存在を問題とされるべき存在者として捉えていることである。様々な場面で選択を行い、自らの考えをもっているわれわれ人間は、理解をしながら生きている。しかし理解の妥当性については、たいていの場合われわれはハイデッガーが「ひと＝自己」に言及する際触れている「おしゃべり」や「聞き伝え」に沈潜しているために、あらためて問い質さずにそのままにしている。[★5] これは現実的に直接自分と関係する出来事のせわしなさや、「ひと」の「思慮分別」――すなわち、「すべてのひと」の考えや言葉――に誘導されることによって規定され、精神を限定している枠組みを指している。つまり、本質的には当てにならないこのような「平均をとった」人生の解釈では、ものごとを自分自身の独自の実存にとっての意味をふまえたうえで考えられていない。――「独自の実存」とは言い換えれば、みずからの死という避けられない現実によって束縛され、切迫感を与えられている実存である――しかし、ものごとを単に現時点での流行や世間話に従って解釈すれば、個々人で異なる真の条件において、ものごとの前提の妥当性を問い質すよりも、すぐに新たなものごとへと解釈を進めていける。したがってこのように生きることは「非本来的に」生きることである――つまり、自己自身に対して誠実に生きていないのである。

　こういった考えを、先に論じた真の思考の本質に関するハイデッガーの見解と関連づければ、従来の学校に根本的な課題をたくさん提起できると認められる。たとえば次のような類いの問題が提供される。学校で学習に「聞き伝え」の性格をどの程度もたせるべきか――そして生徒の「聞き伝え」の機会を少なくし、さらに「聞き伝え」を促進しないで、真に自分自身の実存についての意識を学ぶよう結びつけられるか。また学校での学習に新たな刺激を与えるような教育の概念が、道具的概念からどの程度導き出されるだろうか。人生や労働に対面して、個人の真意について根底的な問いを避け、これまでに説明したような問題についての関わりに向かって開かれた状況を避けるような考えが、道具的概念であるとするならば。ハイデッガー研究者の記すところによるとハイデッガーの認める適切な教育とは、単に知識それ自体の習得が目的でもなければ、グローバル資本主義の要求を満足させるために必要な能力の習得を目的とするのでもない。私たちが学習から導き出すのは、教育が価値や意義に深く関係している、ということである。――教育がいかに私たちの態度や行動に影響しており、責任ある個人として、あるいは人間同士の関わりあいの当事者として自分自身を捉える際に抱く概念に、いかに影響しているかは、私たち自身が実感しているとおりであろう。

こういった学習の特質を働かせるために、従来の教育のあり方の基盤をなしている教師―生徒関係とは性質の異なる概念が必要となる。教師―生徒関係をあらかじめ定められた知識や能力（教師と生徒のどちらもが、いつか身につけられるよう義務づけられたものとしての知識や能力）を伝える（あるいは引き渡す）手段として捉えるべきではない。むしろ教師―生徒関係が開かれた間柄となり、絶えず学習者が取り組んでいる分野に自分から関わるという特質から始まるのであって、開かれた間柄は学習者からの関わりをぶしつけな反応とはせず、自由なものとしている。学習の明確な趣旨はこの関係から展開されるのであって、この関係に先立って定められるべきものではない。だが確かに教師という役割は、学習者が自分から関わるのを待つよりも学習者を促して学習へと駆り立てるのであって、一例を挙げれば、学習者が問わねばならない問題を認識させ、その問題を追究させるために助成を行うのである。

教育に対するハイデッガーの考察を敷衍して、著者はこういった教師の任務を一種の「感情移入の喚起」（ボネット、一九九四年）と表現した。なぜなら教師には学習者を受け容れることと要求することの双方が求められるからである。教師は学習者からの関わりに対して共感する必要がある――そうはいっても、この関わりを手前勝手なものにさせ、そのために無益なものとしてしまうようなやり方ではなく――むしろこの関わりにおいて、なにが内容として提供されているか、なにがそのなかで「進行中」であるか、そして学習者にとってなにが問題となっているかを認識することを通じて学習へと駆り立て、学習を喚起するのである。寛大さと相互の信頼は、生徒の考えに同意するときでも異議を唱えるときでも、教師を定義づける特色として重要となる。――すなわち、関わりのなかでなにを考えるべく求められているかを聞き入れ、生徒が自分たち自身のためにこの求められているものを見つけられるよう手助けするのである。これは、あらかじめ決められた一般的基準を満たすよう要求するような教育のあり方や、分かりやすい学習の成果を得るために決められた一斉テストを行い、責任を果たしたつもりでいるような教育方法からは遠く隔たりのある教育である。また、あらゆることを子どものつかの間の気まぐれな思いつきや、抑えのきかない勝手な興味のままにして、甘んじて受け容れているような教育と（しばしば誤ってではあるが）表現されるような、児童中心主義の見解に立った教育とも明確に区別される。ハイデッガー研究者はハイデッガーの教育が、学習者や教師や教育内容などの品位、あるいは誠実さを保護するものであると記している。このような理由からして、ハイデッガーが教師の任務を「崇高なもの」[★6]と考えているのは疑いようのないことである。

これはハイデッガーの思想に占めている、教育にとってとりわけ重要な別な要素、すなわちテクノロジー批判や合理主義批判に対立する要素を提示している。ハイデッガーの思想は、公平で明確なあらゆる教育方法にとってたいへん価値がある――たとえば、学校の規律や道徳律に関して述べられたり、学校のしきたり、風習、気質に関して、あるいは公に示された学校の目標についてや、様々な教育課程の領域に与えられる適切な状況について、述べられたりする――それと同様に、ハイデッガーの思想は間接的なやり方であるにもかかわらず、私たちと世界との関係を調整するため、教育が伝える価値観に対してとても強く意識を配らせる。こうして世界に対する私たちの見方を形づくり、また自分自身に対する見方を形づくるのである。現代のテクノロジーに対するハイデッガーの分析はその本質において統御の原動力をなし、世界を資源として活用するような存在のあり方をあらわに示唆する。そして、ハイデッガーの明晰な分析結果によると、この「計算高い」思考方法は、すべてのものごとを人間の欲求に役立つか否かの可能性から量り、総体的に現代の合理性のうちに次第に浸透し、支配的となっている——分類、評価、説明、予測が行われるのは、知的所有のためであり、実質的に役立てるためである。こういった考えは、思想をとり巻く状況のなかでも、教育の道具的見解にはっきりと反対する人たちにとって特に厄介なものである。道具的見解は、合理性の発展を新しい教育上の目的として採用し、実利的な目的に教育を適応させようとしている。そのような「進歩主義の教育者」は、より豊かな教育の概念をもたらそうという意志を抱いて、精神の発達と強化は精神に必定の「存在理由（レゾン・デートル）」であると断言し、教育のなかで合理性を称揚することが、考える存在としてある個人が完全な発達を遂げるための基礎を築くと考える。だが一方でハイデッガーの分析は、このような見解が表面上は道具主義に反対しているように見えながら、実は教育に一種の極端な道具主義をもちこむ危険があると示唆している。たとえすぐれた思考を決定づけるものであっても——「公平な」合理性のようなものであっても——実際には相当不完全であり、それは世界について計算高い態度を表明している。確かに教育学者はある種の合理性にみられる絶対的な有用性や、以前に学生の思考を発達させた知識や、自らの抱くイメージ、そして自分自身や世界について——それを正当化するような——イメージを警戒する必要がある。

　これは単に感覚的な問題ではない。たとえばイギリスを例にとるなら、国立の学校において算数や理科、ＩＣＴ（information and communications technology＝情報伝達技術）といった、表面上「計算高い」教科のカリキュラムが支配的になってきている。ここで問題になっているのは、これらすべての教科の性格、教育における質の意義に対するわれわれの解釈である。教育目標が個々の学習者から無関係のうちにあらかじめ規定されたような、非常に計算高い教育モデルにのっとってあらゆる教育は考えられるようになるだろうし、ハイデッガーが描いたような十分な学習者の関わりがないために、教育のシステム化が推し進められてゆくことが徐々に明らかになってくるだろう。それと同時に文学や芸術にしても非常に合理主義的な方針にしたがって考えられ、組み立てられがちである。合理主義的な方針は文学や芸術を、これまでに学ばれ、客観的に適用された（あるいは評価を与えられた）従来のカテゴリー、規準および真理のうちにおし留めてしまいかねない。そのためにあらかじめ規定されていないようなものの在りようが、新たに生まれる機会は失われてしまう。この規定されたものと規定されていないものとの差異は、教育カリキュラム――数学や科学を含めた――がより開かれ、その内容が「詩的な」質を保ち、学習における個人間の関わりが厳格でありながら豊かさをもつことを称揚するようなやり方で教えられることによって強調される。他にも様々な物ごとについてハイデッガーの思想は、私たちを重要な方針の選択に直面するようにしむけ、教育の概念にとって重要な選択の意義とは、真に「人生」にとって重要な選択の意義であると教えてくれるのである。

★注

★1 *What is Called Thinking?* trans. J. Gray, London: Harper & Row, pp.14–15, 1968.（ハイデッガー『思惟とは何の謂いか』四日谷敬子訳、創文社、一九八六年、七一―七二頁）

★2 M. Murray (ed.), *Heidegger and Modern Philosophy*, London: Yale University Press, p.vii, 1978.

★3 H. Dreyfus and H. Hall, *Heidegger: A Critical Reader*, Oxford: Blackwell, p.1, 1992.

★4 Hans-Georg Gadamer, quoted in *Martin Heidegger: Basic Writings*, D. Krell (ed.), London: Routledge & Kegan Paul, pp.15–16, 1978.

★5 *Being and Time*, trans. J. Macquarrie and E. Robinson, Oxford: Blackwell, sections 26–7, 35–7, 1973.（ハイデガー『存在と時間』二五―二七頁、三九―四二頁）

★6 *What is Called Thinking?*, p.15.（ハイデッガー『思惟とは何の謂いか』七二頁）

参照項目

本書の**ブルデュー**、**フーコー**の項

ハイデッガーの主要著作

・*What is Called Thinking?* trans. J. Gray, London: Harper & Row, 1968.（『思惟とは何の謂いか』四日谷敬子訳、創文社、一九八六年）

・*Poetry, Language, Thought*, trans. A. Hofstadter, London: Harper & Row, 1971.

・*Being and Time*, trans. J. Macquarrie and E. Robinson, Oxford: Blackwell, 1973.（『存在と時間（上・中・下）』桑木務訳、

岩波書店、一九六〇—六三年）
- *The Question Concerning Technology and Other Essays,* trans. W. Lovitt, London: Harper & Row, 1977.
- *Martin Heidegger: Basic Writings,* D. Krell (ed.), London: Routledge & Kegan Paul, 1978.

関連図書

- Bonnett, M., *Children's Thinking,* London: Cassell, 1994.
- Cooper, D., *Authenticity and Learning,* London: Routledge & Kegan Paul, 1983.
- Dreyfus, H. and Hall, H., *Heidegger: A Critical Reader,* Oxford: Blackwell, 1992.
- Mulhall, S., *Heidegger and Being and Time,* London: Routledge, 1996.
- Peters, M. (ed.), *Heidegger, Modernity and Education,* Boulder, CO: Rowman and Littlefield, 2001.

（マイケル・ボネット）

ハーバート・エドワード・リード

1893—1968

Herbert Edward Read

芸術は教育の基礎としてあるべきである。★1

ハーバート・リードは二〇世紀で最も多作な人物のひとりであって、国際主義者《コスモポリタン》にして、野心的なイギリスの知識人としても知られる著述家である。実際リードはその生涯において、批評家、学者、詩人、主義主張の主唱者、教育学者といったあらゆる方面で活躍している。リードは学術的出版と一般的出版とに並外れた量の作品を遺している——六十冊以上の本と、千編もの論説や批評——そのなかにはリード自身の注目すべき文学上の業績や、現代の芸術や文学に対する説明や解釈のために絶え間なく行った政治的・文化的擁護が含まれている。リードはカール・ユングやヘンリー・ムーアといった世界一流の才能ある人々を擁護しているが、一方でT・S・エリオットやW・H・オーデンといったほかの才能ある人たちとは公然と敵対者になっている。個人の自由に対する情熱から、リードは一般に「哲学的アナキスト」と見なされる（リードもそのように説明されるのを拒否してはいない）★2が、リード自身は少なくとも公的な性格をもつ場においては控えめに話していた。確かにリードは逆説や矛盾に富んだ人物である。

ハーバート・リードは一八九三年一二月四日、イングランド北東部のヨークシャー地方に生まれて農家で育ち、リーズ大学に入学した。同時代のほかの人たちと同様に第一次世界大戦中には歩兵士官として従軍しており、そこでの経験をやむにやまれず詩として表現したものが『裸の戦士たち（*Naked Warriors*）』（一九一九年）である。戦後リードは数年間にわたり財務省で勤務し（一九一九—二二年）、その後ロンドンのヴィクトリア・アンド・アルバート博物館の副館長となった（一九二二—三一年）。短期間エジンバラ大学で教鞭を執ってから（一九三一―三三年）、イギリスの教養を確立するにあたり長きにわたって貢献した『バーリントン・マガジン』の編集長となった（一九三三―三九年）。一九三〇年代を通じてリードはサミュエル・ベケットやデントン・ウェルチといったモダニストの作家や、バーバラ・ヘップワースやベン・ニコルソンといった芸術家を擁護した。雑誌の編集者という立場から、学究的な知識階級の社会集団に接近する道筋が開かれたが、リードはさらに数多く書かれた一連の通俗的な本や雑誌、新聞の論評において、モダニズムを一般大衆に向けに変化させていった。

　このような望みを抱いたリードは、美学の概念を視覚芸術より導き出された職人の技能の伝統といった社会的価値として探究することで、芸術と生活の差異を縮小しようと努めた一九世紀の先駆者たちである、ジョン・ラスキンやウィリアム・モリスの功績を継承している。リード、ラスキン、モリスらが考えたように、こういった運動はますます人を悩ませつつある（産業革命によって危険に晒された）、社会構造を正すための改善策を提示するであろう。またリードはロマン派の作家に対するラスキンの好意を継いで、T・S・エリオットにより導かれた進歩的な文学批評が、旧弊な表現形式として否定し去ったワーズワース、コールリッジ、シェリーといった一連の英国人作家を頑強に擁護した。

　リード自身の創作した作品は、その時代や、自身の編集に関する責任、解釈の責任に配慮して取り組まれている。リードの詩は好意的に受け容れられ、一九一九年から一九六六年にかけて数冊が発表されている。一九五五年に発刊された『詩歌』のなかで、リードは自己自身を生命の連続性、それもおそらく芸術や伝統を継ぐものとしての生命の連続性と見なしている。

あまりに長く我が心臓の
きらめく小さな血の塊は
同期《ユニゾン》を示して鼓動する
汝の不滅の流れとともに[★3]

実際、リードは精選したものではあるが伝統を護持すること――リード自身の好みには事実、古典が適っていた――を、新風を支持し、啓発し、新風を世に紹介することと同時に自らの職業上の使命と考えていたようである。モダニズムの提唱者としてリードの果たした役割は、イギリスでは他に類を見ないものである。前衛芸術家たちはしばしば仲間うちで小競り合いをし、前衛芸術を世の中に受け容れさせることに失敗していた。リードはインダストリアル・デザインやその他の視覚芸術の新たな形式の基として取り上げることで、キュビズムからシュールレアリズム、抽象的表現主義へという動きを奨励した。

新たな芸術の支持者としてリードの果たした重要な役割は、現に文化的な支配力をリードに与えた。伝記作家のジェームス・キングが記すように、リードは「流行を生み出す人物であり、文化の指揮者」[★4]であり、あらゆる芸術および文化をみずからの活動領域としていた。リードの視野と洞察は、絵画から彫刻、建築、デザイン、陶芸、ステンドグラス、散文、詩歌にいたるまでを含んだ、圧倒的な広範囲におよぶ芸術形式へと惜しみなく注がれた。リードの読者の多くは学のない一般大衆だったが、その人たちはシーンに忽然と現れたたくさんの現代的芸術様式の、当惑させるような多様性と無理解を認めているリードのうちに、しんぼう強い教師の姿を見出すことができた。『今日の美術』(一九三三年)や『イコンとイデア』(一九五五年)、『現代のイギリス芸術』(一九六四年)といった書物のなかで、リードは芸術家とその作品における動機づけ(リードはユング派の精神分析を芸術に初めて応用した人物のひとりである)や意味を考察している。

作家としてのリードのあり方は、リードの「プロデューサー」としての性格によってより強化された。リードの専門的知識の幅と、職業上であげた貢献の規模はけた外れに大きい。リード自身の文学作品や批評が数多くあるのに加えて、由緒あるイギリスの出版社であるラウトレッジ&キーガン・ポールの理事を四半世紀にわたって務めている。さらにリードは展覧会の展示作品の選出や企画の進行を行い、リードの関わった展覧会として一九三六年にロンドンで開催されたシュールレアリストの大展覧会や、一九四〇年代に数回催された、リード自身の芸術教育計画に先立つ子どもの芸術の展覧会などが知られている。またリードは芸術教育の後援団体を設立しており、そのうちには一九四三年のデザイン・リサーチ・ユニット、一九四八年の現代芸術学会(the Institute of Contemporary Arts)、ユネスコが支援した一九五一年の芸術による教育のための国際協会(International Society for Education through Art)が含まれている。そしてリードはヨーロッパ各地やアメリカを訪れているが、ハーバード大学でリードが行ったチャールズ・エリオット・ノートン講座は、一九世紀末にハーバード大学初の美術教授として勤めている間になされたもので、芸術を社会に広めた人物として、また社会事業家としての役割を果たした人物という栄誉をリード自身に授けるものであった。

つまるところリードは、人々の芸術に対する理解と正しい認識の導入を援助することにのみ非常な関心をもっていた。リードはラスキンやモリスの社会的美学原理のように人間の発達に対して根本的な信頼を有していたので、美学を超えて芸術を発展させたのであろう。それは一九六八年、『ニューヨーク・タイムズ』誌に掲載されたハーバード・リードの死亡記事のなかでヒルトン・クレイマーが記しているように、リードは芸術を「おそらく開化した文明からなる社会構造の最も本質的な要素と見なしていた……すなわち社会的価値の大規模な改訂をもたらす試みの基盤として見なしていた。」そしてその試みにおいて「教育は主要な役割を担っている。」[★5]

一九四三年に初版が刊行されたリードの『芸術による教育』は、リード自身が自著のうちで最も影響力をもつと考えていた本である。現在は絶版となってから三十年が経つが、一九四〇年代から六〇年代にかけて芸術やその他の分野の教育者の一世代は、(特にイギリスでは)この本の社会的メッセージによって育まれた。第二次世界大戦が山場を迎える最中に書かれたこの著作で、リードは芸術のもつ独創的で想像的な活力を、際限のない暴力の連鎖に対抗するために用いるよう願っている。リードは芸術家を「内在する価値の自覚」を提示する「理想的な模範」と見なした。[★6]このような切望を抱いて、リードはナショナリズムや宗教、民族性といった障害や、足かせを超越する必要をいたるところで深く感じている芸術教育家や、その他の教育者の代弁を行った。

『芸術による教育』は、具体的には示されていないものの、教育的な本である。学習計画やカリキュラムは提示されていないが、精神と人格の一般的教育を行うための枠組みとして芸術を捉えるという基本原理は明確に述べられている。それぞれの章のなかで考察されているそのような論題を挙げれば、「理解力と想像力」、「無意識の統合方法」、「規律や道徳性の美的な基本原理」などである。またリードはみずからを教育者としてよりも、むしろ哲学者や批評家として見なしていた。リードの果たした役割は、芸術教育のために哲学的基盤を与えることである。そのためには、人間社会の最も急を要する問題——すなわち、間断なくつづく蛮行への堕落(実際リードが同書を執筆している間もホロコーストは進行中であった)——へ焦点をあてられるようにし、思いやりのある原理に則った世界の秩序が必要とされる。

リードが主張したように芸術による教育とは、「平和のための教育」（『芸術による教育』に次いで発表された評論集の表題。一九四九年）である。他国の文化財を探究し、理解し、楽しむような国であれば、戦争をすることに一般に認められる価値を見いだすことはできないであろう、というのはおそらく正しい。だがその希望は立派であるにしても、方法論に関してはそうでもない。リードは芸術と心理学の間の境目をなす未開拓の分野を発展させたが、人間存在を変化させるという行動主義者の指針に対してあまりにも信頼をおきすぎたために、自由よりも教化へと導いていってしまった観がある。

ハーバート・リードは、新しいモダニズムがもつ芸術の力、そして救いの力について、自らの支持を読者に対して教育しはじめていた。『芸術による教育』やそれ以降の著作でリードは、「ひとの人格を全面的に新たな方向へと向けること」に専念した。[★7] 芸術の研究と実践、美学的教育によって生じるものは、リードの推定によると例外なく倫理的な美徳へと導かれる。ただこれだけでは新しい考えとはいえないが、リードは議論に博識な学者の能力をもち出し、プラトンの『国家』による教育の理論、ゲシュタルト心理学の原理、子どもの図画に関する最近の学術研究といった、多様な拠りどころからくみ出している。

『芸術による教育』は、進歩的な一九二〇年代・三〇年代を通過した後にあたる当時の芸術教育に関する思想を概括したものである。二〇年代から三〇年代の期間には心理学や知覚の機能の能力が思想領域で優位を占めはじめており、第二次世界大戦後は主にヴィクター・ローウェンフェルト、ルドルフ・アルンハイムによって導かれた、二十年にわたる思想の主導的立場が同書では紹介されている。リードは哲学的な均衡を保っている。

ハーバート・リードは明らかに、多作でありながら誠実な学者である。しかしリードの個性と取り組みにおいて矛盾があるのもまた明白である。一方でリードはコスモポリタンとして、とりわけ芸術とインダストリアル・デザインにおいて、台頭しつつある国際的なモダニストの流行にイギリスの貢献をうち立てようと努めた人物である。だが同時にイギリスの詩歌ということになればリードはむしろ伝統主義者であって、よく知られているようにロマン派を奉じていた。リードは「哲学的アナキスト」（クレイマーが記すように、「ロマンチックな切望として、権力を根絶する夢をもちつづけた」[★8]）の囚われのない役まわりを好みながらも、同時に編集者、世話役、代表者として体制のなかで不自由なく、そしてこつこつと働いていた。リードは彼の死亡記事によると「著名な人物」で、「国際的な文化官僚のなかで最も名高い、文化の立役者のひとり」であり、絶え間なく審査委員会、会議、シンポジウムに出席していた。[★9] そしてハーバート・リード卿は一九五三年にナイト爵位を授けられており、ナイト爵位を断るほどにアナキストとしてあったわけではない。

おそらく批評家や伝記作家のなかでもとりわけ厳しい判断をくだす人たちはリードに関して、ポップアートのような形態の、いわゆる「ポストモダン」運動といった彼がひどく嫌うものを除いたなら、リードは同時代のあらゆるものを無差別に是認している、と考えている。リードはモダニズムの度を越した行為や怠慢さに無批判であったように思えるし、英国の芸術に偏って肩入れすることで名声を得たようにも思える。さらに加えて、リードのベストセラーになった『簡約版の歴史』においてみられるように、一般大衆のために芸術の内容をこぢんまりとまとめたり、まとめなおしたりしたために、時として芸術が本来もつ知性的な本質が嘆かわしくも失われてしまったのは当然の結果である。[★10]

評価される側面では、ハーバート・リード卿はしばしば戸惑わされたり、ダイナミックな変化を生み出したりするモダンアートの世界に説明と解釈を加えて明らかにする風潮をもたらした点が挙げられる。リードは何千という読者や観衆が理解し難い、解釈し難いだろうことを把握できるようにしており、それを認識しているリードは、みずからが芸術と生活の統合へと人々を導くように社会に役立つ責任がある、と考えていた。どういうわけかリードの貢献についてなされた批評のなかで指摘されていない点は、視覚芸術におけるリードの「プロデューサー」としての役割であり、それはリードの文学作品や自伝の記載にあらわれ、とりわけ『ハーバート・リード自伝』（一九六三年）において顕著である。そして少なくともリードの著書のなかでもひとつは小説として、『緑の子ども』（一九三五年）がそうである。またリードは文学批評にいくつか重要な貢献を果たしている。たとえば、リードは有機的な形式と抽象的な形式を区別して説明するときに、それぞれの状況のなかで個々の芸術家に必要とされるのは前者の有機的な形式のほうだとして好んでいた。

実際リード自身の生涯は、自己の存在の様々な側面に有機的な統一を与えるように編成されていた。作家として、編集者として、出版社の理事として、リードはイギリスの文学や批評の力強い動向をつらぬく道筋を誘導し、描くのに役立つことができた。現代芸術の講師として、あるいは解説者として、リードは同時代の絵画、彫刻やその他の芸術形式により身近になるよう人々を惹きつけたいという、プロデューサーとしての欲求にしたがっていた。巧みな警句や哲学的議論でもって、リードは新進の芸術を一般大衆に、とりわけ前衛芸術に関しては必ずしも理解や賛同のあるわけではない人々に、紹介しようと努めた。

教育者にとって、リードは「芸術による教育」という遺産を遺しているが、それは単に著作としてのみならず、教育上で理想とされる主義主張としても受け継がれている。すなわち、その思いやりのある理想像は現在も、教師やその他の人々の善意を活気づけるものとして価値を保ちつづけている。今日の学生はリードを現在の事象に引き寄せて考えるよりも、歴史的な影響力という点に着眼するかもしれないが、その理想像の崇高さと、個々人の感情の表出を原理とした公正な社会を求める願いとは、リードの文章を未だに熟考に値するものとなしている。リードの思想の真意は、社会や文化の指針として生きつづけることで、文学作品や芸術作品をその拠りどころとして、道徳性の促進や教授を促している。そしてそれは多くの作家、芸術家、教師や親たち、および他の人々のそれぞれのあり方において、優先されるべき事項として受け継がれている（アメリカの芸術教育を例にとれば、国際芸術教育協会における「社会理論に関する幹部会（Caucus on Social Theory）」がそれにあたると思われる）。リードは、自身が敬愛したロマン派の詩人たちによっておそらく最も素晴しく表現されているような「イギリスの」理想を、体系だった自己の目的と達成の感覚に沿って生きるという生涯によって象徴していた。ハーバート・リードはみずからの目的を自覚し、そしてその目的を速やかに、かつ情熱的に実現したのだった。

★注

★1　Read, *Education Through Art*, pp.305, 308.（リード『芸術による教育』宮脇理・岩崎清・直江俊雄訳、フィルムアート社、二〇〇一年、三四九―三五三頁）

★2　Read, *The Cult of Sincerity*, New York: Horizon Press, pp76–93, 1968.（リード『無垢の探究』相原幸一訳、紀伊国屋書店、一九七〇年、九九―一二三頁）

★3　Read, *Moon's Farm & Poems Mostly Elegiac*, London: Faber & Faber, 1955.
★4　James King, *The Last Modern: A Life of Herbert Read*, London: Weidenfeld & Nicolson, London, preface, p.xv, 1990.
★5　Hilton Kramer, *New York Times*, 30 June 1968, section II, p.23.
★6　*Education Through Art*, pp.305, 308.（リード『芸術による教育』三四九—三五三頁）
★7　Malcolm Ross, 'Herbert Read: Art, Education and the Means of Redemption', in David Goodway (ed.), *Herbert Read Reassessed*, Liverpool: Liverpool University Press, p.199, 1998.
★8　Hilton Kramer, op cit.
★9　Ibid.
★10　Read, *A Concise History of Modern Sculpture*, London: Thames & Hudson, 1964.（『近代彫刻史』藤原えりみ訳、言叢社、一九九五年）

参照項目

『教育の主要思想家50人』所収、**プラトン**、**ラスキン**の項

リードの主要著作

- *Naked Warriors*, London: Arts & Letters, 1919.
- *Collected Poems*, London: Faber & Faber, London, new edn, 1953, c.1926.
- *Reason and Romanticism*, New York: Russell & Russell, 1963, c.1926.（『批評の属性』佐山榮太郎訳、研究社、一九三五年）
- *Art Now: An Introduction to the Theory of Modern Painting and Sculpture*, New York: Harcourt, Brace & Company, 1933.（『今日の美術』増野正衛、多田稔訳、新潮社、一九七三年）
- *The Innocent Eye*, New York, Henry Holt & Company, 1947, c.1933.
- *The Green Child: A Romance*, London: Robin Clark, 1989, c.1935.（『緑の子ども』前川祐一訳、河出書房新社、一九七五年）
- *Surrealism*, London: Faber & Faber, 1936.（『シュルレアリスムの発展』安藤一郎訳、国文社、一九七二年）
- *Collected Essays in Literary Criticism*, London: Faber & Faber, 2nd edn, 1951 , c.1938.（『文学批評論』増野正衛訳、みすず書房、一九八五年）
- *To Hell with Culture*, London: Kegan Paul, Trench, Trubner, 1941.

- *Education through Art*, London: Faber & Faber, new rev. edn 1958 , c.1943.（『芸術による教育』宮脇理、岩崎清、直江俊雄訳、フィルムアート社、二〇〇一年）
- *The Grass Roots of Art*, New York: Meridian, 1967, c.1946.（『芸術の草の根』増野正衛訳、岩波書店、一九九二年）
- *Art and Industry: The Principles of Industrial Design*, London: Faber & Faber, 1947.（『インダストリアル・デザイン』鶴見静、前田泰次訳、みすず書房、一九五七年）
- *Education for Peace*, New York: Charles Scribner's Sons, 1949.（『平和のための教育』周郷博訳、岩波書店、一九五二年）
- *Contemporary British Art*, Baltimore, MD: Penguin Books, rev.edn 1964, c.1951.
- *Icon and Idea: The Function of Art in the Development of Human Consciousness*, Cambridge, MA: Harvard University Press, 1955.（『イコンとイデア――人類史における芸術の発展』宇佐見英治訳、みすず書房、一九八三年）
- *The Contrary Experience: Autobiographies*, New York: Thames & Hudson, 1964.（『ハーバート・リード自伝』北條文緒訳、法政大学出版局、一九七〇年）
- *A Concise History of Modern Sculpture*, London: Thames & Hudson, 1964.（『近代彫刻史』藤原えりみ訳、言叢社、一九九五年）
- *The Origins of Form in Art*, London: Thames & Hudson, 1965.
- *The Redemption of the Robot: My Encounter with Education through Art*, New York: Trident Press, 1966.（『芸術教育の基本原理――人間ロボットの解放』小野修訳、紀伊国屋書店、一九七三年）
- *Art and Alienation: The Role of the Artist in Society*, New York: Horizon Press, 1967.（『芸術と疎外――社会における芸術家の役割』増渕正史訳、法政大学出版局、一九九二年）
- *Poetry & Experience*, New York: Horizon Press, 1967.
- *The Cult of Sincerity*, New York: Horizon Press, 1968.（『無垢の探究』相原幸一訳、紀伊国屋書店、一九七〇年）

関連図書

- Goodway, David (ed.), *Herbert Read Reassessed*, Liverpool: Liverpool University Press, 1998.
- King, James, *The Last Modern: A Life of Herbert Read*, London: Weidenfeld & Nicolson, 1990.
- Woodcock, George, *Herbert Read: The Stream and the Source*, London: Faber & Faber, 1972.

（ステファン・マーク・ドップス）

レフ・セミョーノヴィチ・ヴィゴツキー　*1896 — 1934*

Lev Semyonovich Vygotsky

文化は社会生活と人類の社会活動の所産である。そのために、まさに行動の文化的発達の問題を提起することで、われわれは直接に発達の社会的側面を伝えている。★1

ヴィゴツキーは二〇世紀初頭のロシアの心理学者のうちで、最も重要な人物の一人である。ヴィゴツキーは人間の意識の発達と構成に関する研究でたいへん著名であり、その記号の理論は、子どもが文化的発達の過程で言語を自分のものにする方法を説明している。しかしながら、ヴィゴツキーの影響は発達心理学以外にも広がっている。すなわち障がい者教育、成人教育、言語コミュニケーション、職業教育、情報システム研究などであり、これらにしてもヴィゴツキーやヴィゴツキーの流れをくむ研究者によって深く影響を受けた研究や実践の領域のわずか数例にすぎない。

レフ・セミョーノヴィチ・ヴィゴツキーは一八九六年ベラルーシ（白ロシア）の小さな町オルシャで、ユダヤ系の中産階級の家庭に生まれた。ヴィゴツキーの父は銀行の支店長をしており、教養のある人物で、息子にできるかぎりの教育を施そうと努めた。レフは何年ものあいだ家庭教師のもとで勉強し、学校に入学したのはギムナジウムだけで、それも八年生段階（十四—十五歳）のみだった。ヴィゴツキーはその人格形成期のあいだじゅう熱心な学習者で、十八歳までにすでに歴史、哲学、芸術や文学といった様々な対象について、多方面にわたって知識を備え、精通していた。一九一三年に、両親の強い勧めに応じてモスクワ大学に入学して最初は医学部で学び、次に法学部で学んだ。しかしヴィゴツキーの本当の知的関心は人文科学や社会科学にあったので、内証でシャニアフスキー大学に入学し、歴史と哲学を専攻していた。

当時のモスクワは、若き知識人たちにとって刺激的な場所であった。科学や哲学では新たな傾向が現れ、演劇ではスタニスラフスキーがパラダイム転換をもたらす革新を行い、言語学では構造主義による変革が行われ、文学理論はフォルマリズムの学派（シクロフスキー、ヤクビンスキー、ヤコブソン）によって変革がもたらされ、詩歌では象徴主義者たちが言語構造の使用法にパラダイム転換を図ることによってロシアの知識人たちを魅了していた。ヴィゴツキーはこういった新たな傾向のほとんどのものに興味を抱き、深い知識をもっていた。これは後ほど明らかになることであるが、ヴィゴツキーの著作に現れるロシアや西ヨーロッパの詩人、哲学者、科学者たちを並べてみると、これらの人物が独特のルネッサンス風の雄大さと質感を彼の著作に添えていることが分かる。

一九一七年にモスクワ大学を卒業してからまもなく、ヴィゴツキーはゴメリ市［ベラルーシ南東部の都市］に移住し、その地で両親と暮らした。ゴメリ市に滞在していた一九二四年までのあいだ、まず州立学校で文学を教え、それから地方の師範学校で講義をした。一九二四年に心理学研究の方法論について説得力のある発表を行い、学会で知られるようになってから後は、モスクワ心理学研究所に招かれて特別研究員として勤めた。一九二五年には『芸術心理学』と題した博士論文を提出し、博士号を認められている。この著作の序論でヴィゴツキーは、心理学は心理それ自体を目につくふるまいや内観の考慮といった直接的な証拠のうちだけにとどめることはできない、と論じている。ヴィゴツキーにとって心理学的探究は調査であって、犯罪調査のように、二次的な証拠や付随的な手がかりを考慮に入れなければならない。それには芸術作品や哲学的議論、人類学的情報などがその他の直接的な証拠に劣らず重要となる。

心理学研究所で一九二六年から三〇年にかけて行われたヴィゴツキーの研究計画の中心は、論理的な記憶や選択上の配慮、意志決定、学習や言語理解などの高次機能に関する、自然な心理学的機能の変化の仕組みについての実験研究である。この時期はヴィゴツキーの発達心理学の原理の組織化がなされた時期として特徴づけられる。その理論はあらゆる高次心理機能を採用しているにもかかわらず、ヴィゴツキー自身は言語や話しかたの発達や、それらと思考との関係性に強い関心があった。この題材について記されたヴィゴツキーの本は『思考と言語』といい、一九三四年に初版が刊行され、ヴィゴツキーの著作のうち最も知名度の高い書物となっている。

一九三〇年代初頭——ヴィゴツキーの研究歴の最も後期にあたる——は、ヴィゴツキーだけでなく、ソヴィエトの学者たち全員にとって、みずからの学問に誠実に専念することが非常に困難で、かつ重要な年月であったと考えられている。共産主義政権は、一九二九年を国家の社会的、政治的、経済的生活といったあらゆる領域における「大躍進」の年にする、と宣言した。実際、その年から共産党によって知的生活のあらゆる側面に対し統制が強化されはじめた——そのような風潮は数年間にわたって、あらゆる自由思想を完全に抑圧し、国家の知的エリートのなかでも重要な人物を現実に抹殺した。そのころよりソヴィエトの心理学者たちは、もっぱらマルクスやエンゲルス、レーニン（そしてそのうちにスターリン）の著作から思想を引き出すよう求められるようになった。このような状況の変化は、精神医学やゲシュタルト心理学といった「堕落した」、「反マルクス主義の」理論に依拠したヴィゴツキーの研究計画をひどく追い詰めていった。当時すでにヴィゴツキーは深刻な病にかかっていたが、肺結核で亡くなる一九三四年まで勤めを続けた。ヴィゴツキーが死去する以前でさえ、彼の友人や同僚の多く（そのなかにはルリアやレオンチェフが含まれる）は、モスクワ心理学研究所のもとを去って地方の閑職に就くか、論争の種にならないような類いのものに研究計画を変更するかという選択を強いられていた。同時代のロシアの心理学者たちが内々で話すところによると、たとえヴィゴツキーが肺結核で没していなかったとしても、一九三六年から三七年にかけてのスターリンによる粛清を生き残った可能性はわずかしかなかっただろう、という見方がなされている。

現代にいたって欧米でヴィゴツキーへの評価が高まっているのには主な要因が二つある。第一にはヴィゴツキーが二〇世紀の心理学界において真の碩学という稀有な例であったからである。ヴィゴツキーは直接の研究領域だけでなく、芸術心理学、文学理論、神経病学、欠陥学、精神医学といった様々な学問にも造詣が深かった。それゆえにヴィゴツキーの理論は多くの学問分野にまたがる統合体に基づいており、いろいろな分野の科学者たちの関心をひいている。

現代の社会学者にヴィゴツキーの評判が高い第二の理由は、心理過程の社会的起源に対するヴィゴツキーの分析による。ヴィゴツキーの考えでは、個人の精神機能は個人の外面に現れるものと、それに由来する社会的・文化的過程を考察することによってのみ理解されうる。心理機能は最初に、そして主要なものとして個人のうちに現れるという想定から始めるかわりに、ヴィゴツキーは人々のあいだで生じる心理過程に基づいた精神相互の手続きにおいても同じく適切に語りうると想定した。学習と発達はこの精神相互の手続きにおいて生じたものが、個々の当事者によって間主観的な過程のなかで吸収される際に見いだされる。ヴィゴツキーは心理機能を各個人や二者関係、あるいはより多人数の集団によって働き得る行動の一種と見なしていた。この見解は、精神や認識作用、記憶を「見かけ以上に拡張する」ものとして、すなわち間主観的にも主観内的にも、どちらにおいても働き得る機能として解釈する考え方である。ヴィゴツキーはみずからの理論を文化的＝歴史的発達理論と呼称するし、個人の生命活動を定める要素は文化の歴史的発達によって生み出されることを強調する。

精神過程の社会的起源という思想に由来し、現代の欧米の発達心理学や会話伝達の研究、会話伝達の教育において特に重要性を担っているふたつの概念は、「発達の最近接領域」(Zone of Proximal Development、略称ZPD）と、「内言」である。ZPDの概念によると、精神の発達は自己の内的源泉に由来するのと同等に、外的な社会的影響にも由来しているという。この概念を支える根本的な前提は、精神の発達と指導は社会的に深く浸透している、というものである。よって、前提となっているそれらのものを理解するためには、われわれを取り巻く社会や社会的関係を分析しなければならない。ヴィゴツキーは、子どもは自らの受容能力を超えて行動を真似ることができるが、ただそれは適度な限度内においてのみである、と主張する。模倣をするとき、子どもはひとりでするよりも、大人の指導を受けて行ったほうが上手にできる。ヴィゴツキーはZPDを、子どもの「実際の発達段階を個々の問題解決によって決定することと、潜在的な発達段階を大人の指導やより能力のある仲間と協力して行う問題解決によって決定すること」[★2]とのあいだの隔たりである、と定義した。それゆえZPDは教育指導を計画するうえで必要となる分析的手法であり、また成功をおさめた教育指導は一連の内的発達過程をうながすZPDを創出するに違いない。

ヴィゴツキーが行った研究のうち、中心となる他の概念には「内言」がある。この概念はヴィゴツキーの探究（最晩年になされた研究で中心的な題材となっていたもの）より導き出されており、思考という目に見えない活動と言語の関係を文化的な現象とみなし、客観的分析として利用可能にする。内言は無言でなされる独り言の一種で、思考と言語の関係の問題における中心的な論点となる。行動主義者たちは、思考とは単に心のなかで言葉に表された発話であり――発声する発話へと発展することはほとんどない、と主張する。ところがヴィゴツキーは行動主義に反対して、精神は社会の実体を反映して発達すると考えた。ヴィゴツキーによると、他者とコミュニケーションをとろうとする過程は言語の効力を発達させるという結果を生じ、それによって意識の構造を形成するという。内言は社会的な相互作用を免れてはありえない。漸進的な発達過程において、コミュニケーションで最初に用いられる象徴は、社会の公共性に益するよう行動を規制するために内省される。

ヴィゴツキーの生涯の様々な時期を通じて記された主要な著作群のなかで展開されている分析は、社会的＝歴史的状況における創造的な過程をヴィゴツキーが信頼していることとの、際立った証拠を示している。シェークスピアの『ハムレット』に関するヴィゴツキーの分析（学生のうちから始められているヴィゴツキーの重要な研究で、さらに発展して一九二五年に完成された）が象徴主義や精神分析に基づき、神秘主義や狂信の問題に夢中になっているとするなら、ヴィゴツキーの後期の著作には マルクス主義の「史的唯物論」とヘーゲル哲学の人間精神の展開とが影響しているという、明白な証拠が示されていると言えるであろう。

現代の社会科学の多様な学問分野にわたるヴィゴツキーの影響を説明しようと試みるにしても、どうやっても不完全な説明にしかなり得ない。この説明をするには、ヴィゴツキー思想の継承者の間にみられる、理論的な共通性によって理解しようとすると、さらに状況はより複雑になる。このように、教育心理学においてヴィゴツキーの思想はロシアの発達心理学のよりどころとなり[3]、同様に西欧の教育心理学の様々な部門に深い影響を与え、後にダヴィドフの児童心理学理論が成立する土壌を成した[4]。

おそらくヴィゴツキーの思想を現代に応用した研究のうち、最も興味深いもののひとつがコールとエンゲストレムによる活動理論としての解釈である[5]。活動理論の一般的な考え方は最初にヴィゴツキーの社会＝歴史的心理学理論を基にして発展されたもので、ヴィゴツキーの共同研究者として重要視される人物の一人であるA・N・レオンチェフによって一九三〇年代後半に始められた。コールとエンゲストレムの解釈による活動理論は、個々人と集団の振る舞いを分析する基本単位として活動体系を措定する。活動体系は継続して対象へと向けられ、歴史的に条件づけられ、弁証法的に組織された、伝達手法を介する人間の相互作用である。活動体系は家庭や、宗教組織、研究集団、学校、規律、同業者仲間としてありうる。そして活動体系は、肉体と認識の両面で確かな伝達手法を用いる参加者たちが相互に関わりあうことによって構成され、継続的に再編成されていく。労働者の社会的集団の細分化につれて、継続的な体系の領域や、活動体系のネットワークが生じ、それらは急激に増加する。労働者の社会的集団の細分化によって伝達手法の専門化が生じるが、専門化した伝達手法を使用するうえで社会集団間の協力と競争、または協力か競争がなされるために、伝達手法の使用は活動体系における人々のふるまいを明確かつ客観的な方法で仲介しているということは、歴史的にも認められている。一九八〇年代に始まった活動理論は、多くの学者の精神とその祖先たるヴィゴツキーをなお密接に関連させ、世界じゅうにヴィゴツキーの支持者をたくさん獲得し、いまや教育、言語学、コミュニケーション、コンピューター科学、コンピューターインターフェイス・デザイン、労働の専門的技術の研究その他、多くの分野における調査研究や実践に多大な影響を及ぼしている。

★注

★1 Vygotsky, 'The Genesis of Higher Mental Functions,' in J. V. Wertsch, (ed.), *The Concept of Activity in Soviet Psychology*, Arnomk, NY: Sharpe, p.164, 1981.

★2 Vygotsky, *Mind in Society: The Development of Higher Psychologocal Processes*, Cambridge, MA: Harvard University Press, p.85–6, 1978.

★3 A. N. Leont'ev, *Activity, Consciousness, and Personality*, Englewood Cliffs, NJ: Prentice Hall, 1978.

★4 V. V. Davydov, 'The Influence of L. S. Vygotsky on Education Theory, Research, and Practice,' trans. S. Kerr, *Educational Researcher*, 24 (3), pp.12–21, 1995.

★5 M. Cole and Y. Engestrom, 'A Cultural-Historical Interpretation of Distributed Cognition,' in G. Salomon (ed.), *Distributed Cognition*, Cambridge: Cambridge University Press, 1996.（マイケル・コール、ユルジェ・エンゲストレム「分散認知への文化・歴史的アプローチ」、G・ソロモン編著『分散認知』松田文子監訳、協同出版株式会社、二〇〇四年、

一九―六七頁）

参照項目

本書の**ブルーナー**、**ピアジェ**の項
『教育の主要思想家50人』所収、**ヘーゲル**、**ソーンダイク**の項

ヴィゴツキーの主要著作

・*Thought and Language*, Cambridge, MA: The MIT Press, 1999, 1934.（『思考と言語』柴田義松訳、新読書社、二〇〇一年）
・*The Psychology of Art*, Cambridge: MIT Press, 1971.（「芸術心理学」『記号としての文化――発達心理学と芸術心理学』所収、柳町裕子、高柳聡子訳、二〇〇六年）
・*Mind in Society: The Development of Higher Psychological Proceesses*, Cambridge, MA: Harvard University Press, 1978.
・*The Collected Works of L. S. Vygotsky*, New York: Plenum Press, 1987.
・*The Vygotsky Reader*, Oxford: Blackwell, 1994.

関連図書

・Daniels, H., *An Introduction to Vygotsky*, London: Routledge, 1996.
・Kozoulin, A., *Vygotsky's Psychology: A Biography of Ideas*, London: Harvester, 1990.
・Wertsch, J. (ed.), *Culture, Communication, and Cognition: Vygotskian Perspectives*, Cambridge: Cambridge University Press, 1985.
・Yaroshevsky, M. *Lev Vygotsky*, Moscow: Progress, 1989.

（アレクサンダー・アルディチーヴィリ）

ジャン・ピアジェ　*1896—1980*　Jean Piaget

ブランギエ：あなたは数学の教育を再編成するための原則を明確に公式化しましたね。
ピアジェ：いえ、違います……
ブランギエ：そしてそれは教授法に帰着したのではありませんか？
ピアジェ：いいえ。
ブランギエ：おお、私はてっきりそのように……
ピアジェ：たいていの人にとって教育とは、子どもを自分たちの社会の典型的な大人に似た人物となるように導くことを意味します、（それに対して）私にとっての教育は、創造力にあふれた人物を生み出すことを意味します。たとえ創造力ある人物がわずかな人数しかいないにしても、あるいはたとえその人の創作品数が他の人に比べて限られているにしても。★1

ジャン・ピアジェは一八九六年八月九日、スイスのヌーシャテルで生まれた。一九一八年、地元の大学で生物学の博士号を取得したころに、ピアジェはまた、知的な小説『探求（*Recherche*）』を発表している。この独創的な著作からピアジェの研究プログラムは始まっている。科学は事実に基づき、宗教は価値あるものである。だが科学と宗教の現実に基づいた考慮はしばしば相容れない。それではどうすれば科学と宗教を両立させられ得るのか。しかしながらこの問題は広範囲に適用されるものである。人間の活動は原因ともなり、規範ともなる特性をもっている。それでは、ほんものの知識はどのようにして発達するのか。これは教育と密接な関わりをもった認識上の根本的な問いである。ピアジェの発表した主要な研究作品は著作が五十冊、論文は五百編もの厖大な量におよび、今ではピアジェの業績が人間の認識に多大な貢献を果たしたことが認められている。一九二五年、ピアジェはヌーシャテル大学ではじめて教授職に就いており、一九二九年以降はジュネーブ大学の教授職を勤めた。同じく一九二九年には国際教育事務局の局長に任命され、一九五五年には発生的認識論のための国際センターを設立し、その理事を務めている。最初にピアジェが名誉学位を受けたのは一九三六年のことで、ハーバード大学からであり、それ以後一九七二年のエラスムス賞をはじめとする、四十以上の賞を受けている。一九七一年に退職してからもピアジェは研究を続け、構成主義に基づく認識論にかんする十一冊の書物を著している。ピアジェは一九八〇年九月十六日にジュネーブで死去したが、現在なおその遺作の発表と翻訳は続けられている。

教育に関するピアジェの学説の根拠は、彼の認識論に依拠している。教育と認識論の間のつながりは、規範的な現実としての知識と発達である。

認識論

従来、認識論は基準を定める学問である。カントが「知はいかにして存在し得るか」と問うたのは、科学を妄信から差別化するための、人間理性の限界を見出そうとしてであった。このカントの問いは、規範によって知識を定義するので、基準を定めるものであったと言える。規範とは、知とはなにか、あるいは知とはなにでないかについての尺度を定める価値基準である。知についてのひとつのある尺度は、知られている物ごとについての（客観的な）事実である。時に誤りのある考えが信じ込まれてしまう場合もあるのだが、この尺度は誤った知識を排除する。ピアジェはその認識論的な問いには、経験に基づいた対応物があると論じる。たとえば、「どのようにして知識は発達するのか」。この問いは経験に基づくものである。[★2] 根拠を得るための一つの方法は、児童期を通じてみられる知識の増大を研究することによってなされる。［ここで］問題になっているのは、異なった文化的背景のなかで発達する学習者（子ども）についてではなく、むしろ知識が増大するなかで規範がどのように用いられるか、である。知識は、子どもの心のなかで既成事実として現れはしない。規範とは生得的なものではないのである。規範のなかには文化的なものもあるとはいえ、知的な規範――知られている物ごとが、正確さを伴う知識のようなもの――が文化的規範なのではない。ある文化において信じられていることが誤っている場合もあり得る（太陽は毎朝昇る、女性は合理性を欠いている、など）。たとえそうであっても規範は用いられるのであり、使用されることによってより良い規範が構成され、真の知識が発達する。これは人間の想像力の「驚くべき力」である。新奇さは、常に説明不能でありつづける生命の現実である。ピアジェの認識論ではこの根本的な問題に焦点が当てられている。知識は規範の使用によって発達するので、規範は基準となる事実である[★3]。そのようにして、基準となる事実は判断の行為として経験的に精査され得る。こういった行為は、心理的で社会的な根拠に基づいている。このような判断は、基準となるもので偶然ではないような、深い意味を含んだ暗示によっている。2が偶然に4になることはないが、2が4になるというと2＋2＝4が暗示される。

そこで例を挙げてみよう。七歳児に「おおきなかず」をふたつの異なる数字と足し算するという問いが与えられた場合に、その児童が行う数学的帰納法による論法にかんしてのピアジェの研究を再現してみよう。以下はジョンという児童の論法からの抜粋である。

聞き手：おおきなかずをこちらのかずと足して、おおきなかずをそちらのかずと足します。その結果はどちらも同じですか、それともこっちが大きいですか、それともそっちが大きいですか？

ジョン：こっちは空をおおうところにとどくくらい大きいでしょうし、あっちは神さまがいるところにとどくくらいおおきいでしょう、だからそれらはもっと大きくなるにちがいありません。

聞き手：空をおおうところとはどのようなところですか？

ジョン：そのうえに神さまが住んでいるところです[★4]。

このたとえを用いたみごとな論法は、知性に関する五つの規範を例示している（ＡＥＩＯＵという五つの頭文字で覚えられる）。すなわち、Autonomy：自律性、Entailment：（知識を必要とする）含意、Intersubjectivity：間主観性、Objectivity：客観性、Universality：普遍性の五つである。この児童の論法は彼独自のものであって、自律的である。そして「それがどうなるか」についてなくてはならない関係にある含意が取り込まれている。この論法が間主観的であるのは、異なる数にある数を足した解は異なるというユークリッド幾何学の公理と一致していることから言える。この公理は意見の異なる学者の間でも「共通の基盤」とされ、模範的な事例となっているものである。この論法が客観的であるのは、純粋な反応で妥当な（真理を保持する）主張を根拠づけていることから言える。また、この論法はある程度（一定レベルの）普遍性を備えている、たとえ違った条件に変更できるよう開かれているかどうかは別としても。これらの規範はピアジェによって、知識の発展に関するところで扱われている。[★5] これらのような知的な規範を用いるようにすることがピアジェの認識論の中心的なテーマであった。

この認識論上の変化は三つの点で重要である。第一には、行動は知識に基づいているということである。ここでいう行動とは、知的活動だけでなく、身体的行動や社会的行動をも含んでいる。さらに、ピアジェが形式的モデル（構造）として特徴づけた行動の論理がそこには認められる。「行動論理《アクション・ロジック》」は「観念的論理《メンタル・ロジック》」とは異なる。たとえ学習者が行動規制を意識しないとしても、ここで論じられているメタ認知は行動を制御する構造をなしている。この制御は二重の機能のおかげで基準となる要素を備えている。すなわち、真理の生成に関わる知的手段としての機能と、よりよい手段を構築するための機能とである。[★6]

第二に、適切な認識論は新しい知識、言い換えれば発達の原因となる心理過程を認識するのを助けるはずである。ピアジェによると、この心理過程とは釣り合いの感覚（均衡化）である。心理過程の教育への関係については以下で取りあげる。第三に、知識の発達には時間がかかり、多様な段階を経て構成されるということである。ニュートンとアインシュタインの間には二百年もの時のへだたりがある。[★7] だが、彼らの理論はいま、どちらも学校において教えられている。これはきっと、知識の進歩が加速している明らかな事例と言えるだろう。これが教育なのである。[★8]

教育

ピアジェによって教育はふたつの関係の結びつきと定義されている。すなわち、「一方では個性の伸張であり、他方では、教育者が各人に対して社会的・知的・道徳的な価値観を授けることである。[★9]」個性は生まれたときから発達しはじめる。この発達は、ある程度は心理・社会的研究の対象とされる。だが教育者が援用する価値観とおなじように、個性の発達にも規範的な構成要素がある。価値観は、なにが許可されるべきでなにが禁じられるべきかを定めるよう命じる働きをもつ規範である。教育は個性と価値観との間の標準的な関係をなしている。この観点からすると、教育はあらゆる価値観の形態を網羅することになるので、ピアジェの定義では、ある種の価値観をほかの価値観より優れたものとして認めるようなあつかいはされない。さらにこの価値観の決定は、教育者が直面する共通の問題として残されることになる。このことは、学校教育を通じての知的な価値観は、生涯を通しての道徳的価値観と同じ境遇にあるということを意味している。ある世代の教師たちは自分たちの（知的・道徳的）価値基準を、次の世代の学習者たちに対して教育のなかで用いる。それによって、教育者たちは重大な問題に直面することになる。教えることと学ぶことは、原因としてだけでなくその特質からして、規範的な活動である。このことから、教育は価値観を帯びた交わりであり、教育の成功は伝達と変質の両面によるということができる。

ここでの問題を考えるために、構成メンバーが同い年という、まったく同年齢からなる社会を想像してみよう。たとえば、この社会の人々が全員七歳の子どもだとしよう。そうなると、この社会には過去からもたらされる伝統的な文化も、代々受け継がれてきた遺産もなく、まして先達も後進もない。そのような社会での知的な発達とはどのようなものだろうか[★10]。こういった思考実験によって、ピアジェは同年齢のメンバーしかいない社会の大きな不利益を明らかに示した。伝達された知識がなければ、発達することはきわめて難しいと言えるだろう。とはいえ発達が不可能だとは言えないかもしれない。この社会の同年齢の人たちも活動的な心をもっているのだから、［伝達はできなくとも］変化は不可能ではない。教育上でみれば、この違いは重大である。なぜなら、典型的ではない社会であっても、規範にかんして典型的な問題を生み出す原因が示されるからである。

役立つ知識がすでに構成されて、またしばしば規則化された制度によって律せられているのは、言語があるからである。たしかに、規則や価値観、記号は人間社会の根本的な側面である。こういった体系は、生徒に新たな知識として紹介する教師によって利用される。それによって「意図された地平[★11]」の問題が生じることにもなる。すなわち、教師（あるいは親や仲間）と学習者はどうやっておなじ「地平」を身につけるようになるのだろうか。そしてどうやってその「地平」は広がるのだろうか。ここでの要点は、学習が知識を獲得するための活動だということである。学習はまたそれ自体として、規範を含んでいるのである。そこには三つの可能性がある。

（1）教えられる知識（knowledge-to-be-taught）の規範と、学習で用いられる知識（knowledge-used-in-learning）の規範は同じである。

（2）学習で用いられる知識の規範は教えられる知識の規範よりも優れている。

（3）教えられる知識の規範は学習で用いられる知識の規範よりも優れている。

伝達に基づく単純な学習は（1）や（2）の考え方と矛盾しない。一方、変化に基づく複雑な学習は（3）の考え方により要求される。ピアジェの考えによると、学習においてはいつでも、規範に基づく調停が求められているという。知識は（1）や（2）の考え方にしたがって、学習の妨げを減らし学習の機会を増やす調停者として存在する教師によって伝達される。しかし、（3）のようによりよい規範の構築が要求されるときには、調停が複雑な学習という別のより強力な方法で現れる。逆にいえば（3）は変化を要求する。

これら三種の指導上の問題は、分析、手法、結果に関係する。分析による評価は、教えることと学ぶことの双方で知識のレベルの同一化を図るために、両者の（不）釣合いを監視するものとして求められる。[★12] ピアジェは教師に対して自分たちの評価の実践について調査すべきだと勧めた。[★13] とはいえ、学級での評価はいっそう大変な仕事となるため、ピアジェの研究は学級での評価にまでは広がっていない。第二に、学級での学習はグループ学習や「自主学習」までをも含む多様なやり方でなされる。学級での学習で、ピアジェはグループ学習を標準的な方法として明確に推奨していた。[★14] しかしそれには条件がある。グループ学習と同時に自主学習が求められるのである。ここでの主張は明らかに現実的であるというよりも矛盾したものであり、正当な根拠に基づくというよりも規範的な主張である。ピアジェの主張では、学習はひとりきりですべきものだというのではないが、自律的に行うべきだといわれる。[★15] 自律性とは、学習者が自分のやりたいことをやるというような無秩序なものではない。むしろ、学習者は自分たちのすることを望んで行うべきである。[★16] このわずかな違いが学習の動機づけに影響する。それは他律を排することになる。グループ学習はメンバーを（グループの）考えに引き入れることによって、各個人それぞれの考えに対してはなんの配慮もせず、各自の考えを「分からなくさせる」ことにもなり得る。またこれが無分別な一致や、知的な権威に対する無批判の受け容れであることは明らかである。[★17] 自律性は知の個別化を要求し、知の個別化はグループ学習においても生じ得るものである。第三に、学習の成果は重要である。新たな段階があまりに高次に定められていたら、学習は繰り返しや黙従になってしまいがちである。

ピタゴラスの定理を知らなくても、自らの道理を自由に働かせることでそれを確信することはできるだろう。むしろ、そのような法則があって、いかにその法則を証明するかをみずから再発見することで、法則は確信されるのである。知的教育のねらいはいかに暗唱できるかであったり、できあいの真理を覚えこむことではない（意味も分からずに暗記した真理は半面の真理でしかない）。自分なりの真理をつかむ学習は長い時間を費やす危険があるし、回り道ばかりを進むことにもなるが、それは本物の活動にはつきものなのである。[18]

この法則は学校のしきたりとも合致していて、よい結果をもたらすものとして総括すると評価される可能性が十分にある。だがこれによって、将来の学習における本当の進歩が無視されるということも生じかねない。ともあれ知識は発展し、新たな知識が現在の知の到達度を構成するうえで貢献することになるのである。すぐれた推論に基づく思考を欠いているならば、正しい返答であっても知性の形成にかんしては不毛である。

教えることは間違いなく、実際に必要である。前述の思考実験はそれを示している。だが良い学習を行うには、教授だけでは不十分である。教師たちはアインシュタインに $e=mc^2$ という公式を教えたわけではない。教わったことを超え出た真の変革において、新たな経験は役に立つ知識をつくり直すことへと導き得るのである。さらに、すぐれた教授が貧弱な学習を生み出すこともある。上手に数をかぞえることを教わった子どもたちは、往々にして数の意味づけを上手にできない。「数がいくつであるか」を子どもたちに教えることだけでは、「同じだけの数」の意味を理解するには不十分である。この基準となる区別はフレーゲ［Gottlob Frege, 1848 — 1925］によって立てられており、フレーゲは算数から等しさ（「同じだけの数」）を取り除いたら、ほとんど何も残らないだろうと指摘している。すなわち、数えるもの（「数がいくつであるか」）としてはほとんど何も残っていないということを意味する。ピアジェはヌーシャテルにいた学生のころからフレーゲの研究に精通していた。[19]もしも教育に教授は必要ではあってもそれだけでは不十分だとしたら、なおそのうえに何か他のものが必要だということを、ピアジェはそのころから認識していた。

それが釣り合いの感覚であったり、複合的な学習なのである。[20]釣り合いの感覚に関するピアジェの記述は未完成のままである。たとえそうであったにせよ、それは教育のために二つの重要な原則を確保する。一つ目は創造性が重要であることである。たとえ小説のように天才によってつくられるものであろうと、天才ではない私たちによる再現であろうと、あらゆる人間の心のはたらきは発達する可能性を備えている。「あらゆる個人は考えるようにできているし、共通の観念の体系を再検討するようにできている。[★21]」集団の知性という文化的遺産は有用な出発点である。だがさらに考慮に入れなければならない終着点もある。生きた心はよりよい判断をくだす能力を備えた活動する心だということである。ここから、教授はそれ自体として影響力がある、という二つ目の原則が導き出される。教授によって学習という課業は創造的な計画が得られる。教授はそれが原因となって学習する能力を奪うというよりも、むしろ学習者に基準となる能力を与えるのである。そうすることで小説の学習に求められる変化の刺激が生じる。[★22]だがここからは批判的な問いがもち上がる。「意味づけ（reasoning）は服従する行為か、あるいは服従は理性（reason）的な行為であるのか？[★23]」教えたことのとおりに応じる（教えたことに従う）学習者に真理を伝えることはどんなことでもとても善いといえよう。うまくいった学習の結果は記録しておかれる。だが理性にしたがうことはまた別の問題である。このことは行為者がみずからの学習に対して、たとえ教えられたことに対する理性的な服従になるとしても、「独自の」判断をすぐれた論理に応じることに転換することで責任を負うよう求めている。

★注

★1　Piaget, 'Twelfth Conversation', p.128–32.（J-C・ブランギエ『ピアジェ晩年に語る』大浜幾久子、国土社、一九八五年、一八二―一八三頁）

★2　Piaget, 'Twelfth Conversation', p.18.

★3　規範となる事実は本来、人間の相互関係を原因として働く、命令に基づいて用いられる。規範となる事実それ自体は発展する。（Piaget, *Sociological Studies*, pp.146–8.）

★4　Smith, 2002. 参照

★5　Smith, 1999,2001. 参照

★6　Piaget, *De la pédagogie*, p.108.

★7 「偉大な才能によって苦心して『発明された』思想は、学童にとって単に利用可能なだけでなく、むしろ簡単で理解しやすいものとなっている。」(Piaget, *Sociological Studies*, p.37)

★8 「あらゆる教育は、ある程度まではそのように［進歩が］加速している」(Piaget, *To Understand is to Invent*, p.23)

★9 Piaget, *Science of Education and the Psychology of the Child*, p.137.

★10 Piaget, *Sociological Studies*, p.57; *The Moral Judgement of the Child*, p.355 参照。

★11 この考えは G. H. von Wright, *Practice Reason*, Ithaca, NY: Cornell University Press, 1983 による。

★12 ピアジェの（*Science of Education and the Psychology of the Child*, p.153）はこの意味での実際の不適合が含まれているという点で共通している。この見解はピアジェの交換モデルとして一般化されている。(Piaget, *Sociological Studies*, pp.146–8)

★13 Piaget, *The Moral Judgement of the Child*, p.414; *De la pédagogie*, p.191. ルソーに従いピアジェは、教師はただ子どもたちに教えるだけでなく、子どもたちに学ぶべきだという意見に賛同する (Piaget, *Science of Education and the Psychology of the Child*, p.140; *De la pédagogie*, p.194)。それはわれわれが人間の学習についてみな無知だからである。

★14 Piaget, *The Moral Judgement of the Child*, p.404–12; *De la pédagogie*, p.45–6.

★15 浜辺で「ひとりきりで」小石を何度も数えなおしている少女を考えてみよう (Piaget, 'Piaget's theory')。この状況は模範的で典型的な学習にしては、ずいぶん特殊だと言えるだろう。もしその少女が小石を十個数え、もう一度十個を数えたなら、それは同じ数になっている。これは客観的な基準と一致しており、理屈としては真理を保った結論だと言える。だが誰がこの結論を論理として認めることができるだろうか。

★16 Piaget, *Science of Education and the Psychology of the Child*, p.152.

★17 ピアジェは（*Sociological Studies*, p.25 で）、数学を学ぶことヒットラー・ユーゲントへの入団との違いを引き合いに出している。

★18 Piaget, *To Understand is to Invent*, p.106; 著者により一部訳を修正。ピアジェは ('The Significance of Johann Amos Comenius at the Present Time', p.14) においても、「見せかけの知識」といってこのことに言及している。

★19 G. Frege, *Posthumous Papers*, Oxford: Blackwell, 1979 参照。Smith, 1999 参照。

★20 Piaget, *Sociological Studies*, p.76.

★21 Piaget, 'Piaget's Theory', pp.719–22.

★22 Piaget, *Sociological Studies*, p.60.

★23 Piaget, *De la pédagogie*, p.191; 'Commentary on Vygotsky', p.252.

ピアジェの主要著作（教育に関して）

- *The Moral Judgement of the Child*, London: Routledge & Kegan Paul, 1932.
- 'The Significance of Johann Amos Comenius at the Present Time', in *Johann Amos Comenius on Education*, New York: Teachers College Press, 1967.
- 'Piaget's Theory', in P. Mussen (ed.), *Carmichael's Manual of Child Psychology*, vol.1. 3rd edn, New York: Wiley, 1970.（『ピアジェに学ぶ認知発達の科学』中垣啓訳、北大路書房、二〇〇七年）
- *Science of Education and the Psychology of the Child*, London: Longman, 1971.
- 'Comments on Mathematical Education', in A. Howson (ed), *Developments in Mathematical Education*, Cambridge: Cambridge University Press, 1973.
- *To Understand is to Invent*, London: Penguin, 1976.
- 'Twelfth Conversation', in J-C. Bringuier (ed.), *Conversations with Jean Piaget*, Chicago, IL: University of Chicago Press, 1980.（J–C・ブランギエ『ピアジェ晩年に語る』大浜幾久子訳、国土社、一九八五年）
- *Sociological Studies*, London: Routledge, 1995.
- *De la pédagogie*, Paris: Odile Jacob, 1998.（『ピアジェの教育学』原田耕平、岡野雅雄、江森英世訳、三和書籍、二〇〇五年）
- 'Commentary on Vygotsky', *New Ideas in Psychology*, 18, pp.241–59, 2000.

関連図書

伝記

- Barrelet, J.-M. and Perret-Clermont, A.-N., *Jean Piaget et Neuchâtel*, Lausanne: Payot, 1996.
- Jean Piaget Archives, *Jean Piaget Bibliography*, Geneva: Jean Piaget Foundation Archives, 1989.
- Smith, L., 'Jean Piaget', in N. Sheehy, A. Chapman and W. Conroy (eds), *Biographical Dictionary of Psychology*, London: Routledge, 1997.
- Vidal, F., *Piaget before Piaget*, Cambridge, MA: Harvard University Press, 1994.

子どもの発達と教育
- Adey, P. and Shayer, M., *Really Raising Standards: Cognitive Intervention and academic achievement,* London: Routledge, 1994.
- Bickhard, M.(1995) 'World Mirroring versus World Making', in L. Steffe and J. Gale (eds), *Constructivism and Education,* Hillsdale, NJ: Erlbaum.
- DeVries, R., 'Piaget's Social Theory', *Educational Researcher,* 26 (2), pp.4–17, 1997.
- Ginsburg, H., *Entering the Child's Mind,* Cambridge: Cambridge University Press, 1997.
- Lourenço, O. and Machado, A., 'In Defence of Piaget's Theory: A Reply to 10 Common Criticisms'. *Psychological Review,* 103, pp.143–64, 1996.
- Moshman, D., 'Cognitive Development Beyond Childhood', in W. Damon (ed.), *Handbook of Child Psychology,* vol. 2, 5th edn, New York: Wiley, 1998.
- Müller, U., Sokol, B. and Overton, W., 'Developmental Sequences in Class Reasoning and Propositional Reasoning', *Journal of Experimental Child Psychology,* 74, pp.69–106. 1999.
- Smith, L., 'Epistemological Principles for Developmental Psychology in Frege and Piaget', *New Ideas in Psychology,* 17, pp.83–117, 1999.
- Smith, L., 'Piaget's Model', in U. Goswami (ed.), *Handbook of Cognitive Development,* Oxford: Blackwell, 2002.

ウェブサイト
- Jean Piaget Archives, Geneva: www.unige.ch/piaget.
- Jean Piaget Society, USA: www.piaget.org.

（レスリー・スミス）

マイケル・オークショット　*1901—92*

Michael Oakeshott

現代の政治組織は教育に関心を示さない。政府が関わっているのは、かつては重要な教育上の関わりであったもののうち現在なお残存しているいくつかのものを、一種の「社会化」として押し付けることだけである。★1

マイケル・オークショットは一九〇一年に生まれ、一九九二年に没した。長年にわたってロンドン・スクール・オブ・エコノミクスの教授をつとめ、最もよく知られているのは保守派の政治思想家としてである。だが初期の著作である一九三三年の『経験とその様式』でオークショットは、人間の知識と経験の全体にわたる見解を展開しており、そこからは政治と教育の両方にかんして彼が考察した結論を、かなりの程度まで自然と導き出すことができる。

オークショットの根本的な哲学的態度は、懐疑論と観念論と人文主義の要素を組み合わせたものである。オークショットにとってみれば、私たちが言うことなすことのすべては、どんな新たな哲学や、どれほど絶対的な保証によっても正しいと理由づけることはできない。真実はわれわれにとってただ、歴史や道徳、政治、科学、哲学、詩歌といった様々な人間に特有の慣習によって変わるというだけのものである。だから、生活や経験にかんして、他のものよりもすぐれた特定の取り組みを想定することは認められないであろう。そのようななかにも、いくらかの実践や様式は、時代をこえてその価値が認められ、特定の役割を果たすために磨きをかけられている。それぞれの実践は人類の到達点を明確に示している。それぞれは全体のたんなる部分を示すに過ぎないが、それぞれが部分を明らかにしているとも言える。この部分がどのようなものであるかを学ぶために、私たちは実践について知らなければならないし、実践について知るとは、られ得るわけでもない。

実践それ自体よりも、他のものからはっきりと根拠づけ

はっきりと分析され得るものではないし、実践の目的が

意味する。オークショットがいうところの実践は外から

いくらかは実践を生きることで、実践に参加することを

この学説は政治と教育の両方に関わる帰結である。政治でオークショットが最も恐れるのは、彼が合理主義と称するものである。どのようにものごとがあるべきかという、多くは語られないながらも人々に共有されている理解を背景にして、共存する人々が発展させてきた様式のあるべき姿から、政治が変質したときに合理主義は現れる。合理主義は、言外の意図をもたない、友達の間の会話のようにあるべき事柄を、企てのために変質させたり、社会的な策略やその他のある一定の目的を狙った一連の企てのために変質させたりする。ここでいう策略や目的は、現に存在する行政上の実践の伝統からは無関係に規定されるのである。その結果もたらされるのはオークショットが事業国家と呼ぶもので、そこでの政治は、イデオロギーや経営技術、抽象概念、絶え間ない法律の制定や訴訟によって台無しにされている。たしかに、技術を重視したり、介入主義的な解決策や介入主義によって解決できることを求めてあらさがしに力点をおいたりすることは、現代の政治にも見られるものである。

もう私たちは、伝統的な政治があり得るということ、どのような形であれ、法律が整備されることや、はっきりと率直に表現されることや、一連の「手続き」や「善い実践《グッド・プラクティス》」を主張できることなどの大切さを信じるといった、暗黙の了解があることを当然だとは思っていない。もはや私たちは、「善い実践」の慣習を経験することはないだろうし、よくてもせいぜいのところ、すでに暗黙の了解を略式化したものを実践する人を見かけるくらいのものである。そのような慣習だけでは、必須の相互理解とするには不十分であるし、すでに暗黙の了解を身につけた人にとってはやっかいで無用なことであろう。この実践は当事者どうしの言葉にされない同意によって成り立っており、それは基本的な要点があるが、その要点が理解し損なわれたり、忘れられたりしがちである。そしてこの言葉にされない同意は、どのように明確な指図やルールが相互理解され、当てはめられるべきかを定めるものである。

ここで示されたことは、教育を理解するにしても、教育の目的や教育の方法の考察に取り組むにしても、いずれもみな教育に対して示唆に富むものである。オークショットは教育を主題とした論文をいくつか記している

が、それらはオークショットの思想全般の優れた手引きにもなっている。教育論文のうち最も重要なものであろう「教育、契約およびその挫折について」の冒頭で、オークショットは教育の要点を論じるにあたって、人間らしくなるとはどのようなものかを先ず考えた。

自分自身とほかの人との関係を考える際に、他人を有機体の部分のように考えたり、単一で包括的な「社会」のメンバーのようにとらえたりするのは人間らしいことではない。そうではなくて、多様な了解済みの結びつきや、感覚、心情、想像、欲望、認識、道徳的・宗教的信念、知的・実践的行為、ならわし、しきたり、正式な手続きや風習、戒律、格率、行動原理、義務を示すルールや職務を規定する立場などにかんする、長い歴史のある了解済みの言葉が享受されることによって、人との関係は成り立っていると認識することが人間らしいのである。[★2]

このように多彩で異質なものの入り混じった項目は、オークショットの思考の特徴を示している。体系化し分類しようとする人に対して、オークショットはいつも人間界の創造的な乱雑さを強調した。それはウィトゲンシュタイン（ウィトゲンシュタインはどこかオークショットと共通するところがある）がわれわれの習慣を「ごたまぜ」と呼んだのと相通じる。オークショットは続けて人間らしくあるためにはどのようにあるべきかを次のように主張する。

世の中にいる人がつくり出すのは「もの」ではなく、意味である。つまりなんらかの方法で出来事が認識され、確認され、理解され、この理解に基づいて応答される。それはたくさんの心情や信念から成り立っており、また人間の所産を含んでもいる（本、絵画、音楽作品、道具、器具など）。（中略）こういった理解をすることなく生きていることは、人間らしいとは言えず、逆に人間の条件にうとい人だと言える。[★3]

人間の条件が歴史的にもたらされた実践や「会話」（オークショットが好んで用いるたとえの一つ）によって定義されるかぎり、子どもはこういった実践や会話の手ほどきを受けなければならない。誰であれ、こういった事柄を知らずに生まれてくるわけであるし、教えられたり例示されたり、励まされたりしないで実践や会話の能力が発達することは決してないだろう。これは確かに、ちょうど歩行のような活動と似ている。つまり「子どもが二足歩行を学ぶのは、ひな鳥が空を飛ぶようになるのとはわけが違う。『ちゃんと歩きなさい』といわれたのを覚えていないだろうか、またサルのようによちよち歩いたのを覚えてないだろうか？」[★4]だがそれは、いくつかの習慣やできあいの思想を身につけるよりも、かなり進んだことである。このような「世代間のやりとり」の結果、私たちは見ること、聞くこと、考えること、感じること、想像すること、信じること、理解すること、選ぶこと、望むことを学習する。それゆえオークショットは、誰とでも流暢に多様な会話をできるようになり、会話をすることによって会話そのものと自分自身について理解できるようになることを人間の究極的な目標とした。そのためには明らかに教育による指導と手ほどきが必要だと強調される。

オークショットは学習がすべて計画的で形式ばったものだとは考えていない。だが多くの場合、会話はその性質からして、形式にこだわった指導を生き生きとしたものにする。これが学校教育の特質である（その特質のおよぶ範囲は大学教育の水準まで含まれる）。オークショットの見解では第一に、学校とは学習者が知性や想像力、道徳や感情の文化遺産を、真剣かつ規律正しいやり方で授けられる場所である。第二に、学校教育での活動は努力を求めるということである。とりわけ、理性的な意識の表現を熟考するような、継続する努力、理解する努力、再考する努力が求められる。第三に、学校を意味するschoolがギリシア語のスコレー（σχολή：閑暇）に端を発しているように、学校は世間から隔絶された場所である。その目的は、学校では学習者に思いがけない優秀さや将来性があることを暗示して、自由になれるようにすることにある。最後に、学校生活は教師と学習者の歴史的な継続性の意味をともなう。学校生活の過程を経る目的は学習者にとって、その過程が人間になるための関わりであるということにある。

だから学校生活では特定の能力にねらいが定められていないし、具体的な利点を約束することもなく、また隠れた政治的・社会的な目的もない。……このように学校生活をとらえるのは学校生活の本質を誤解し、そのはたらきを阻害することにもなる。

それでは、教えることとは何なのだろうか？　オークショットにとって教えることは単純に、学ぶべき価値があると教師が考えている事柄を、学習者に理解させ記憶させることである。そのためにはいろいろな方法をとることができる。たとえば以下のようなものである。

ヒントを与える、示唆する、促す、説得する、励ます、援助する、指摘する、語り合う、命じる、知らせる、語る、説諭する、見本をみせる、練習する、試験をする、批評する、訂正する、個別指導する、訓練するなど、実にあらゆる事柄が理解を与えるための関わりと矛盾しない。★5

もちろん、そこには厄介なこともある。教育の名の下に行われる多くの事柄が、そういった関わりをまったく間違えて示しているのである。オークショットの観点からすれば、現代の教育は現代の政治と同じく合理主義によって台無しにされている。

第一に、現代では様々な理由から、世代間のやり取りとしての教育という考えを軽んじる人たちがいる。そういう人たちは上の世代の知恵や知識を見下しているのかもしれない。あるいは、そういう人たちは子どもっぽい無邪気さを保っていたいと思っているのかもしれない。子どもであれば、他人の考えに煩わされることなく世の中に向き合って当然であるだろうから。もしくは、そういう人たちは、子どもたちが自分でものごとを解決し「発見する」ほうがよいと信じているのかもしれない。さもなければそういう人たちは、「知識」はとても早く変化すると思っていて、「古びた」知識を学習してもあまり役に立たないと考えているのかもしれない。

こういった現代的と思われる考えは実際のところ、どれも新しいものではない。確かにオークショットは、それらの考えをすべて一七世紀初頭のフランシス・ベーコンの書物のなかに見いだしている。それにもかかわらず、それぞれが現代に特徴的に見られるので、それぞれは祖先が私たちに遺した了解によらないでどんな了解もあり得ないという単純な意見によって反証される必要がある。囚われの身になるどころか、このような交わりに参加することは私たちにとって、そして私たちの教え子にとっても、即物的な欲望や当今の流行の束縛から解放される唯一の方法なのである。

労働力を生み出したり、政治的・社会的に正しい態度を備えた国民を生み出したり、あるいは両方を備えた人を生み出そうとするような、社会化の面を見出してこのような教育に失望する人たちがいる。上述の児童中心主義的な主題は教育者に特徴的に見られるが、「社会化にのみ注目した」教育観のゆがみの第二の形式は、政治家のなかでも特に教育にかんする財政支出を担当する人物に典型的なものである。オークショットの観点からすれば、教育を社会化の面から考えることは、教育本来の目的を本質的でない目的と取り違えることになる。その結果は第一のゆがみと同じくらい有害であるだろう。これらのゆがみは両方、意図的であれ無意図的であれ、子どもたちが文化遺産を継承する機会を奪っている。どちらのゆがみも、了解もしなければ行動もしない、文字どおりの意味で生ける屍《ゾンビ》となった民族を生み出すだろう。またオークショットの言い方にしたがえば、それらのゆがみは人間性消滅の装置であり、われわれがいつも取り囲まれている、大げさな表現や息もつかせない話術の装置である。

最後に、こういった教育上のゆがみの簡略な要旨をつうじて、私たちは教育とは何よりまず能力（たとえば判断や学習、思考といったものにかんするような）の獲得にある、あるいはそうあるべきだという観念を受け取っているのかもしれない。明らかにオークショットは教育の過程からそういった「能力とされるような事柄にかんする」内容を取り除こうとする考えに反対するだろうが、オークショットはそのうえでさらに、能力という概念にさらに明確な異議を唱えもする。すなわち、考えるため、判断するための学習は情報を獲得することを問題とするのではない、ということである。そういった学習は知識量を増やすためにする学習と同じ方法で求められ得るものではない。オークショットがいうように「『判断』は情報伝達が結びつくことによってのみ教わることができる」[★6]のであって、それは地理、ラテン語、代数といったものを学ぶ際の副産物として生じるものである。さらにいえば、従来の思想家が考えたような、思考の特殊な様式や構えに影響されない、思考や判断の普遍的能力というものは存在しない。考えるための学習とはこういった様式や構えを自分自身で身につけることで、次には学習者自身が思考を働かせる際にこういった様式や構えをふと思いつくようになることが求められる。「考える能力」やそれに似た類いのものは学習者に、手あかのついた「思想家」の平凡な格言を与えるだけで、「妥当性の判定を可能にする鑑識眼」（それを身につけるために学習者が必要とするのもまた、能力の信奉者によっておとしめられた、まとまった知識である）を与えることはない。そしてそういった鑑識眼は「能力の信奉者が求めるような特異なタイプの質問と特異なタイプの答えの区別を学習者に与え、粗雑な絶対普遍の概念から解放し、卒業学期とされるものに賛成すべきか反対すべきかで学習者を悩ませることになる。[★7]」

オークショットがいう教育された人物とは、キーツのいう消極的能力［John Keats、イギリスのロマン派の詩人（一七九五―一八二一）。消極的能力とはキーツの用いる用語で、性急な判断を避けより深い理解や解決を行おうとする態度を指す］を備えた人のことだといわれている。たとえそうだとしても、どれほどたくさんの積極的な内容が一見消極的な美徳に求められるか、この消極的な美徳が実際、いかに人間の文化と学習を丸ごと実体化しているものかはすぐに思い当たる。オークショット自身の教育にかんする思想は、人間の経験についての彼の普遍的な見解に端を発しているが、その教育思想は全面的に思想に依存しているのではない。実際、オークショットの教育思想は、人文科学の学びの伝統的な概念を二〇世紀に合わせて、極めて洗練された表現に仕立て直したものと言える。他方で、オークショットの教育についての見解に納得した人は、人文科学の学習理論に哲学的な基盤を与え得る方法を見いだすために、オークショットの哲学や政治にかんする見解もたどり調べてみるとよい。

注

オークショットの教育にかんする著述は、*The Voice of Liberal Learning*, Timothy Fuller (ed.), New Haven, CT: Yale University Press, 1989. というタイトルで便利な一巻本にまとめられている。すべての引用文は同書からのものである。

★1 *The Voice of Liberal Learning*, p.86.
★2 Ibid., p.65.
★3 Ibid.
★4 Ibid., p.66.
★5 Ibid., p.70.
★6 Ibid., p.60.
★7 Ibid., p.60.［英文著作では七〇ページと表記されているが、原典を確認すると六〇ページが正しい。］

参照項目

本書の**ウィトゲンシュタイン**の項

オークショットの主要著作

・*Experience and Its Modes,* Cambridge: Cambridge University Press, 1933.
・*Rationalism in Politics,* rev. and expanded edn, Indianapolis, IN: Liberty Fund, 1991; London: Methuen, 1962.（『政治における合理主義』嶋津格、森村進他訳、勁草書房、一九八八年〔全訳〕／『保守的であること――政治的合理主義批判』澁谷浩、奥村大作他訳、昭和堂、一九八八年〔抄訳〕）
・*On Human Conduct,* Oxford: Oxford University Press, 1975.
・*The Voice of Liberal Learning,* Timothy Fuller (ed.), New Haven, CT: Yale University Press, 1989.

関連図書

・Franco, Paul, *The Political Philosophy of Michael Oakeshott,* New Haven, CT: Yale University Press, 1990.
・Grant, Robert, *Oakeshott,* London: Claridge Press, 1990.

（アンソニー・オヒアー）

カール・ロジャーズ　*1902—87*　Carl Rogers

生徒たちに信頼をよせるにつれて……私自身が、教師や評価者から学習を促進する世話係《ファシリテーター》へと変化していった。[★1]

カール・ロジャーズは、彼の名前がそのまま非指示的カウンセリングや非指示的な教育と同義語になる、重要なアメリカの心理学者である。彼は、自己を実現する個人という思想を中心とした主観的で現象学的なカウンセリングの取り組みを発達させた。この考え方は、当時の行動主義や精神分析のセラピー・モデルに対して、示唆的な代替案を提案し、また、非指示的なアプローチをとる一定の教育とも調和した。

　ロジャーズは一九〇二年一月八日、イリノイ州オークパークで、五人の男の子と一人の女の子という兄弟の四番目として生まれた。両親は、キリスト教ファンダメンタリストで、厳格な規律と勤勉の重要性を子供たちに教えながら、自分たちもまた、そのようにふるまっていた。[★2]ロジャーズは、ウィスコンシン大学の二年生になる頃までには牧師になることを決意していて、ユニオン神学校に進学した。しかし、ニューヨークでの様々な人々との関わりから、宗教職にとどまらず、コロンビア大学のティーチャーズ・カレッジへと進学し、一九三一年に学位を取得した。コロンビア大学では、ジョン・デューイ、レタ・ホリングワース、ウィリアム・キルパトリックらの思想に影響を受けた。[★3]

　ロジャーズの最初の就職先は、ニューヨーク州ロチェスターの児童相談所の心理職であった。そこでロジャーズは、異端者とされていた精神分析学者であるオットー・ランクとその支持者のジェシカ・タフトらの思想を知ることになる。無意識の攻撃性と性的衝動によって動機づけられた、抑圧された自己意識に関するフロイトの考えとランクは絶縁状態にあった。ランクは、元来、対象関係論者であったが、エディプス・コンプレックス問題が心理学者の根本原理であるという考えを拒絶したために、フロイト心理学者のコミュニティーから閉め出されていたのである。ランクは、個人の感情生活には、第一に母親との関係があり、そこに抑圧の源があると考えていた。それは、学習や理解する機会を提供する知的な洞察よりも影響があるということである。これが意味することは、治療にあたるセラピストの権威的な解釈ではなく、セラピストの共感だということである。セラピストの理解と受容こそが、自尊心を確立することの本質であり、そこで行われている治療に役立つ関係こそが、抑圧されてしまっている成長を再び活性化させるのである。彼は、成長と自己の変化は同等であるとみなしていた。

ロジャーズの考えは、ランクの思想ほどは複雑で豊かではなかったが、ロジャーズの研究は、ランクの共感的な受容関係の状況において、個人へと向かって成長し発達する絶え間ない自己変化という考え方を明らかに反映している。ランク自身のキャリアと彼のフロイト学派の精神分析の主流コミュニティーからの追放は、ロジャーズのフロイト心理学への拒絶とクライアント自らの解釈の枠組みへの寛大さに反映されている。したがって、ロジャーズは、クライアントの話は、セラピストが常に心にとどめておかなくてはならないお告げではなく、セラピーの過程における手がかりだと理解する。セラピストの役割は、それゆえ、科学者というよりむしろ産婆なのである。

ロジャーズは、彼の研究において、より伝統的な科学的側面ももっていた。彼は、研究や出版物に実際のセラピーの事例を録音したりその録音テープを書き起こした先駆者《パイオニア》である。彼の重要な功績の一つは、経験主義的な研究の基盤を築いたことであり、患者・クライアントの言語のやり取りを考察することを可能にした。後に、個人セラピーについての彼の思想は、教育機関だけでなく、ビジネス等の他の組織にまで広がり、さらに、グループ間の軋轢にも応用されることとなった。

ロチェスターで十年過ごした後、一九四〇年に、ロジャーズはオハイオ州立大学の教授となり、シカゴ大学に招聘されるまでの四年間をオハイオ州で過ごした。オハイオ州立大学時代、彼は、『カウンセリングと心理療法（*Counseling and Psychotherapy*）』を執筆し、治療に有効な環境づくりへの彼のアプローチを立案した。この著書のなかで、ロジャーズは、内容よりも感情をその治療効果の中心に据えている。そして、セラピストがクライアントの感情に応答し受容することは、彼の理論のなかで変化することのない構成要素となった。シカゴ大学では、ロジャーズは心理学部の一員となり大学のカウンセリング・センターを始めた。そのシカゴ大学には一九五七年まで在職し、この間に、広く読まれている彼の著書『クライアント中心療法（*Client-Centered Therapy*）』を出版した。この著書のなかで、彼が丹念に説明していることは、カウンセリング関係を発達させるために必要な環境についてである。カウンセラーが提供する受容と共感の枠組みにおいて、ロジャーズは、クライアントが自分で問題を解決できる力をもっていることを尊重するように強く主張している。その後、ロジャーズはウィスコンシン大学へ移り、すでに発見していたことを統合失調症に応用したいと望んでいた。この試みは成功しなかったが、ウィスコンシン大学在職中に執筆した著書『ロジャーズが語る自己実現の道（*On Becoming A Person*）』は、彼に大きな名声と影響力を与えた。この著書では、個人の成長と創造力の重要性という彼の信念をさらに発展させている。ロジャーズは、今この瞬間を活気に満ちた十全な人間として生きているかどうかという経験的な質を強調した。ロジャーズの執筆活動は生産的であったが、彼の独特で強烈な見識は研究生活においては何年にもわたって軋轢も生んだ。一九六三年に大学を去ることになり、カリフォルニア州ラホイヤの新西部行動科学研究所（the new Behavioral Sciences Institute at La Jolla, CA）の職に就くことになる。そして、一九八七年に亡くなった。

ロジャーズは、彼の治療方法を最初はクライアント中心療法と呼び、のちに人間中心療法と呼ぶようになった。しかし、彼が有名になると人々はそれを単にロジャーズ流の治療法と呼ぶようになった。それは、精神分析モデルや行動主義的アプローチの治療法とは区別されるものである。患者はセラピストによって治療される、ということが精神分析モデルや行動主義的アプローチの前提である。それゆえ、これらの伝統的なモデルにおいては、クライアントは問題を抱えていて、それに対してセラピストは治療する技術をもっているということになる。前述したように、ロジャーズがフロイトの分析方法を拒絶したのは、その分析方法は、セラピスト側の継続する理解のなかに鏡のように映しだされた自己啓発を容認する、クライアント自身の自己理解をその所見から大きく取り残していたからである。行動主義はこの様式がさらに進行していて、認識論的と関連のあるクライアントの全体理解を拒絶している。それゆえ、変化は外からの行動プログラムによってもたらされると考えられるのである。それに対して、ロジャーズの主張は、セラピストはクライアントの話に対して耳を傾けるというものであり、患者に彼ら自身が理解していることについて内省することを容認した。この手法において、セラピストは、患者が彼ら自身の理解を彼ら自身のやり方でできるようにして、自己理解への反省的な査定に入り込んでいくことを可能にする鏡の役割を果たすのである。

ロジャーズの臨床的で現象学的なアプローチは、精神分析的でも行動主義的でもない方法論《パラダイム》を提供した。彼は、性格の中心に無意識の動因ではなく、自己を据え、クライアントの自己理解と欲求を優先させた。ある一つの力が自己を動機づける――自己実現のための動因であるがゆえに、暗黙のうちにフロイトの無意識の性欲論を拒絶しているのである。子どもやクライアントが健康的に成長するときには、共感と適合性、または真実性を無条件の肯定的な見方の中心的状況として提供するのである。

フロイトが人間は本来攻撃的であると理解したこと、また、行動主義者が過去の環境の単純な結果として人間を認識したのとは対照的に、ロジャーズは人間の本性に対して肯定的な視点をもった。人は自律しながらも他者と関係をもつことができると彼は信じたのである。人々は、自分の考えや感情や衝動を発見したり経験したりして、自己を受容することを学ぶにつれて、彼ら自身の独立した評価の中枢の根源になるのである。そして、彼らは、柔軟性を残し、変化に対してもオープンである。親、カウンセラー、教師の役割は、この過程を促進することである。個人を自己の経験の無類の評価者にすることによって、ロジャーズは、力関係を脱中心化し、専門家《エキスパート》の権力を否定する非指示的アプローチを促進させたのである。

ロジャーズが彼の治療法における思想を教育に応用した点は、形式的な教育がカリキュラム、生徒の教師評価、そしてエキスパートとしての教師と受動的な学習者としての生徒を教授モデルとして規定し、要求していると考えたうえで、その統一性を批判したことにある。自己実現する人間の形成において真の学習とは、認知と感情の統一なしには不可能であると彼は考えたのである。

ロジャーズの教育への思想は、進歩主義教育《プログレッシブ・エデュケーション》の個人主義的側面と両立可能なものであり、価値の明確化の運動、サマーヒル式教育、オープン・クラスルームや自尊心《セルフ・エスティーム》の改善を強調するものなどの発達と一致した。

しかしながら、これらの運動はすべて、教育目標と実践を遂行することとの間の矛盾に気づくことなく発達してしまった。教育目標とは、独立した自己実現する人を導くことであるのに対して、教育実践とは、生徒の教師への依存を擁護し、教師の管理のなかでの生徒の自己実現の定義と評価を含んでいる。それゆえ、教師が、生徒が自己実現している時を決定することになる。このようにして、ロジャーズ主義者やそれと同様の形式をもつ教授学《ペダゴジー》の背後にある思想には、彼ら自身の発達の管理のもとに生徒たちを置いてしまうという矛盾がある。

　近年この教育方法は、それを過度な児童中心主義であるとみなす教育学の保守派の人々からも、過度な個人主義で構造的圧力に無頓着であるとみなす教育学の急進派の人々からも批判されている。ロジャーズは、教室での指導よりも心理学とセラピーに従事していたのであるから、彼の思想は教育学の批判者によっては少しばかり非難されたにすぎない。それにもかかわらず、価値の明確化への激しい非難[4]と自尊心《セルフ・エスティーム》への関心に対する昨今の批判[5]は、ロジャーズ治療法の批判として受け取ることができる。皮肉なことに、進歩主義教育《プログレッシブ・エデュケーション》の保守的批判者からよく取り上げられるこれらの教育に対する批判は、クリストファー・ラッシュのようなマルクス主義の批判者が取り上げるセラピーの過程に対する批判と類似する。[6] どちらもセラピストや教師が子どもの価値と理解へ受動的な受容体《レセプター》としてのみ奉仕することを拒絶している。保守主義者は正邪や善悪は客観的なものであり、それは子どもの理解を超えていて、セラピストや教師は正と善を促進する責任があるという考えを主張する。これに対して左派は、過度に個人を強調することは、より集合的な活動の機会を鈍らせると懸念する。

　このような批判は、ロジャーズの過激な言明に対する注解として、明らかなメリットがある。クライアントもしくは子どもは、個人的または道徳的な問題を完全に解決するための十分な資源をもたないかもしれない（情報、スキル、首尾一貫した理解、洞察力、歴史的理解、オルタナティブな枠組み等）。また、集団的関心事について表現する必要のある時には、個人だけでは不十分である。しかし、これでは、まだロジャーズ主義のセラピストや教育者の実際の実践への批判としては欠陥がある。セラピストは、とても頭のいいオウムがするかも知れないように、クライアントの表現を単純に反射しているわけではないからである。セラピストはどれを映すかを選択し、表現の調子を変化させ（いうなら驚嘆型から疑問型へ）、付加的なコンテキストを提供し、鋭い質問をしたりするのである。
価値の明確化に携わる教師の実態もそれと殆ど同じである。教師はある価値を顕示し、そしてより強固なものを探求する。さらに、善いか悪いかという価値の明確化は、組織化された規範と教師、管理者、生徒たちの実践を通して、いかなる場所においてもそれを反映する環境のなかにおいて起こるのである。ロジャーズに対して、より同情的な視点の一つに、教師やセラピストの部分的な寛容さのようなものは、主体が自身の価値について内省し転換するためのスキルを発達することを援助するために非常に強力な倫理的傾向を要求するというものがある。十分に訓練を受けていない専門家や、もしくは異なる状況で仕事をしている専門家たちは、ある状況において、彼ら自身のもっている価値を押し付けてしまうかもしれないのである。さらに同情的な批判者は、自信過剰と自尊心《セルフ・エスティーム》の違いについても理解を示すかもしれない。前者は、主体に対して、問題を解決する際の主体自身のスキルを大げさに強調するように導く。後者は、主体に問題を解決するためのスキルを学習するために必要な自信を増進することを受容する。批判者たちはしばしばこの二つを取り違えているというものである。★7
ロジャーズ派の治療法には明らかに限界があるということを理解することは重要である、ということはすでに述べた。現象学的な視点に完全に頼り切ると、クライアントが検討する必要があるかもしれない問題のうち、外因的要素のものを軽視することになる。よく研究された構造的な仮説であれば、問題を認識し検討するためのクライアントの能力に多くを付与することができる。同様に、情報を抑制したり、子どもの能力向上や理解を推し進めることに失敗する教師たちは、学習プロセスのすべての局面に細かい指示を出し、子どもたちにいばりちらす教師たちと同じように、彼ら自身の専門家としての地位を乱用していることになるかもしれない。親が不適切に感情を支配することによって子どもを支配しているかもしれないように、教師は不適切に情報、知識、機会を抑制することによって子どもを支配することができてしまうのである。
また、教育者は、ロジャーズ派の治療法の過度に個人主義的な特性について考慮しておく必要もある。この治療法は、最初はクライアント／セラピストの関係の状況下において明瞭にされたものであるから、個人への関心については相当理解できるものであると言える。しかし、それでもやはり、教育とは、他者の必要性や興味によって高められたり制約されたりする活動であり、共同社会における事業活動である。個人に過剰な焦点をあてつづけることは、子どもたちが共に学習するうちに共に学習する方法を獲得していく、という教育事業における重要で特有なものからは外れてしまうことになる。こういった種類の活動は、ロジャーズが私たちへ提供したものよりもむしろ、社会的で双方向的《インタラクティブ》な学習のモデルを要求している。

★注

★1 Rogers, *Freedom to Learn for the 80s*, Columbus, OH: Charles Merrill, p.26, 1983.

★2 Rogers, *On Becoming A Person*, Boston, MA: Houghton Mifflin, pp.5–6, 1961.（『ロジャーズが語る自己実現の道』ロジャーズ主要著作集三、諸富祥彦、末武康弘、保坂亨共訳、岩崎学術出版社、二〇〇五年）

★3 Brian Thorne, *Carl Rogers*, London: Sage Publications, 1992.（『カール・ロジャーズ』ブライアン・ソーン著、諸富祥彦監訳、コスモスライブラリー、二〇〇三年）

★4 Warren A. Nord, *Religion and American Education: Rethinking a National Dilemma*, Chapel Hill, NC: The University of North Carolina Press, pp.336–41, 1995.

★5 E. D. Hirsh, Jr, *The Schools We Need: Why We Don't Have Them*, New York: Doubleday, pp. 100–4, 1996.

★6 Christopher Lasch, *Haven in a Heartless World: The Family Beseiged*, New York: Basic Books, 1997.

★7 Hirsch, op cit.

参照項目

『教育の主要思想家50人』所収、**デューイ**の項

ロジャーズの主要著作

- *Counseling and Psychotherapy*, Boston, MA: Houghton Mifflin, 1942.（『カウンセリングと心理療法』ロジャーズ主要著作集一、諸富祥彦、末武康弘、保坂亨共訳、岩崎学術出版社、二〇〇五年）
- *Client-Centered Therapy: Its Current Practice, Implications, and Theory*, Boston, MA: Houghton Mifflin, 1951.（『クライアント中心療法』ロジャーズ主要著作集二、諸富祥彦、末武康弘、保坂亨共訳、岩崎学術出版社、二〇〇五年）

- *On Becoming A Person*, Boston, MA: Houghton Mifflin, 1961.（『ロジャーズが語る自己実現の道』ロジャーズ主要著作集三、諸富祥彦、末武康弘、保坂亨共訳、岩崎学術出版社、二〇〇五年）
- *Freedom To Learn: A view Of What Education Might Become*, Columbus, OH: Charles E. Merrill, 1969.（『学習する自由』畠瀬稔、村田進訳、コスモスライブラリー、二〇〇六年）
- *Carl Rogers On Encounter Groups*, New York: Harper & Row, 1970.（『エンカウンター・グループ――人間信頼の原点を求めて』畠瀬稔、畠瀬直子訳、創元社、二〇〇七年）

関連図書

- Hersher, Leonard, *Four Psychotherapies*, New York: Appleton-Century-Crofts, 1970.
- Zimring, F. and Raskin, N., in *History of Psychotherapy: A Century of Change*, Donald Freedheim (ed.), Washington, DC: American Psychological Association, 1992.

（エレノア・ファインバーグ＆ウォルター・ファインバーグ）

ラルフ・ウィニフレッド・タイラー　*1902—94*　Ralph Winifred Tyler

これらの教育目標は、教材を選択し、内容の概要を明らかにし、指導法を開発し、テストや試験を用意する際の規準となる。教育プログラムのすべての面が、基本的な教育目的を達成するための手段に外ならない。それゆえ、もしわれわれが教育プログラムを体系的にそして理性的に研究しようとするならば、まず目指す教育目標に関して確信がもてなければならない。★1

実践の領域において、ある人の著作が、世紀をまたぎ超えて他の人の指針となることがある。それは時として、著作が理論として迫力を備えているために、本質を明らかに照らし出しているからであったり、あるいは著作が実践上の効力を備えているからという場合もある。また別の場合にはさらに、なぜか他人に影響を与える当人のカリスマ的魅力によっている。ラルフ・W・タイラーは、教育改革に関わる多くの政策を策定し、大きな影響を与えた学者である。タイラーは一九〇二年四月二二日、シカゴで生まれ、ネブラスカ州で育った。一九二七年にシカゴ大学で博士号を取得し、一九二九年から一九三八年にかけてオハイオ州立大学の教育研究学部に勤めた。一九三四年から一九四二年にかけては、のちに大きな影響をおよぼすことになる八年研究《エイトイヤー・スタディ》の研究長となり、その間に学長のロバート・M・ハッチンスの招きを受けてシカゴ大学に戻っている。タイラーが一九三八年から一九四八年にかけて、シカゴ大学で最初に就いた役職は大学検査官および教育学科長であり、一九四八年から一九五三年には社会科学部の学部長を務めた。一九五三年にはカリフォルニア州のスタンフォード大学に移り、新しく設立された高等行動科学研究所の所長に就任してその職を十四年間にわたり務めた。

タイラーの業績は、教育評価者として、カリキュラム理論家として、大学理事として、全米学力調査（NAE

P）の創案者として、というように長々と挙げられるが、さらにそのうえ世界のあらゆる国々の教育顧問を務めて、見る限りはかり知れない才能を発揮している。タイラーは「単に」国家規模で高い名声を得ただけでなく、世界中の教育学者から尊敬を受けている人物である。

それでは、タイラーが教育の論議にもちこんだものは何なのか。タイラーが教育の論説に対して果たした特有の貢献は何だったのだろうか。

タイラーは、デューイの思想やC・H・ジャッド［Charles Hubbard Judd, 1873-1936 アメリカの心理学者、教育学者］、W・W・チャーターズ［Werrett Wallace Charters, 1875-1952 カナダ出身、教育調査に関する業績で知られる］といった、タイラーが学んだ人から影響を受けており、その根底においては進歩主義教育者である。タイラーは、生徒が学校で対することになる教育の実際の有効性と、そこでの経験の質との両方を主な研究対象としていた。たしかに、タイラーはカリキュラムの計画者や教師が生徒に経験を提供することはできないとはっきり分かっていた――結局、経験はそれぞれの生徒が自分の出会ったものと関わった結果なのだから――しかしタイラーは、学習活動ではなく、学習経験について記していると強調した。それは、教師やカリキュラムの開発者が計画した単なる活動とは違って、経験が学習を進めたり妨げたりするものだ、ということを読者に気づかせたかったからである。

タイラーが教育に果たしたきわめて重要な貢献のひとつは、タイラーがカリキュラムについての自分の講座のために作成したカリキュラム用シラバスであって、そのシラバスはシカゴ大学の教育学部で教えていたときのものである。一九五〇年にはじめて印刷されたこのタイラーのシラバスは、オランダ語やノルウェー語、ポルトガル語、スペイン語で出版され、今なお刊行されつづけている。そこにはカリキュラム計画についての考え方の簡潔な骨子が示されており、アメリカのみならず、よその国の教育者の計画実施にも影響を与えている。

カリキュラム計画の手段―目標モデルに対するタイラーの関わり方で、明らかに中心的な位置を占めているのは行動の目的であり、この考え方は「タイラーの原理」として知られるようになった。カリキュラムが実施され、評価されるにあたって、学習経験とその影響が有意義に選ばれ、組織されるための唯一の方法が目的の明確化であるとタイラーは考えていた。しかし、行動の目的を強く支持するたいていの人とは違って、タイラーは行動の目的を教育上の詳細な項目にまで分類することはなかった。そして、そのような詳細な分類は、行動の目的を用いようとする教員の立場からすると大変なものである。タイラーは合理性の模範となる思想家で、目的一般を維持する大切さを強調するが、だからといって適切な評価の形式を公式化できないほどに一般化することはない。タイラーは、テストの信頼性を確保するために微細な特殊性にこだわるという落とし穴にはまることはなかった。タイラーの目的についての見解は、師であるC・H・ジャッドの思想や、エドワード・L・ソーンダイクの行動主義の思想に、その意図するところはかなり近い。「タイラーの原理」は一つの形式としてもあるいは別の形にしても、カリキュラム構成や教育についての専門的で信頼できる研究手法の主要なモデルとして、今なお役立っていることは疑いの余地がない。

カリキュラム領域での、目的に対するタイラーの関わりは、彼の初期の教育経験が専門的な評価者であったことを思い出せば大変分かりやすい。評価にかんする研究はタイラーが生涯にわたって取り組みつづけたものであるし、その研究はカリキュラムに対するタイラー自身の見解にも影響している。評価実践をすることによって、判断を下すための基盤や生徒が学んだ事柄を評定するための基盤となる規準が明確に述べられる必要性が自然と生みだされるといってもよい。教育評価の領域でのタイラーのはたらきは、カリキュラム領域でのはたらきに匹敵するほど研究の中核を占めていた。

早くから見られた評価研究の事例として、タイラーは八年研究の研究長となった際に、独自の進歩主義的な実践を実施する中等学校三十校を選出し、学校独自の評価による生徒の成績に基づいて大学に推薦入学させるという計画のために尽力している。その生徒たちの評価は三十校の中等学校に任されていた。この研究の基本的なねらいは、学校に必要な教育実験の場としての機能をはたらかせる余地を与えようというものであった。ここでいう教育実験の場という発想は、一八九六年にシカゴ大学付属の実験学校を設立した、ジョン・デューイによってはじめて提起されたものである。

一九四二年に出版されたE・R・スミスとタイラーとの共著『生徒の発達の評価と記録』[★2]では、タイラーの考える評価の方法が表現されている。面白いことに、同書に示された評価実践の多くは、今日では「真正の(オーセンティックな)評価」をつくるための取り組みを思わせるものとなっている。だが真正の評価の概念はその反対で、「オーセンティックでない評価」であることを示唆している。真正の評価という用語が、生徒がカリキュラムの目標に到達したかを判定することよりも、生徒に序列をつけることを重視してきた従来のテストのあり方に対して批判していることは、目に見えて明らかである。スクリヴァンによって形成的評価の完全な概念が一九六〇年代に開発されたのは、八年研究でタイラーやその研究仲間が評価の意図についての研究を進めたことと無関係ではない。

アメリカ教育テスト実践(American testing practices in education)は統計上の必要から築かれた。たとえば、テストの作成者にとっては、テストで理解度の高い生徒と低い生徒を判断するうえで役に立たない問題を排除することが必要とされた。生徒のできばえに対して違いを示さないテスト問題は、正規曲線に近しい分布曲線によって信頼性が決まるテストにあっては設問する意味がないといえる。だがテストを実施する目的は、生徒たちの試験の得点が標準的なばらつきを示すようにすることにあるのではなく、カリキュラムを改善するやり方を提示することや、生徒がカリキュラムのねらいに到達したかどうかの判定を示すことにある、とタイラーは主張する。

簡潔にいえば、教師が教えようと意図したことを生徒が十分学んだかの情報を与えるはたらきに関して、現在の専門用語を用いるなら生徒たちの「平均水準(norm)」を確認するのではなく、「規準(criteria)」を確認するように求められているのがテストである。

ここでの見解は明らかに、テストがなんのために行われるかについて、そして適切なテストを作成するための規準としてなにが求められているかについて、私たちの考えにパラダイム転換をもたらすものとなっている。生徒全員がすべての設問に正しく答えたテストは、従来のテスト観からすると統計的に信頼できないものであるが、テストを実施することで規準を確認したいと欲するのであれば、このようなテストは教育的に妥当であったことを示すものだといえよう。このような発想の転換は根本的なものである。

タイラーが評価領域に関わるようになったのは、生徒の学習進度にかんする全国調査(National Assessment of Student Progress)で指導的立場に立ったことにきっかけが認められる。一九六〇年代になるとさらにタイラーは、国家が自国の経済の健全さを保つために指針を示すのと同じように、自国の教育を健全なものとするために国家は指針を示す必要がある、という積極的な主張をした。

明らかに教育は経済と同じく重要であり、全米学力調査（national assessment of educational progress）を行わずに、国家として実施している教育がどのようなものであるかを知ることはできないであろう。

テストの実施に国家レベルで取組むことによって生じかねない事柄に対して、非常に不安を覚えるのは最もなことである。歴史的にアメリカ合衆国では、これまで州が担っていた［教育に対する］監督の機能に鋭い楔の刃を打ち込み、連邦政府が取って代わって監督するようになるはたらきを全国テストが果たすのではないか、と教育者や教育委員会は気にかけていた。タイラーは生徒の学習進度にかんする全国調査への批判やその他の心配を、ＮＡＥＰ（全米学力調査）は、学区ごとの比較や、州ごとの比較でさえも行わないと表明することによって鎮めた。確かに、生徒をほかのどの生徒とも比較しないで完全なテストの組み合わせをつくることはできない。テストの実施は、複合的な基盤で見本を抽出する手順であり、それゆえテストは信頼できる設問だけが、それぞれの生徒によって受けられるべきである。国の各地で、四つの年齢段階と性別によって区分を設けてテストし、こういった設問に対する生徒のできばえを組み合わせることによって、完全な全体像に近いものを得ることができる。さらに、調査の手段としてみると、生徒の学習進度にかんする全国調査は際立った特徴を備えている。それは主として授業科目での学問的な能力にかんする問題についての情報を与えるのではなく、むしろ学齢期にある市民が日々の生活のなかで直面するような問題についての情報を与えるものとなっていることである。言い換えると、初期の調査のテスト問題は、学校で今なにを教えているかとはあまり関係がなかった。したがって、連邦政府の［教育に対する］影響力を増大させるものとはなり得なかった。

タイラーはプラグマティストであった。タイラーが全国調査で用いた手法は、彼のカリキュラム計画と同様に、実践的な響きがある。なかでも最も顕著な理論的特徴は、タイラーの冷徹な理性の感覚である。それはタイラーの発言と著作のどちらにも特徴的な資質であった。タイラーにはあいまいさや分かりにくさはまったくなかった。

指導者としてのタイラーは、高等行動科学研究所（Center for Advanced Study in the Behavioral Sciences）の所長として果たした役割がおそらく最もよい例となるだろう。研究所はスタンフォード大学にほど近い丘の頂上にあるが、大学の一部ではない。研究所が毎年招く四十人の研究者の多くはアメリカ出身であるが、その他の国からも、一年間にわたって意見を述べ、読書会をし、会話をし、論文を書くためにやってきている。そしてこれは研究所によって課された公的な義務ではない。

高等行動科学研究所はトーマス・クーンが『科学革命の構造』★3の草稿を作成したときや、ジョン・ロールズが『正義論』★4を著すにあたって、あるいはその他多くの人が主要な著作を生み出す助けになったようである。そして彼らの存在が、研究所の支えとなっている。タイラーは指導をするうえで手助けをし、期待を押しつけたり業績をチェックしたりしようとしない雰囲気を作り出すことに特に気を配った。招かれた研究者たちは年長者も年少者も、それぞれが友人としての付き合いをしていた。そのような光景が、研究所の成功を決定的なものにしている。

タイラーの指導者としての資質を示す他の例としては、名高い全米教育アカデミーの創設に主導的な役割を担ったことが挙げられる。タイラーは全米教育アカデミーの初代学長を務め、その役職に自らが就くことによって権威あるものとした。同アカデミーはアメリカじゅうから選ばれた百のメンバーと、世界各国から選ばれた数名のメンバーとで構成されている。

タイラーの生涯と教育業績を振り返ると、彼が偏狭な専門家ではなかったことが分かる。タイラーは広い視野をもち、人文科学の才能に加えて、相当な量の業績を仕上げるだけの精力と明晰さ、技能を備えた人物であった。教育評価の領域をタイラーは築きあげ、カリキュラムの領域では教育計画のモデルを提供し、そのモデルを越えるものはいまだ現れていない。また、高等行動科学研究所を指揮し、シカゴ大学では社会科学部の学部長、それ以前には教育学科の学科長を務めていた。学習進度に関する全国調査が容認されるための働きかけで一役買ったのはタイラーであるし、自らの教育学上の知恵を世界中に伝えて回りもした。私見によれば、これほどの視野の広さを備え、尊敬を集め、教育学の多くの領域にわたって取り組んでいる人は今のところ、タイラーよりほかに誰もいない。

タイラーが亡くなる二年前に、スタンフォード大学の院生を対象とする講演カリキュラムである私の講座に、彼を招聘したことがある。タイラーは快く願いを聞き入れてくれた。講座にやってきたタイラーは、自らの知る教育の領域について、それがいかに発展したか、そのころ彼が気を付ける必要があると考えていた事柄について語った。タイラーの講演に続いて行われた討論のなかで、一人の学生がこう尋ねた、「タイラー博士、これまであなたがなされた業績で最大のものは何だとお考えですか?」タイラーはしばらく考え、その学生に目を向けて、次のように答えた、「二二歳までの生活かな。」この答えは、ラルフ・タイラーが誤った、数少ない例のひとつだったと私は思っている。

注

★1　Tyler, *Basic Principles of Curriculum and Instruction*, Chicago, IL: University of Chicago Press, p.3, 1950.（タイラー『現代カリキュラム研究の基礎』金子孫市訳、日本教育経営協会、一九七八年、一―二頁）

★2　E. R. Smith and Ralph W. Tyler, *Appraising and Recording Student Progress*, vol. III, New York: Harper and Bros, 1942.

★3　Thomas S. Kuhn, *The Structure of Scientific Revolutions*, Chicago, IL: University of Chicago Press, 1962.（トーマス・クーン『科学革命の構造』中山茂訳、みすず書房、一九七一年）

★4　John Rawls, *A Theory of Justice*, revised edn, Cambridge, MA: Belknap Press of Harvard University, 1999.（ジョン・ロールズ『正議論　改訂版』川本隆史、福間聡、神島裕子訳、紀伊國屋書店、二〇一〇年）

参照項目

『教育の主要思想家50人』所収、**デューイ**、**ソーンダイク**の項

タイラーの主要著作

・*Basic Principles of Curriculum and Instruction*, Chicago, IL: University of Chicago Press, 1950.（『現代カリキュラム研究の基礎』金子孫市訳、日本教育経営協会、一九七八年）
・*The Challenge of National Assessment, Columbus*, OH: Charles E. Merrill Publishing Company, 1968.
・Tyler, Ralph W. and Wolf, Richards M. (eds), *Crucial Issues in Testing*, Berkeley, CA: McCutchan, 1974.
・'National Assessment: A History and Sociology', in James W. Guthrie and Edward Wynne (eds), *New Models for American Education*, Englewood Cliffs, NJ: Prentice Hall, 1971.

（エリオット・W・アイズナー）

バラス・フレデリック・スキナー　*1904—90*

Burrhus Frederic Skinner

教えることとは、学びをはかどらせることである。生徒は教わらなくても学ぶが、教師が条件を整えることで、より早く、より効果的に学ぶことができる。

バラス・フレデリック・スキナーは一九〇四年に生まれ、ニューヨークとの州境にほど近い、ペンシルヴァニアのサスケハナにある小さな町で育った。スキナーの父は、石炭の大企業の顧問弁護士であった。父方の祖父はイギリスからの移民である。彼の伝記の第一巻にあたる『私の人生のあれこれ（*Particulars of My Life*）』によると、スキナーの子ども時代は幸せなものであったようである。高校時代、スキナーは国語教師に影響を受け、大学では文学を主専攻とするまでになった。そのため、みずからの著書『教授工学』（一九六八年）を、この高校教師に献呈している。スキナーはユーティカ（Uthica）のそばにある私立のハミルトン・カレッジに入学したが、その当時から、文学に対して強く惹かれるとともに、すでに幅の広い知的関心と芸術の趣味とを示していた。このころにスキナーが書いた詩がサスケハナの地方新聞に掲載されている。ハミルトン・カレッジは文化に関心の高い若者の求めに対して、あらゆる機会を提供していた。スキナーはギリシア語の講座を受講し、『イリアス』を原語で読めるまでになった。また古典文学や現代文学、執筆や劇作について学んだ。そして文芸部の学生新聞の編集者になって数多くの詩をつくり、上手なサックス奏者になるために音楽の練習をしたり、絵を描いたりした。スキナーはこういった趣味のいくつかに、生涯にわたってたずさわっている。マサチューセッツ州ケンブリッジにある彼の家にはピアノとオルガンがあり、夕方に戯曲を読むために友人を集め、参加者たちは各自のせりふを朗読したものだった。

大学を卒業してから、スキナーは作家になろうと強く決心した。自伝のなかでスキナーは、この「生活の糧」を得られない可能性のある職業を断念するように説得した、父の手紙を再現している。若きスキナーはそれでも作家になる夢に執着し、ニューヨークで芸術家が多く集まる居住地区のグリニッジ・ヴィレッジで、一年間にわたって小説を書きつづけた。スキナーは詩人のロバート・フロストに自作の短編小説を数作送って手紙を受け取ったが、フロストから作品についての評価を仰いだだけでなく、みずからの将来の職についての助言を求めたことが彼の職業選択に決定的な影響を与えた。フロストはスキナーに職業作家としての道に入るまえに、しばらく職について考えてみるようにアドバイスしたのであった。その間にスキナーはハーバード大学の大学院に進学することを決心した。そこでは心理学を専攻したが、これはハミルトン・カレッジの学生時代にはほとんど学んでいなかった学問だった。大学院進学を決心するまえ、一九二〇年代後半にロシアの心理学者であるイワン・パブロフの犬の条件反射についての実験を扱った主著が英語で出版されたのを、スキナーは読んだのである。そしてパブロフは一九二九年にハーバード大学での国際学会において講義を行っている。スキナーはまたこのころ、ジョン・B・ワトソンの行動主義にかんする著作も読んでいた。ワトソンの行動主義にかんする叙述とそのあざやかな研究手法はスキナーの心をとらえた。同じことはこの時期にスキナーが夢中になって取組んだバートランド・ラッセルの哲学についても言えるにちがいない。

ハーバード大学の教員のヘンリー・マレーやエドウィン・G・ボーリング、その他の「内省的な心理学者」たちは、スキナーの精神に強く見られる実証主義的で行動主義的な傾向には合っていなかった。哲学者のアルフレッド・ノース・ホワイトヘッドからも強い影響を受け、スキナーはホワイトヘッドを通じてラッセルにより精通するようになった。ハーバード大学で博士号を取得した後スキナーは、はじめはインディアナ大学で、それからミネソタ大学で准教授をつとめた。ハーバード大学の正教授に任命されたのは、一九四八年のことである。ミネソタ大学では大学院生としてジョン・キャロルとN・L・ゲイジを受けもった。ふたりは教育調査の領域に大きく貢献している。

一九三〇年代から一九四〇年代にかけて、スキナーは確立された実験を通じてオペラント条件づけにかんする自らの理論を発展させた。その研究は一九三八年の『有機体の行動（*Behaviour of Organisms*）』、一九五三年の『科学と人間行動（*Science and Human Behaviour*）』、一九五七年の『言語行動（*Verbal Behaviour*）』として出版された。これらの著書では、「プログラム学習」として知られる、新しい教育工学にかんするスキナーの研究の理論的な基盤が提示されている。そしてプログラム学習については、『教授工学（*The Technology of Teaching*）』（一九六八年）という専門書において、詳細に論じられている。スキナーがオペラント条件づけの教育における組織的な応用を論じた文章は、一九五四年の『ハーバード教育年報（*The Harvard Educational Review*）』に掲載された論文にはじめて見出される（同論文は『教授工学』に再掲されている）。そこでスキナーは、学習すべき内容のプログラム化された提示モデルについてと、行動の強化をもたらしうる、いわゆるティーチング・マシンの使用について言及している。

スキナーは、みずからの主張する心理学の原理を教育に応用することに関心をもつようになったきっかけを、次のように述べている。ある日、スキナーは父親として四年生の娘のクラスを訪れ、算数の授業を参観した。突然その場の状況がスキナーにはとても不条理なものに見えてきた。このクラスで「二十人の大切な人たち」が教育の犠牲者になっており、学習の過程として知られているすべてのものが間違いであると証明されているように彼には思えた。スキナーが特に強く反対するのは、講義形式の授業が用いる技術は、意味のある効果をあげるような本物の強化をもたらす技術となっていない点である。学校ではしばしば人為的な動機づけとして、賞罰が用いられる。そこでは学習が、学ばれる内容に対する本当の興味に基づいて行われているのではなく、別の目的から行われていると言える。スキナーによる有名な批評は、以下のものである。

「フランス語に長けたアメリカの生徒たちは、『どうか私に塩を回してください』という表現をフランス語で述べることができるでしょうが、フランスの子どもたちは単純に『塩をとって』というでしょう。」

一九五四年にスキナーは心理学の現代の傾向にかんするシンポジウムに参加した。そのシンポジウムでスキナーは学習を制御する理論に基づいた、学習の過程を導くために用いられる教育機器の実演を行った。ここでの発表は同年の『ハーバード教育年報』に公表され、スキナーは「教育工学の創始者」とされた。

スキナーによって一九五〇年代に開始されたプログラム教授の概念は、二〇年以上にわたってスキナーが発展させたオペラント条件づけの原理に基づいている。教材は難易度という点についても、ある項目と別の項目との間の隔たりという点についても、スモールステップで学習者に提示されなければならない。学習者は教材をあつかう間じゅう、質問に答えたり、その質問の特性に直面することで、おのずと活動的になる。それというのも、教育機器は自動的に学習者の反応を見極めるからである。プログラミングは学習者の回答によって、同じ教材を用いながらそれぞれの人によって、違った筋道で学習することを可能にすると考えられている。たとえば、間違った答えをした人には、より初歩的な問いへと立ち返らせ、常に正しく答える傾向のある人には学習内容の一部を省略するように導かれる。プログラミングはそのようにして、新たな教材に移行するまでそれぞれの教材の基礎を繰り返し練習させる。

プログラム学習の「ブーム」は一九六〇年ごろに一度に起こり、アメリカでは学校教育と授業について激しく議論された。新しい教育工学の利用は、一九六一年度のアメリカ教育研究協会の年次大会で主要な論点とされ、また同年コペンハーゲンで開催された応用心理学会でも同様に議論された。上記以外のものも含めた様々な学会で提起された問いは、ティーチング・マシンによってすすめられるプログラム学習が、どの程度まで実際の教師の「代理」になり得るか、であった。こういった討議で導き出された結論は学校での実践と同様で、新しい科学技術は、計算やコミュニケーションといった基礎技能の実践にあたっては、教師の活動を補完するのに役立つだろう、というものであった。コペンハーゲンの学会では、聴衆のひとりが教授法研究の第一人者であるロバート・グレーザーに対して、こういった新たなティーチング・マシンの主要な目的は、［従来の］教育や教師に「とって代わる」ことかと尋ねた。それに対する答えはもはや伝説的といってもよい。「機械にとって代わられるくらいの教師だったら、そうすべきでしょうね！」この半世紀を概観すると、特別な機械を用いたものであれそうでないものであれ、プログラム教授はその信奉者がかつて予測したような役割を果たしてはいないと言えるだろう。ここ数十年間で教室に登場するようになったパソコンは、二〇世紀中葉から間もないころに用いられた機械よりもずっと自由度の高いものとなっている。だが、さらに重要なことには、以前に比べて教材をよりよい方法で構成するのにプログラミングが役立っているのだとしても、教師と生徒との人間味のあるやりとりの大切さがより一層はっきりと理解されるようになってきているのである。

スキナー自身は『ティーチャーズ・カレッジ・レコード（*Teacher's College Record*）』（一九六三年）に収められた論文のなかで、ティーチング・マシンを創作してからの十年間を振り返って、こう断言している。「教えることとは、学びをはかどらせることである。生徒は教わらなくても学ぶが、教師が条件を整えることで、より早く、より効果的に学ぶことができる。」スキナーはこの論文のなかで、人間らしいやりとりによって教師が生徒にやる気を起こさせるのと同じようには機械にはできないという事実の影響について、詳細に説明していない。また、そのようなやりとりのできる機械もまだ現れていない。だからこそ、教師と生徒間のやりとりはきわめて重要なのである。それでもやはり、ある程度までは科学技術装置は教育を補完するのに役立つだろう。

家庭での子どものしつけや学校においての、いわゆる「随伴性マネージメント」の実用的な面を論じたのはスキナーであり、スキナーがそれを発見したのであるが、「随伴性マネージメント」と彼の強化の理論との密接な関係については理解がされていない。『教育年報』（一九六九年）でスキナーは、オペラント条件づけの原則を教育に応用することで「自由」教育の福音を説いているのではない、と強調している。そうではなくて、応報的な罰はほかのやり方よりもたやすく、人を意図したように行動させることをスキナーは強調するのである。一九七三年の『ニューヨーク大学教育季報』に掲載された「自由で幸せな生徒」という題の論文で、スキナーは次のように指摘する。「教育における個人の自由を求める格闘の自然で論理的な結果からして、教師は生徒に対し管理を課すべきであって、それをあきらめるべきではない。フリースクールはまったくもって学校とはいえない。」

広義において教育と密接な関わりのある、スキナーのもう一つの発明についてはおそらくあまりよく知られていない。それはスキナーの「ベビーボックス（Baby in a Box）」である。スキナーは「未来の社会」では、科学と技術の進展が女性の家事労働に影響して、子どもの世話は容易なものとなるだろうと言う。昔から赤ん坊は、気温や湿度に応じて調節されることもなく、たくさんの衣類にくるまれてベッドで寝かされてきた。この方法は色々ある母親の仕事のなかでも、特に洗濯仕事を増やすことになる。スキナーが設計したボックスは、ガラス戸の向こうにある箱のなかで赤ん坊が裸のままで過ごすことができる装置であった。この装置は子どもの反応によって温度を調整するので、快適な状態を保つことができた。スキナーの娘のデボラは産まれてから一年間をこの「ボックス」で過ごした。

スキナーがより広い社会的状況においてみずからの心理学的原理を適用した別の例としては、彼が一九四八年に著したユートピア小説である『心理学的ユートピア(*Walden Two*)』が挙げられる。いうまでもなくこの題名は、都会の喧騒を逃れた落ち着きのある生活を描く、H・D・ソローの有名な著作『森の生活(*Walden, or Life in the Woods*)』(一八五四年)から引用している。スキナーはここで一種の社会の発案者の役割を務め、いかにして特定の人間の反応は強化され、ほかのものは抑制されるかについて精通した社会を描いている。作者自身の分身である「小説のなかでの」新しい社会の創設者は、あるところで以下のように述べている。

ぼくは生まれてこのかた、ひとつの考えだけをかかえていた。ほんとうに揺るがない考えを。その考えを単刀直入に表現するためには、ぼくのやりかたでその考えを実現しなければならない。「管理」こそがその考えを表現したものだ。人間の行動の管理だ。若いころからぼくは実験者として支配をしようとやっきになっていた。実験の予想がうまくいかなかったときの自分の怒りを覚えている。実験対象にぼくはこう叫びたかった。「いうことを聞け、このやろう! いうとおりにふるまえ!」

『心理学的ユートピア』は出版されると(同年にはジョージ・オーウェルの『一九八四年』も出版されている)、すくなくとも大西洋のヨーロッパ側ではほとんど注目されなかった。だが一九六〇年代に社会に対する若者の幻滅ムードのなかで青年の反逆が起こり、多くの若者がいわゆるコミューンで「心理学的ユートピア」のような生活を実践しはじめた。同書の売り上げも急に高まり一〇〇万部にまで達した。

一九七〇年代半ばに、ある講演会でスウェーデンの聴衆にスキナーを紹介する際、居合わせた作家はスキナーのことを「二〇世紀のルソー」と表現した。確かにルソーと同じく、スキナーは社会状況のなかで人間の本性がどのように機能するかについての物語を記している。このことは、スキナーが若いころにあきらめた小説家になるという目標を、ある程度まで埋め合わせるものになったと言えるかもしれない。

『自由への挑戦(*Beyond Freedom and Dignity*)』はスキナー自身が主著と評価している、一種の信条表明である。

広い視野に立って眺めれば、同書は教育哲学に貢献したと考えられ、またそのゆえに「スキナーの声明書」とも呼ばれる。『自由への挑戦』は人間の基盤がどのようなものであるかについての概念を詳細に説明し、よりよい社会を構築しようとする企図に関わって、人間の社会性を描こうとする試みである。

端的にその思想を要約すると、次のような文章になる。一般的に考えられている「自由」や「自由意志」とは、幻想である。人類が環境の所産であり、状況によって強化を受ける存在である、という考えを拒絶する傲慢さから、私たちは解放されなければならない。こういった考えを認めずに、私たちは「魂」をもっており、かつ自分がなにをすべきかについて決心する心のありかが身体のなかのどこかにあるという信念を護持している。だが私たちの行動は「心のなか」で決定されるのではなく、「外部」によって決定されるのである。行動はその結果として具体化される。人はそれぞれがどのように生きてきたか、そして世代から世代へと遺伝的になにを伝えられてきたかによって、その反応は唯一無二の集合体となっている。私たちが左右される条件づけは、社会的な背景により「経験」として、私たちが勝手にとる行動のレパートリーを決定付けることになる。

各個人には「責任」があり「自律的」であるという観念は危険な神話である。それは人間が平和で幸福に生きることができる福祉社会の成立を阻害するものとなる。人類が生き延びていくためには、科学と理性を基盤とした社会技術を用いなければならない。そして、その際に利用されるのがオペラント条件づけである。

スキナーは社会哲学の歴史において、とりわけルソーは肯定的強化の価値を認識していたと指摘する。一般的に教育者は否定的強化の重要性を過大評価する。そういった人たちは概して、人間の自由について記す際に、不快や罰を避けるように導くうえでのオルタナティブな手段の重要性を過度に強調しがちであり、望ましい目標に到達するための試みとして深く刻み込まれる自由を見逃しがちである。管理の哲学は、なにか間違ったことを管理の適用によって体系へと導き、罰の作用を永続させる。スキナーは自由の問題点は、人々を「あらゆる」管理からではなく、「いくつかの」管理からのみ免れさせることだと強調している。

人間の行為の背後にある原因を外部のものに帰することは、多くの人にとっては、自分の価値や尊厳を脅かすものとして経験される。だが一方で、個人の行為のよくない結果は個人の自由の問題を表面化し、また行為のよい結果は個人の価値の問題を表面化するようになる。もし個人の行動について、それぞれの人がその行動に責任があると不当に考えられたなら、あやまった行動をしたとして人は罰されることになる。私たちが外的な境遇をもっと上手に分類することができたなら、個人の「価値」をもっと縮小することができるに違いない。

おかしなことに、自由や個人の価値といった伝統的な概念をしきりに強調するひとが、教育において叱責や罰にたよっている。罰を与えることは、望ましくない行動は罰を受けることで減らせるという前提によっている。だが罰を受けた人がとる振る舞いと、その人に望まれる行動とは必ずしも一致しない。すなわち、罰を受けた人は望ましい行動をとろうとするのではなく、罰を避けようとして行動するのである。スキナーは、フロイト派の神経症的抑圧の多くは回避行動であると解釈する。

『自由への挑戦』（一九七一年）は次のような「信条表明」で終わっている。

社会科学、とりわけ行動科学は、人間形成に適した方策を発展させることで、もう少しましな社会を築くことができるだろう。この企てを成功させるために、行動科学者は人間を自律的存在とみなすことをやめなければならない。人間は自己と環境との相互作用の所産なのである。手短にいえば、これは行動科学が生物学や物理学と同じ戦略を用いるべきであることを意味する。

参照項目

『教育の主要思想家50人』所収、**ルソー**、**ラッセル**、**ホワイトヘッド**の項

スキナーの主要著作

- *The Behaviour of Organisms: An Experimental Analysis*, Englewood Cliffs, NJ: Prentice Hall, 1938.
- *Walden Two*, New York: Macmillan, 1948.（『心理学的ユートピア』宇津木正訳、誠信書房、一九六九年）
- *Science and Human Behaviour*, New York: Macmillan, 1953.（『科学と人間行動』河合伊六他訳、二瓶社、二〇〇三年）
- 'Science and the Art of Teaching', *Harvard Educational Review*, 24, pp.86–97, 1954.
- *Verbal Behaviour*, New York: Appleton-Century-Crofts, 1957.
- 'Teaching Machines', *Science*, 128, pp.969–77, 1958.

・*Cumulative Record*, New York: Appleton-Century-Crofts, 1959.
・'Teaching Machines', *Scientific American*, November, pp.91–102. 1961.
・'Teaching Science in High School-What is Wrong?', *Science*, 159, pp.704–10, 1968.
・*The Technology of Teaching*, New York: Appleton-Century-Crofts,1968.（『教授工学』村井実、沼野一男監訳、東洋館出版社、一九六九年）
・'Contingency Management in the Classroom', *Education*, Milwaukee, WI, November-December, pp.1–8, 1969.
・*Contingencies of Reinforcement: A Theoretical Analysis*, New York: Appleton-Century-Crofts, 1969.（『行動工学の基礎理論——伝統的心理学への批判』玉城政光監訳、佑学社、一九七六年）
・*Beyond Freedom and Dignity*, New York: Alfred Knopf, 1971.（『自由への挑戦——行動工学入門』波多野進、加藤秀俊訳、番町書房、一九七二年）
・'Skinner's Utopia: Panacea, or Path to Hell?', *Time Magazine* 20 September, pp.47–53, 1971.
・'On "Having" A Poem', *Saturday Review*, 15 July, pp.32–5, 1972.
・'The Free and Happy Student', *New York University: Educational Quarterly*, Winter, 5, pp.2–6, 1973.
・*Particulars of My Life*, New York: Alfred Knopf, 1976.
・*Reflections on Behaviourism and Society*, Englewood Cliffs, NJ: Prentice Hall, 1978.
・*The Shaping of A Behaviourist*, New York: Alfred Knopf, 1979.
・'My Experience with the Baby-Tender', *Psychology Today*, March, pp.29–40, 1979.
・*A Matter of Consequences*, NewYork: Alfred Knopf, 1983.
・'What is Wrong with Daily Life in Western World?', *American Psychologist*, May, 41, 5, pp.568–74, 1986.
・*Upon Further Reflection*, Englewood Cliffs, NJ: Prentice Hall, 1987.（『人間と社会の省察——行動分析学の視点から』岩本隆茂監訳、勁草書房、一九九六年）

関連図書

・Bjork, D. W., *B. F. Skinner—A Life*, New York: Basic Books, 1993.

（トーステン・フーセン）

ハリー・ブラウディ　*1905—98*　Harry Broudy

啓発された養育のために必要な学校教育とはどのような類いのものだろうか。知識は啓発に貢献するが、養育を啓発する知識は科学的な知識と価値的な知識の両方を含んでいる。……啓発された養育のための知識は英知と呼ばれるようなものであり、それはまた何を成し遂げられるか、何を成し遂げられないかについての頭脳明晰さをともなった、人間本来の知性を兼ね備えている。

（ブラウディ、一九七二年、p.53）

ハリー・ブラウディはポーランドの裕福なユダヤ人家庭の四人兄弟の末っ子として生まれ、伝統的なユダヤ人小学校で教育を受けはじめた。一九一二年に家族とともにマサチューセッツへ移住すると、英語の知識がまったくないままアメリカの学校に入学した。そしてボストン大学でドイツ文学と哲学の学士号を取得（一九二九年）し、ハーバード大学でキルケゴール、ベルクソン、ウィリアム・ジェームズについての研究で哲学の博士号を取得（一九三五年）した。

ブラウディが教育分野にすすんだ理由は主として、アイビーリーグにおいてユダヤ人を教授に昇進させないでおこうとする、当時のアメリカの大学における反ユダヤ主義からである。そのためホワイトヘッド[★1]やペリー［Ralph Barton Perry（一八七六—一九五七）、アメリカの哲学者、教育家］から受けた、名声あるハーバード大学の学位を有するにもかかわらず、ブラウディの就いた勤め口はノースアダムズ州立教員養成大学（一九三七年）であり、そこで一般心理学と教育哲学を教えた。かの地でブラウディはドロシー・ホガースと出会い、結婚している（一九四七年）。ドロシーは農家の娘で有能な女性であり、様々な面からハリーを支えた。ブラウディの時間を確保し、原稿をタイプし、蛇口をなおし、主に運転するのは彼女であった。ふたりの息子のリチャードはマサチューセッツで産まれている。

一九五七年にブラウディがイリノイ大学の教育学部に移ったことは、［教育という］生産的で満足のできる二番目の職歴についたことを証するものである。そこでブラウディは哲学科の教員に任命されることに興味を示すことなく、教育研究に集中して、中等教育および高等教育のカリキュラムや教育学といった領域に取り組み、学校教育の機能にかんする思索を展開した。★2　ブラウディは一九七四年に退職した（大学委員会や教育活動、アドバイスや育英会では、その後十五年間にわたって活発に活動を続けた）が、その際には栄誉を賞して「個人の生活と職業人の勤めにおける知識の活用」と題した三日間の会議が設けられた。ブラウディは亡くなるまでアーバナで過ごし、九〇代になっても、自宅から大学へと続くレースストリートの（車に荒らされることなく）緑の茂った小道を、元気に歩く姿が見られたという。

私がブラウディに出会ったのは、一九八〇年代の終わりごろである。大学院生だった私はブラウディの著作に触発され、彼に出会ったのだが、会話を重ねるなかでブラウディの鋭敏な知覚、ウィット、優しさ、思いやり、簡潔なユーモアのセンスと同じく、その驕らない態度にも感激した。ブラウディの未亡人や友人、同僚や学生を対象に実施したインタビューでは、こういった面が強調されただけでなく、ブラウディの他の面にも光が当てられた。一九五〇年代末から一九六〇年代にかけての学部長であったルパート・エヴァンスは、驚くほど英語を自在に使いこなすブラウディの能力（会話のたびにハリーから新しい単語を学ばないことはなかった、とルパートは言う）、教師としてのブラウディの人気と有能さ、同僚や学長、大学総長から受けていた尊敬について語った。教育評価者のゴードン・ホークは、なぜハリーが「愚か者を容赦しないのか」［新約聖書、コリント人への第二の手紙、十一・十九］についてはっきりした例を示すことで、連邦機関や学術団体に対して行った、ブラウディの洞察力にとんだ貢献について語った。優れた音楽哲学者であり、博士論文を作成する際にハリーと協働したウェイン・ボウマンは、ブラウディの献身や知的興奮、言葉遣いやその意味に対する注意、そしてハリーが自分に与えた「深く、そして継続的な影響」について語った。「私はハリーからはじめて、哲学的な気質や傾向、性向への実質的な導きを得ました。」

ブラウディは教育に対する民主主義の影響に関心を抱き、特にすべての人に開かれたものとしてある中等学校のカリキュラムには、どのような知識が含まれるか、ということに興味をもっていた。そしてブラウディは次の二つの問いを区別して考えた。それは「よい知識とは何か？」と「知識は何にとってよいのか？」であり、前者の質問は様々な学習法の専門家に任せ、後者の質問を重点的に取り扱った（Vandenberg 一九九二年）。デューイと違い、ブラウディは進歩主義教育に信頼をおかなかった。なぜなら、進歩主義はアメリカに田舎の美点を取り戻そうとする大胆だが無駄な努力のようにブラウディには見えたからである。古典的リアリスト★3を自称したブラウディは、実存主義によって提起された諸問題に強い関心をもち、それらの問題のうちにすべての人がもつべき一連の重要な考えや学習技能があると考えた。この知識はそれぞれの人の素性や能力、興味といった違いを考慮して、なお美徳を保った学習計画に移し替えられる必要がある。

美徳は民主主義と両立できるのだろうか。ブラウディは美徳を、認識的・科学的・美的に高い能力を示す個人によって達せられるものとしてよりも、むしろ個人的・社会的生活の価値や、社会それ自体の価値のなかに位置づけて考えている。そしてブラウディは、普通教育のねらいは個性の実現にあると考えている。つまり、自己実現を可能にすることによって幸福を増進するので、知識は豊かな生活の糧となり得る、というのである。芸術は自己実現への一助として重要な役割を担っている。それゆえ、ブラウディは芸術の才能の有無や興味のあるなしにかかわらず、生徒全員に対して芸術教育を行うことを主張する。

［芸術］教育を受けることでその人の審美眼は目利きのそれに近くなり、生活がより豊かになるだろうというブラウディの見込みが、芸術教育の理論的根拠を成しており、そこでの教育の中心には審美的能力を育てる方法の中心に芸術批評が据えられている。ブラウディは芸術作品に接したり自己表現を行うことよりも、高度な専門知識や学問に基づく知識の集積からなる芸術教育の学習方法をとるべきである、という主張をもっていた。想像力の教育は、生徒が芸術のイメージをつかむことからなっており、その学習過程で習得される、前後関係のより広く、深い理解をもたらすような、対象の解釈に関わる資質を育成する働きをもつ。そして芸術は人文科学における教育上の価値概念と近しい役割を果たすだろう。すなわち、美を高めること、醜さや憎悪を減らすことである。このことによって当然、芸術は特定の芸術教育の目標にとどまらず、むしろ普通教育としての目標をもつことになる。

デューイと同じくブラウディは「美術に満ち足りた経

験は……単調で無意味で雑然とした、不毛な時間の浪費とは真逆の経験である」と考えている（一九七二年、p.35)。だがデューイと違いブラウディの古典的リアリズムは、単に問題解決を行うよりも、知識の獲得へと導くように、模範を中心に展開する教育課程の実践を強調する。ジョー・バーネットやB・オサネル（〝バーニー〟）スミスとの共著においてブラウディが展開した議論や、その後の他の著作においても、模範による学習を、上述した教育上の価値概念を達成するための主要な伝達手段と位置づけている。ブラウディが提案した中等学校の教育計画は、従来の作業や美術室での講義課目よりも、「最上の」芸術作品という模範を賞玩し、観照することに重きをおいている。

このような価値概念の理論は、ブラウディの高等教育に対する考え方にも影響を与えている。第二次世界大戦の間にブラウディは、科学者や技師が倫理的基準の構成を発展させる存在では必ずしもないことを悟った。ブラウディはそのために、あらゆる人の倫理的完成を発達させることが必要であり、そうすれば人は科学やテクノロジーを英知でもって制御できるだろうと考えた（一九四三年）[★4]。想像力の発達や感情の教育、感情の理解は、道徳教育の主要な目標である。本物の芸術はそれまで意識することのなかったような感覚のイメージを引き出す。たとえば、奇妙なものに親しみを抱かせたり、親しいものに奇妙な違和感を覚えさせたりする。ブラウディはランガー［Susanne Knauth Langer, 一八九五―一九八五、米の哲学者、美学者］にならって、「生徒は感動を覚えることよりも、感情についてじっくり考えるべきだ」という（ブラウディ、一九七二年b、p.49)。美的経験の育成は、感覚と価値概念のレパートリーを広げ、詳細に識別できるようになるために役立つ。したがって美的経験は教育の過程を通じて、美的経験以外の経験をもすべて闡明にすることになるのである。

観念的なレベルでなされたこういった考えから離れることなく、ブラウディはこの考えをいつも学校教育の実践的な領域に応用した。一九四三年の論文「ヒステリーのないヒストリー（History without Hysteria)」では、ブラウディは歴史的知識のテストの結果発表に応えて、大学一年生数千人をテストした結果、その低い点数は単に日常生活のなかでその知識を使用しないという事実に基づくと主張している。歴史教育の目的は、事実を暗記することではなく、「現在の問題を解釈するために歴史を用いる能力を育てること」であるとブラウディは記している。ブラウディはこの問題をいくつかの著作で展開し、最後の著作でも（一九八八年）、学校の目的について反復と応用の欠点を示し、解釈と連想を強調している。学校教育で解釈と連想を用いることは、背後関係を確立することとして考えられる。このような活動は日々の生活に関わるものであるが、意識の水面下に隠れており、専門家の記憶や問題解決能力というより、むしろ専門家の知性にも匹敵するような何でも屋の能力を象徴している。

ブラウディは二〇世紀後半の主要な教育哲学者と考えられてきた。しかし、ブラウディの思想が衝撃をもって迎えられたのは、主に視覚芸術の領域においての芸術教育にかんする著作であり、あまり知られていないが、音楽教育にかんする著作も負けず劣らず重要である (Bresler 2001; Colwell 1992)。一九五〇年以来、芸術教育は普通教育の課題としてもブラウディの研究の中心となった（例えば、学校教育の機能についてや、民主主義の社会において知的教育にかんする学問は、普通教育の教科目としてどのように作り変えることができるか、など）。ブラウディはイリノイ大学に移ると、音楽と視覚芸術の講義科目を担当し、芸術教育への彼の関心とその影響力はより強くなった。カリスマ的な音楽教育者のチャールズ・レオンハルトが美学に深く傾倒し、美学の影響を実践に反映したのは、音楽教育にかんする卓越した博士課程を確立する過程においてであった。レオンハルトはブラウディを「音楽教育に関わる」主要な学者とみなしていたので、みずからの受けもつ学生をブラウディの下に送った。そのなかには未来の音楽教育の指導者となる者もおり（たとえば、ベネット、レイマー、ウェイン・ボウマンなど）、ブラウディの思想を音楽教育の哲学からさらに展開していった。そのため、主要な音楽教育の著作で音楽教育の哲学について記したブラウディの著述を通じてのみならず、イリノイ大学で彼から学んだ学生たちが、長きにわたりブラウディからの影響をひろめることになった。

音楽教育の理論的根拠は、芸術についての一九五〇年代のブラウディの著作から発展している。そこでブラウディは平均的なものの感じ方や通俗的な話し方、考え、芸術の嗜好性の構造について、その理由と現れかたの両面にかんして考察した。哲学を基盤としてブラウディが規定した「最高の」音楽の用い方は、音楽教育の専門家にとって重要なものであった。たとえばリチャード・コールウェルはこう述べている。「音楽教育は哲学をもたなければならないという一九五八年のブラウディの着想は、音楽の専門家を驚愕させた」（一九九二年、p.44）。

コールウェルはこうも記している。ブラウディは、「音楽教師でもわずかな人しか成しえないほどに、申し分なく論じている」。一九七〇—八〇年代に、ブラウディはたくさんの論文や書物を著し、芸術教育の重要性を主張した(「芸術教育はいかに根本的か、あるいはアートは［3アールズ(3R's)に続く］四番目のR?」、「芸術教育は必要か、楽しいだけか?」「美学と美術の一般的カリキュラム」など)。当時記した書物のなかには影響力のあった『啓発された養育(*Enlightened Cherishing*)』(一九七二年)や、ゲティ出版から刊行された『イメージの役割』(一九八七年)も含まれている。ブラウディは、芸術教育を学校教育の周辺から中心へと移すための苦労を、「楽しさ」と「必要さ」の間の緊張関係と名づけていた。そして芸術教育を通じて育成された想像力は、教養ある精神が備えるその他の役割にも、きわめて重要な援助をもたらすとブラウディは主張した。

ブラウディは物ごとを理解したり、作り上げたりする能力の構成要素として、批判の原理に基づいた知恵に加えて、芸術の歴史やその哲学的な根拠にかんする知恵も挙げる。美的な知覚能力についてブラウディは、「テキストをイメージとして、あるいは一まとまりのイメージとして読むこと」(一九八七年、p.49)と類似したものであるとみなしている。芸術に通じるためには言葉が必要であり、言葉によって生徒や教師は芸術作品と通じ合い、また生徒と教師とは言葉によって互いに通じ合うことが可能になる。ブラウディは［芸術作品の］制作と鑑賞との対話的関係を指摘し、芸術の制作は自己表現を追い求めることよりも、芸術作品を鑑賞する能力によるものであると主張した。また芸術作品の知覚的・技術的・規則的・表現的特質について情報を収集したり、それを焦点化するための教育上の計画を発展させてもいる。情報収集の技術は様々な芸術カリキュラムの作成に利用され(例えば、ミッシェル・オルソンの建築学、キャロル・ホールデンの音楽教育、ナンシー・ルーシェルの視覚芸術教育など)、ゲティ・センター美術館の基礎を形作った。

ブラウディの幅広い哲学的基盤は、音楽教育に、はじめて明確な哲学を与えることになった。しかしながら(音楽の、よりもむしろ)音楽に関わる知識を称揚し、課外活動として行われる伝統的な楽隊や合唱隊の演奏や活動を退ける態度は、音楽教師のしきたりであったり大事にしてきたものとは一致しない。ブラウディの考えでは、生徒の芸術は優れた芸術である必要はない(「子ども時代の自発性が損なわれていないことや初心者の無知が抑圧されていないことは、訓練されたことによる熟練よりも価値があると思われる」一九七二年、p.102)。そういったものは審美眼の教育の目的にかなうことは期待できない。それと同じくアトリエや演奏における活動も、できあがった作品の良し悪しも、音楽教育や芸術教育の基盤となる、審美眼の教育の目的ではない。だが、学校教育課程の中心に芸術を据えるというアイデアや議論は、ゲティ・センター美術館[★5]の使命である美術史や美術批評、美学の確立を、アトリエとおなじ立場にたって目指すものである。一九八〇年代にはブラウディの著書は（エリオット・アイズナーの著書と同じく）芸術教育の新たな哲学のきっかけとなり、自己表現の制約は芸術教育の存在理由（レゾン・デートル）として強調された。ブラウディはあらゆる芸術を結びつけ、芸術体験の広い領域にわたって注意を注ぐ、芸術教育運動の中心的な役割を果たした。その考えは、理想的で正式な、そしてある程度はいつであっても運用可能な視覚芸術のカリキュラムを具体化するのに役立った。

　より根本的な段階においてブラウディの著作は、カントによってもちこまれ、二〇〇年あまりにわたって美学において支配的な考えとなっている倫理学と美学との分裂を、再びつなぎ合わせようという兆しをみせていた。ブラウディの美学が倫理的であることの理論的根拠は、美学が独立した、孤立的な芸術の領域に解体されてしまい「芸術のための芸術」となっていることへの批判であり、このような考え方はプラトンやアリストテレスが考えた芸術の役割についての見解に近づいている。この見解は教育にとって意義のある影響を派生的に及ぼし、芸術教育の様々な訓練の目的を一般的な教育目的へと向け変え、それによって芸術のカリキュラムや芸術にかんする教育学に作用する。美学と倫理学との相互依存関係は、音楽にかんするウェイン・ボウマンの著作や、視覚芸術にかんするスージー・ガブリックの著作、環境芸術の著述家といった人たちの書物のなかに再び現れてきている。ポスト・ポストモダニズムの振り子の揺れ戻しのなかで現れたこのような状況は、芸術教育の脱構築から、芸術教育の目的と意味に対する意義づけの再興へという流れを象徴するものである。

注

この原稿を作成できたのは、ドロシー・ブラウディ、ルパート・エヴァンス、ゴードン・ホーク、チャーリー・レオンハルト、ボブ・ステークのおかげである。彼らは私と数度にわたって討議をしてくれ、ブラウディの業績と生涯について洞察に満ちた観点を与えてくれた。またユニス・ボードマン、ウェイン・ボウマン、ディック・コールウェル、ラルフ・ペイジ、ルー・スミスが与えてくれた重要な情報には、大いに感謝している。そしてこの原稿を注意深く読み、有益な助言をしてくれたサーシャ・アルディチーヴィリ、ドロシー・ブラウディ、ルパート・エヴァンス、ゴードン・ホーク、ボブ・ステークに大いに感謝している。

★1　ブラウディはホワイトヘッドの最後の学生で、ブラウディをよく知る友人によると、ホワイトヘッドの影響はブラウディの考え方や生き方に反映されているという。

★2　ブラウディの著作の『リアル・ワールド（*Real World*）』、『真実と確実性（*Truth and Credibility*）』、『市民のジレンマ（*The Citizens Dilemma*）』、『パラドックスと約束（*Paradox and Promise*）』、『学校教育の習慣（*The Uses of Schooling*）』など。

★3　新アリストテレス主義はノースアダムズにおけるブラウディの著作にまで遡ることができ、一九六一年の『教育哲学を築き上げる（*Building a Philosophy of Education*）』に認められる。

★4　後年ブラウディは高等教育の問題に多くの時間を捧げ、学長委託の職員局長をつとめ、学部学生の学習と生活の改善にあたった。

★5　一九八二年に創設された。

参照項目

本書の**アイズナー**の項

『教育の主要思想家50人』所収、**アリストテレス**、**デューイ**、**プラトン**、**ホワイトヘッド**の項

ブラウディの主要著作

- 'History without Hysteria', *School and Society*, 58, 1943.
- *The Real World of the Public Schools*, New York: Harcourt, Brace, 1972a.
- *Enlightened Cherishing: An Essay on Aesthetic Education*, Urbana, IL: University of Illinois Press, 1972b.
- 'How Basic Is Aesthetic Education? Or Is 'Rt the Fourth R?', *Educational Leadership*, 35, 2, p.139, 1977.

- *The Role of Imagery in Learning*, Los Angeles, CA: The Getty Center for Education in the Arts, 1987.
- *The Uses of Schooling*, London: Routledge and Kegan Paul, 1988.

関連図書

- Bresler, L., 'Harry Broudy's Aesthetics and Music Education', *Research Studies in Music Education*, December, 2001.
- Colwell, R., 'Goodness and Greatness: Broudy on Music Education', *Journal of Aesthetic Education*, 26, 4, pp.37–48, 1992.
- DiBlasio, M., 'The Road from Nice to Necessary: Broudy's Rationale for Art Education', *Journal of Aesthetic Education*, 26, 4, pp.21–35, 1992.
- Margonis, F., 'Harry Broudy's Defence of General Education' ,unpublished MA thesis, Champaign, University of Illinois, 1986.
- Smith, R., 'On the Third Realm—Harry S. Broudy: A Life Devoted to Enlightened Cherishing', *Arts Education Policy Review*, 101, 2, pp.34–8, 1999.
- Vandenberg, D., 'Harry Broudy and Education for a Democratic Society', *Journal of Aesthetic Education*, 26, 4, pp.5–19, 1992.

（リオラ・ブレスラー）

シモーヌ・ヴェイユ　*1909—43*　Simone Weil

一般に信じられているのとは異なり、人は普遍から特殊へと向かい、抽象から具体へと向かう（これは教育に重大な影響をもつ）。……あらゆるもののなかで大事なものが何かを最もよく認識させてくれるのは、芸術である。……そして、芸術は宗教に起源がある。宗教と芸術によって人は、個人とはどのようなものか、という表象に達することができる。感情（友情、愛、好意）によって、ある人はそのほかの人と区別される。ある人が愛する人を分類したり、ラベルを張ったりすることは、邪悪なことである。★1

シモーヌ・ヴェイユはパリの裕福なユダヤ人家庭に生まれた。十歳のときヴェイユは、自分はコミュニストであると宣言した。貧しい人や抑圧された人に対する共感は、ヴェイユの生涯や著作において不変のテーマとなっている。ソルボンヌ大学では、その禁欲主義と政治的見解から、「赤い処女」というあだ名をつけられた。大学を卒業したヴェイユは、［フランス中南部の都市］ル・ピュイの中等学校の教員となった。彼女は空いた時間に失業者とともに仕事を行い、型どおりのやりかたに従い試験によって生徒たちに知識を詰め込むことを拒否したため、学校を解雇されることになった。工場労働者として厳しい仕事に従事する年月を経たのち、ヴェイユはアナキストの側に立ってスペイン内戦に参加するため、スペインに渡った。しかし調理油で大火傷を負うという事故のために、戦争への関わりは終わった。一九四二年にヴェイユの一家はナチスのユダヤ人迫害を逃れてアメリカに渡った。さらにシモーヌ・ヴェイユは自由フランス軍に参加するため、アメリカからイギリスに渡った。イギリスでヴェイユは結核にかかったが、おそらく占領下のフランスの同胞に与えられた配給より多く食事を摂ることをヴェイユが拒んだために結核が悪化してしまい、［イギリス南東部の］ケントのアシュフォールドにある療養所《サナトリウム》で亡くなった。ヴェイユの著作はすべて死後に出版されたものである。

シモーヌ・ヴェイユはユダヤ系の生まれにもかかわらず、一種の新プラトン主義者やキリスト教神秘主義者としてよく知られている。彼女の人間に対する見解は、私たちは生来、空想の安心感で身の回りを覆いがちである、というものである。私たちはプラトンの洞窟の比喩における囚人のようなものである（『国家』第七巻）。洞窟の比喩に描かれる囚人は、洞窟の壁に映る影を実体と誤解し、身を縛る鎖を解くため抗おうとせず、壁に影を投げかける炎の暖かさから身を遠ざけることをいやがり、洞窟から抜け出て太陽の強い光の下に出たがらない。ヴェイユはこの様々な状況に広がりのある状態を「重力」と名づけた。このような状態は物体が落下することでとても身近なものである重力と同じく、私たちにとって自然な状態だからである。私たちの理性に対する理解や受容力は、ここではあてにならない案内役であって、邪な魂でもってそういった案内役を用いることは、単なる狡猾な自己欺瞞といったものとなる。あるいはそういった人間の象徴であるオイディプスのように、謎かけを説くことはできても、自己認識や自己の洞察にはまったくといっていいほど欠けている。

私たちが必要とするのは知力の増大ではなく、一種の新たな方向づけであって、その新たな方向づけは偏在化や非利己化のうちに存在していて、シモーヌ・ヴェイユの用語では脱創造（décréation）と表現されている。「あらゆるひとは自分が世界の中心であると想像する」[★2]、そして、その位置づけを捨てるには並大抵ではない力が必要であって、知力のみならず私たちの精神の想像に関わる部分の力も要することになる。そのためには物であれ人であれ、それぞれを唯一のものとしての特殊性のもとで見なければならず、一般的なカテゴリーの例として見てはならない。「精神は対象となる存在を自分にとって実際に見たままに理解するためには、それ自体としては空っぽでなければならない。」[★3] 私たちにつきまとう、わがままな自尊心が事実により高い意味を与えようと求めるのに対して、高い意味を与えられた事実は、今度は私たちのエゴイズムをより減らそうとする。

この脱創造は特に他者の苦しみに直面したときに必要である。

この世にまったく必要とされていないと感じている不幸せな人物に対して、人間には、思いやりをかけるという能力がある。苦しむ人に思いやりをかける能力はきわめて稀少で難しいものである。それはほとんど奇跡といってもいい。すなわち、そのようにあることは奇跡である。自分がそういった能力を有していると思っているほとんどすべての人は、実のところその能力を備えていない。★4

他者の苦痛を正確に、誠実に体験することはきわめて難しい。その結果、私たちは他者の苦痛を感傷的にとらえたり、あるいはひどく興味をそそられたりしがちである。自分自身のきわめて激しい苦痛もまた、適切に対処することはほとんど不可能に近い。ここにはマゾヒズムの変種や、苦痛はどういうわけか自動的に贖われるという夢想をもたらす落とし穴が潜んでいる。自分の苦痛を他者に伝えないで堪えられるのは聖人にも近しい人だけである。

魂は重力の状態から愛によって脱することができ、特に美しさに気づくことによって脱することができる。美しさに気づくことはおそらく、たいていの人が愛に気づくことができるようになるための一番の近道であろう。★5 ここに私たちはまた、プラトンの論との類似を見て取ることができる。すなわち『饗宴』において展開される論は、美少年への愛から、芸術的なものへの愛への道行き（それは「何か個々のものという観念」を私たちに与えるのに役立っている）を経て、さらに進んで美のエイドス（イデア）への愛、最終的には善そのものの愛へと至っている。だがシモーヌ・ヴェイユの論との主な違いは、ヴェイユにおいてはこの世の個々のものが贖われると考えられ、単により高きものへの道行きの過程において個々のものが越えられるとは考えられていないところである。「個々のものをじっくりと見つめることは、人間を高め、人を動物とは異なったものにする。」★6 世界に対する巡礼者の愛は、プラトンの洞窟に自らを立ち戻らせることになる。まさにシモーヌ・ヴェイユが哲学研究をおいて、フランスの最も貧しい工場労働者のなかに加わったように。

ここで示されるきわめて重要なことは、思いやりという考えである。適切に思いやることとは、普段私たちの認識や判断を覆っている私的な心配ごとや、夢想の悪影響から自由になるように奮闘する、美徳の光の下に世界があると考えることである。それは「曇ったガラスを通して」ではなく、確固とした、浄化された世界の見方である。

思いやりは、自分の思考を一時的に保留したり、思考から距離を置き、考えを空っぽにし、対象によって心が満たされるままにしたりすることから成り立っている。つまり、それは自分の心のなかに考えが広がるのを抑えるのであり、自分の獲得した多用な知識と接するのではなく、それを少量に抑えるのである……[★7]

思いやりは意志の活動の問題として考えられてはいない。実際は道徳的識別をする出来事は引き続き生じて、判断をしなければならないだろうし、たとえ私たちの心づかいの性質が十分に公正であり真理をうがっているにしても、道徳的判断はほとんどゼロから（ex nihilo）行わなければならないだろう。そのような状況をシモーヌ・ヴェイユは恩寵（grace）と名づけた。恩寵の状況にあるときに人は、ヴェイユの著作の題名にあるように「神を待つ」ことをせざるを得ない。

こういった考えは本来、ノリッジのジュリアン［イギリスの神秘主義者。（一三四二？―一四一三？）］の神秘主義や禅宗を連想させる宗教的な思想だと思われるかもしれないが、シモーヌ・ヴェイユによるとそういったものを導く考えは「どんな空想も交えることなく、純粋に知覚すること[★8]」だという。さらにヴェイユはこういった考えが、きわめて通常の教育的実践において基礎づけられるべきだと主張する。ヴェイユは次のように記している。学校での学びで「真の目的となり、ほとんど唯一ためになるのは、思いやりの能力の発達である[★9]」。ラテン語で散文を書いたり、幾何学の問題を解く練習は、いつか、仲間が求めているときにその人に対して思いやれるようになるための、適切に思いやる訓練となるかもしれない。そのような思いやりには計り知れない価値がある。それゆえ学校での学びは精神に強い影響力をもち、「いかなるものであるにせよ、特定の宗教の信仰とは完全に異なるものである[★10]」とシモーヌ・ヴェイユは主張する。そしてここでもまた愛とのつながりが認められる。

知性は欲求によってのみ導かれる。欲求が存在するから、知性のはたらきには喜びや楽しみが存在するのに違いない。知性は喜びによってのみ伸長し、喜びによってのみ結実する。喜びをもって学習されたところは、精神的な生活のための準備となる。[★11]

おそらく技能をみがく訓練も同じように機能するのであろう。この種の能力を訓練するとき、私たちは自分の用いる素材に対して自己を開示することで、かんなをかけている木の性質に慣れたり、壁に貼る壁紙の性質に慣れたりする。私たちは自分の技術知を用いるが、たとえ技術について知ることができたとしてもそれは皮相的なものでしかない。このような、技術とのある種の調和は、園芸や料理、さらには車の運転にさえ見られ得る。適切な方法でなされたこういった活動を、よくいうように、私たちは気分のリフレッシュと考える。学業だけでなく、職業上の訓練でもまた、思いやりは育まれよう。

哲学者のアイリス・マードックはシモーヌ・ヴェイユの考え方を参考にし、発展させている。[マードックの]『善の至高性（*The sovereignty of Good*）』は、ある女性が認識を吟味することで、彼女の「生意気で、無遠慮で、やっかいで、幼い」息子の嫁を平等に見ることができるようになり、おそらくむしろ、のびのびして楽しい若さととらえられるようになるまでの有名な事例となっている。ここでは、嫉妬や偏見、強迫観念をともなわないで思いやることを、性急にではなく適切に理解しようという試みが見られる。私たちは教育において、道徳的生活のこういった側面の重要性を考えてみてもよいかと思われる。このような注目をすることは、たとえば子どもにとっていじめとからかいを区別するときに、おそらく事実の理解や「ほかのひとがあなたにそれをされて、あなたはうれしいか」考えるといった問題よりも、思いやりという質の異なった光の下で事実を眺めることに重きをおいている。同じく教師にとっても、児童生徒や学生を怠けものでやる気がないと捉えるか、自信がないために物事に本腰を入れて取り組もうとしていないと捉えるのかによって違いがある。

確かにシモーヌ・ヴェイユの思想は、私たちが若者の教育や養育に関わる際に重要視する個々の点に対して注意を向けている。たとえば、私たちが往々にしてアイリス・マードックと共通して教育上の関心事としていることとして、テレビやその他の新しいテクノロジーが、身の回りのものを繊細に観察する能力を鈍らせるのではないか、という問題が挙げられる。[★12] インターネットのウェブなどを利用する場合を考えてみると、ウェブのリンクへ執拗にクリックしたり、ダウンロードする際にいらだったりしながら、私たちは思いやりという性質をどのようにして身につけられるだろうか。おそらく私たちは子どもたちに「いかに絵を描くかだけではなくて、いかに絵画と対峙するか」[★13]を教えるべきであろう。優れた教師は正確さや真実、熟慮を教える。そして学校では、これまでの経験によって身についた、習慣的なネガティブなものの見方や感じ方によって乱されることなく、穏やかなものの見方ができる能力が教えられるべきである。

アイリス・マードックは次の文章でシモーヌ・ヴェイユの教育哲学の精髄を鮮明に表現しているが、現在の学校や大学で行われている教育は、ここで述べられている思想からは大きくかけ離れていると言わざるをえない。

　学習とは道徳的に進展することである。なぜなら学習は克己であり、自己のエゴイズムを小さくし、真理への想像力を拡大し、世界に対するより深く、より繊細で、より賢明な見方をもたらすからである。学校で教えられるべきこと、それは思いやりをもつことと物事を正しく把握することである。創造力にはこういった能力が必要である。知的な学習や技術の学習は、意識や繊細な認知や観察する能力について、今までとは質の異なるものを伝えて、私たちの欲求を作り変え、直感的な欲求や嫌悪の衝動を改める。思いやりをもつこととはケアすることであり、また思いやりをもつこととは、学習しようと欲することを学ぶことである。★14

★注

★1 *Lectures on Philosophy*, p.59.（『哲学講義』渡辺一民・川村孝則訳、人文書院、一九八一年）

★2 'Reflections on the Right Use of School Studies with a View to the Love of God', in *Waiting on God*, trans. E. Crauford, New York: G. P. Putam's Sons, p.114, 1951.（『神を待ちのぞむ他』渡辺秀・大木健訳、春秋社、一九六七年）

★3 Ibid., p.115.

★4 Ibid.

★5 *Notebooks*, trans. A. F. Wills, New York: G. P. Puntam's Sons, p.384, 1956.（『重力と恩寵／シモーヌ・ヴェイユ「ノート」抄』田辺保訳、講談社文庫、一九七四年）

★6 *Lecture on Philosophy*, p. 59.（『哲学講義』）

★7 'Reflections on the Right Use of School Studies with a View to the Love og God'. op.cit., p.108（『神を待ちのぞむ他』）

★8 Ibid., p.406.

★9 Ibid., p.109

★10 Ibid., p.116

★11 Ibid., p.109.

★12 Iris Murdoch, *Metaphysics as a Guide to Morals*, London: Chatto & Windus, p.330, 1992.
★13 Ibid, p.329.
★14 Ibid, p.179.

参照項目

『教育の主要思想家50人』所収、**プラトン**の項

ヴェイユの主要著作

- *Waiting on God*, trans, E. Crauford, New York: G. P. Putnam's Sons, 1951.（『神を待ちのぞむ他』渡辺秀・大木健訳、ヴェーユ著作集四、春秋社、一九六七年）
- *Gravity and Grace*, trans. A.Wills, New York: G. P. Putnam's Sons, 1952.（『重力と恩寵』田辺保訳、筑摩書房、一九八五年）
- *The Needs for Roots*, trans. A. Wills, New York: G. P. Putnam's Sons, 1953.（『根をもつこと』冨原眞弓訳、岩波書店、二〇一〇年）
- *The Notebooks of Simone Weil*, trans. A. Wills, 2 vols, New York: G. P. Putnam's Sons, 1956.
- *Lectures on Philosophy*, trans. H. Price, Cambridge: Cambridge University Press, 1978.（『哲学講義』渡辺一民・川村孝則訳、人文書院、一九八一年）

関連図書

- Le Roy Finch, H., *Simone Weil and the Intellect of Grace*, New York: Continuum, 1999.
- Little, J. P., *Simone Weil: Waiting on Truth*, Oxford: Berg, 1988.
- McLellan, D., *Utopian Pessimist: The Life and Thought of Simone Weil*, New York: Poseidon Press, 1990.

（リチャード・スミス）

ジョセフ・J・シュワブ *1909―88*

Joseph J. Schwab

カリキュラムは、理想的な表現や抽象的な表現に影響をもたらすだけでなく、実際の物事や具体的な事例に対して影響をもたらす。そのカリキュラムに完全性が十分にあり、そのほかの具体的な事例との違いが明らかにされており、多数の事実に基づいていて、理論的な抽象概念にかんしては言及されないならば。★1

ジョセフ・シュワブは二〇世紀後半に活躍した、きわめて重要なカリキュラム理論家のひとりである。ジョン・デューイやロバート・メイナード・ハッチンス、リチャード・マッケオンらの哲学の直接的な後継者であり、シュワブの著作においても、これらの人たちの著書において明らかなように、民主主義の教育理想が本来備えている矛盾や、矛盾の間におかれた緊張状態が問題にされている。デューイと同じように、シュワブは、カリキュラムは文化の理論的研究や、くわしい知識に基づいた反省的な意見交流によって基礎づけられるべきであると主張する。ここでいう意見交流とは、政治的・社会的共同体に個人が参加することが中心となる。しかしながら、そのような教育を実現しようとすると、根本的な「思想の」対立状況が引き起こされることになる。それというのも、そういった文化の理論的研究は、ある文化の所産に対する深い価値評価を育むという影響があるからである。このことは、アメリカの平等主義がめざす理想と真っ向から対立する。

シュワブはこういった矛盾を、社会状況との調和や研究調査の重要性を強調することで解決しようとした。シュワブは「実践的であること――カリキュラムの言語」★2という論文で、次のように述べている。

具体的なカリキュラムの素材は、単に「科学」や「文学」、「方法」などの一部から構成されるのではないと考えられる。それどころか、カリキュラムの構成要素は、選ばれたものがある特定の語彙、文法体系、レトリックで表現されることで、特定の主張をすることになる。それゆえカリキュラム自体の特色によって、ある種の文学、短編小説、抒情詩が優れているとされたり、劣っているとされたりすることになるだろう。そしてカリキュラムで用意されたシークエンスとして、特定の事柄に対して特定の活動がなされることになる。……なによりも、そこで考えられるべき受益者は、子どもに関わる心理学や社会学の研究から導き出された一般的な子どもではなく、あるレベルの子ども、ある種の子どもですらない。受益者はきわめて狭い範囲での子どもたちであり、狭い範囲のなかの、さらに個々人としての子どもたちによって構成されるであろう。

こういった類の考え方の傾向から、教師として、そして学者としてのシュワブの経歴を通じて、彼は担当したこの学期のこの教室にいる学生の特徴に、注意深い分析を向けることになった。そして、シュワブはいつも次に受けもつクラスのこのカリキュラム、この教科における現状を関心事としており、その関心がシュワブの著作に反映されている。シュワブの著述にはたいてい特定の状況が記されるか、特定の関心事項がうまくいくように考えられており、身近な実践を超え、テーマを展開して考えられることはまれである。

五十年近くにわたってジョセフ・J・シュワブはシカゴ大学に関わり、大学のコミュニティーとなっているハイドパークに住んでいた。十五歳で大学に入学し、一九三〇年に英文学の学士号を取得した。一九三一年の秋にシュワブは生物学の卒業研究を始め、一九三九年に遺伝学で博士号を授与されている。一九三七年にはコロンビア大学のティーチャーズ・カレッジで科学教育の特別研究員となって一年間ハイドパークを離れ、博士論文を仕上げるかたわら、計量心理学の領域の開発を探究したり、カリキュラムの開発を手伝ったりした。一九三八年にシュワブはシカゴ大学の学士課程に生物学の専任講師および試験官として戻った。そして一九七四年にウィリアム・レイニー・ハーパー・カレッジの自然科学科教授としての職を最後に、大学を退職している。その後、シュワブはカリフォルニアのサンタバーバラにある民主制度研究センター（Center for the Study of Democratic Institutions）の研究員となった。同施設は一九二九—五一年のシカゴ大学学長である、ロバート・メイナード・ハッチンスによって設立された私設研究所である。ロバート・ハッチンス学長の下、シカゴ大学で過ごした若い頃、ハッチンスが一般教育を再評価し、再活性化させようという試みを構想するうえで、シュワブは不可欠な存在であった。シュワブの後の著作は、この初期の形成期の業績が反映されたものと考えることでのみ、正しく理解される。カレッジの改革期は一九三〇年代に始まり、一九五〇年代初頭まで続いたが、シュワブはその時期の同僚関係や思考の様式、実践に関わり続け、その後の著作や後の専門的な研究活動についても、カレッジでの活動中に関係した研究をより幅広く、様々な状況において考えたものとして継続的な取り組みであるとみなすことができる。

一九四〇年に当時三一歳のシュワブはシカゴ大学の教員グループの主要なメンバーとして、ハッチンスの取り組む教育改革に深く関わっていた。一般教育に深く関心をもった科学者として、シュワブはハッチンスやアドラー［Mortimer J. Adler（一九〇二—二〇〇一）、アメリカの哲学者、教育家］、クローレンス・ファウストらから高く評価され、一九四一年からシカゴ・カレッジの学部長を務めた。それというのも、科学を一般教育の枠組みのなかに組み込もうとすることは、いつでも普通教育運動が目指す根本的な目的であったが、それを達成することは困難であると判明していたからである。シュワブの初期の著作は科学の本質についてと、科学を普通教育に組み込もうとする自らの努力を反映して、科学者の役割についてがテーマであった。しかしながらシュワブの考える一般教育の概念は、一九四〇年にはまだ、本質的に完成していなかった。シュワブは討論や授業の価値、グレートブックス［オブ・ザ・ウェスタンワールド］の潜在的な重要性を確信し、普通教育にとって科学が取り扱いやすいものであると考えていた。ここから分かるように、シュワブは科学と価値基準と教育とのそれぞれの関係について、きわめて深い関心を抱いており、教育に関する論文ではじめて出版されたものも、これらのテーマを扱うものであった（一九四一年）。シュワブは思想を発展させることはなかったが、一貫した構想のなかに自らの思想と関心を提示している。デューイの教え子であったリチャード・マッケオンと共同で研究を進めるようになった一九四二年になってはじめて、四年間のカレッジの計画的な教育課程の作成に着手し、教育課程の理論的な組織化を図るために自らの思想を鮮明にした。

教育的な課題の中心となるものは、すなわちカリキュラムの課題としてであり、それらはマッケオンやその同僚たちによって三つの主要な概念にまとめられた。一つ目は、文化の観念である。文化という要素は、文化の不確定な性格について理解を深めることと、変化するという文化の本質について、その経験と観察という方法から得られることで第二の主要な概念にもつながる。これらの考えはどちらも、第三の概念において焦点化が認められる。すなわち、人が経験し、解決を模索する問題は、文化によって与えられる、という概念である。この種の議論は、文化や人間、共同体といった観念をよりどころにして、それを経験の観念で統合したものであり、理論的なレベルでは一九四二年の教育課程において根拠づけられている。とりわけリチャード・マッケオンが最も根本的に関心をもっていたのは、ある問題に対する思考の経験をいかに理解することができるかという、知覚の問題についてである。伝統的な学問では、複雑な書物や哲学的な文章のなかから意味を抽出することとそれ自体を扱う、解釈学や論理解釈が存在するが、マッケオンにとってこの学問はほかのどの学問よりも重要であると考えられた。解釈学の伝統は技術と方法論の両面において、表現の意味にかんする構造の解釈や、潜在的な教育的意義の解釈に用いられ得るとマッケオンは提起する。テキストを読むにあたっては、テキストそのものに対して注意をはらう必要があるとともに、解釈する人がテキストに対してもたらす解釈のカテゴリーについて注意をはらわなければならない。論理解釈の核となる理論を含むカリキュラムは、したがって読書という課業に本来備わっている、意味にかんする問題と、読み手としての生徒の意識の両面に対して必然的に注目しなければならない。

ほかの人はマッケオンの思想が学問に与えた影響に関心を抱いたのに対して、シュワブはマッケオンのカリキュラムの理論と実践についてだけでなく、教育についての原則が暗示するものについても吸収した。この時期にシュワブの学んだことが、一般教育がどのようにあるべきかについて、彼の見出した構想に完全な表現を与えるうえで進歩をもたらすことになった。マッケオンの影響を通じてシュワブは、ジョン・デューイの思想に精通するようになった。デューイの思想の圏域は、シュワブの最も根本的な関心や確信と相通じる構想を備えていた。意見の交流はデューイの思想に不可欠な部位であるが、それはシュワブが大切にした共同体と対話の重要性を理解し説明するのに役立つ手がかりでもある。それというのも、研究の過程にかんするデューイの記述には、シュワブの思考において繰り広げられていたものが表現されていたからであった。シュワブの思想に根本的な影響を与える思想家として、デューイはますます存在感を増していった。シュワブは、デューイが一般的にいわれるような意味で知覚や教育の「理論」を提示したのではなく、むしろ、自著を読んだ人が実践を始めるにあたっての確信となる「手引き」を提示し、研究へといざなったと考えた。

一九四九年にシュワブはシカゴ大学の教育学科の教員に任命され、学科長であるラルフ・タイラーはシュワブに対して、一般教育の理論的根拠の正式な探究に注意を傾けるよう促した。そしてシュワブは教育学科で次第に教育哲学の授業を担当する機会が増えたこともまた、同じ道筋に彼が進むことをより強く推すこととなった。すなわち、みずからの経験と関心の一般化を求めるという道筋である。一九五一年にシュワブは、カリキュラムの観念について特筆して考察した最初の論文を公刊した。「一般教育にかんする弁証法的方法と教条的手段の対立」と題したその論文は、話者が各自の議論を発展させるために勘案すべきと考えられる、一連の「教育上の」「項目」や「常套句」の可能性を整序することによって、これまでの教科の問題領域を包括的に描きだしたものである。この項目立てられた表現様式はシュワブの思想や叙述の特徴となっており、それは、いつも常套句のよりどころとしてアリストテレスのカテゴリー論をはじめに用いたり、デューイの経験の解釈がシュワブの注目するカリキュラムの問題に対するアプローチに反映されているところに現れている。

「エロースと教育」と題された論文では、人間の観念とリベラルな人間性と経験への焦点の移行が表明されている。ハッチンスやマッケオンが注目する知的技法から、人間の観念とリベラルな人間性と経験への焦点の移行が表明されている。この論文でのシュワブの教育の概念には、継続性の価値と経験の発展に対する重要視という、デューイの思想からの影響が明らかに見て取られる。人間は理性的な能力、すなわち論理的な能力、情動的な能力や感覚的な能力を備えている。人間の行動はこれらの原因に由来するが、成熟した、有徳な人格を備えた人の情動的な能力は、ほかの人々に対して善い行いをすることで喜びを得ることができる。人間の行動は欲望に基づく論理と、理性に基づく欲求の結果として生じるが、人格の成熟は、いまだ分別をもたない人が善に合致するふるまいを練習したり、習慣化したりすることで到達されるものである。

シュワブはデューイと同様に、個人と集団のふるまいの自由裁量の側面を繰り返し強調する。そしてシュワブは問題にい﹅か﹅に﹅遭遇し、解決されるべきかを描くが、具体的にど﹅の﹅よ﹅う﹅な﹅も﹅の﹅が解決であるのかについては描こうとしない。シュワブの著作がすべてこのような記述の方法をとるのは、教育がどのようにあるべきかや、一般教育がどのようなものであるべきかや、カリキュラムがどのように展開されるべきかを規定することよりも、その特徴を描きだすことを求めているからである。しかし、任意の知性のこういった強調には、特有のジレンマが存在する。シュワブ自身も「科学と市民の対話」と題した論文のなかで、エリートに必要な知性と一般の人々に必要な知性についてという表現で、そのジレンマを表現している。

一九五九年初頭から、シュワブのシカゴ大学での活動は以前より少なくなったが、そのかわりにユダヤ教神学校のメロン研究センターや、生物科目などの合衆国が資金を提供する科学カリキュラムの主導に活動の場を移した。これらすべての活動は、シュワブ自身が十年前に行った科学にかんする研究を再検討しはじめる契機となり、それと同時に、共同体や伝統、インフォーマル学習といった新たな方向に関心を向けるきっかけともなった。一九六〇年代はじめのこの数年間の期間に、アメリカの学校のカリキュラムにおいて、学校で学ぶ科学の内容が主要な関心の的となった。この関心に結びつけられたスローガンは、「学問の構造」というものであった。科学にかんする、あるいは科学を通じての一般教育の適切なカリキュラムの性質に対して長年にわたりシュワブは研究を行ってきたので、学校において行われる、学問に基づく科学教育の重要性についての代弁者と目されていた。シュワブの小論文「学問の構造の概念」は構造主義者の基本的なテキストとなった。このような研究や一連の「実践的な」小論の著述は一九七〇年代に入ってからも続けられ、シュワブがシカゴ大学で行った初期の研究と同じく、どのような学問においてでも創造的な探究のために重要なものはなにかを明確にするという課題に対して取り組んでいるという考え方のもとで捉えられる。これらの研究では、創造的な探究の過程に対する主張を述べるとともに、そのような探究過程に必要な要素を描写する方法について論じている。

一九六〇年代にシュワブの著したこれらの小論では、毎度のようにカリキュラムにかんする次のような質問が繰り返し問われていた。すなわち、学問を系統づけることのやり方、知を習得するこのやり方は最も適切な方法であるのか？　それはどうしてそう言えるのか？　教科の内容を表現するこのやり方は適切な方法であるのか？　それはどうしてそう言えるのか？　「教育と学問の構造」（構造にかんする初期の小論の改作）において、シカゴ大学における自身の教育活動を通じてシュワブが考えていた幅広い問題領域から二つの論題が探究されていると考えられる。一つめに取り扱われる問いは「教科の内容はどのように提示されるべきか？」であり、この問いについて探究するにあたってシュワブは、われわれが考察すべきこととして、教科に対してどのような類いの要求がなされるべきかを考えるように求める。それに続いて取り扱われるもう一つの論題は、あるテキストや科学的な報告に対して異論や批評の重要性を認識するためには、テキストや報告の性格や趣意、背景を理解する方法をもたなければならない、ということである。この点を重視して、シュワブは科学という学問の特性や背景のいきさつを、それによって読者が理解できるよう探究を続けた。

また一九六〇年代の学生運動が盛んになった期間に、シュワブは一般教育の価値にかんする問題の研究を再開した。その思索の結果として生まれた『大学カリキュラムと学生運動』は、情熱に満ちた小冊子であり、運動に根拠を与えるものであったが、それだけでなく一般教育の本質についてシュワブの抱いている信念を再び述べることに最も根本的な目的が置かれていた。結果として、「習慣」の概念を伴った知的技法や学問への関心についてが述べられ、そのためこの書の主要な焦点はカリキュラムの多様な側面と、分別があり知的な性格の個人の教育との間の関係について検討することにおかれている。

シュワブの一九七〇年代の最後の著作には、二つの変化があった。第一の変化は、一連の三つの論文において「実践的」という語であらわされる内容が扱われるようになり、カリキュラムの展開はどのように始められるべきかについて問われるようになった。そのきっかけは、学校に対して影響を与えようとする方法を求めるような教育研究が誤りであると認識したからであった。シュワブ自身の教育にかんする業績はつねに、行動への欲求と（シュワブの言うところの）「役に立つこと」への欲求に動機づけられてきた。分別と深い思索の両方によってその欲求が抑制される必要がある、とシュワブが経験から教えられることはなかったのであるが。

ここで見たようないずれの特徴によってでもなく、ただその教育研究によってのみ、シュワブは栄誉を受けてきたと考えられる。最終的にシュワブは最も根本的な研究関心であった、民主主義社会における教育の形態とその過程に回帰していった。

第一に、共同体は学ばれ得るものである。それは単なる場所や村、小さな町といった問題ではなく、活動や感受性に関わる傾向の総体であり、多くの社会的環境において表現され得る傾向の総体である。第二に、人間の行う学習は、公共の事業である。私たちの学ぶ知識は、つい最近自分たちが成員となった共同体によって集積されたものであり、知識はその共同体が工夫し、保存し、伝承した、はたらきや身振りの言葉によって私たちに伝えられる。……学習の一形態としての経験でさえ、それが分かち合われ、仲間の人との交流によって意味が与えられることによってのみ、経験となるのである。★3

ジョセフ・シュワブは最後まで、彼の提唱する研究の過程において読者と関わろうとする。シュワブは私たちがなにを考えるべきかを語ることを決してせず、むしろ私たちが自分で懸命に考えるようにしむける。そこからシュワブの意図は明らかとなり、著述家や教師として誇張した表現をとる理由も明確となる。いつでもシュワブは読者と相互関係をとり結び得る方法を模索していたので、それぞれの読者はある小論のなかに自分の関心が何がしか反映されていることが分かるだろう。この相互関係から、読者である私たちは、ある議論の詳細にかんして、陥りがちな考えの混乱やあら捜しを乗り越えて、議論をどんどん進ませ、その議論を認めるか拒否するか、賛同するか反対するか、そしてそれはなぜかを熟考しなければならなくなる。言いかえるとシュワブの小論は、私たちが普通教育の意味や科学の本質、教育的思考の性格について考える際に直面しなければならない選択や代案についての研究や熟慮なのである。

★注

★1　Schwab, *The Practical: A Language for Curriculum*, p.12.

★2　Ibid., p.13.

★3　Schwab, 'Education and the State: Learning Communities', p.235.

参照項目

本書の**ブルーナー**の項

『教育の主要思想家50人』所収、**デューイ**の項

シュワブの主要著作

- ‘The Role of Biology in General Education: The Problem of Value’, *Bios*, 12, pp.87–97, 1941.
- ‘Dialectical Means vs. Dogmatic Extremes in Relation to Liberal Education’, *Harvard Educational Review*, 21, pp.37–64, 1951.
- ‘Eros and Education’, *Journal of General Education*, 8, pp.54–71, 1954.
- ‘Science and Civil Discourse: The Uses of Diversity’, *Journal of General Education*, 9, pp.132–43, 1956.
- ‘The Concept of the Structure of a Discipline’, *Educational Record*, 43, pp.197–205, 1962.
- *College Curriculum and Student Protest*, Chicago, IL: University of Chicago Press, 1969.
- ‘The Practical: A Language for Curriculum’, *School Review*, 78, pp.1–23, 1969.
- ‘The Practical: Arts of the Eclectic’, *School Review*, 79, pp.493–542, 1971.
- ‘The Practical 3 : Translation into Curriculum’, *School Review*, 81, pp.501–22, 1973.
- ‘Education and the State: Learning Communities’, *The Great Ideas Today, 1976*, Chicago, IL: Encyclopedia Britannica, pp.234–71, 1978.
- ‘Education and the Structure of the Disciplines’, *Science, Curriculum and Liberal Education*, Ian Westbury and Neil Wilkof (eds), Chicago, IL: University of Chicago Press, pp.229–72, 1978.
- *Science, Curriculum and Liberal Education*, Ian Westbury and Neil Wilkof (eds), Chicago, IL: University of Chicago Press, 1978.

関連図書

- Westbury, I. and Wilkof, N. J., ‘Introduction’, *Science Curriculum and Liberal Education: Selected Essays*, J.J. Schwab, Chicago, IL: University of Chicago Press, 1978.

（イアン・ウェストベリー＆マージェリー・D・オズボーン）

［その他の邦訳文献］

シュワブ、ブランドウェイン『探求としての学習』佐藤三郎訳、明治図書出版、一九七〇年

クラーク・カー

1911—2003

Clerk Kerr

新しい知識が、経済や社会の発展のために非常に重要な要素なのだということを、広く人々が認識するようになったのが、今日大学の置かれている基本的な現実である。特定の職業の興亡を決定し、さらには特定の社会階層や地域や国家の興亡をさえ決定するいろいろな要因が、現代文明のなかに存在するとして、大学の眼にみえない生産物である知識がそれら個々の要因のなかで最も強力なものであるかもしれない、ということに私たちは気づきはじめているのである。[★1]

高等教育研究の第一人者として広く知られるクラーク・カーは一九一一年に生まれ、ペンシルヴァニア州のストーニー・クリークの農家で育った。クラークの父と母は彼の人生に強い影響を及ぼし、勤勉であることを教え、自立した思想家であること、生涯にわたって学びを大切にすることを奨励した。[★2]カーは一九二八年の秋、クエーカー派に属するスワースモア・カレッジに入学し、討論チーム、アスレチック、学生新聞、自治会、その他多くの活動に取り組み、多忙な日々を送った。大学三、四年生の頃、カーは社会科学学科の政治哲学専攻において知性の高さを奨励するために用意された優秀学位プログラムに参加した。また、カーはクエーカー派についても研究し、卒業前にクエーカー教徒になった。カーがクエーカー派に所属するに至った経緯について、スチュアート（一九八〇年）は以下のように説明している。

カーはクエーカー派スワースモアで見出した価値（多元主義、プラグマティズム、道徳的行動、そして自律的な個人と集団の合意のバランス）に強い親しみを覚えた。彼はスワースモアでの生活を愛し、彼の人生におけるその重要性をためらうことなく認めている……しかし、スワースモアの価値は彼にとって真新しいものではなかった。カーは、最も身近な自分の信念や価値を反映した社会構造に見出したほどにはクエーカー派に改宗することはなかった。田舎の農家育ちのカーにとって、より広い世界が、彼の両親が彼に植え付けた価値を認めたことは、とてつもなく重要なことであった。この点を理解することにより彼の生涯を通じて一貫して存在した彼の自信や確かさをほぼ説明することが可能である。[3]

カーは、スワースモア卒業後、大学院へ進み、一九三三年、スタンフォード大学の経済学部で修士号を取得し、一九三三年から一九三九年にかけてカリフォルニア大学バークレー校（UC－B）において経済と労働の関係について博士号取得を目指した。博士課程の間、カーはカリフォルニアの労働運動、特に自助組合と関わりをもった。スチュアートによれば、（彼の）「労使関係への関与」は貧困者の福祉に対する彼の考察が十分になされていると述べている。非常に実践的な方法で、彼は知的な試みと公共サービスを一体化させた。[4] この期間、カーは一九三六年から一九三七年の一年間、アンティオケ・カレッジの経済学部で教鞭をとり、一九三五年から一九三六年と一九三八年から一九三九年にはジュネーブの国際関係研究科（Graduate Institute of International Relations）で学ぶためにヨーロッパへ渡った。海外に滞在中、カーはアメリカ、ロシア、西ヨーロッパにおける組合活動について講義し、第二次世界大戦の始まりとともに米国へ戻った。彼の渡欧には、才能豊かで、自らの権利のために、政治的に活発な女性であった妻のキャサリン・スポールディングが同行した。一九三四年に結婚後、カーとキャサリンはクラーク・エドガー、アレクサンダー・ウィリアム、キャロライン・メリーの三人の子どもをもうけた。

一九三九年から一九四〇年、スタンフォードで労働経済学の臨時助教として務めた後、一九四〇年から四五年にかけて、カーはワシントン大学経済学部で助教から始め、後に准教授の職を務めた。教鞭をとる他、カーは、米国戦時人事委員会（War Manpower Commission 一九四二年）、サンフランシスコおよびシアトルの地域戦時労働委員会（Regional War Labor Board 一九四二―四三年）で第二次世界大戦中の労働紛争の解決に関わる労働仲裁に携わった。一九四五年、カーは経営学部経済学科の准教授としてカリフォルニア大学バークレー校に戻り、さらに、対立から協力へ移りゆく労働管理の教育と研究を通じて活動する団体である労働関係協会

(Institute of Industrial Relations) の創設者となった。

大学のジレンマに対する洞察力のある交渉人としてその知識を応用し、カーは一九四九年から五〇年にかけての共産党員の非雇用に関わる誓約をめぐる大学管理者と学部間の紛争であるカリフォルニアの忠誠誓約に関する論争 (California loyalty oath controversy) に始まり、学部業務から運営管理への急速な昇格を遂げた。カーが関与する慎重な交渉は、忠誠誓約の問題に解決をもたらし、カーは学部、管理部、そして大学管理者全員の注目を集めることになった。学部は一九五二年、カーのためにカリフォルニア大学バークレー校の学長という新たな職位を用意したが、これは成功裏に終わったカーの大学管理者との取引によるところが大きい。五年間の在職期間中、学部と学生との間の団結力を強める一方、カーは大いなる発展を指揮した。質問の自由、カリキュラムの統一性、そしてカリキュラム外活動の多様性がカーにとっては重要であった。彼は、この組み合わせが学生を「多様化に物怖じせず、(西洋的な民主主義の) 価値の根本的な永続性にしっかりと関わるバランスのとれた個人で、専門的な仕事と民主的な市民性の両方の能力をもった個人」へと成長させると信じていた。[★5] 一九五七年、大学管理者は引退する学長ロバート・スプロールの後任を探し、カーがカリフォルニア大学バークレー校の学長になってから比較的短期間で成し遂げた変化を評価し、彼にその職位を申し出た。一九五七年、UC‐Bの二十四学部が国内の世論調査で優れていると評価され、具体的には、ハーバード大学とイエール大学に次いで、そのキャンパスは国内第三位にランクされた。[★6]

カーは一九五八年、大学管理者の申し出を受け入れ、九年間にわたり、カリフォルニア大学 (UC) 組織の総長を務めた。カーは学長に就任し、ロビー活動を行うほか、大学が最も拡大した時代を指揮した。彼は特にアーバイン、サンディエゴ、そしてサンタクルーズに新たなキャンパスを設置することで、カリフォルニア大学組織を成長と繁栄に導いた。カーの大量生産可能で、低価格かつ高品質な教育は高く評価され、この成果は、一九六〇年、当時のカリフォルニア州知事のエドムンド・〝パット〟ブラウン・ジュニアにより法制化されたドナホー法としても知られるカリフォルニア・マスタープランにおけるカーの中心的役割によるものである。現在でも有名なこのプランは、高等教育の三つの区分 (カリフォルニア大学、州立カレッジ (現在のカリフォルニア州立大学)、そしてジュニアカレッジ (現在のカリフォルニア・コミュニティカレッジ)) の間で生まれる競争状態や緊張感、権力闘争を緩和するよう考案されたものである。本プランには次の四つの主要原則があった。（1）三つの公立校の機能を差別化すること、したがってジュニアカレッジの役割を正当化した、階層的に区分されたシステムが作られる。（2）入学基準に関して差異のある選択性を導入すること。（3）「全員に何かを」提供すること。すなわち、大学にとっての博士号授与の独占、州のカレッジ組織にとっての確固たるポスト学士号ステータスの独占、そしてジュニアカレッジのための高等教育への統合の独占。[★7] そして（4）学費を払えないことが原因で、学生がいずれかの区分で教育を受けることを拒否されないようにすること。[★8]

学長の任期中、カーは研究サポートとしての連邦政府の役割を奨励し、カリフォルニア大学組織を研究の世界的リーダーとして有名にすると、米国有数の大学に対し、研究の重要性について述べた。彼は「多元的複合大学（multiversity）」という用語を作り出し、これを一九六三年、ハーバード大学でのゴドキン・レクチャーのなかで紹介した。このレクチャーのなかで、カーは現代の大学を「多元的複合大学」として定義するための哲学を展開し、それを大学生、大学院生、社会科学者、学術以外の職員ならびに経営者らを含む多数のコミュニティーからなる不統一な教育機関として特徴づけた。[★9] 国家レベルでのカーの高い略歴や、州レベルでのカリフォルニア大学組織の拡大成功にもかかわらず、一九六〇年代半ば、彼は大学レベルで深刻な問題に直面することになった。「言論の自由運動」の間、大学管理者、学部および学生との一連の交渉が失敗した後、カーは一九六七年に辞職願を届け出て、大学管理者は、ロナルド・レーガン（カーの辞職を歓迎する、新たに選出されたカリフォルニア州知事）からの熱心な支援を受け、カーの辞職願を速やかに受け入れた。カーにとっては非常に厳しい時期ではあったが、彼はすぐに国の著名人として返り咲いた。辞職から五日後、カーは教育の進展のためのカーネギー基金で注目を集めるプロジェクトである、カーネギー高等教育審議会を主導するよう任命された。

一九六七年から七三年においては、カーはカーネギー委員会の会長および事務局長として、アメリカの高等教育でこれまでに実施されたなかで最も大規模な評価を主導し、アメリカの高等教育における文書の記録、討論、評価並びに改善に向けた提案などで一流の思想家たちのグループを関与させた。この試みの結果の一つに、高等教育機関のカーネギー分類（Carnegie Classification of Institutions of Higher Education 一九七〇年）がある。

これは「他に存在する区分で見られるものに比べ、より意味があり、均質なカテゴリーを提供するため」[★10]に、また水準と管理を特定する、簡潔な枠組みにしたがって教育機関を差異化するために作られた。カーネギー分類は幅広く採用され、現在でも国家レベルでの高等教育構想として存在している。その登場から三十年経った現在、ようやくこの分類がより柔軟で包括的なシステムを提供するために実質的な変更が計画されている。[★11]

一九七四年から七九年の間、カーは引き続き、高等教育の政策学においてカーネギー委員会の会長を務め、国際レベルでの影響をもたらした。総じて一九六七年から一九八〇年の間、カーネギー委員会と審議会はあわせて一七五本の出版物を出した。これらの出版物は高等教育の見識、運営並びに組織にとって大きな衝撃を与え、政策立案者や学級、法廷と同様に組織のリーダーにも影響を与えた。一九八〇年、カーはカーネギー委員会の会長職から退任し、カリフォルニア大学バークレー校に戻ると、そこで労働経済と高等教育について多くの研究を実施した。彼はまた、合衆国郵便サービスに関する労使交渉に携わり、世界中での演説に従事した。一九八〇年代半ばから、カーは高等教育および産業社会の将来について、少なくとも八冊の本を出版した。カーの広範にわたる功績を称え、彼は米国および国外の大学から三十八の名誉学位を授けられた。今日に至るまで、彼はカリフォルニア大学バークレー校キャンパスにオフィスを構え、スタッフを抱えている。彼はそこでカリフォルニア大学から出版される予定の回想録 'The Gold and the Blue' を執筆している。

カーの経歴の頂点は、カリフォルニア大学組織における指導力、そして後のカーネギー委員会での指導力であり、そのことが彼にアメリカにおける高等教育の指導と改善に焦点化した彼の理論を明確に示す土台を与えた。スチュアートはカーについて「行動の知識人」と見事に表現し、カーは社会の方向性を大きく統制し、影響力をもつエリートたちとのつながりを得ることのできる信頼に足る知識人であると評した。[★12]その人生を通して、カーはリベラルなイデオロギーを取り入れ、アメリカの理念である民主主義、独立、そして自由を称えてきた。成長に対する彼の信念は自由な活動、科学的方法とリベラルな多元主義を、成長段階にある産業社会の複雑さと格差に対応する手段として受け入れた。かつて能力に長けた交渉人であったカーは、あらゆる者に利用可能とすることで、最も学究的に能力がある者には準備をさせることにより、より高い生産性と国にとっての生活水準の向上につながる高等教育の重層システムを通して、平等主義ではなく、高等教育こそ機会の平等を可能にする根本的な手段である、とみていた。非常に高い目標を達成する方法が、最初にカリフォルニア・マスタープランで紹介され、カーは「学問、職業、訓練を含むアメリカの公立の高等教育の各校において多様かつ明確に定義された分野における卓越性、研究の促進、そして才能のあるエリートのための教育サポート」[★13]を創出しているとして、その取り組みの主要な立案者と考えられている。

高等教育の指導力は、カリフォルニア大学バークレー校でのカーの大学運営に携わる初期の頃から彼が情熱を傾けているところであり、一九八〇年代の彼の研究に積み重なっていった。彼は、高等教育のリーダーは計画者、媒介者であり、合意形成者、預言者であり、現実主義者でもあり、リーダーとは、(自らの所属する)教育機関が未来へ向け動く一方で、その安定性を保つべきであるとしている。さらにカーは、リーダーは批評家と体制派の間の微妙なラインを歩むべきであると主張し、そのためには、リーダーは自らの個人的な信条と、教育機関のそれとを区別する方法を知っていなくてはならないと述べている。UC－Bの社会政策学部教授であるマーティン・トゥロウは、カーの哲学を以下のようにまとめている。

(カーの)見識によれば、大学の総長および学長は、一個人としていかなる課題についても意見を述べる権利をもつが、彼らは自らの(所属する)教育機関に代わり、その公的な立場で賛否両論のある政治問題について述べるべきではない。さらに、決定が下される前に自らの見解を理事会に主張する権利や義務をもつが、決定が下された後でこうした見解を公で批判する権利はもたない。カーは自らの著作を通して、合意形成者としての大学総長の重要性を強調している。[★14]

機会の平等を提唱し、質問の自由の擁護者として、カーは現代のアメリカにおける研究大学の創設にあたり、アメリカで最も貢献した人物であることは間違いない。カーは、その「多元的複合大学」という表現で最も的確に捉えられるような用語と哲学を発展させたことでの功績が称えられている。カーによれば、「多元的複合大学」の、それぞれが相反する目標と関心をもつ多くの多様なコミュニティーは、全体としてわずかな力で解体し、再統合することができるため、結果として多大な重圧に耐えることができると主張している。言うまでもなく、

「多元的複合大学」の概念は伝統的な本来の大学や純粋な研究大学に反するものであったため批判にさらされた。しかし、カーは、自らの意見を主張することを躊躇しなかった。彼の展望は広まり、多くの高等教育機関の未来を的確に表現した。

その高等教育への思いと経済に対する深い理解を組み合わせることにより、特に労使関係において、カーは高等教育が進化する産業社会および個人の成長と自由にもたらす高い可能性に関する強い信念を表した。カーは生涯を通しての学びの重要性を示すため、「生涯学習」という表現を、大学や短大で使われるはるか以前に生み出していた。カーは、教育は社会において人を統合し、孤立主義を減らすことで、個人やグループ、社会階級の間に起こる対立に貢献することができると信じていた。スチュアートは以下のように述べている。

（カーは）産業社会において、教育には二面的で均衡を保つ役割があると考えていた。産業主義が依拠している新たな基本的知識と技術を提供していることと、民主的な社会への学問の自由および個人の教育を通じての安全装置の進展と解放ということ……カーは、産業主義が生産性を増やし、より高い生活水準を生み出したためそれを世界の革命的な力と信じた。[15]

二〇〇〇年のスピーチのなかで、カーは一九六三年、ハーバードでのゴドキン・レクチャーについてふれ、キツネは多くのことを知っていて、ハリネズミは一つあるいは二つの大きなことを知っているとした「頭脳の町（city of intellect）」[16]の未来が、「ハリネズミ」によって導かれるべきか、「キツネ」によって導かれるべきか、[17]ということをアイザイア・バーリンの有名なエッセイに倣って問うた。カーは、二〇世紀は単科大学や総合大学にとってはよき時代であったと考え、二〇世紀を「アメリカの歴史上であらゆる高等教育における黄金期」[18]であるとした。彼は過去百年の間に起きた三つの大きな変化について言及した。それは教育機関が、エリート向けの階級志向からあらゆる人向けの市場志向に変わったこと、研究における政府の投資による科学的進歩と「優れた研究教授が世界の市民になった」こと、そして莫大な資源が高等教育に対する国家の財産と繁栄、そして大学卒業生に対するよき仕事を通して与えられたことである。[19]こうした取り組みが残っていることを認識しつつ、彼は、対象が小さな詳細に分けられる「学問的職業組合の小分割」と外的要因が内部の決定に影響を及ぼす「誰でも無料」の環境について警鐘を鳴らした。多くの提案のなかで、カーは次の世紀のリーダーに対し、経済市場のグローバリゼーション、単科大学教育に戻る割合の変動、年長の学生が求める業績、新たな電気技術、生物科学の出現、政治における学者以外の権威者による力、そして営利目的の競合者の出現に注目するよう促した。カーの性格を特徴づける楽観主義を示し、彼は究極的にはキツネ側から未来に対する最終的な考えを述べ、自らのスピーチを締めくくった。

　これらのキツネたちは、ある世紀のこれほど多くの断絶、これほど多くの代替シナリオといった複雑さのなかを探検しなければならないという、なんと信じられないほどの機会に恵まれていることでしょう。またチャレンジを勝利に変える機会、解決策を探求したり、創出したりする機会に恵まれていることでしょう。

　私もその一人であった一九六〇年代のハリネズミたちへ——安らかに眠りなさい。二一世紀のキツネたちへ。あなた方の解決策による成功に大きな期待を寄せています[★20]！

★注

★1　Kerr, *The Uses of the University*, Cambridge, MA: Harvard University Press, pp. vii–viii, 1963.（C・カー『大学の効用』茅誠司監訳、東京大学出版会、一九六六年、四頁）

★2　Mary Clark Stuart, 'Clark Kerr: Biography of an Action Intellectual', unpublished doctoral dissertation, University of Michigan, Ann Arbor, 1980, p.13.

★3　同書、四四—四五頁

★4　同書、五九頁

★5　Kerr, 'Public Education in California —The Next Quarter Century', Address to Phi Delta Kappa, May 1953, *Phi Delta Kappa Journal*, p.311, October 1953.

★6　http://sunsite.lib.berkeley.edu/CalHistory/chancellor.kerr.html.

★7　C. Condren, *Preparing for the Twenty-First-Century: A Report on Higher Education in California*, California Post-secondary Education Commission Report 88–1, Sacramento, CA: California Post-secondary Education Commission, p.30, 1988.

★8 T. Hayden, *A New Vision for Higher Education in California. Beyond the Master Plan*, Sacramento, CA: Joint Publications Office, Subcommittee on Higher Education, California State Legislature, 1986.

★9 Kerr, *The Uses of the University*, Cambridge, MA: Harvard University Press, 1963.（C・カー『大学の効用』茅誠司監訳、東京大学出版会、一九六六年、参照）

★10 Alexander C. McCormick, 'Bringing the Carnegie Classification into the 21st Century', *AAHE Bulletin*, p.1, January 2000.

★11 同書、三頁

★12 Stuart, op cit., pp.1–3.

★13 同書、一五八頁

★14 Letters to the editor, 'The Role of Trustees and Presidents', *The Chronicle of Higher Education*, 15 August, 1997.

★15 Stuart, op cit., pp.129, 143.

★16 Kerr, *The Uses of the University*, Cambridge, MA: Harvard University Press, 4th edn, 1995, chap. 3, 1963.（C・カー『大学の効用』茅誠司監訳、東京大学出版会、一九六六年、Ⅲ「頭脳の町」の将来、参照）

★17 Kerr, 'The City of Intellect in a Century for the Foxes?', paper presentation given at The Future of the City of Intellect Conference, University of California, Riverside, p.13, 17 February 2000.

★18 同書、一〇頁

★19 同書、五―一〇頁

★20 同書、三六頁

カーの主要著作

- Kerr, C., Harbison, F. H., Dunlop, J.T. and Myers, C.A., *Industrialism and Industrial Man: The Problems of Labor and Management in Economic Growth*, Cambridge, MA: Harvard University Press, rev. edn, 1975, 1960. Original volume translated into eight languages.
- *The Uses of the University*, Cambridge, MA: Harvard University Press, 3rd rev. edn, 1982, 1963. Original version translated into six languages.（C・カー『大学の効用』茅誠司監訳、東京大学出版会、一九六六年）
- *Marshall, Marx, and Modern Times: The Multi-dimensional Society*, London: Cambridge University Press, 1969. Original version translated into three languages.（『マーシャル・マルクス・現代――多次元の社会』宮崎犀一訳、東洋経済新報社、

一九七三年）

・*The Great Transformation in Higher Education, 1960–1980*, Albany, NY: State University of New York Press, 1991.（『アメリカ高等教育の大変貌　一九六〇―一九八〇』小原芳明・高橋靖直訳、玉川大学出版部、一九九六年）

・*Troubled Times for American Higher Education: The 1990s and Beyond*, Albany, NY: State University of New York Press, 1994.（『アメリカ高等教育　試練の時代　一九九〇―二〇一〇』喜多村和之監訳、玉川大学出版部、一九九七年）

関連図書

クラーク・カーは、高等教育に関するカーネギー委員会によって出版された多数の書物の主たる著者であった。カーの理解および影響の深さと広がりを実証する選択されたカーネギーの著書は以下の通り。*A Chance to Learn* (1970), *New Students and New Places*, including the Carnegie Classification of Institutions in Higher Education (1970), *Less Time, More Options: Education beyond High School* (1971), *Governance of Higher Education* (1973) and *The Purposes and Performance of Higher Education in the United States: Approaching the Year 2000* (1973).

・Levine, A., Higher *Learning in America: 1980–2000*, Baltimore, MD: Johns Hopkins University Press, 1993.

・—— 'Clark Kerr: The Masterbuilder at 75', *Change*, 19, 2, March/April 1987, pp.12–30, 35.

・Stuart, M.C., 'Clark Kerr: Biography of an Action Intellectual', unpublished doctoral dissertation, University of Michigan, Ann Arbor, 1980.

・Wills, G., 'Antitype Clark Kerr', *Certain Trumpets: The Call of Leaders*, New York: Simon & Schuster, 1994.

（デブラ・D・ブラッグ、フランキー・S・ラーナン）

［その他の邦訳文献］

・クラーク・カー『大学経営と社会環境―大学の効用』箕輪成男、鈴木一郎訳、玉川大学出版部、一九九四年

・クラーク・カー『アメリカ高等教育の歴史と未来　試練の時代　二十一世紀への展望』喜多村和之監訳、玉川大学出版部、一九九七年

関連図書

［紹介論文］

・田中敏弘「クラーク・カー『マーシャル、マルクスと現代――多元的社会』（一九六九年）について」、関西学院大学「經濟學論究」24 (3), 143–161, 1970-10-25.

ベンジャミン・S・ブルーム　*1913—99*　Benjamin S. Bloom

教育測定分野における心理学者でもあり権威者でもあるベンジャミン・ブルームは、研究者の全世代に対し影響を与えつつある。幼児教育の重要性への彼の調査は学校を組織化するためまた情報を提供することで現代の制度上の諸手続きを再考するため教育者に挑戦をしかけている。完全習得学習《マスタリー・ラーニング》についての彼の最近の業績は、すべての子どもの教育に対し新たなアプローチの地平を約束するものである。★1

ベンジャミン・ブルームは、一九一三年ペンシルヴァニア州のサンスフォードにてユダヤ人家庭に生まれた。彼の家族は数年早くロシアにおいて迫害の雰囲気から逃れるためにアメリカにやって来たのであった。父は貧しい衣服屋であり、他の多くの者と同様そうした背景をもったベンは、社会階層をよじ登るための手段として、教師となろうとした。一九三五年にペンシルヴァニア州立大学の卒業した後、彼はアメリカ青年奉仕団体（the American Youth Commission）の調査研究員《リサーチアシスタント》となる。一般教育の共同研究に若干従事した後、彼はシカゴ大学の教育学部の学部長となったラルフ・タイラーによって歴史的な八年研究《エイトイヤー・スタディ》に従事することになる。彼はシカゴ大学で博士課程に入学手続きし、一九四二年博士号を取得した。シカゴ大学においては試験委員の研究員として従事した後、同大学の学部の試験員としてのブルームは、一九四〇年にはシカゴ大学の教育学部の教授となった。彼は一九九〇年に退職するまでそこに留まった。彼の経歴上初期においては、ブルームはインドやイスラエルでの国際プロジェクトに参加するようになった。そして一九六一年国際教育到達度評価学会（ＩＥＡ＝the International Association for the Evaluation of Educatinal Achievement）の国際委員会の創設メンバーの一人となった。彼は一九六〇年代アメリカで確立された調査発達センターの研究班に所属した。そして一九六五—六六年にアメリカ教育学会（ＡＥＲＡ）の議長として就任することになる。彼の多くの顕彰のうち、一九七〇年に教育に対する特筆すべき貢献のためアメリカ教育調査委員会のファイ・デルタ・カッパ賞（Phi Delta Kappa Award）を受賞した。

ラルフ・タイラーの下で研究を進めるうち、ブルームは教育評価の理論と実践に深い洞察を獲得することとなった。この概念は評価者が着手する課題によって関連づけられた用語となる。ブルームは具体的行為を測定の手段へと変えることによって指導の目標を解釈する課題に着手している、すなわち情緒的側面における目標を取り扱わねばならない時の困難な課題のことであり、換言すれば態度と興味とを評価する際に見られる課題に着手したのであった。一九五〇年代において彼はアメリカ教育調査委員会によって設立された教育的対象の分類学についての委員会委員長に従事した。ブルームとデヴィッド・クラッツボールによって著された、認知領域を対象とした最初の書物『教育対象の分類学（*Taxonomy of Education Objectives*）』は一九五六年に出版された。感情的領域をも対象とした第二巻が一九六四年に出版されるまでにはさらに八年を要した。

一九六〇年代終盤に、ブルームは「完全習得学習《マスタリー・ラーニング》」理論を発展しはじめる。この理論によれば、生徒の大多数、言うなれば九〇―九五％の生徒が、もし十分な時間が与えられるならば基礎的原理、概念、技術を習得することができる、というものである。ブルームの完全習得学習についての調査の出発点はハーバード大学でのジョン・キャロルによって推進され、後にプリンストン大学の教育試験サービスとなった学校学習のモデルであった。キャロルによれば、学校の達成の背景にある最も重要な特筆すべき要因は学術的な有能さといった種類のものでの差異ではなく時間であった。学校の成果上の相違がなぜ存在するのかといった理由は以下のような態度の種類に還元されるものとして伝統的には見なされている。すなわち生徒に課せられるテストはいつも限られた時間である。このことは、ブルームの自説であるが、テストの獲得得点《スコア》が有名なガウス曲線・正規曲線による配分となること、すなわち「一般的」に時間が配分されたこと、というのが主な説明である。しかし、特権的な社会的階層における事例と、伝統的になっている個人的指導の特権を有する生徒は、要求されたものを学ぶのに十分な時間が与えられている。普通の学校生活での第一年目において留意されるべき相違は、その制度で教育を受けた生徒はかなり増加しているということである。抜本的に指導を個別化することで、各事例においてスタート時点に関連した学習時間の配分を行うことで、指導の目標に生徒の九〇パーセントが到達することができるであろう。もちろんこのことは教育心理学の中心的位置を占める個別的相違の原理に改めて挑戦することであった。

すでに指摘したように、一九七〇年にブルームは、教育調査への顕著な貢献への賞として、アメリカ教育調査委員会のファイ・デルタ・カッパ賞を授与された。翌年、彼は講義を行うためアメリカ教育調査委員会に招待されたが、それは自ら選択した話題であった。その話題の内容は挑発的であった、すなわち「個人的相違――失われた得点?」という疑問符までが付されたものであった。完全習得学習の理念に基づく調査はブルームによれば、三つの主要な要因に焦点が当てられる。それらの三つの要因は伝統的な学校の授業によってもたらされた達成上の相違の九割を説明可能としている。これらのうち最初の要因は認知的初期の行為として言及されているところのものである。新しい学習課題に遭遇するとき、学習者が有する能力のことである。これらの起源となる相違を診断しそれらの相違に対して学習と教授を採用することで、最終的な相違は約五〇パーセント近くまで低減されうる。第二の要因として、さらなる学習の動機に強く影響を及ぼす最初の誤謬に帰せられる退歩を回避するため、作用を及ぼす初動行為が見出されうる。最良の初動動機を刺激することにより、最終的達成における相違は約二五パーセントまで削減可能である。第三の要因として、一般に媒体と時間に関して指導を採用することが可能であり、勇気づけと個性化がとりわけ可能となる。このことによって最終的相違の残りの二五パーセントは配慮されうる。

完全習得学習《マスタリー・ラーニング》のさらなる研究の数年後、アメリカ内外において彼の教授モデルが使用されたが、一九七六年にはブルームは「充電期間」に入る。この集大成については彼の著作『人間の性格と学校の学習（*Human Characteristics and School Learning*）』において結実する。その序文において彼は三つの単純な要点において完全習得学習の哲学を説明している。彼が教育測定に関する調査を開始した経歴から数えて、流布しているその理論とは、

1　学びのよい学習者が存在し、課題を有する学習者も存在する。

そこでキャロルの学校学習のモデルが登場する。

2　より学びの早い学習者が存在し、より学びの遅い学習者が存在する。

ブルームと他の論者は、余分な時間と援助は、生徒の大部分に、伝統的モデルにより達成される事柄よりも、より高い適性レベルにまでもたらすことが可能かどうかを問題提起する。

このことは次の結論へと導く。

3　生徒は、望ましい学習条件が付与されれば、学習能力、学習効率、さらなる学習の動機に関してより近似した結果を習得する。

ブルームは一九七六年の著書の第一章を、反能力主義理論によって締めくくっている。この理論は、現代社会はもはや能力ある生徒を選出することで満足し終始することはできないというものである。現代社会は能力ある生徒を発達させる手段を見出さねばならないのである。

完全習得学習《マスタリー・ラーニング》について、一論文「両親、教師、その他の教育者たちのための入門書(Primer for Parents, Teachers and other Educators)」が、一九八〇年に『我々のすべての子どもの学び（*All our children Learning*）』の題目の下に出版されることとなる。

ブルームの研究調査の次の段階は、教室内における指導の改善方法を見出す試みであった。それは一対一のようなある種のグループ指導のタイプを形成し、応用させた方法のことである。彼はこのことを2標準偏差問題《トゥー・シグマ・プロブレム》と呼んでいる。一九八四年に、グループメソッドによる多様な指導方法を用いた試験的実験の結果を公表した。2標準偏差問題《トゥー・シグマ・プロブレム》は、それらの複数の試験的実験によって解決可能となった。すなわち、グループの生徒たちは従前と比較して標準偏差が増加することが可能となった。このことはそれ以外の他の仕方においてでは、一対一の指導方法によってのみ可能であったとみなされていたものであった。

一九八〇年代初期、ブルームは世界的レベルに到達した一二〇人の有能な若者（数学、神経学、水泳、テニス、音楽、芸術）の能力発達の五年間にわたる調査を開始した。これらのトップ集団の形成者のごく少数者が神童として見なされている。ブルームは学習状況や、偉業、両親やその他のトップに必要不可欠なものによって提供される支援などを慎重に特定化した。これらと「天才」についてのそれ以外の研究は、一九八五年に『若者における才能の展開（*Developing Talent in young people*）』において報告された。

すでに言及したように、教育対象と理論そして評価の方法に属する研究は、シカゴ大学における学部教育の改革の実践とともに、「八年研究」による内容によって鼓舞されることとなった。本研究の多くの共通的特徴は、個人的相違の研究であった。——すなわち個人差がどれほど大きな要因でありどのような要因が彼らに影響を及ぼすのか、という個人的相違の研究のことである。

一九六四年、ブルームは『人間の性格における安定と変化（*Stability and Change in Human Characteristics*）』という専門論文を発表し、そこにおいて教育測定によってもたらされる変化がどのようなものかを論じたが、これは後において書物として出版されることとなった。

アメリカのリンドン・ジョンソン大統領の任期の後、教育心理学者であり後の州の健康、教育、福祉の長官となるジョン・ガードナーを委員長とした中心的な対策委員会は立ち上がった。この対策委員会の最優先の委託事項は、憲法の精神の範囲内で、連邦政府がアメリカの学校教育を改善するため合法的な範囲内で何ができるのかを提案することであった。ブルームは企画した提案に対して重要な役割を果たすこととなる専門的学識を、この対策委員会に提供した。ガードナーの委員会は、多くの課題の中から貧困に対する戦いの一部となる補償教育プログラムを提唱した。これは英語を母語としないために言語的に阻害されている、あるいは貧困下において生育してきた子どもが高い割合で認められる各学校区に財源を配置することによって、貧困に対する戦いの一部としょうとする補償教育プログラムのことであった。一九六五年にはブルームは、『文化的剝奪の対応としての現代教育（*Contemporary Education for Cultural Deprivation*）』という、以上の諸問題についての論文を発表した（本書はアリソン・デーヴィスとロバート・ヘスによる共著である）。

ブルームのシカゴ大学の大学入試委員として在任中に獲得した教育評価の領域における経験を考慮すると、彼は教育評価の分野において国際的な協働にそれほど関わることはなかった。一九六〇年代初期において、ブルームは国際教育到達評価学会の創設メンバーの一人となった。その後に彼はユネスコによって国際評価講座の開催を要請されることとなる。このことは一九七一年にスウェーデンのグレンナでの講座を通して、履行された。この講座では約二十五カ国に及ぶ発展途上国からの参加があった。ブルームは講座の責任者として、また教育評価部門の指導的専門家として、ラルフ・タイラーやジョン・グッドラッドが講師として参加することも相まって、活躍した。同年、『形成的評価と総括的評価についての教本（*Handbook on Formative and Summative Evaluation*）［邦訳：梶田叡一他訳、『教育評価のハンドブック——教科学習の形成的評価と総括的評価』第一法規出版］が出版された。私の冒頭の引用に立ち返ってみると、実際のところベンジャミン・ブルームは教育的性質の改善のため各世代に対して影響を及ぼした、心理学者でもあり権威でもあった。

★注

1　ファイ・デルタ・カッパ（Phi Delta Kappa）［百年以上も前から存在するアメリカにある教育者のための専門組織］とアメリカ教育調査学会（the American Educational Research Association）により一九七〇年に贈呈された賞のことである。一九七一年二月六日ニューヨーク市でのAERA会合でブルームの講義を文章化して発行された一九七一年Phi Delta Kappaモノグラフにおいて引用されている。その際の講義のタイトルは「学校における個人的相違――失われた得点とは？（"Individual Differences in School: A Vanishing Point?"）」である。

参照項目

本書の**グッドラッド**、**タイラー**の項

ブルームの主要著作

ベンジャミン・ブルームは十七に及ぶ主要著作の著者または共著者である。主要な著作としては以下のものが挙げられる。

- *Taxonomy of Educational Objectives: Volume I Cognitive Domain*, New York: David Mckay and Co., 1956.
- *Stability and Change in Human Characteristics*, New York: John Wiley and Sons, 1964.
- Benjamin S. Bloom, with D. B. Masia and D. Krathwohl, *Taxonomy of Educational Objectives: Volume II The Affective Domain*, New York: David McKay and Co., 1964.
- J. T. Hastings, G. Madaus et al., *Handbook on Formative and Summative Evaluation of Student learning*, New York: McGraw-Hill, 1971.（『教育評価法ハンドブック――教科学習の形成的評価と総括的評価』梶田叡一他訳、第一法規出版、一九七三年）
- *All Our Children Learning: A Primer for Parents, Teachers and other Educators*, New York: McGraw-Hill, 1980.
- Benjamin S. Bloom, with A. Sosniak et al., *Developing Talent in Young People*, New York: Ballatine, 1985.

一九九〇年代初頭、ブルームは、自らがその創設の一員となる国際教育アカデミー（International Academy of Education）によって指名される対策委員会の一員となった。この委員会は教育調査の観点から、学校家庭の関係上の問題点を調査するというものである。報告は、トマス・ケラガンその他によって一九九三年、カリフォルニア州にあるサンフランシスコのジャセイ・バス社の『家庭環境と学校の学習（*The Home Environment and School Learning*）』の題目の下に発行された。

ブルームは、セミナーでの思想のいくつかと予備的結果を様々な学術的教育的雑誌において報告している。以下のリストは文句なしに代表的なものであるが、ある特定の主要な論文も含まれる。

- "Individual Differences in School Achievement: A Vanishing Point?", award lecture at the Annual Meeting of AERA, 1971, Bloomington, IN: *Phi Delta Kappa International,* 1971.
- 'Innocence in Education', *School Review,* 80, 3, pp.1–20, 1972.
- The State of Research on Selected Alterable Variables in Education', Mesa Seminar, 1980, B. S. Bloom, Department of Education, University of Chicago 1980.
- 'The 2 sigma problem: The Search for Methods of Group Instruction as Effective as One-to-One Tutoring', *Educational Researcher* , 13, 6, pp.4–15, 1984.
- 'Helping All Children Learn Well in Elementary School- and Beyond', *Principal,* pp.12-17, March 1988.

関連図書

- 'In Memoriam: Benjamin Bloom (1913-1999)', IEA Newsletter, 34, December 1999.
- Never too Young To Learn', Newsweek, 22 May, 1972.

（トーステン・フーセン）

ジェローム・ブルーナー　*1915—*　Jerome S. Bruner

教育は単に十分に整理された情報を処理する技術的営みとしてではなく、教室に「学習理論」を適応させる問題でもなく、「到達達成テスト」に焦点を合わせた結果を学習するものでもない。［教育とは］その構成員の要求に対し文化を適応させ、構成員とその理解の仕方を文化の要求に適応させる複雑な試みのことである。

ジェローム・ブルーナー『教育の文化』、原著 p.43

一九八〇年代後期において、私はパリで国際教育会議に出席した。ある夕刻に、私は自分が以前に出会ったこともない、それぞれ異なる国々出身の六人ぐらいの人々と夕食をともに取っていた。私たちは歓談するにつれ、驚くべき事実が判明した。私たちの誰もが何年も前に心理学者、ジェローム・ブルーナーの輝かしい著書『教育の過程（*The Process of Education*）』[★1]を読むことによって、教育界へともたらされたのだった。

彼らの専門人としての経歴のいくつかの観点において、多くの心理学者たちは教育問題に関わるようになっていた。そのような関わりは特にアメリカで生じたものであるが、アメリカでは教育理論と教育実践とが心理学におけるその当時の業績による多大な影響を受けていた。B・F・スキナーやE・L・ソーンダイクなどの心理学者たちは、たとえば調査などの特定の教育政策に影響を与えていた。いかに子どもが学習を行うのか、どのような教育者が望ましいのかというようにわれわれの理解を拡大するようになりはじめると、ジェローム・ブルーナーに匹敵する人は誰もいなかった。

一九一五年にニューヨーク市に生まれたジェローム・ブルーナーは、多産で多彩な心理学者として活躍しはじめた。デューク大学とハーバード大学で教育を受けた後、一九三九年に発行された彼の最初の論文は、「雌ラットの性的行動についての胸腺物質の効用について（the effect of thymus extract on the sexual behavior of the female rat)★2」であった。第二次世界大戦中、ブルーナーは社会心理学者として集団意識、広報的活動、社会的態度の調査に従事した。その後、戦後の「認知革命」の指導者の一人として、彼の焦点は主として人間の知覚と認知に当てられることとなった。

　戦後、半世紀にわたって、ブルーナーは、比較的緩やかに関連したテーマの領域を今度は研究対象とした。彼の業績における知覚における「新知見」としては、彼はわれわれの知覚経験における期待と解釈の役割★3を強調している。知覚経験における能動的役割に焦点を当ててこれを継続するとともに、人間の構造化の過程において構成の役割★4にさらに関心をもつに到った。また人間の認知発達への関心を強くもちはじめることで、ブルーナーとハーバード大学での同僚は、新たに認知研究のセンターを創設した。そこでは、子どもによってなされる表象形式の研究★5に着手した。

　一九七〇年には、ブルーナーはハーバード大学からオクスフォード大学へと移転した。そこでは幼児の行動要因の発達研究★6に従事し、子どもの言語研究★7に従事した。十数年後、彼が米国に戻るとともに、社会的文化的現象に強い関心を示すようになった。彼が好んで見出すようになった認知的見通しの過度の計量主義を拒絶することを通して、彼は人間の物語的《ナラティブ》で解釈的な能力に直接関心を向けるように★8なった。ごく最近では法曹界においてブルーナーの関心領域は顕著である★9。彼は、人々は文化心理学的実践の周辺に集中しているとして★10、心理学における第三の革命をすでに起こすよう手助けしていた。

　ブルーナーの心理学者としての貢献を描きだすことは重要である。なぜなら教育上の諸問題に対する彼の関わりを構成しているからである。彼のカソリック的な研究的関心と彼自身の広域な学識を考慮するとブルーナーは一技術者であるというよりは、広域な思想家として教育にアプローチしている。彼は知覚、思考、言語、その他の象徴的体系、創造性、直観、人格、そして動機といった、教授することと、学習することにおいて含まれている人間の諸能力の全幅を考慮している。彼は特に最近の著作において、教育を、幼少期の最初から始めるものとして理解する。また文化制度の全領域によって教育に想定されている役割を強調している。彼は文化相互の観点から教育を一貫して見なしており、初期のヒト科のわれわれの知の特徴を描き出している。(一九九〇年代において、彼はレッジョ・エミリアの就学前学校とそれ以外のイタリアの共同体とに定期的に関わりをもちはじめている）。事実、彼の最近の文化心理学に関する著作において、ブルーナーは完全に巣立ちができる文化心理学を理解するための最適な「テストフレーム」として、教育を提案するに至っている。

一九五〇年代末において、ジェローム・ブルーナーは、アメリカにおいて大学入学前教育に明確に関係するようになった。当時、人工衛星スプートニクをロシアが発射したことによって、多くのアメリカ人が国家的資源の大部分を教育に投ずるべきであると感じていた。とりわけ、科学、数学、技術の各分野に対してである。この関心はブルーナーのカリスマ的リーダーシップの下に、部分的ではあったが、認知革命が開始されようとしつつある、まさにその時のことであった。影響力の強い全米科学アカデミー（National Academy of Sciences）と全米科学財団（The National Science Foundation）は、科学者、他の領域の学者、心理学者、教育者たちを、一九五九年九月にマサチューセッツ州、ウッズホールに招集した。ブルーナーは、この会議の名だたる議長であった。

ブルーナーの画期的書物『教育の過程』[★11]において、彼はその会合で登場する主要テーマを雄弁に描き出している。若者たちは事実と過程を学ぶべきであるとする、よく知られている概念に対して、会議の出席者は、科学（と他の）訓練の構造の重要性に賛成の議論を交わしていた。もし生徒（学習者）がある特定の主題において主要な動向を理解するならば、彼または彼女は、新しい諸問題について根源的に思考するようになるであろう（ある意味ある事柄がいかに成立しているかを知ることは、それに関する一千の事実に値するのである）[★12]。情報の模倣者としての子どもへの見方に対して、また小さい大人とする見方に対して、先の委員会メンバーたちは（ジャン・ピアジェ、バーベル・インヘルダーの著作によって鼓舞されていた）、子どもについてこれまであまり知られていない見解を提言していた。すなわち問題を解く活発な子として、彼らは自分なりに自らの世界を意味のあるものへと見立てているのである。あるテーマが中学校まであるいはもう少し後の時期に至るまで回避されるべきであるとする見解に対して、委員会メンバーたちは、螺旋型《スパイラル》カリキュラムの可能性の肯定的議論を行っていた。この螺旋型《スパイラル》カリキュラムにおいては、主題は学校において早い段階で適切な仕方で紹介され、続いて学校生活のより後の段階において、より深化し複雑な形となって再び経験するというものである。この議論は、その書物における何度も引用された以下の文章（そして最も論争的でもある）を勇気づけることとなった。「われわれはいかなる発達段階における子どもに対して、どのような主題をも知性的に最も誠実なある形式において教えうるのだ、という仮説から出発している。[★13]」

ブルーナー報告に対する反応は迅速で興奮に満ちていた。その書物は「将来性のある」「革命的」「古典」として学者から、政策指導者たちに至るまで称賛されることとなった。このブルーナーの『教育の過程』は十九カ国語に翻訳され、長年にわたってハーバード大学出版局によって出版されたベストセラーのペーパーバックとなった。おそらく最も重要なこの『教育の過程』はアメリカ合衆国とそれ以外の国々の両方において重要な教育的プログラムであり、教育的実験の領域（分野）に影響を及ぼし続けてきた。ブルーナーが数年後に思索した言葉として以下のものがある。「私が思うに、本書の成功は、知識爆発と新しいポスト産業主義的技術（新しい後期産業技術）の二つの観点において、教育の諸機能を再評価するため、世界的需要から生じてきたものであると考えている。[★14]」

ブルーナーは心理学的研究所へ戻ることを選択したかもしれないと仮定しうる一方、実際のところ、ブルーナーは最初のアメリカに続いてイギリスにおいて教育的取り組みに直接関与しはじめるようになった。彼はケネディ大統領とジョンソン大統領の管轄下の大統領科学監督委員会（President's Science Advisory Committee）の教育協議会の一員としてしばらくの間、従事することで、委員会の一員として加わった。断然、ブルーナーの深い関与は、中学年で活用される、社会科学研究のための新しいカリキュラムの座長としてまた企画者としてのものであった。

エデュケーショナル・サービス Inc. と呼ばれる政府の調査・開発研究所の援助の下で、一九六四年から六六年において、ブルーナーは「人間＝教育課程」の企画と履行への努力を行った。成熟したカリキュラムを創造するための熱心な努力は、新しく出現した行動科学の最も現代的な考察をもたらすこととなった。ブルーナーによって概念化されたものとして、そのカリキュラムは、三つの根本的問題を訴えかけるよう求めていた。即ち①人間について最も人間的なものは何か、②人間はどのようにしてその道をたどってきたか、③人間はいかにしてより人間となったたか。

比較的幼い子どもですら困難な問題に取り組むというブルーナーの信念を反映させることによって、このカリキュラムはその領域の行動科学において「生きた」テーマを提供してきた。チャールズ・ホケットとノーム・

チョムスキーの言語分析的見地において、若者はコミュニケーション・システムの本質を探ろうとした。初期の頃の人間（原始の頃の人間）の道具の使用に関するシャーウッド・ウォッシュバーンの発見を考慮することで、生徒たちは古代ならびに現代の道具と媒介手段を研究した。イヴァン・デボレの霊長目の社会的関係、クロード・レヴィ＝ストロースの人間の社会的関係についての各発見に鼓舞されたことによって、生徒は同族関係と文化の社会的組織を探究しはじめた。多様な集団の芸術、神話、子育て実践の数多くの実例が存在していた。その思想と主題はペリー川河口の港湾のネツシルク・エスキモー《ママ》とカラハリ砂漠のクン族［アフリカ南部のカラハリ砂漠を中心に分布する民族］のブッシュマン《ママ》について特に描き出すことを通して、豊富な民族誌学と映画のような《フィルミック》事例研究《ケース・スタディ》を通して提示された。

　数年後、ブルーナーは、哀愁を帯びた形で思い起こしている。「一九六二年の強烈な日々において、何事もなし得ると思っていた［万事順調であった］[★15]」。その調査チームの若き一員として私はこのカリキュラムの取り組みに浸透した作用要因を証明してみせることができると考えていた[★16]。学者、心理学研究家、カリキュラム立案者、教育主事そして熱心な五年生の子どもたちは、やがて従事し指導することとなるカリキュラムを創造し改訂するため、毎日力を合わせて作業を行った。その結果、出来上がったものは、アメリカの多くの学校と海外の多くの学校において一九六〇年代終わりから一九七〇年代初めにかけて広く有効なものとなり流通するようになった。

　しかしながらそのような教育的実験を取り巻く幸福は長くは続かなかった。アメリカ合衆国内において、貧困と人種差別の問題が自国内の立場から噴出した。そして不満が高まりつつあり、複雑化の様相を呈しはじめていたベトナム戦争は改革のエネルギーを奪っていた。ブルーナーのカリキュラムは、直接、保守的政治集団や社会集団によって攻撃の対象となった。彼らは知的向上心（これをエリーティストと呼ぼう）と、文化相対主義（これをレラティヴィスティックと呼ぼう）的な教材の領域とに反対した[★17]。結局、連邦科学財団（The National Science Foundation）は、カリキュラムの支持を辞退した。ブルーナーは、その錯誤は全くもって外部的評判とともにあるのではないと考えた。そのカリキュラムは好成績を有した生徒が在籍する学校で作用する、十分準備を行う教師とともによりよく作用するものであった。ブルーナーは好んで以下の言葉を述べている。「われわれは、ワイドナー記念図書館（ハーバード大学図書館）で入手した教材をウィチタ市（カンザス州の最大の都市、アメリカの中心地）へと用い適応しようとする場合の問題を決して解決しえないのだ。」

ブルーナーの教育への関与は、学者と指導についての思慮に富んだ一連の論文を生み出している。これらの論文は『指導原理に向けて（*Towards a theory of Instruction*）』[★18]と『教育の妥当性（*The Relevance of Education*）』[★19]において、ともに集録されている。これらの著作において、ブルーナーは生徒が構築し、詳述し、変容させる世界の精神的モデルに現に影響を与える指導を彼の発展的思想として提示している。ブルーナーの協同研究による発展的研究について描き出すことで、彼は三つの順序づけられた方法に注目している。この方法において子どもは経験を知識に変更する。即ち①行為を通して、②想像を通して、そして③最後に象徴的体系の領域を通して、である。教育の多くは表現に関わるこれらの形式のうち、交渉を含み、時には衝突を含む。ソヴィエトの心理学者レフ・ヴィゴツキーの著作による影響が増加するにつれブルーナーは、学びの多くがじつは他の人間、個人、集団によって何年にもわたって理解されてきた道具やメディア（媒介）の内在化を意味するのであって、そのような在り方を強調しはじめるようになった。そしてブルーナーは動機、情動、創造性、そして直観といった調査不十分な諸問題に関心を示しつづけていた。

一九六〇年代と一九七〇年代初めのブルーナーの教育的著作について回顧してみると、ブルーナーはある限界に気づきはじめるようになった。限界の一部は当時の［教育の］心理学についてであった。即ち、個への過度の強調と、知ることについての精神内部の構造についてであった。補完的限界については、貧困、人種差別、拡大しつつある疎外を含む、社会的諸問題の深刻さと広範さを理解し損なったことによる誤りに由来するものであった。ブルーナーが以下のようにコメントしている通りである。「［当時］、生徒は、教育的な空しさの類において生きていたということができ、一般的には災難や文化問題によって動揺はしていなかったという点は当然なことであった。」[★20]

一九七〇年代と一九八〇年代の間に、ジェローム・ブルーナーは認知革命の主要な批評家として、出現しつつあった。ブルーナーは、認知革命のことを、計算的で理詰めを専らとする慣例に対する人間的思想の許されぬ欠如として、理解していた。同僚とともに、ブルーナーは、文化心理学の解釈を要請する。この解釈において歴史的背景と、文化の存在の力は重みが付加されることとなる。ブルーナーの見解において、そのような刷新された新しい心理学は、個人と集団に対し意味を見出して、なぜ意味が重要なのか、その理由をも発見すべきだと、しているのである。

以上の構造の観点において、ブルーナーは、彼の一九六六年の書物『教育の文化（*The Culture of Education*）』において、教育的問題を再び提起している。ブルーナーは、教育とは、学校の一機能として見られるのではなく、個々の生徒の心に対して向けられるものであると、提起している。「現在、設置されている学校は、教育問題を解決しないばかりか、むしろ学校自体が問題の一部となっている[★21]」。もし、教育を一般的に、文化の機能であると見なし、知識を構成する生徒の構成力の試みを加味したり相互作用を行うなかで学習というものを探し求めようとするのなら、教育的進展が達成可能であると人は思うかもしれない。変化に固執したり血縁家族の微妙さに囚われることで、教育理論家はもはや個としての子ども（ピアジェの言う〈認識主体〉）を研究対象とすべきではないのである。むしろ教育理論家は生物学の過程を理解し、自然法則を理解し、彼らが学ぶやり方までも理解するために、時にはコンピューター・ネットワークやリモート・エキスパート［遠隔地にいる専門家］の援助を借用しながら、子ども集団の試みを統合的に注目すべきである。成績のよい生徒は自らが何を学んでいるのかを、さらには個人的集合的な精神の営みについて、また世界について学んだことを互いに伝え合うべきである。

この必要とされる概略的な素描が示している通り、ジェローム・ブルーナーは社会の現代的問題について心理学上の最近の思想をもたらしはじめること、常に困難な問題について見通しを立てること、さらに解決方法に対する最も見込みある方法を見いだすこと、新しい思想の流れに対して熱心に目を向けておくこと、以上のことを通して彼は現代の教育的言説における決定的役割を果たしてきた。同時にブルーナーの弟子は、七年生になって取り扱う心理学の中の職業《キャリア》という見込みのある主題に注意を払っている。すなわち人間の能動的作用因における信念、知識の構成についての確信、目的を伴った永続的関心、目的と手段、重要な問題でかつそれに対していかに最善の仕方で取り組むかについての実質的で的確な感覚、さらには個人的社会的後退に抗する怯まぬ楽観主義［などである］。

ジェローム・ブルーナーは教育学的分野に限った主要

な教育思想家の一人にとどまらないと言うべきであろう。彼は人に勇気を与える学習者でもあり教師でもある。彼の影響力を及ぼしつづける好奇心は、完全に望みを捨ててはいない人々すべてを勇気づけている。全世代のしかもその背景を背負った個人が参入することが求められている。情報の広域な範囲に対しては除外するとしてもブルーナーの飽きることなき語りと文章からは論理的分析、技術的区別、多様な主題についての豊富で広域な知識、直観的焦点化、多くの謎が語られている。彼自身の用語においては「知的活動は至るところで認められる、それが知の最前線であろうが、第三学年の教室であろうが。」[★22] ブルーナーを知る人によれば、ブルーナーは現身《うつしみ》として完璧な教育者である。彼自身の用語においては〈意思疎通家、理想像、同一視されるべき人物[★23]〉である。

★注

★1　J. S. Bruner, *The Process of Education*, Cambridge, MA: Harvard University Press, 1960.（ブルーナー『教育の過程』、鈴木祥蔵、佐藤三郎訳、岩波書店、一九六三年）

★2　J. S. Bruner and B. Cunningham, 'The Effect of Thymus Extract on the Sexual Behavior of the Female Rat', *Journal of Comparative Psychology*, 7, pp.333–6, 1939.

★3　J. S. Bruner and C. C. Goodman, 'Value and Need as Organizing Factors in Peception', *Journal of Abnormal and Social Psychology*, 42, 1, pp.33–44, 1947; Bruner, 'On Perceptual Readiness', *Psychological Review*, 64, pp.123–52, 1957.

★4　J. S. Bruner, J. Goodnow and G. Austin, *A Study of Thinking*, New York: Wiley, 1956.（ブルーナー『思考の研究』、岸本弘ほか訳、明治図書出版、一九六九年）

★5　J. S. Bruner, R. R. Olver and P. M. Greenfield, *Studies in Cognitive Growth*, New York: Wiley, 1966.（ブルーナー『認識能力の成長』、岡本夏木ほか訳、明治図書出版、一九六八年）

★6　Bruner, *Processes of Cognitive Growth Infancy*, Worcester, MA: Clark University Press, 1968.

★7　Bruner, *Child's Talk*, New York: Norton, 1983; A. Ninio and J. Bruner, 'The Achievement and Antecedents of Labelling', *Journal of Child Language*, 5, pp.1–15, 1978.

★8　Bruner, *Actual Minds. Possible Worlds*, Cambridge MA: Harvard University Press, 1986.（ブルーナー『可能世界の心理』、田中一彦訳、みすず書房、一九九八年）; Bruner, *Acts of Meaning*, Cambridge, MA: Harvard University Press, 1990.

★9 A. G. Amsterdam and J. S. Bruner, *Minding the Law*, Cambridge, MA: Harvard University Press, 2000.
★10 J. S. Bruner, *Acts of Meaning*, op cit.; J. S. Bruner, *The Culture of Education*, Cambridge, MA: Harvard University Press, 1996.
★11 J・S・ブルーナー『教育の過程』、前掲書
★12 Bruner, *In Search of Mind: Essays in Autobiography*, New York: Harper & Row, p.183, 1983.（ブルーナー『心を探して——ブルーナー自伝』、田中一彦訳、みすず書房、一九九三年、一八三頁）
★13 ブルーナー『教育の過程』、前掲書、三三頁
★14 J. S. Bruner, *Acts of Meaning*, op cit., p.185.
★15 同書、一九一頁
★16 H. Gardner, *To Open Minds: Chinese Clues to the Dilemma of Contemporary Education*, New York: Basic Books, chap. 2, 1989.
★17 P. Dow, *Schoolhouse Politics: Lessons from the Sputnik Era*, Cambridge, MA: Harvard University Press, 1991.
★18 Bruner, *Toward a Theory of Instruction*, Cambridge, MA: Harvard University Press, 1966.
★19 Bruner, *The Relevance of Education*, New York: Norton, 1971.（ブルーナー『教育の適切性』、平光昭久訳、明治図書出版、一九七二年）
★20 Bruner, *The Culture of Education*, op cit., p.xiii.
★21 同書、一九八頁。
★22 ブルーナー『教育の過程』、前掲書、一四頁
★23 同書、九一頁

参照項目

本書の**ピアジェ**、**ヴィゴツキー**の項

ブルーナーの主要著作

・J. S. Bruner, *The Process of Education*, Cambridge, MA: Harvard University Press, 1960.（『教育の過程』、鈴木祥蔵、佐藤三郎訳、岩波書店、一九六三年）
・J. S. Bruner, R. R. Oliver and P. M. Greenfield, *Studies in Cognitive Growth*, New York: Wiley, 1966.（『認識能力の成長』、

岡本夏木ほか訳、明治図書出版、一九六八年）
・*The Relevance of Education*, New York: Norton, 1971.（『教育の適切性』、平光昭久訳、明治図書出版、一九七二年）
・*Beyond the Information Given*, J. Anglin (ed.), New York: Norton, 1973.
・*In Search of Mind: Essays in Autobiography*, New York: Harper & Row, 1983.（『心を探して——ブルーナー自伝』、田中一彦訳、みすず書房、一九九三年）
・*Acts of Meaning*, Cambridge, MA: Harvard University Press, 1990.
・*The Culture of Education*, Cambridge, MA. Harvard University Press, 1996.

関連図書

・Barhurt, D. and Shanker, S. (eds.), *Jerome Bruner, Language, Culture, Self*, London: Sage, 2001.
・Bruner, J. S., *On knowing: Essays for the Left Hand*, Camridge, MA: Harvard University Press, 1979.
・Dow, P., *Schoolhouse Politics: Lessons from the Sputnike Era*, Cambridge, MA: Harvard University Press, 1991.
・Olson, D. R. (ed.), *The Social Foundations of Language and Thought: Essay in Honor of Jerome S. Bruner*, New York: Norton, 1980.
・Olson, D. R. and Torrance, N., *The Handbook of Education and Human Development*, Cambridge, MA: Blackwell, 1996.

（ハワード・ガードナー）

トーステン・フーセン　*1916—2009*

Torsten Husén

人生を正すのは比較的、容易なことだが、予測するのは困難である

（トーステン・フーセンの言葉）

トーステン・フーセンは一九一六年三月一日、スウェーデンのルンドに生まれた。彼の母親は中等教育修了後に電信技士としての訓練を受けた。父親は五年間の半日制の初等教育を受けた。これは当時の農村地区で一般的な教育制度であった。彼は製材所のマネージャーであった。フーセンは、スウェーデン南部で育ち、通常より一年早い六歳で初等教育を受けはじめた。彼は自宅でタイプを学んでいたため、小学校の教諭に、手書きを学ぶ必要はないと伝えたという。彼は中等教育をベクショーのギムナジウム［中等学校］で受け、数学と自然科学を専攻することを選択した。また生徒たちは外国語を三カ国語学ぶのが慣習だった（事実、高等学科に入学する入学条件であった）。フーセンの場合、彼はドイツ語、英語とフランス語を順に学んだ。彼のドイツ語は素晴らしく、父親のポーランドやドイツ出張に通訳として同伴した。彼は英語を学びはしたが、使用する機会はなく、一九四六年にスウェーデン政府から英国に派遣されたときに唯一使用した。一九五〇年代、彼は自身の著書や論文のいくつかを英語で執筆した。最終的に、彼のドイツ語は申し分のないものであったが、英語は彼が最も得意とする外国語となった。

一九三五年、フーセンは十九歳にしてルンド大学へ入学した。彼はまず数学を学び、次に文学（彼の処女作は、ストリンドベリの作品におけるフランスの臨床心理学および精神医学の影響についてであった）を、さらに歴史を学び、最後に心理学を学んだ。彼はいつも、大学を、学生が知的好奇心を満たすための料理を選べる巨大なスモーガスボード（寄せ集め）に喩えた。フーセンは大学

時代に「毎日書き」はじめ、彼の生活はすぐに「一行も書かない日はない（*nulla dies sine linea*）」ほどになった。これとほぼ同時期に、彼は自身のために他の特質ももつようになった。それは「不可能なことは何もない」という信念で、彼は官僚機構に自分の邪魔をさせることはなく、掌中の仕事に全神経を集中させるといったものであった。（この著者は、フーセンが丸一日、非常に苛立たしい、骨の折れる会議に出席し、それから二時間、タイプライターの前に座り、記事を書くのを目撃したことがある！）。

五百ページにわたるフーセンの博士論文は、一九四四年、『思春期』（書籍のタイトルは *Svensk Ungdom*）★1と題された。この論文は、軍に入隊したばかりの十七歳から二十歳の若者千人に対して実施したテストとアンケートのデータを基にしている。ドイツ語、英語、そしてフランス語の作品の引用を含め、思春期の青年の各面を描写した。二八歳までに、彼は三つの言語に精通し、文芸批評と歴史的解釈について学び、ヴント、モイマンの心理学的アプローチやウィーン学派の哲学を勉強した。実際、彼はクレッチマーとともに学んだ。心理学では多くの方法論的アプローチについて学び、認知心理学と精神生理学に精通していた。一九四四年の終わりには、フーセンは三冊の著書と六十あまりの論説を執筆した。

大学生活最後の二年間で、トーステン・フーセンは軍用目的の心理学テストの開発を行うストックホルムのチームと連携した。この仕事でフーセンは心理統計について学ぶことが求められた。彼は一九四四年、ストックホルムへ転居した。本作業における一つの追加的な成果は、個別の成人知能検査であった。一九四八年、フーセンは社会的背景と軍用試験と学校教育により測定される知能との関係についての本を出版した。★2フーセンはスウェーデンにおける軍用目的での最初のテスト開発に携わるのみならず、国防省の上級心理学者として関わっていた頃、彼は本作業の結果の適用準備と実施に関与した。彼をスウェーデンの軍用心理学の父と呼ぶ者もいる。

一九三八年、マルメーで一九二八年に生まれた子どもたち全員が試験された。これは二〇世紀後半から現在も続く、経時的研究の始まりであった。一九五〇年、十歳から二十歳の知能発達に関する学校教育の影響を評価する試みで、マルメーの研究について主要な報告がなされた。★3また次年度以降、スウェーデンで話題になりつつあった「能力の蓄積」に関する問題について触れた。同時期、フーセンの学生の一人であるキール・ハーンクヴィスト（Kjell Härnqvist）が研究した『能力の貯留』

が出版された。[4] これら出版物の主な主張は、選択的高等教育は、社会の「能力の蓄積」という観念と相まって社会に存在する多種多様な能力の発展には貢献しなかったというものである。いずれの研究も、選択的教育に内在する二つの異なる学問的能力と実践的能力を特定することはできなかった。これらの結果は、スウェーデンや他国における教育についての政治的討論に大きな影響を及ぼした。これにより、フーセン自身が研究と政策決定の相互作用に興味をもつようになった。

　マルメーでの研究は継続され、フーセンが指導する博士課程の学生が様々な時系列の分析や報告を担当した。マルメーでのデータの最初の包括的レポートは一九六九年に出版された。[5] 一九八〇年代の終わり、フーセンの別の学生であるトゥジンマン（Tujinman）は成人の継続的教育がその人のその後の職業の選択や報酬に影響をもたらすことを実証することに成功した。[6]

　その間（一九五三年）、フーセンはストックホルム大学の教育および教育心理学の教授に就任した。当時、教育学の教授としては、単に教育に関する実証的研究を行ったり、発達心理学および差異心理学の専門家となることでは不十分であった。そのため彼は、教育哲学および教育史に精通することが期待された。自身の格言である「一行も書かない日はない（*nulla dies sine linea*）」に忠実に、彼は晩年、フリチョフとアンドレ・ベルグを重点的にスウェーデンでの初等教育の歴史について三冊の著書を執筆した。[7] これらの二作品は、正書法の教えに対し特別な教育的アプローチを推進し、さらに同時期にフーセンが正書法の実証的心理学の研究の結果を報告する出版物を発行したことも驚くことではなかった。[8]

　同時に、フーセンは恒久的な「生まれか育ちか論争」に興味をもっていた。彼は一九四八年から一九五二年の間に集められた一卵性双生児と二卵性双生児に関するデータ（六百組ほど）を分析した。彼はイントラペアとインターペアの違いや適正、学校での成績、身長体重、左右差、作文などについて研究した。[9] 彼の使ったアプローチは、それまでの他の多くのアプローチと異なっていた。

　一九五三年以降、特に一九五六年、彼がスウェーデンの教育研究で初の教授となった際、フーセンと彼の学生たちは様々な教育研究プロジェクトに没頭した。これには「選択的教育」対「包括的教育」に関する主要な議論[10]、カリキュラム再編成の基盤としての教育的ニーズの分析[11]、クラスの大きさと均一性の不変の問題に関わる研究[12]等のプロジェクトが関連している。これらの成果は、教育再編のために、政策立案者に採用されなければならなかったため、フーセンは研究と研究者、そして政策立案の関係性に興味をもつようになった。これにより、彼は数カ国でこの関係性を調査することになり、二十年近くも時を隔てて二冊の本を執筆するに至った。最初の本は一九六七年、グナー・ボールト（Gunnar Boalt）[★13]との共作で、二冊目は一九八四年、モーリス・コーガン（Maurice Kogan）[★14]との共作であった。異なる状況において研究が政策立案に関わる様々な状態が例示された。

一九五六年から一九八二年の間、フーセンは博士論文の審査に通過した三十八人の学生を指導した。当時、スウェーデンの博士号取得のプロセスはドイツやフランスの博士課程修了と同様のものであった。したがって、初期の論文にかかる作業量は莫大なものであった。フーセンには、博士論文指導を行う際、訓練を通して有益なものを得るであろう若い研究者に資格があるかどうかを見定める才能があった。IEA［国際教育到達度評価学会］の代表として、彼は、二十三カ国からそれぞれ六人のカリキュラム専門家によって構成されるチームによる著名なグランナセミナーを始動した。これは多くの国々におけるカリキュラムの展開に大きな影響を与えた。また、フーセンはスタンフォード大学のリー・クロンバックによって組織されたものに続き、三つの学習と教育的プロセスにおけるヨーロッパセミナー（European Seminars on Learning and the Educational Process）（SOLEP）にも関わることとなった。

一九五〇年代の初め、フーセンは教育的な問題を解決するための心理学的研究のワークショップに参加するため、ドイツに招聘された。解釈学による訓練を受けた研究者に対する実証的研究の方法が与える影響は、理論上は優れた研究の概念化に成功しているはずである。フーセンは英語でいくつかの著書や論文を執筆していたため、彼の名はスウェーデン国外でも知られており、一九五八年、彼の研究チームは国際教育到達度評価学会［IEA］に加盟することを決めた。一九六二年、フーセンはIEA会長となり、その最初の主要な出版物を編集し[★15]、一九七八年までIEAを指揮した。一九六〇年代と八〇年代に、この組織は教育に関する最大規模の標本調査研究を実施した。中等学校の最終学年を卒業した学生数を数えることが、国の学校制度の教育的生産性にとっては不十分な標本数であり、知識、技能ならびに数値の観点から学校制度が何を達成したかを調べる基準が必要とされるものであることは明らかであった。この研究の成果は、二十数カ国で継続的に教育省庁により利用されたが、唯一、一九九〇年代、ＴＩＭＳＳ研究の結果の発表をもって、ＩＥＡがメディアを「一撃した」とされた。一九六〇年代および七〇年代のＩＥＡの研究により設定された研究基準はその後、ＥＴＳおよびＯＥＣＤが実施した国際到達度研究において要求された基準への前提となった。

一九六〇年代、フーセンは教育省庁、パリのＩＩＥＰ（彼は一九七一年から十年間、この機関の会長であった）、ハンブルグのユネスコ教育センター、ＯＥＣＤ、ユネスコ、教育に関する発展のための国際委員会（International Council for Educational Development）（彼は長年にわたりこの組織のメンバーであった）の他、ヴァージニア州ウィリアムズバーグのジョンソン会長が始めた会議などに助言するよう求められることが多くなった。彼はコロラド州アスペンの人間学研究所（Institute for Humanistic Studies）で教鞭をとった。彼は行動科学センター（Behavioral Sciences Center）の会員として、あるいは大学の同僚として、スタンフォードへの定期的な訪問を楽しみ、これは彼の引退まで続いた。

一九八二年、彼は名誉教授となったが、その後も様々な活動を続け、さらに新しい任務を受けることもあった。彼は著書の出版も続け、教育に関する国際百科事典（International Encyclopedia of Education）初版（十巻）[★16]および第二版（十二巻）[★17]の共同編集主幹も務めた。彼はヨーロッパ学術会議（Academia Europaea）の教育に関する出版物[★18]の上席著者であった。

フーセンは非常に親しみのもてる人物であり、彼が仕事を共にした多くのグループ内で何か問題があった際には、その状況を治めることができた。実のところ、彼は会議の議長を務める際にはトラブルを予見することができ、問題が起こらない、あるいは素早く解消させる方向へ協議をもっていけるような、優れた才能をもっていた。教育哲学および実証的研究における彼の知識と能力は、彼を貴重な存在に高めた。

彼は、十分な研究員チームと研究費なくして、多くの研究プロジェクトを実施することはできなかったであろう。彼の「不可能なことは何もない」というアプローチはそのプロジェクトの成功に不可欠なものであった。

フーセンは一九五〇年代と六〇年代のスウェーデンの学校再編成の研究に非常に緊密に関わっていた。このことは他の国でも注目され、彼はベルリンのマックスプランク研究所人間発達部門（Max Planck Institut für Bildungsforschung）運営委員会のメンバーとなった。また彼は教育制度について協議するため、英国のアンソニー・クロスランドに数回招かれた。フーセンはヨーロッパの比較教育学の生みの親の一人とも言うことができる。彼はＩＥＡの任務を通じ、このような研究に貢献した。

　フーセンは学際的な思想家である。彼の教育思想の歴史に関する知識は、彼の文学に関する幅広い知識、教育における実証的アプローチと相まって、息を飲むような広い展望へと導かれた。教育のある部分に焦点を当てた際、教育における心理学、社会学、そして経済学に言及できる彼の能力は、さまざまな角度から問題を見ることにつながった。学校が教育機関としてできることとできないことについて、また様々な状況の下で若者たちが学ぶことができるもの、学校制度の構図、生涯学習の概念について、フーセンが書いたものすべては、多くの国々に影響を与えた。これらの課題について幅広い読者層をもつのは三つの出版物（数カ国語に翻訳された）である[★19]。

　合計すると、彼は五十五冊の書籍と一五〇〇本の論文を執筆した。

★注

★1 *Svensk Ungdom* [Adolescence]. *Psykologiska undersökningar av ynglingar i äldern 17–20 år*. Stockholm: Gebers, 1944.

★2 *Begåvning och Miljö* [Aptitude and Milieu]. *Studier i begåvningsutvecklingens och begåvningsurvalets psykologisk — pedagogiska och sociala problem*. Stockholm: Gebers, 1948.

★3 T. Husén, *Testresultatens prognosvärde. En undersökning av den teoretiska skolningens inverkan på testresultaten, intelligenstestens prognosvärde och de sociala faktorenas inverkan på urvalet till högre läroanstalter*. Stockholm: Gebers, 1950.

★4 K. Haernqvist, *Reserverna för högre utbildning*. Stockholm: Ecklesiastikdepartementet, SOU 1958, 11. K. Haernqvist. *Individuella differenser och skoldifferentiering*. Stockhom: Ecklesiastikdepartementet, SOU: 1960, 13.

★5 T. Husén, with the assistance of I. Emanuelsson, I. Fägerlind and R. Liljefors, *Talent, Opportunity, and Career*. Stockholm: Almqvist & Wiksell, 1969.

★6 A. C. Tuijnman, *Recurrent Education, Earnings, and Well-being: A Fifty-year Longitudinal Study of a Cohort of Swedish Men*. Stockholm: Almqvist & Wiksell, 1989.

★7 T. Husén, "Fridtjuv Berg, folkskollärkåren och stavningsreformerna." *Pedagogiska skrifter*, 192, 1946. T. Husén, "Fridtjuv Berg och enhetsskolan." *Pedagogiska skrifter*, 199, 1948. T. Husén, "Anders Berg under folkskolans pionjärår." *Pedagogiska skrifter*, 205, 1949.

★8 T. Husén, “Rättstavningsförmågans psykologi. Några experimentella bidrag.” *Pedagogiska skrifter*, 207–9, 1950.

★9 T Husén, *Tvillingstudier*. Stockholm: Almqvist & Wiksell, 1953. T Husén, *Psychological Twin Research: A Methodological Study*. Stockholm: Almqvist & Wiksell, 1959.

★10 N. E. Svensson, *Ability Grouping and Scholastic Achievement*. Stockholm: Almqvist & Wiksell, 1962.

★11 U. Dahllöf, *Kursplaneundersökningar i matematik och modersmålet*. Stockholm: Ecklesiastikdepartementet, 1960.

★12 S. Marklund, *Skolklassens storlek och struktur*. Stockholm: Almqvist & Wiksell, 1962.

★13 T. Husén, and G. Boalt, *Educational Research and Educational Change: The Case of Sweden*. Stockholm: Almqvist & Wiksell, and New York: John Wiley; 1967.

★14 T. Husén, and M. Kogan, (eds), *Educational Research and Policy: How do they Relate?* Oxford: Pergamon Press, 1984.

★15 T. Husén (ed.), *International Study of Achievement in Mathematics: A Comparison of 12 Countries*, vols. 1 and 2. Stockholm: Almqvist & Wiksell, 1967.

★16 T. Husén and T. N. Postlethwaite (eds), *International Encyclopedia of Education*, vols. 1–10, Oxford: Pergamon, 1985.

★17 T. Husén and T. N. Postlethwaite (eds), *International Encyclopedia of Education*, vols. 1–12, (Second edition), Oxford: Pergamon, 1994.

★18 T. Husén, A. Tuijnman and W. D. Halls (eds), *Schooling in Modern European Society: A Report of the Academia Europaea*. Oxford: Pergamon, 1992.

★19 T. Husén, *The School in Question: A Comparative Study of the School and its Future in Western Societies*. London and New York: Oxford University Press, 1979. T. Husén, *An Incurable Academic: Memoirs of a Professor*. Oxford and New York: Pergamon Press, 1983. T. Husén, *Education and the Global Concern*. Oxford: Pergamon, 1990.

参照項目

本書の**クロンバック**の項

フーセンの主要著作

- *Adolescensen* (Adolescence). Stockholm: Almqvist & Wiksell, 1944.
- *Predictive Value of Intelligence Test Scores*. Stockholm: Almqvist & Wiksell, 1950. *Psychological Twin Research*. Stockholm:

Stockholm University Press, 1959.
- *International Study of Achievement in Mathematics I–II*, ed. and author; New York: John Wiley, 1967. *Talent, Opportunity and Career*. Stockholm: Almqvist & Wiksell, 1969.
- *Talent. Equality and Meritocracy*. The Hague: Nijhoff, 1974.
- *The School in Question*. London: Oxford University Press, trans. into eleven languages, 1979.
- Husén, T., with Kogan, M., *Educational Research and Policy*. Oxford: Pergamon Press, 1984.
- *The Learning Society Revisited*. Oxford: Pergamon Press, 1986.
- *Education and the Global Concern*. Oxford: Pergamon Press, 1990.
- Husén, T., with Tuijnman, A. and Halls, W. D., *Schooling in Modern European Society: A Report of the Academia Europaea*. Oxford: Pergamon Press, 1992.
- *The Role of the University: A Global Perspective*. ed. and author, Paris: UNESCO, 1994.

関連図書

- Husén, Torsten, "A Marriage to Higher Education." *Journal of Higher Education*, 51, pp.15–38, 1980.
- Husén, Torsten, *An Incurable Academic: Memoirs of a Professor*. Oxford: Pergamon Press, 1983.
- Postlethwaite, T. Neville (ed.), *International Educational Research: Papers in Honor of Torsten Husén*. Oxford: Pergamon Press, 1986.
- Tjeldvoll, Arild, *Listening to Torsten Husén: A Comparative Education Researcher*. A book reporting fifteen hours of interviews, 1999.
- Also see *International Who's Who*, London: Europa Publications, *Who's Who in Europa: Dictionnaire Biographique*, ed. Servi-Tech, Waterloo: Belgium, and *Who's Who in the World*, Chicago, IL: Who's Who Marquis).

（T・ネヴィル・ポスルスウェイト）

リー・J・クロンバック　*1916—*

Lee J. Cronbach

リー・クロンバックは、『自叙伝の中の心理学史』★1においいて、自分自身が貢献したことについて、以下のように言及しながら始めている。「私は心理学には早くに魅せられた。ルイス・ターマン・マディソンの弟子が精神検査主義を広める少し以前の一九一六年に私は誕生した。」クロンバックは、ターナーのビネー・シモン知能検査の改訂増補知能検査（スタンフォード・ビネー）が『知能測定』★2のタイトルで同年に出版されたことも、そこに付け加えることができたであろう。しかしながら、彼自身語るところによれば、五歳までに女性学校心理学者によって検査を受けさせられ、ＩＱ２００で「英才」児（ターマンの子ども）の一人として登録され、一九五〇年代、ターマンによって追跡調査されていた。ともかく、彼の才能はそうしたものであり、カリフォルニア州フレズノ（彼の出身地）の高校を十四歳で卒業し、同じ場所にある州立大学は十八歳で修了した。父親は、ユダヤ人の絹織物の商人《ディーラー》だった。家族には彼を大学にやるだけの経済的余裕がなかったので、クロンバックは、多くの類似する家庭環境にあった人々同様、フレズノ州立大学で教師教育を受けた。そして、数学専攻でありながら、すぐに心理学に関心をもち、彼自身の学問的立場とした「心理学の測定装置の工学的な分析」に関心をよせるようになった。彼は、フレズノ高校で二年間数学を教えた。そして、修士号を取得したバークレー校で一年間過ごした後、一九三八年に、ライプツィヒで、ゆるぎない実証的経験主義的な流儀を訓練されたＣ・Ｈ・ジュッドとＦ・Ｎ・フリーマンが率いる教育心理学の最先端の施設として発展していたシカゴ大学にいくことになる。ラルフ・タイラーの講義を活かしクロンバックは一九四二年にシカゴ大学で博士号を取得し、またタイラーが指揮していた八年研究《エイトイヤー・スタディ》の研究助手として数年間従事した。クロンバックは、研究スタッフとしては、「すべての目的に適う方法論者《メソドロジスト》として」認識されていた。大学教員と軍の心理学者としての期間がしばしあり、その後、一九四九年に専任講師としてシカゴ大学に戻り、教育心理学基礎の授業を教えた。これが初版であるが決して最終版とはいかない彼の『教育心理学』の基礎を生み出したのである。自伝のなかにおいて、彼自身が指摘しているのは、彼の研究成果の「主要な長所と短所の両方のスタイルをつくったのである」。そして、それは名づけて「測定と個人の差異」の専門化であった。

一九四八年には、イリノイ大学アーバナ・シャンペーン校で教育心理学の教授となり、そこでは、レイモンド・B・キャッテルを心理学科に、N・L・ゲイジを教育学科の同僚にもった。これらの人々の引き抜きは、当時のイリノイ大学が取った「突如浮上した《リープ・トゥ・プロミネンス》」政策の一部であった。心理と教育でのイリノイ大学の測定プログラムは、クロンバックが言うように「ライバルはほぼいなかった」のである。

一九六四年、クロンバックはスタンフォード大学の行動科学高等研究センターで一年間過ごす。その後、そのままスタンフォード大学教育学部の教授職に就くこととなる。そして一九八〇年に退職した。その間には七冊の本を著している。

教育測定の理論と方法論へのクロンバックの貢献は、『国際教育学専門事典（*International Encyclopedia of Education*）』[★3]のなかで強調されている事実に反映されている。研究方法論《リサーチメソドロジー》とその理論への彼の貢献を主に、四十七の事項のなかで引用されているのである。たとえば、能力と適性、適性測定、教育テストと適正処遇交互の決定理論についての論文でクロンバックは引用されている。

行動科学の研究者として出発して、クロンバックはすぐに教育測定と精神測定問題を専門とした。当然のことながら、彼は主に方法論者《メソドロジスト》として見なされていた。研究者として昇りつめた彼の才能の素晴らしさと、彼が取り扱った主題の領域は、アメリカ心理学会（APA）の会長およびアメリカ教育学会［AERA］の会長として十年間以上も選出されるという事実に反映されている。APAでは、一九五〇年代、テスト基準委員会を率い、そして教育学研究としては、P・サップスと「明日の学校のためのプロジェクト」（一九六九年）に携わっている。クロンバックは「真の成績」という心理学測定の古典的理論を、あらゆる観察を通して個人の平均点を定義した「普遍的得点表《ユニバーサル・スコア》」に差し替える一般法則理論を発達させた。一般化はあるサンプルから普遍集合へと生じるというのである。
クロンバックは自分のキャリアの初期に、心理測定に関心をもち、心理測定、教育測定を調査するなかで決定理論を用いはじめる。テストの信憑性の研究に取り組み、基礎解明に貢献した。そのいくつかは『心理テストと個人の決定（*Psychological Testing and Personal Decisions*）』という一九五七年にC・G・グレザーと共同出版した著書に含まれている。APAのテスト基準委員会の委員長としては、妥当性の概念の解明にも貢献している。多様な種類の妥当性についての彼の分類はいまだに一般的なものである。

おそらく最もよく知られているクロンバックの教育研究に対する貢献は、適正処遇交互作用（ATI）の発達であり、それはグレザーとの共著で最初に発表されたが、一九七七年『適正と教育方法――相互作用《インターラクション》研究のためのハンドブック（*Aptitudes and Instructional Methods*）』というスタンフォード大学の同僚のリチャード・スノウとの共著で十分に展開されている。関連した研究は改訂され、個人差と学習変数間の関係についての新しい理論を立ち上げた。その背景は、クロンバックがグレザーと共に決定理論の使用について著書の中で発達させた個人の選抜とクラス分けについてのモデルである。「処遇《トリートメント》」という言葉は、特定のプログラムと指導方法の枠組みのなかで、生徒に何をしたかを言及することに使用された。ATI（適正処遇交互作用）アプローチで強調されることとは、ある知的能力に対して、最も適当な学習法を十分に与えることである。

ラルフ・タイラーの卓越した弟子の一人として、また八年研究《エイトイヤー・スタディ》での実践的な訓練のおかげで、教育評価はクロンバックの研究のもう一つの専門分野となっている。クロンバックは、スタンフォード大学で、学生それぞれが評価を構想する、評価に関する講座を展開した。この分野における彼の業績の一つは、「価値とテクノロジーと社会」と名づけられた、スタンフォード大学の学部プログラムの評価であった。この研究は、ブルームの専門用語では「形成的評価」と呼ばれるものであり、この分野の実践への応用に強いインパクトをもたらしている。

また、NAEのためにP・サップス（一九六九年）との共同研究で、クロンバックは決定志向研究と結論志向研究を分類し、古典的な「純正」と「応用」の分類を拒絶している。心理測定の方法論《メソドロジー》において、彼は信頼性理論の改訂に責任を請け負ったのである。リー・クロンバックは、教育測定と教育心理学の理論と方法論《メソドロジー》に実にたぐいまれな貢献をした。教育研究へのクロンバックの貢献は、この分野における発展しゆく研究方法論《メソドロジー》の拡大を構築した一方で、クロンバックは、疑いなく、私たちの教育理解を哲学的視点へと拡大する貢献も行ったのである。

★注

★1 G. Lindzey (ed.), *History of Psychology in Autobiography*, 8, 64–93, pp.64, 1989.

★2 L. Terman, *The Measurement of Intelligence*, London: Harrap and Co, 1989.

★3 T. Husén (Editor in Chief) and T. N. Postlethwaite, *The International Encyclopedia of Education*, 1–12, Oxford: Pergamon, 1993.

参照項目

本書の**ブルーム、タイラー**の項

クロンバックの主要著作

・*Essentials of Psychological Testing*, New York: Harper & Row, 1949, rev. edns 1960, 1970, 1984, 1990.
・'Coefficient Alpha and the Internal Structure of Tests', *Psychometrika*, 16, pp.297–334, 1951.
・*Educational Psychology*, New York: Hartcourt and World Brace, 1954, rev. edns, 1963, 1977.
・Cronbach, L. J., with Meehl, P. E., 'Construct Validity in Psychological Tests', *Psychological Bulleting*, 52, pp.281–303, 1955.
・'The Two Disciplines of Scientific Psychology', *American Psychologist*, 12, pp.671–84, 1957.
・Cronbach, L. J., with Gleser, G. C., *Psychological Testing and Personnel Decisions*, Urbana IL: University of Illinois Press, 1957, new edn, 1965.
・Cronbach, L. J., with Gleser, G. C., and Rajataratnam, N., 'Generalizability of Scores Influenced by Multicple Sources of Variance', *Psychometrika*, 30, pp.395–418, 1965.
・'Heredity, Environment and Educational Policy', *Harvard Educational Review*, 39, pp.338–47, 1969.
・Cronbach, L. J., with Patrick Suppes, *Research for Tomorrow's Schools: Disciplined Inquiry in Education*, New York:

Macmillan, 1969.

- Cronbach, L. J., Gleser, G. C., Nanda, H. and Rajaratnam, N., *The Dependability of Behavioural Measurements: Theory of Generalizability for Scores and Profiles,* New York: Wiley, 1972.
- 'Beyond the Two Disciplines of Scientific Psychology', *American Psychologist,* 30, pp.116–27, 1975.
- 'Five Decades of Public Controversy over Mental Testing', *American Psychologist,* 30, pp.1–14, 1975.
- Cronbach, L. J., with Snow, R. E., *Aptitudes and Instructional Methods: A Handbook for Research on Interactions,* New York: Irvington, 1977.
- *Toward Reform in Program Evaluation,* San Francisco, CA: Jossey-Bass 1980.
- 'Abilities and Ability Testing: Recent Lines of Thought', *Evaluatión Psicológica,* 1, 1-2, pp.79–97, 1985.
- 'Internal Consistencies of Tests: Analyses Old and New', *Psychometrika,* 53, pp.63–70, 1988.

関連図書

- Lidzey, G. (ed.), *History of Psychology in Autobiography,* 8, pp.64–93, 1989.
- Husén, T. (Editor in Chief) and Postlethwaite, T. N., *The International Encyclopaedia of Education,* 1–12, Oxford: Pergamon, 1993.

（トーステン・フーセン）

ドナルド・トーマス・キャンベル　*1916—96*

Donald Thomas Campbell

この章では、妥当な命題への十二項の共通する懸念事項に対しての十六の実験的構想を検討しなくてはならない。★1

ベストセラーから始めること以上のありのままの事実などあるだろうか。実験手法に関するこの論文は、三十万部以上売れた。もともとこれは、ジュリアン・C・スタンレーとの共著で、ゲイジの『教授研究ハンドブック』のなかの一章として世に出たものである。この一本の論文が、キャンベルの、特に教育学における方法論者《メソドロジスト》としての評価となった。しかし、彼ははるかにそれ以上の人物である。

キャンベルの父は、ペンシルヴァニア州のファンダメンタリスト教会で育てられたが、大人になってからは、教会に頻繁に通う熱心な信者ではなかった。そのため、キャンベルは、母親によって子ども時代は日曜学校に連れて行かれていたが、進化論の役割を理解せずとも宗教を受け入れることはなかった。しかし「高い倫理的水準と、とらえがたい自身への理解が混合した敬虔な信仰者によって導かれた人生の質にはそれなりの尊敬の念」★2をもっていた。

キャンベルは、十八歳で高校を卒業し、科学者になりたいと思った。しかし科学は専攻せず、一年間、部屋付きで月四十ドルというカリフォルニア州ビクターヴィル近郊のターキー農場で働いて過ごした。家族からの影響をほのかに垣間見せるように、家族内のイデオロギーが「広い経験」を好むものであったと彼は記している。次の年、彼は実家に戻り、サン・バーナーディノ・バレー短期大学に入学して、一年生と二年生を過ごした。その短大では、進化論に関連してリスの毛の色に関する論文を著していた動物学者から指導を受けている。短大においては、その動物学者や他の教員から科学者という職業の具体像を理解することになったと彼は言明している。

キャンベルはその後、カリフォルニア大学バークレー校で最初の学位を取り、一九三九年に主席で卒業した(妹が次席だった)。第二次世界大戦中は、海軍予備員となった。大戦後は大学に戻り、一九四七年に三一歳でバークレー校において社会心理学の博士号を取得した。

初期のキャンベルの研究は、戦後のプロパガンダ研究と決して遠くない関係にある、行動様式に関するデータ収集と理論発達であった。その後、オハイオ州立大学で三年間過ごしたが、その後の一九五〇年から五三年までの三年間はシカゴ大学の職に就いている。

キャンベルは、シカゴ大学での最後の年には、ジェイムズ・G・ミラーの「行動科学委員会」への参加以外の教授責務はすべて免除されていた。そして、コンピューター使用法、情報論、一般システム論に集中した。キャンベルは、シカゴ大学での広領域にわたる研究の機会を大変価値あるものとみなしてはいたが、そこでの経験にはむしろ批判的であった。彼の以下のコメントは、経営、行政、責務《アカウンタビリティー》を作成する義務のある誰もが心にとどめておくべきものである。

> 私にとってははっきりしていたことは、研究生活はオハイオ州立大学で知っていたものより、総合的にいって全く楽しくないと感じた、ということである。シカゴ大学の終身在職権へのプレッシャーは行き過ぎたものがあった。……出版することがすべてであり……。さらに悪いことに、私たちは、あからさまにその出版物は天才的な論文ではなくてはならないと言われていた。

そうしたなか、ノースウエスタン大学がキャンベルに五年間の准教授の仕事を申し入れた。彼はそれを以下のように理解している。

> 労働者としての科学者が尊重され、教えることで生計を立て、お互いに肯定的でいられる研究環境に戻る機会となった(ノースウエスタン大学では、出版の必要性に気がつく前に、私は恥じることなく査読制ではない学術誌を利用して行き詰まりを乗り越えていた)。

結局、彼は三十六年間ノースウエスタン大学に留まることになり、その後、リーハイ大学で教鞭を取った。

キャンベルは、スタンフォード大学、オクスフォード大学、ハーバード大学やイエール大学、アメリカ心理学会、国立芸術科学アカデミー、社会問題における心理学研究学会、評価研究学会、アメリカ教育学会［AERA］などの様々な専門的な団体から多くの名誉学位や賞を受賞している。彼の死亡記事は一九九六年五月一二日のニューヨーク・タイムズ紙に掲載された★3。

ドナルド・T・キャンベル、半ダースもの分野にその功績を残し、共通科学研究の基本原理の革命を推進した多才な社会科学者が、月曜日にペンシルヴァニア州ベスレヘムの自宅近くの病院で亡くなった。享年七九歳であった。

彼の妻のバーバラ・フランケルは結腸がんの複雑な手術が原因だと言っている。

その死亡記事は、「彼の妻に加えて、リーハイ大学のすでに退官した人類学の教授によると、彼の遺族は先の結婚でもうけた二人の息子……妹……そして孫二人である」と締めくくられていた。

亡くなってから四年後にあたる二〇〇〇年二月、フィラデルフィアにおいて、ロバート・ボルチ★4が議長となり、多くの社会科学研究者を象徴する国際グループが出席した会議において、彼を讃えたキャンベル・コラボレーションが立ち上げられた。それは、医療分野におけるコクラン・コラボレーションのように（メナード、チャルマーズ 一九九七年）、可能な限りの高水準の情報源の根拠になることを目的としている。

ドナルド・キャンベルが貢献した各分野においては、おそらく彼はその分野の科学哲学者、組織理論家、社会科学の方法論者《メソドロジスト》、認識論学者、理論的生物学者等として見なされてきている。教育学においては、もちろん、一九六〇年代、七〇年代の学生達はドナルド・キャンベルの著作の明快さとその刺激から、彼に夢中になった。もし誰かが、キャンベルで学位を取ることができたなら、それはありえたことかもしれない。「研究のための実験および準実験デザイン」に加えて、もう一つ広く引用されている論文は、ドナルド・フィスクとの共同のもので、タイトルは「様々な特性――様々な手法のマトリックスによる相似と判別の立証」（一九五九年）である。この初期の理論は妥当性への責任を例証するものであったが、それは二分法に基づいて、価値があるかないかを決定するものではなく、妥当性の程度を測定することであった。機械論や決定的な精密さからは距離をおいて、キャンベルは何を知っているか、しかしまた何を知らないかも十分承知したうえで、知恵と思慮ある判断を自分のものにしていたのである。
彼は一般的に統計学者と協力し、ランダム化比較試験を促進していたが、残念ながら、キャンベルはこのような研究を活用できなかったという固定概念《ステレオタイプ》があったせいで、しばしば間違って受け止められてきた。彼は、フィールド・ワーク研究が抱える乱雑さを知っていたし、それを隠そうとはしなかった。さらに、ロバート・ボルチとの共著のなかの以下の引用文は、すべての情報源の証拠を利用することへの彼らの関与を描写している。

社会実験における、多くの参加者と観察者の主観的な結果は、コンピューターのプログラムによって処理されたデータと同じような関係をもつ。もし……質的な結果がコンピューターのプログラムによって処理されたデータと著しく矛盾するならば、後者のコンピューターのデータの妥当性は、前者の質的な結果の妥当性と同じだけ疑われなければならない。特に、その不一致の原因を理解するための試みがなされるべきである。[★5]

キャンベルは、因果関係を明らかにすることを可能にする最良の計画における主張も、データと非常に距離が近くて、多くのことを知っている実践者にも大いに敬意を表し、広範囲にわたる評価に関与した。
そして、彼は、「自己満足に終始するエリートになりさがり、複雑な統計手順を採用することで、我々の結論に批判への免疫力をつける実践家、行為の内側からそのプログラムを省みるうえで有効な視点をもつ観察者さえも閉め出す」研究者の危険性を記述し、さらに助言する。

このような固定概念を避けるため、参加者、受容者、その他の有効な視点をもつ観察者が、プログラムの効果を判断し、収集し、考察し、要約することを容易にできるよう方法を工夫しなくてはならない……。私たちは、このような概略がより正式な統計分析とその妥当性に匹敵するものであるかもしれないものであると認識しなくてはならない。たいていこのような視点は賛同を得るが、統計学的分析が、深刻な誤りかもしれない単純化の前提を伴っていることには賛同しない。[★6]

キャンベルは、科学の特徴である詳細と徹底した調査への忍耐を見せ、また、社会政策が実用できるものかどうか確認するための実験に従事する社会への主だった視点ももっていた。「実験として再生する」は、もうひと

つの重要で影響力のある論文のタイトルである。★[7]
キャンベルは、研究科学者は「論争好きなコミュニティー」に属しており、永遠の真実ではなく、仮の結論を自分のものとしていると理解した。彼は、学術界における、対メディア・スポークスマンと現在なら呼ばれるかもしれないような関心を見せていた。

政府が何かを依頼し、研究者がそれを証明するということは、その分野における科学的な立場を外に追いやり続けている。その過程において、研究者‐アドバイザーも（政治家も加えて）、過度な防御の罠にはまる。まさに、すでにわかっているのだ、という考えが、その理論がいかに妥当なのかを知ることを妨げているのである。★[8]

オハイオ州立大にいる間、彼は「間接的態度の測定」に関わったが、それは一般的にそうでなければ表現されないような態度を見ることを目的とした質問をして、反応を誤って導いていることを暗示したものである。この方法論《メソドロジー》は明らかに彼が憂慮したことであり、その数年後、彼が恭啓の意を表しながら担当した著書の一章のなかで、倫理委員会が関心を寄せるような問題事項をリストアップした。それらは、以下の事項を含む。

・対象に対する、詐欺まがいで――軽蔑的――搾取的な心理学者の態度。
・間接的試験の導入部で想定されていた研究をするという失敗。
・研究結果にがっかりする性質。★[9]

彼の研究を解釈するなかで、キャンベルは、調査データ収集と科学の本質について議論することに膨大な時間を割いていたようである。そして、調査データは、研究論文のために使われ、参加者への実践へのフィードバックとしては使われなかった。おそらく、主に社会心理学における最初のトレーニングを反映しているのであろう、彼の研究は真剣な実験科学であったにもかかわらず、社会的に有益であるという理由で、データによって理論発達がなされるというよりも、理論を実証するための実験であったようである。

キャンベルは、第二次世界大戦時のアメリカという、あからさまな分離と人種差別という政治的にストレスのあった時代を生きており、これは社会的傾向のなかにある偏見の本質上、データ収集に非常に大きな努力を捧げたことをいくばくか説明しているかもしれない。彼はこのように書き記している。

ノースウエスタン大学では——他の同時代の社会科学のコミュニティーとは対照的で——我々の最も有能な学生のの左寄りの政治色は、反科学万能主義、反計量主義《アンチ・クオンティテイティブ》などのものとは随伴せず、人間主義に向いた。むしろ彼らは、非理論的で改良されるべきプログラムの評価も、現実世界における仮定をテストするためのよりよい量的手法《クオンティテイティブ・メソッド》への貢献も継続させた。★10

理論的な統一は、国立健康研究所の「特徴ある属性のなかの客体の多様性」という十分な研究資金を引き出した。キャンベルによって発表された点は、警告的な談話を提供している。優れた統計学者やコンピューター・マネージャーを含んだ数名の研究仲間が雇用されてこの研究は前進した。

われわれはとても士気あるチームであった。定義付けのための充分なサンプルとともに、私は未だかつて達成したことがない最善の理論とデータ統合をなし得た。

結果は、決定的に否定的で私に負わされることになり、少なくとも一時的に鬱になってしまった。私たちの研究レポートは、「これは全く退屈で高くつき、がっかりする研究である……」と書きはじめられた。★11

おそらく社会科学者は、理論の価値について非常に慎重に考える必要がある。少なくとも、キャンベルは、データによって彼の理論を検証していた。

十分な財政としっかりと理論立てられ、またよく計画が練られた研究プロジェクトから起こる生産性の欠如は、「楽しい」活動であった週一回のソーシャル・イベント、社会心理の手弁当《サックランチ》の会とは対照的であった。クレスグ・ホールの最上階の社会心理学スペースで行われたこの昼食会の研究者同士で奇抜さを競うゲームのなかで、風変わりな手法を進化させていった。それがまた、出版物の成功と方法論《メソドロジー》への独創的な貢献となり、その本は『非影響継続法（*Unobtrusive Measure*）』として一九六六年初版、一九八一年にはその改訂版が出版された。★12

キャンベルは、継続する過度の責務を背負いきれなくなると同時に起こる鬱の期間について列挙している。彼は、鬱の間、教授や研究の管理などを代わってくれた無数の友人に感謝している。職業的な自己として過剰な関与について書いている。

総合的に気だてがよく楽天的で快活な私が主に知られていたが、たった一つの病理（おそらくまさに目立たない）は、知的関心一つ一つに百パーセント時間を捧げてしまうという間違った信念があることである。しかし、もし（その憂鬱さを）なくしたら、私はなぜか、他者に対してあまり正直でなく、役にたつ人間ではなくなるように感じるのである。[★13]

キャンベルは、社会科学の測定のあり方に警告している。

測定が政治的決定のために使われはじめると、社会の状況を表すために妥当であったものも妥当ではなくなる。さらに、そういったことは、測定者が測定しようとデザインした社会プロセスの破壊的改悪を引き起こすのである。……よって、一度は教育的な位置を表すのに妥当であった到達度テストは、生徒や教師の報酬の基礎として使用された時に、その妥当性を失った。[★14]

哲学的なグループは、キャンベルの科学と知識の進化のメカニズムを要約した進化認識論と盲目的選択と選択的存続（BVSR）の概念に関心を寄せた。組織論の研究者のマックケルベイとバウムは、キャンベルの功績を讃える著書[★15]において、キャンベルの一九六五年の論文「社会文化進化論における変異と選択的存続」は「組織科学において最も広域にわたる影響力をもっている」と述べている。

サイバネティクス原論プロジェクトのウェブページには、彼の研究が引用されている。

修正や変異の程度は理性によらずランダムで個別には不適切で正しい順序になっていない。しかし、時にはよりよい適合を提供することがあり、それらは生き残り複製される。ダーウィンの進化論は少なからぬ具体的な修正を受けてきている一方で、また含有されている多様性へのメカニズムの規模への反対がある一方で、自然選択の彼の基本モデルは今日でも一律に受け入れられていており、一九世紀の最も優れた概念的発見とされている。その抽象的で公式的な視点のなかに、他に適応性のあるプロセスに応用されるかもしれないモデル、もしくは結果によって導かれるような修正のなかにまさに目的論的な一連の出来事があるのである。

（キャンベル　一九五六年、p.330）[★16]

モニタリング・システムの先駆者であるかもしれない

この引用のなかで、キャンベルは、「予見的変異《フォアサイティッドヴァリエーション》よりも、結果論的選択《ハインドサイティッドセレクション》のほうが理性的革新の極意である」[17]と述べている。リアリズムを支持するキャンベルは、私たちの心のなかにしか存在しない私たちが見る世界という概念を否定し、そのような見解を「存在論のニヒリズム[18]」と呼んでいる。それは、バートランド・ラッセルが、「天体宇宙への不遜」と名づけたものである。

キャンベルが述べてきたことの多くは、非常に理想的[19]だったが、私たちは、ソロスの反省的思考の原理を応用することもできるし、世界をより理想的に書くことで仮想することもできる。もし財政的な報酬が行動を支配すると信じるとすると、それは社会における信条を普及することになり、現実とは一致しないかもしれない。キャンベルは、ポランニーによって説得される、真実を語るべきことができるという魅力はハンガリー動乱をあおったジャーナリストを支持する主要な動機であることを列挙した。

力と富を確立し、十分報酬を得ていたこれらのエリート・コミュニスト・ジャーナリストは、自分自身が見たままの真実を書くことができない、という社会契約のなかで嘘を書き続けることの苦しみに動機づけられたのである[20]。

私が、この論稿で試みたこととは、ドナルド・キャンベルの言葉を彼自身のために語ることであった。これは、あまりいいスタイルではなかったかもしれないが、純粋なデータを提供している。そして結論として私が提案したいこととは、論争の存在する学術社会における盲目的選択と多様性のなかで、多くの人がキャンベルの知恵とよい（社会）科学を通して、世界の改善にむけて関与していくという選択をしていくだろうということである。

★注

★1 The opening sentence in D. T. Campbell and J. C. Stanley (1963) *Experimental and Quasi-Experimental Designs for Research*, p.171.

★2 Campbell, in Brewer and Collins, *Scientific Inquiry and the Social Sciences*, p. 483.

★3　*New York Times*, Sunday, Late Edition —Final, 12 May 1996, Section 1, p.37.

★4　Campbell Collaboration: http://campbell.gse.upenn.edu.

★5　Campbell and Boruch, 'Making the Case for Randomized Assignment to Treatments by Considering the Alternatives', p.199.

★6　Campbell and Boruch, 1975, in Campbell and Erlebacher, 1970.

★7　Campbell, 'Reforms as Experiments'.

★8　Cited by Dunn, *The Experimenting Society*, p.25.

★9　Kidder and Campbell 1970, p.333, p.466.

★10　Brewer and Collins, op cit., p.482.

★11　Ibid., p.475.

★12　Webb, Campbell, *et al.*

★13　Brewer and Collins, op cit., p.478.

★14　Dunn 1998, pp.55–6.

★15　'Variations in Organization Science: In Honor of Donald T. Campbell', http://www.mgmt.utoronto.ca/.

★16　Website of Principia Cybernetica: http://134.184.131.111/SEARCH.html.

★17　Campbell 1977, p.506, found on Website of Principia Cybernetica: http://134.184.131.111/SEARCH.html.

★18　*The Experimenting Society*, p.28. Russell wrote of 'cosmic impiety' and Popper was a 'realist'.

★19　Chaps 3 and 4 in G. Soros, *The Crisis of Global Capitalism: The Open Society Endangered*, London: Little Brown and Company, 1998.

★20　Brewer and Collins, op cit.

参照項目

本書の**クロンバック**の項
『教育の主要思想家50人』所収、**ラッセル**、**ソーンダイク**の項

キャンベルの主要著作

・Campbell, D. T. and Fiske, D. W., 'Convergent and Discriminant Validation by the Multitrait-Multimethod Matrix',

Psychological Bulletin, 56, 2, p.81–105, 1959.
- Campbell, D. T. and Stanley, J. C., *Experimental and Quasi-experimental Designs for Research*, Chicago, IL: Rand McNally, 1966.
- 'Reforms as Experiments', *American Psychologist*, 24, pp.409–29, 1969.
- 'Methods for the Experimenting Society', *Evaluation Practice*, 12, 3: pp.223–60, 1971/1991.
- Webb, E. J., Campbell, D. T., et al., *Unobstrusive Measures: Nonreactive Research in the Social Sciences*, Chicago, IL: Rand McNally, 1972.
- The Nature of Man and what Kind of Socialization Process is Needed', *American Psychologist*, 30, 1103–26, pp.341–84, 1975.
- Campbell, D. T. and Boruch, R. F., 'Making the Case for Randomized Assignment to Treatments by Considering the Alternatives: Six Ways in Whish Quasi-Experimental Evaluation in Compensatory Education Tend to Underestimate Effects', in C. A. Bennett and A. A. Lumsdaine (eds), *Evaluation and Experiment*, New York: Academic Press, pp.195–296, 1975.
- Cook, T. D. and Campbell, D. T., *Quasi-Experimentation: Design and Analysis for Field Settings*, Chicago, IL: Rand McNally, 1979.
- Campbell, F. A. and Ramey, C. T., 'Effects of Early Intervention on Intellectual and Academic Achievement: A Follow-up Study of Children from Low-income Families', *Child Development*, 65, pp.684–98, 1994.
- 'Unresolves Issues in Measurement Validity: An Autobiographical Overview', *Psychological Assessment*, 8, pp.363–8, 1996.

関連図書

- Brewer, M. B. and Collins, B. E. (eds), *Scientific Inqurity and the Social Sciences: A Valume in Honor of Donald T. Campbell*, San Francisco, CA: Jossey-Bass Publishers, 1981.
- Dunn, W. N. (ed.), *The Experimenting Society: Essays in Honor of Donald T. Campbell*, New Brunswick: Transaction Publishers, 1998.
- McKelvey, B. and Baum, J. A. C., 'Variations in Organisation Science: In Honor of Donald T. Campbell': http://www.mgmt.utoronto.ca/, 1999
- Website of *Principia Cybernetica*: http://134.184.131.111/SEARCH.html.

・Website: http://www.psych.nwu.edu/academics/social/campbell.htm
・Website: http://www.edfac.unimelb.edu.ac/AJE/editorial

（キャロル・テイラー・フィッツ－ギボン）

マキシン・グリーン　1917—

Maxine Green

若者たちに自分たちの置かれた状況を自覚させ、自分たちの世界を理解し語れるようにしたいのであれば、若者たちが自らは途上にあるとの感覚、そして浄化や新しい始まりの可能性が常にある場所に自らが存在しているのだとの感覚こそ、私たちが若者たちに伝えなくてはならないことである。★1

マキシン・グリーンは「傑出した現代アメリカの教育哲学者」★2、また、教育の分野において、「あらゆる世代から書かれ、教えられ、講義される最も重要な人物の一人」★3であると記されている。社会評論家、教育哲学者、教師や助言者《メンター》として抜群の業績を発揮したグリーンの影響力は、芸術、美学、文学、文化研究、学校改革、教師教育、社会正義、市民の権利や女性研究などの注目すべき多様な分野に広がっている。グリーンは、重厚感のある批判意識、ある特定の文化のなかで生きている人の人生の出来事の考察、社会的、歴史的な文脈の意味と結果を追求し提示している。

一九一七年にニューヨークのブルックリンで生まれたマキシン・グリーンの若年期の経験は、二〇世紀初頭のアメリカ人女性の生活を型取っていた文化的な期待に順応したものであった。「知的な冒険やリスクに消極的な家族」★4の娘であったグリーンは、平凡なうわべだけの日々の生活を、書くという行為やコンサートや劇、美術館や博物館に行くことで打破する機会を見つけていた。グリーンは、一九三八年にバーナード・カレッジで、アメリカ史と哲学の学士号を取得した。その直後に、彼女は若い医者と駆け落ちし、その彼が徴兵されるまでは彼の仕事場で働いた。そして、自分自身と娘を養うために、「変な仕事で不名誉で、ちょっと程度は低いが少々難しい」★5仕事に就いた。戦後は離婚し、再婚後、ニューヨーク大学の授業を履修し、一九四九年には修士号を取得した。グリーンが大学院で教育哲学を専攻したことは偶然であった。娘が学校に行っている間に履修可能な講義が何であったか、まさにそれが教育哲学であったことによって決定されたのである。グリーンは、六年後、ニューヨーク大学で新たに授与されることになった博士号とともに、新たに展開されつつあった教育哲学の分野に（そのほとんどが男性であった）身を置くこととなった。長い間、彼女はアメリカ教育哲学会で発表するただ一人の女性であった。一九六七年、グリーンは女性として初のアメリカ教育哲学会の会長に就任し、また一九八四年には、女性としてアメリカ教育学会［AERA］の初の主催者となった。

グリーンは、米国でも海外の大学でも講義を行ったが、ニューヨーク周辺が彼女の拠点であった。一九五六年から一九五七年までモントクレア州立大学の英文学教授の職に就き、一九五七年から一九六五年まではニューヨーク大学の教育学の教授職に就いた。そして一九六五年、グリーンはコロンビア大学の教員となった。当初は『ティーチャーズ・カレッジ・レコード』の編集者としてであったが、その後、異例の万能の教師として社会哲学、教育史、教育哲学、文学、ライティング、美学、その他の教育問題など様々な講義を担当した。グリーンは、一九七五年から一九九四年まで、ティーチャーズ・カレッジのウィリアム・F・ラッセル・ソーシャル・ファンデーション学科の学科長の地位に就いていた。現在は退官教授だが、教授活動は継続させており、二十年以上も常任哲学研究者を続けているリンカーン・センターの教育部門、また、ティーチャーズ・カレッジに近年設立された、芸術と社会想像と教育に関するセンターにおいても活発に活動している。

マキシン・グリーンの多岐にわたる教師としての活気みなぎる仕事ぶりへの多くの証言は、近年、彼女に敬意を表するために出版された編集本二巻のなかに記されている。そのなかで、ウィリアム・アイヤーズは以下のように想起している。

マキシン・グリーンの講義は、取り上げられ、継続され、さらに未来へと継続しながらも解釈されるという、まるで古い友人との親密な会話のように、自然な伸びやかさ、居心地の良さ、そして未完成で前進する動作に満ちあふれたものであった……。なぜなら彼女の講義は彼女自身の人生経験から得たものだったからであり、またそれは彼女自身の経験に対しての即興《インプロヴィゼーション》のような感性を常にもつというもの……新鮮で活気があり発明的でありながらも、一貫した中心

的な信念と大きな目的という土台にしっかりとその根源をもっていたからである。[★6]

また別の人は、単に読まれるものとしてというよりは、為される何かとして哲学に迫る挑戦や要求のような感覚として、マキシン・グリーンとの強烈な出会いについて描写している。哲学者、芸術家、評論家という、他を威圧するような取り合わせに頻繁に言及するという彼女の著作の濃厚さにも関わらず、グリーンは読者に対して、類似した魅力を発揮する。

多くの賞と名誉学位の受賞者でもあるグリーンは、ファイ・デルタ・カッパの「今年の教師」に二度選出されており、ティーチャーズ・カレッジのゴールド・メダルも授与されている。彼女の著書『異人としての教師(*Teacher as Stranger*)』は、一九七四年のデルタ・カッパ・ガンマの「今年の教育書」賞を与えられた。

グリーンは、学生時代から、ブルックリンのアメリカ労働党の司法上の監督としてチームを指導しながら労働問題に関心をもってきた政治的にも社会的にも活動家であると言える。スペイン左派共和党《リパブリカン・スペイン》に起因する市民権運動や平和運動への関わりと、また一九六〇年代の学生の抵抗運動の真っ只中にティーチャーズ・カレッジで職を得たことは、大学という守られた空間を超えたところで起こっている出来事に焦点を当てるというグリーンの傾向性を強化し、また、共通に経験された出来事から生まれる、多角的で主観的な解釈を理解することの重要性へと彼女を目覚めさせた。グリーンの著作は、アメリカの学校で起こっている複雑で変化する文脈を描写し認識するという、その広がりにおいて特別なものなのである。

グリーンは五つの著作、また他の分野において百本以上の論文と選集の章を担当しており、セイモア・サラソン[★7]のようなすでに社会から敬意をはらわれているような人物から、ダイアン・デュボース・ブルーナー[★8]やデボラ・P・ブリッズマン[★9]のような比較的新鋭の人物などの著作のテキストにも数多くの序文やイントロダクションを提供している。一九六七年に出版されたグリーンの二冊目の著書である『教師のための実存主義的邂逅(*Existential Encounters for Teachers*)』は、マルティン・ハイデッガー、ライナー・マリア・リルケ、ジャン゠ポール・サルトル、アルベール・カミュ、マルティン・ブーバー、セーレン・キルケゴールやその他の大陸系の哲学者の著作から、個人、他者、認識、選択や状況などの主題についての文章を選出し編纂したものである。そして各章中に、グリーンのコメントが点在している。このプロジェクトに内在しているものは、グリーンの著作のすべてに見られるように、教師の知的能力と知的好奇心への敬意であり、それは、教育の言説を手っ取り早く実用的に実証できる有効なものだけに限る、ある種の道具主義のようなものへの強い抵抗と一組になっている。最近、彼女は「善い教師とはハーバーマスを教える機会が殆どなかったとしても、多くの考え方に興味をそそられるような人のことであると信じている[10]」と記している。

　グリーンは現在、一九六五年に出版された自身の最初の著作である『パブリック・スクールとプライベート・ビジョン』の再編に着手している。グリーンはこの著書を「教育改革者と創造的芸術家の視点から変化するアメリカ文化[11]」への批判であると特徴づけている。多くの著作が追従したように、このテキストは「読者がその先にあるものを見たり、同時に他の可能性も視覚化できる[12]」ための想像文学として描写されており、彼女より以前に学校と社会の関係について考えたデューイやその他の人々によって考えられた問題をうまく乗り越えている。教育の理論化に対する、グリーンの独特の（そしていくばくか変節的な）特徴と彼女の著作のなかで強調されるものとして絶え間なく発生する多くのテーマは、この文脈のなかで明確に確立されている。

　グリーンは、一九七三年の著書である『異人としての教師』の中心的概念を自分のものにしている。現象学的社会学者のアルフレッド・シュッツは、

> 　私が提案したいのは、異人の視点は、慣れ親しむことで感覚が鈍くなってしまっている人には見られない、ある種の鋭さをもたらすということである。事実上、不公平、不忠義、怪しい約束に注意を払い、批判的な観察者としての視点をもつことを教師に依頼しているのである[13]。

と言及している。グリーンの信条である、反省的思考とともに、教えようとする人々に存在する問題の優先性が、このプロジェクトでは明白となっている。それは、「流行《はやり》がある社会の現実においての、思考せず、見えなくなっていることへのもがき[14]」の必要性を強調し、あたりまえのように教えていることを支えている基本的な前提に絶え間なく問いを立てていくことである。

　一九七八年の『学習《ラーニング》することの特徴』という著書において、教師にとって広く目覚める教育が必要であるとグリーンは強調している、それは、人々や事象に対して十分に注意深くなることと世界へ関与しようとする態度の

ことを言う。グリーンは、前著の『異人としての教師』で、経験の存在の深さは存在状況の論理的拡大を象徴すると述べている。そして彼女はさらに教育に対して芸術的なアプローチを発達させた。それは芸術教育の言説において一九七〇年代後半に考案された美学教育の形式とは大きく性格を異にするものである。グリーンの芸術への関心は、芸術が表現する知覚的、形式的、技術的な問題にあるというよりもむしろ、芸術が運んでいる意味、芸術の人間的な意味にあり、その点にほとんど他のものを受け入れないほど集中している。このテキストには、「グリーンは現代社会の特性とされる強力な客観性を打破するために芸術の教育的活用を支持する★15」と記されている。

その次の著書『自由の論理体系（*The Dialectic of Freedom*）』は、一九八八年のジョン・デューイ・レクチャー・テキストを編集したものであり、彼女のデューイ思想への長年の研鑽を体現したものである。このテキストはレーガン政権の終わりに出版され、「自己中心的、自己公正、個人主義という、社会活動への参加やコミュニティー内の他者への個人の責任に対するメリットを軽視する★16」ことを止めるよう促し、彼女の憂慮していることが対立するものとして認識されていた時代であった。その状況におけるグリーンの真剣さは彼女の問いかけにおいて明白である。

> 実証主義《ポジティビズム》、メディア支配、そして自己中心時代における左派とは何であるか？　ひどい黙従と思考欠如にあって、いかに人々の可能性への力を伸ばしていくのか？　ハイテク社会への準備を若い世代に強調するなかで、どうすれば新たな選択肢について、また、思った通りにならなかったときには何がわかるのかということについて認知させることができるのか？　そして、それは一体何のためなのか★17？

制約や義務の欠落したアメリカ的な自由の視点《ビジョン》の普及は、教師や学習者の精神のなかで、彼（女）ら自身で選択し想像するため、物事の新しい見方を発見するため、また、あまりにも安易に与えられ受け取られている知識に抗うための可能性として、また能力としての肯定的《ポジティブ》な感覚の自由へと入れ替えられなければならない、とグリーンは提案する。ここで強調されていることは、個人が、他者もしくは現実の多角的な解釈の多様性と対比して彼（女）ら自身の視点に心を配るようになったときにコミュニティーは強化され、形成可能になるということであり、この点は、個人主義と個人のアイデンティティに対するアメリカ的な信仰へのポストモダン的な批判に対してますます敏感になる後続の論文においても強調している。

個人がある特定の仕方で団結する時、（仮面をつけず、偽らず、権威的職業のバッジなしで）お互いに真に存在する時、そして相互に追求できるプロジェクトをもつ時、自由はそれ自体の正体を現す、もしくは自由な状態は実現されているのである。★[18]

一九九五年に出版された、グリーンの最新の著作である、『想像《イマジネーション》を解き放つということ――教育、芸術、社会変革におけるエッセイ』は、想像《イマジネーション》を提案している――そうであるかもしれないようなものとして物事を見ていくこと、物事がそうであるということの新たな選択肢を想像すること――そしてその想像力は、意義深く教育的で社会的な再生の基盤である。「グリーンは、多様な視点、民主主義的な多元主義、人生における逸話、そして現在進行形の社会変化に価値をおく教室やコミュニティーに思いを巡らす。達成されるものとして最高であると彼女が信じるものは、文学的、芸術的、現象学的経験という想像力を解き放つものを通してである。★[19]」繰り返すと、グリーンの芸術教育における永続的な関心は、想像するため、もしくは思考するため、小説や劇中の登場人物の有り様から具体的に「他者」と相対するため、そして芸術作品を理解するために要求される時間を彼（女）ら自身から引き離された現実の内にとどめるために生徒を刺激する手段として、彼女が想像文学や芸術作品の利用をすすめるものとして呼び起こされている。デューイや、ミケル・デュフレンヌ、アーサー・ダントー、ヴォルフガング・イーザー等の美的変遷に触発され、グリーンは学習過程の比喩として、鑑賞者の意識のなかでの芸術作品の構築を提唱する。彼女の長きキャリアを楽しませてきたこれらのテーマを振り返り、グリーンは以下のように記す。

ポピュラーなものとそうでないものにかかわらず、意味がない問題、学生の反乱、市民権と「見えないもの」の問題、道徳選択と「広い目覚め」、カリキュラム問題、公の明瞭さ（もしくは明確でない様子）、教育水準、そして芸術のなかでも特に文学へ特別な関心とともに考慮する様々なテーマについて、私は常に語ってきた。★[20]

彼女は警戒感をもった批判的な視点をもちつづけた。それは一見彼女にとってもっともらしく見えるような展開においてさえ、熟慮の結果の判断をなすことである。たとえば、伝統的に無視されてきたグループの人々の声を発見するために始まった、一九六〇年代に書かれた修正主義者の歴史の多くの「初期的決定論[★21]」の懸念事項について彼女は言及している。それは、修正主義者らが自らの声を見つけるために、伝統との交差点を探しはじめたグループだったということである。この懐疑主義は、個人の主体性の感覚を徐々に破壊する官僚的構造へのグリーンの決意ある抵抗と一致しており、ハンナ・アーレントの「誰にも支配されない」という概念、カミュが叙述したペストと同様の社会状況であるとグリーンは言う。彼女は、科学的手法とテクノロジーの思慮なき台頭に続く、非人格化に対して疑問を投げかける。それは、コミュニティーの孤立と破壊の潜在性を認識することであり、経験を構成するのに避けられないとされる、文化的、個人的な文脈の重大な特質を彼女が支持しているということである。

★注

★1 Maxine, Greene, *Releasing the Imagination*, San Francisco, CA: Jossey Bass, pp.149–50, 1995.

★2 William C. Ayers and Janet L. Miller (eds), *A Light in Dark Times: Maxine Greene and the Unfinished Conversation*, New York: Teachers College Press, p.4, 1998.

★3 Willliam F. Pinar, 'Notes on the Intellectual: In Praise of Maxine Greene's, in Ayers and Miller, op cit., p.108.

★4 Maxine Greene, 'An Autobiographical Remembrance', in William F. Pinar (ed.), *The Passionate Mind of Maxine Greene*, London and Bristol, PA: Falmer Press, p.9, 1998.

★5 Ibid., p.9.

★6 William C. Ayers, 'Doing Philosophy: Maxine Greene and the Pedagogy of Possibility', in Ayers and Miller, op.cit., pp.3–4, 6.

★7 Seymour Sarason, *Teaching as a Performing Art*, New York: Teachers College Press, 1999.

★8 Dianne Dubose Brunner, *Inquiry and Reflection: Framing Narrative Practice in Education*, Albany, NY: State University of New York Press, 1994.

★9 Deborah P. Britzman, *Practice Makes Practice: A Critical Study of Learning to Teach*, Albany, NY: State University of New York Press, 1991.

★10 Mark Weiss, Candy Systra and Sheila Slater, 'Dinner with Maxine', in Ayer and Miller, op cit. p.30.

★11 Maxine Greene, 'The Educational Philosopher's Quest', in Derek L. Burleson (ed.), *Reflections: Personal Essays by 33 Distinguished Educators*, Bloomington, IN: Phi Delta Kappa, p.202, 1991.

★12 Ibid., p.203.

★13 Ibid., p.204.

★14 Maxine Greene, *Teacher as Stranger*, Belmont, CA: Wadsworth, p.269, 1973.

★15 Anne E. Pautz, 'Views Across the Expanse: Maxine Greene's Landscape of Learning', in Pinar, op cit., p.33.

★16 Jon Davis, 'The Dialectic of Freedom', in Pinar, op cit., p.41.

★17 Maxine Greene, *The Dialectic of Freedom*, New York: Teachers College Press, p.55, 1988.

★18 Ibid., p.17.

★19 Partick Slattery and David M. Dees, 'Releasing the Imagination and the 1990s', in Pinar, op cit., p.46.

★20 Maxine Greene, in Burleson, op cit., p.208.

★21 Ibid., p.203.

参照項目

『教育の主要思想家50人』所収、デューイの項

グリーンの主要著作

・*Teacher as Stranger*, Belmont, CA: Wadsworth, 1973.
・*Landscapes of Learning*, New York: Teachers College Press, 1978.
・*The Dialectic of Freedom*, New York: Teachers College Press, 1988.
・*Releasing the Imagination: Essays on Education, the Arts, and Social Change*, San Francisco, CA: Jossey-Bass, 1995.

関連図書

・Ayers, W. C. and Miller, J. L. (eds), *A Light in Dark Times: Maxine Greene and the Unfinished Conversation*, New York:

Teachers College Press, 1998.
・Pinar, W. (ed.), *The Passionate Mind of Maxine Greene*, London and Bristol, PA: Falmer Press, 1998.

（クリスティーン・トンプソン）

R・S・ピーターズ　*1919—*

R. S. Peters

教育はそれ自体を越えた目的をもつことができない。教育の価値は教育に内在する諸原則や標準から導き出されるものである。教育を受けることはある一方向に対して向かうことではない。教育を受けることとは多様な見解とともに彷徨することである。★1

リチャード・スタンリー・ピーターズは二〇世紀の後半において活躍してきた教育哲学者のなかでイギリスの教育哲学を創始した父である。彼は一九一九年に生まれ、オクスフォード大学のクリフトン・カレッジで教育を受け、そこで古典を学んだ。第二次世界大戦中、彼はフレンズ・アンビュランス・ユニット（ＦＡＵ）［一クエーカー教徒により設立され世界的に展開・活動していたボランティア救急隊活動］に加わり、社会救命活動に加わった。戦後、彼はシドコット・スクール［イギリスの最も古い共学校の一つ］の校長になった。その間、バークベッグ・カレッジで哲学を研究し、講師に任命された。後に哲学、心理学および倫理学の講読講師、心の哲学、政治哲学そして心理学史や心理学概論の講読講師となった。

一九六二年以降においては、これらの関心はとりわけ教育哲学において結実することとなった。なぜなら彼はロンドン大学の教育研究所の教育哲学の所長としてポストに着任し最も認識された年がその年だったからである。それ以降の十二年の間、彼は多くの学者の副次的な知的関心から哲学の一領域へと教育哲学を変容させるため、かなりの努力を費やした。彼の同僚や後の共著者ポール・ハーストによって彼は援助され、後に開設する学部において、万事にわたって同僚たちの援助を得た。そしてイギリスや世界中の英語文化圏の国々からより高度な学位を求めてやってきた大学生たちは、修士課程、博士課程へと進学した。彼らは後に短大や大学の教員養成のための教員となる卵であった。ピーターズとハーストは、教育の他の学問分野とともに教育哲学を深化させ、英国の当初の教員養成においては教育哲学が主要な領域となることを確信していた。このことは教育課程上の新しい学士課程を創設することになった。

　教育哲学者の養成の急速な拡大は、ピーターズとハーストが一九六四年にイギリス教育哲学会（The Philosophy of Education Society of Great Britain: PESGB）の設立を可能とした。一九六四年から一九七五年まではピーターズはイギリス教育哲学会《PESGB》の委員長となった。一九六六年から一九八二年まで彼は同じく『会報（*Proceedings*）』、とその後継雑誌である『教育哲学研究（*The Journal of Philosophy of Education*）』の編集者であった。一九八六年以降、リチャード・ピーターズは、イギリス教育哲学会《PESGB》の会長となっている。

　これらの非常に多産な時期の間、ピーターズは同じく影響的な書物を多く出版し、教育哲学の新たな知見の基礎を及ぼすこととなる論文を創出している。彼の編集した論文集と『会報』の初期の論文においては、当時の学会をリードするイギリス哲学者たちによって書かれた論文も含まれている。たとえば、デヴィット・ハムリン、マイケル・オークショット、アンソニー・クイントン、そしてギルバート・ライルである。その際ピーターズは彼らの思想を教育的問題へと適応するよう彼らに推奨したのであった。一九七三年彼は信望の厚いオクスフォード・リーディングス・イン・フィロソフィー・シリーズにおいて『教育哲学（*Philosophy of Education*）』の巻を編纂した。このことは言うなれば法哲学、宗教哲学といったものと同等の哲学の学問分野の一区分として、教育哲学というテーマの確立が非常に高い水準にあることを示すものであった。

　しかしながら、一九七〇年代の半ば以降、ピーターズの健康の衰えとともに、彼の出版物の数も減少しつつあった。彼の主題と同じく教師教育の領域における共同作業は終わろうとしていた。彼は一九八三年教育委員会の地位を辞任した。

　リチャード・ピーターズの教育哲学は多方面にわたっていた。一九六一年客員教授として数年を過ごしたことのあるハーバード大学で、しかも論敵であったイズラエル・シェフラーと同様に、彼は当時の哲学的思想の主流であった明晰かつ分析的能力を教育的諸問題に適応しようと模索していた。第二次世界大戦以降、一九六二年のイギリス教育哲学会会長の選任に至るまで、哲学一般に占める流布した関心は「概念的」あるいは時には「言語学的」分析と呼ばれるところのものであった。これはたとえば知識論、道徳的義務、神、因果性、法則、国家、精神、他の精神的概念の領域における主要概念に集中していた。またこれらの問題と関連した概念との内的関連を明らかにすることもねらいであった。とりわけ他の若干の哲学者によっても追従されることになるが、以上の領域へと向かう一つの道筋は分析された概念が日常言語で表現され検証されることにおいて見出された。したがって狭義の「言語学的」概念への関心が「概念的」分析の広域な範囲内において見られるのであった。

　当初のピーターズの計画全般は、専門的で教育的な概念に分析的技術を適応することであった。シェフラーが教育と学習の概念に焦点を当てる一方で他の英国哲学者たちはピーターズによって勇気づけられ、以上の概念はもとより遊技、教化《インドクトリネーション》、訓練、成長そして社会化といった他の概念を探求した。ピーターズはただ教育概念を分析することを専門とした。このことはピーターズを訓練や教化《インドクトリネーション》などの他の事物とは区別されるように教育が本来あるべき姿として、以下の三つの基準を満たすよう主張することになった。これら三つとは、

　（1）「教育」は教育に関わる人々に価値あるものの伝達を行うことを意味する。

　（2）「教育」は、予め有することのない知識、理解、認知的見通しの視点を含まねばならない。

　（3）「教育」は認識や自発性を欠いているという前提に基づいて伝達手続きを最小限作り出すことである。

（ピーターズ、一九六六年、p.45）

　この説明において、教育は、ピーターズの初期の著作において至るところで詳述されているように、それ自体のために追究される価値ある諸活動への未経験者の取り組みに存在している。これらのうち卓越したものは科学、歴史、文学そして哲学といった真理の追究に関心が向けられた活動である。教育を受けた人は一つの領域にのみ占められた視野の狭い専門家としてではなく、これらの原理が他の領域に投げかけられ、より一般的な人間生活に向けられる、より広義の見通しを理解する人のことである。

　他の哲学者たちの圧力によって、ピーターズの説明は、その教育概念の中立的で客観的な「分析」ではなく、特定の見解の描写であったことが明らかとなった。つまり、教育はどうあるべきかと言った類いの——当時の中等エリート学校やある大学においてほとんどの人がなじみのあるものであった。

　この自覚は、ピーターズの理論と新たな教育哲学の両

方に対する困難さを一九六〇年終わりから一九七〇年代にかけて増加させていった。ピーターズは彼の分析をその問題を打破するため更新するよう試みる一方で、哲学の新しい下位区分として教育哲学を確立するいっそう広範な計画がそれ自体、危険視された。なぜなら教育哲学は親学問内において相対的に自律的領域としてみなされる哲学の一分野であるため、戦後の分析哲学の全盛においてそれ自体の主要概念（存在理由）をもつ必要があった。したがって法哲学は法概念と関連した諸概念を含み、宗教哲学は神についておよび不死についての関連した思想を含むこととなった。当初よりピーターズは教育概念を教育すること、訓練すること、学習することといった上記で言及した他の概念に言及された新しい下位規律としての基本としてみなしている。しかしもし教育概念の「分析」がほとんど不毛に近い状況だとすれば（その姉妹概念の教授すること、教え込むこと《インドクトリネーション》、訓練からの収穫が同じく貧弱だとすれば）、教育哲学はいかにしてその特別な位置のための主張を創造することができるであろうか。

　しかし、二〇世紀後期のイギリス哲学の設計者としてあるべきリチャード・ピーターズの主たる主張は、哲学の新たな下位原理的学問領域をもたらす別の可能性を有している、ということである。「応用哲学」と「応用倫理学」はピーターズの多作な時期が終わった後、以下のような多くの場面において見出されることとなった。それは、たとえば医療、法、戦争と平和における問題と環境における問題において哲学的、特に倫理的見通しを提供することによってであった。だがピーターズは、最初のイギリス応用哲学の一人であった。彼は教師や教員養成者の仕事における哲学的側面について明確な立場を採るために、教師や教員養成者に深く関与した。その際彼はいくつかの形式を取った。このことは、流行する教育理論の哲学上の不十分さに対して、教師の目を開眼させることを意味した。それは特に一九六七年のプロウデン報告（Plowden Report）のなかに見いだされる「進歩主義《プログレッシブ》」理論の類のものである。先のことは、教師を現行の教育実践の正当性（例えば躾と罰を取り扱うことで）を問題とするよう、勇気づけた。また以下のより広域な問題にも彼ら教師の目を開眼させた。すなわち、学校における民主主義、教育目的、平等性、道徳教育、情操教育、校長の役割、教育的しつけの本質の各問題についてである。

　このピーターズの業績が応用された側面は、英国ではより広い協議事項《アジェンダ》に着手することの一助となった。そして英国においてのみならず、――二〇世紀の残りの教育哲学においても、である。彼は問題を孕むアプローチをその協議事項《アジェンダ》に伝え残した。教育について哲学化してゆく他の方法とは異なり、歴史的学問の伝統は、今日、たとえば、ドイツ語圏の国々と日本において見いだされうる。――ピーターズが創設するのを手伝った学校は教育実践に根をもち、その改善に貢献した。しかし、当時の社会性すべてに重きを置くことは誤りとなろう。このことはピーターズの遺産の一部分にすぎない。より重要なことは、特に心の哲学と倫理学において、哲学的思考の一層深い層と表面的問題との間に存在する彼が取り組んできた関係についてである。後者の領域［倫理学］において、ピーターズは、教育課程の主題、道徳発達、教育機会の均等、人格的な道徳哲学、で取り扱う他の問題、特にカントに由来する問題についての彼の議論を補強したのであった。原初的な道徳判断――たとえば、体罰は悪い、は、他の事項即ち思いやり、自由、公平、真実を語ることの、より高次に位置する道徳原理において、再び検討されなければならない。こうしたことはなぜか。ピーターズは、すべてのこれらの究極的道徳原理は、「超越論的」正当化を可能としている、というのも彼らが従うべき理由を尋ねるいかなる理性的探求者も理性に関わることでそうした究極的道徳原理に関与せざるをえないからである。

　ピーターズは、教育課程の諸活動の正当化に同様の議論のパターンを用いている。先においても言及したように、彼は教育を歴史、科学、文学そして哲学と同じく本質的に価値ある活動へと至る通過儀礼または入会式《イニシエーション》として見ている。しかし、言うなれば、ゴルフをする、晴天下で寝ころぶなどとは異なり、何がこれら知的追究を価値あるものとしているのであろうか。ピーターズが一九六六年にいっそう検討した章において、彼はその答えは価値あるものに内在する真理の追究に関係した問題であると論じている。つまり証明を問題とする真摯なる探究者が、人間が使用する理性の中心的要素を欠くならば、必ずや真理を拒否してしまうことを意味しているのである。

　この超越論的議論かあるいはそれ以外の超越論的議論のいずれが有効であるのかは疑わしい。ピーターズの思想の批判的議論のほとんどが、それらに焦点が当てられている。彼が自らの教育哲学理論の依拠するカント倫理学は、アリストテレス的見方が支配的な二〇世紀の最後の二十五年においてはその根拠を失っている。ピーターズの教育哲学は彼の最もよく知られた編者論文集の一つのタイトルの部分を借用するならば、「理性の発達」に中心が置かれている。真理に対する関心に捧げられた理性的生活は、彼の人生と同様に、哲学においても彼の導きの星（指導原理）である。彼はこの理想の脆弱性を十分に認識しており、この脆弱性のことを「文明のうすっぺらい外皮」と名づけている。精神的表層下にある情緒と欲求は、理性の役割に絶えず脅威をもたらすため、理性の影響下において情緒と欲求はもたらされる必要がある。教育は理性的要請へともたらされる通過儀礼《イニシエーション》の過程のことである。

　多くの方面においてピーターズは具体的な教育問題を関連づける戦後のオクスフォード分析哲学の技法をもたらした人物として見られるようになり、彼自身も自認していた。しかし彼の著作の注釈のほとんどの見方として、彼のかつての同僚レイ・エリオットによる彼の記念論文集に寄せられたところでは、ピーターズは「古いタイプの哲学者」であると指摘されている。★2 ピーターズの自らの関心は善のイデアというよりも教師の実際的力となる要点に向けられると述べている。★3 だが教育に対して公言されたいっそう広範な形而上学的アプローチの拒絶の一つひとつによって、彼の哲学的態度はその普遍主義において真理と理性とに関連し、自制《セルフ・コントロール》を強調するが、これらのことはエリオットの目においては、ストア派の態度と類似する。ストア派と同じく、ピーターズもまた彼の事例において世界の偶然性に対しわれわれの人生を意味づける必要があるという人間的な苦境を鋭く認識していたのである。

注

★1　Peters, *Education as Initiation*, p.47.

★2　See Cooper, *Education, Values and Mind*, pp.41–68.

★3　Peters, *Education as Initiation*, p.8.

参照項目

本書の**ハースト**、**シェフラー**の項

ピーターズの主要著作（教育に関連して）

- *Education as Initiation,* inaugural Lecture, London: University of London Institute of Education, 1967; 1st pub. London: Harrap, 1964.
- *Ethics and Education,* Allen and Unwin, 1966.（『現代教育の倫理』、三好信浩、塚崎智共訳、黎明書房、一九七一年）
- *The Concept of Education,* ed., London: Routledge & Kegan Paul, 1967.
- *Perspectives on Plowden,* ed., London: Routledge & Kegan Paul, 1969.
- Peters, R. S., with Hirst P. H., *The Logic of Education,* London: Routledge & Kegan Paul, 1970.
- Peters, R. S., co-editor with Dearden, R. F. and Hirst P. H., *Education and the Development of Reason,* London, Routledge & Kegan Paul, 1972.
- *The Philosophy of Education,* ed., Oxford University Press, 1973.
- *Psychology and Ethical Development,* London, Allen and Unwin, 1974.
- *Moral Development and Moral Education,* London, Allen and Unwin, 1981.

関連書目

- Collits, M., 'R. S. Peters: A Man and his work', unpublished Ph. D. thesis, University of New England, Armidale, New South Wales, Australia, 1994.
- Cooper, D. E., (ed.), *Education, Values and Mind: Essays for R. S. Peters,* London, Routledge. 1986.

（ジョン・ホワイト）

ジョン・I・グッドラッド　*1920—*

John I. Goodlad

二つのこと——一つには、教授に関するすべての水準をひきあげる試み、二つには、すべての人に公教育が利用可能でありつづけるよう持続させる試み、これらの目的を前進させることが私の使命である。★1

ジョン・I・グッドラッドは、小学一年生から大学院の最先端のセミナーまでのすべての学年を教えたことがある人物である。グッドラッドの経歴は、カナダのブリティッシュ・コロンビア州のとある田舎の学校の教室から始まった。一九三九年に教員資格を取得し、一九四一年に校長になるまでは一介の教師だった。彼は、一九四六年にシカゴ大学に入学し、一九四九年に博士号を取得する。エモリー大学、シカゴ大学、カリフォルニア大学ロサンゼルス校（UCLA）、またワシントン大学の教授職に加え、シカゴ大学の教師教育センター長、UCLAの小学校のディレクター、UCLAの大学院の教育学部の学部長、ワシントン大学の教育再生センター長、シアトルに拠点を置く独立教育研究所の代表など、大学や他の教育研究機関で多くの権威ある地位に就いた。また、アメリカ教育学会［AERA］の会長や教員養成系大学アメリカ連合の会長も務めた。

グッドラッドは、多作家で、教育に関する彼の研究や意見書は、三十冊以上の本、二百本以上の論文、八十以上の共著や専門辞典への参加という結果をもたらしている。研究者、活動家、哲学者という点で、教育者としてのグッドラッドはとても独特である。学校や教育における実証研究を行い、革新的な発想を実践にもちこみ、「教育」と呼ばれる社会現象を哲学的に思索した。教育界において、実証研究者、哲学的な思想者、教育再生のための実践家の融合は人並外れたことである。

グッドラッドは実証研究に多くの関心を寄せている。

筆者（シェン）は、グッドラッドの大量の出版物を精読したうえで、以下に示す主要なテーマごとに整理した。それは、（1）無学年制　（2）カリキュラム研究　（3）学校教育　（4）教師教育　（5）教育再生への戦略、である。[★2]しかしながらシェンは、グッドラッドの思想を論ずるためのこの五つのテーマは、彼のキャリアのなかで密接にまた相互に関連しているため、単なる便宜的な組織的構造でしかないことを認めている。

無学年制は、グッドラッドにとって最初の、そして継続した研究テーマであり、彼の教育における個人的、専門的な経験がその源にある。この研究テーマが進化したものが彼のその他の研究にあたる。一九三九年、九月のある朝、グッドラッドはブリティッシュ・コロンビア州、サレー地区のウッドワーズヒル校ではじめてクラスを担当した。それは、教室一つに八学年にわたる三十四人の子どもで構成された学校で、一番小さい子は六歳に満たず、また、一番大きい子は十七歳になったばかりであった。この一つだけの教室の学校で、学年制の基準の厳格な押しつけ――各学年・各教科への教授要求（一日最大五十六レッスン、八学年それぞれ七教科を平均課される）と、アーニという十三歳の男の子が一年生で七年間を過ごすように強いられるという結果をすでに招いていた合／不合格制度、というような教室での出来事をグッドラッドは非常に強く意識する。数年後、グッドラッドは、ブリティッシュ・コロンビアにある男子の工業学校の責任者《ディレクター》として、校則に縛られていた若い非行少年達と一緒に活動するなかで、彼らのほぼ全員が学校のクラス分けで、数学年留め置かれていたことを発見した。グッドラッドの博士論文は、進級と留年の効果についての研究で、それは、学校教育の規則が、一つしか教室のない学校の教師としての彼の生活だけでなく、留年の対象になった子どもの生活をも混乱させていたことについての研究であった。彼が発見したこととは、二年に進級した子どもと留年した子どもに符合する社会的また性格的な適応が大きく異なるということであった。その結論は、留年以上に進級の方がより教育実践において擁護できるものであるというものであった。無学年制の考えはこうして誕生した。そして一九七二年までに、グッドラッドは、無学年制を擁護する要素としての道徳的関心、経済的効果、心理学的理由や教育学的、経験的基盤を含むものによってより包括的な論理的な枠組みを展開した。[★3]

グッドラッドのカリキュラム研究への問題関心は、彼の研究に関する限り三段階で発達している。第一に、彼はカリキュラム実践を模索する。彼の研究の第一段階は、一九五〇年代と六〇年代のカリキュラム改革運動であるコア・カリキュラム研究である。そして、それは小学校・中学校のカリキュラムの総合的な描写と分析を含有したものである。コア・カリキュラムはすべての小学生が共通して遭遇する人間経験の最も重要な部分を確保するための、私たちの社会責任のまさに中心なのだと彼は論じた。第二に、カリキュラム実践の継続的な研究への関心とともに、グッドラッドは、相互に体系的に示され関係しているカリキュラムの中心問題の枠組みに関心をもつようになる。カリキュラムを展開するなかで回答された主要な問題を確認する概念上のシステムは厳格に形成されなくてはならないと彼は主張し、一九六〇年に、はじめて社会的、組織的、産業的レベルでの異なる枠組みを採用した。そして、後に『カリキュラム研究――カリキュラム実践研究』（一九七九年）において、彼のカリキュラムの概念体系を精緻なものにした。また、グッドラッドの概念体系は三つの要素を含む――本質的、政治的／社会的、または技術的／専門的――そして、さらにそれが発展したものが、タイラーの原理である。最後に、グッドラッドは、その立場を検討したり、改良するための忠告を行う研究分野としてのカリキュラムを省察した。一研究分野としてのカリキュラムの包括的な見直しをもとに、グッドラッドは、私たちは「いかなるものか」という問題と「いかにあるべきか」という問題を切り離すべきだと議論した。一九七九年に、彼が観察したこととは、「ある年月の間、私のなかで論点だったこととは、カリキュラム研究は基本に戻らなくてはならないということであった。人々が何を実践するのか、行うのか、よいのか悪いのか、正しいのか間違っているのかという以上の基本はない」[★4]ということである。グッドラッドのカリキュラム研究は、カリキュラム研究とその傾向性を模索することから、実践分野としてカリキュラムを正確に解説することへ、そして研究分野としてカリキュラムを形而上のレベルで分析をすることへ、という全三段階を網羅するものである。そして、三段階すべてを一人で網羅するような研究者は、類いまれである。

無学年制とカリキュラムの研究に加えて、グッドラッドは学校教育に関連する多くの他のトピックについても調査した。それらは、学校の目標、学校の目的、学校の機能、学校と教室の周囲、初期の学校教育や小学校の歴史などである。学校は何のためにあるのか、という問いについて述べるとき、彼は三つの視点を分離する――目的（何をすることを学校は命じられているのか）、機能（学校は何を行い、どのように利用されているのか）、目標（学校は何をすべきか）。グッドラッドによると、学校の目標は、自分自身や仲間に悪事を働かない理性的な人間に成長させることである。グッドラッドにとっての学校教育の目標は、個人も人間全般も重要視する。理性的な個人とは、自己中心的でないことである。理想的には、その人がもつ才能の可能性を十分に発達させて、人間の福祉に貢献することなのである。学校は常に特定の社会状況のなかに存在し、特定の目的を展開させることが学校に期待されていることである。その期待は、グッドラッドの用語では、学校教育の目的として表現されている。「学校教育研究」において、グッドラッドと彼の仲間たちは、学校の目的を四つのカテゴリーに凝縮した。（1）すべての知的技術と知識の分野を包含するように学問的であること。（2）生産的な仕事と経済的責任の発達に適合するように職業的であること。（3）複雑な社会において社会化のための準備に関連するように社会的で市民的であること。（4）個人の責任、能力、表現の自由の発達を強調するように個人的であること。学校がなすこととは、グッドラッドが主に貢献したもう一つの分野である。『アメリカの初期の学校教育』（一九七三年）と『教室のドアの裏側を見ること』（一九七四年）そして特に『学校とよばれるところ』（一九八四年）には、アメリカの学校の状況に関する大量の情報が含有されている。

教師教育は、グッドラッドの研究人生において、もう一つの主要なテーマである。この分野における彼の研究業績は、三つの性質をもつ。第一に、一九六〇年代の早い時期に、グッドラッドは「教えることとは統合することである」と洞察ある提案をしており、教授の統合における価値判断には特に注目していた。[★5] 教師教育における技術の増加傾向に反して、グッドラッドは教授の道徳的な側面と学校教育の道徳的な使命を議論した。第二に、歴史にも（『教師が教わる場所』で報告されたもの）現在の教師教育の地位についても（『私たちの国の学校のための教師』で報告されたもの）理解するための総合的な研究に取り組んだことである。第三に、教師教育の歴史と現在の地位への理解を基盤にして、グッドラッドは、堅実な教師教育に必要な状況を規定した二十の必要条件を提案している。

教育再生の戦略テーマは、グッドラッドの研究業績において、独特な位置を占めた。それは、彼の研究において、独立している重要な部分であるだけでなく、研究と実践の架け橋にもなったのである。グッドラッドは、学校教育と教師教育の様々な面を精査することに多くの時間を捧げ、教育再生の戦略はこれらの二つの分野をつないでいる。グッドラッドは、教育再生の戦略として以下の相互に関連した概念を提案した――それは、再生の中心としての学校、学校環境を再生する鍵としての校長、学校と大学のパートナーシップとネットワークを形成する関係を築くなかでのパートナーシップの連結である。グッドラッドは、自らの教育再生過程の理論を試したのである。教育の分野は、RDDE（研究、研究発達、普及、評価）モデルによって支配されている。農業と工業で効果のあるRDDEは、西洋の産業とハイテク文化において体現された、変化のための一方的、理性的モデルである。再生には、内的応答と外的刺激の融合がなければならないと論じている――再生の継続には、これら二つの本質的な力の間に継続的で生産的な緊張がなくてはならないとグッドラッドは論じる。そして、対話、決定、行動、評価（DDAE）モデルが教育再生のモデルであると提案した。DDAEモデルは、何らかの外的な目的の道具ではなくむしろ存在の主張である。組織再生、非常に健全に存在するものとして充足していくことを目指している。

上述したように、グッドラッドの実証研究は、教育、学校教育、教授とは各々何であるべきかという彼の道徳的視点によって導かれている。シロトニックが述べるには、「すべての子どもの取り扱いと卓越した公教育へのアクセスを請け負う際のフェアプレー、公正、社会正義の問題を継続的に考え続けてきた」[★6]のである。教授の道徳的側面を議論する時、グッドラッドは文化適応を促進すること、知識へのアクセスを提供すること、効果的な教師―生徒関係を構築すること、よいスチュワード精神を実践することを、それらを体現する道徳的な責務とともに重要視している。グッドラッドは、教育は各個人から奪うことのできない権利であり、教育は個人の変化という個人的な旅を促進すべきであると主張している。教育再生のための彼の予定案《アジェンダ》は、教育、学校教育、教授は各々いかなるものであるべきかという彼の道徳的な指針と、教育、学校教育、教授がいかに機能しているかという彼の実証的な発見との間の相違を基盤としている。

グッドラッドは、実証主義の研究者で反省的思考の持ち主であるだけでなく、思考したことを実践することにも活動的である。たとえば、キャリアの初期段階においては、エモリー大学とシカゴ大学において、教師教育の刷新に活発に取り組み、無学年制の学校の発展のための支援もした。一九六六年、彼は、カリフォルニア南部の十九の学区とUCLAと教育開発研究所の間における教育再生のための三者間協定であるコーポレーティング・

スクール同盟を創設した。この同盟の議題は、新しい発想を実践してみること、また教育変革の流動する過程を研究することにもあった。グッドラッドが率いた最も大掛かりな再生プロジェクトは、教育再生のための国家的ネットワークで、アメリカ国内の三十三のカレッジと大学、百以上の学区、そして五百を超えるパートナー・スクールで構成されていた。教授の道徳的側面と教育再生の指針である堅実な教師教育のための二十個の基本原理によって指導されたこのネットワークの使命は、義務教育《K―12》の学校（幼稚園から十二学年まで）も民主主義における教育者の教育も同時に再生することであった。

グッドラッドの専門的な業績は、二十にも及ぶカレッジや大学からの名誉学位、専門的な学会からの多くの賞で認められている。彼の『学校とよばれるところ』は、カッパ・デルタ・ファイからその年の優秀著作賞を受賞し、アメリカ教育学会［AERA］からは一九八五年に優秀著作賞を受賞した。近年は、教育部門でのハロルド・W・マックグルー・ジュニア賞、ジェイムズ・B・コナント賞を教育界に貢献したとして受賞している。

グッドラッドはアメリカ教育にその功績を残した。以下の引用文は、グッドラッドの影響力を大変うまく要約している。「この立派な学者、長年学校教育の第一人者に値すると連想されてきた彼は、あらゆる教育者の集まりで歓迎され、彼の著書、モノグラフ、短編論文はどこの職員室にも教員養成施設にも置かれた。[★7]」様々な変動や教育の一時的な流行に直面しながらも、グッドラッドは、教育と公立学校教育の未来に対して一貫したメッセージと楽観主義を貫いた。彼の一貫したメッセージとは、教育、学校教育、そして人の人生とはいかにあるべきかという問いに対する彼の理想によってつき動かされており、それは、教育と学校教育の現在の立場についての知識をその根源としている。これが、グッドラッドを讃える本の編者が、『風変わりなドラマーのビート』と著書のタイトルをつけた理由である。グッドラッドは、国際的にも影響力をもっている。彼の著作は、中国語、フランス語、ヘブライ語、イタリア語、日本語、スペイン語に翻訳されている。一九一九から一九二一年の間に、まさにジョン・デューイが中国を訪問したように、一九八一年のグッドラッドの中国訪問は、中国がその扉を開けるときであり、中国の教育システムにも功績を残した。[★8]

『未来に直面すること——教育と学校教育の問題』の序章において、ラルフ・タイラーは、グッドラッドの専門的な研究業績の性格について要約している。

グッドラッドの知識と経験の範囲のみならず、三つの関連しながらも異なる役割に影響を及ぼす効果的な方法にも感動を覚える。グッドラッドは、研究者の役割としての能力である、収集、考察、教育の現実の情報の解釈に才能を見せている。またグッドラッドは、教育や学校がいかにあるべきかとの視点を表現するが、それはとても魅力的なものであり、実際、精神を鼓舞するようなものである。彼のユートピアは堅実でもあり総合的でもあり、最終的に到達可能のように思える。そういった点においては、彼は真に預言者である。教育と学校教育の現実についてのグッドラッドの知識と理想的な概念は、進歩的な改善と行動の戦略によって連結している。彼は明確に教育実践のリーダーとしての才能をもつ。三つの役割を一人の人物が融合させていること、研究者、預言者、行動の人であることは全く珍しいことである。★9

このタイラーの報告は、二〇世紀末四半世紀分のグッドラッドの業績の恩恵を待つことなく作成されている。

★注

★1　Carol Tell, 'A Conversation with John Goodlad', *Educational Leadership*, 56, 8, May 1999, p.19.

★2　J. Shen, 'Connecting Educational Theory, Research, and Practice: A Comprehensive Review of John I. Goodlad's Publication', *Journal of Thought*, 34, 4, Winter 1999, pp.25–96.

★3　J. I. Goodlad, *Speaking of Nongrading*, two-cassette album, Code No. 07-079425-X, New York: McGraw-Hill, 1973.

★4　J. I. Goodlad, *Curriculum Inquiry: The Study of Curriculum Practice*, New Yor: McGraw-Hill, p.46, 1979.

★5　グッドラッドは言及している、「教授が要求することは、刺激的で誘導的な教授のために有望な技術を使うよう導く多様な価値判断を教師が立案することである。」参照先：John I. Goodlad, 'The Professional Curriculum of Teachers', *Journal of Teacher Education*, 11, December 1960, p.454.

★6　K. A. Sirotnik, 'On Inquiry and Education', in K. A. Sirotnik and R. Soder (eds), *The Beat of a Different Drummer: Essays on Educational Renewal in Honor of John I. Goodlad*, New York: Peter Lang Publishing, p.5, 1999.

★7　Cited in C. Frazier, 'Goodlad and Educational Policy', in ibid., p.245.

★8　Z. Su, 'John I. Goodlad and John Dewey: Implications of Their Ideas for Education and Democracy In China', in ibid., pp.151–63.

★9　R. W. Tyler, 'Intdocution', in J. I. Goodlad, *Facing the Future*, New York: McGraw-Hill, p.xi, 1976.

参照項目

本書のタイラーの項

グッドラッドの主要著作

- Goodlad, J. I. and Anderson, R. H., *The Nongraded Elementary School*, New York: Harcourt, Brace & Co., 1959.（『学校革命――無学年制による改造』柴沼晋、柴沼晶子訳、明治図書、一九六八年）
- Goodlad, J. I. and Associates, *Looking behind the Classroom Door*, Worthington, OH: Charles A. Jones Publishing Company, 1974.
- *The Dyamics of Educational Change: Toward Responsive Schools*, New York: McGraw-Hill Book Co., 1975.
- Goodlad, J. I. and Associates, *Curriculum Inquiry: The Study of Curriculum Practice*, New York: McGraw-Hill Book Co., 1979.
- *What Schools Are For*, Bloomington, IN: Phi Delta Kappa Educational Foundation, 1979.
- *A Place Called School: Prospects for the Future*, New York: McGraw-Hill Book Co., 1984.
- *Teachers for Our Nation's Schools*, San Francisco, CA: Jossey-Bass, 1990.
- *Educational Renewal: Better Teachers, Better Schools*, San Francisco, CA: Jossey-Bass, 1994.
- *In Praise of Education*, New York: Teachers College Press, 1997.

関連図書

- Shen, J., 'Connectiong Educational Theory, Research, and Practice: A Comprehensive Review of John I. Goodlad's Publication', *Journal of Thought*, 34, 4, Winter, pp.25–96, 1999.
- Sirotnik, K. A. and Soder, R. (eds), *The Beat of a Different Drummer: Essays on Educational Renewal in Honor of John I. Goodlad*, New York: Peter Lang Publishing, 1999.

（ジンピン・シェン）

パウロ・フレイレ　*1921—97*

Paulo Freire

被抑圧者の教育学とは、人間性を取り戻すその不断の闘いのなかで形成していくものだ。それは被抑圧者（個人においても全人類においても）を絶対に作り出さない［ための］教育学のことを言う。この教育学においては、被抑圧者が抑圧と抑圧の原因について省察することが対象になり、その省察は結果として被抑圧者の解放への闘いに向かう。[★1]

パウロ・フレイレは、二〇世紀、また、今日においても批判教育の理論と実践において、最も重要であり影響力をもつ人物のひとりである。彼は、一九二一年九月一九日にブラジル北東部のレシフェで生まれた。フレイレが国際的にその名を知られるようになったのは、彼が開発した識字教育プログラムによる成人教育者としてであったが、それが彼の批判教育の中心概念を育んだ。そして、彼の批判的アプローチは最終的には成人教育の領域を大きく越えて拡大していった。抑圧され、悪戦苦闘する人々にとって教育の役割とは何かという彼の関心は、そのユニークな組み合わせにも特徴づけられる。彼の政治的な関与とラディカルな視点は、謙虚さや強い倫理的見地、そして素晴らしい知性と一貫性を保っている。

フレイレは、社会運動と成人教育、特に民衆文化とカトリック教会の活動が連結した「地域に根差した活動」に携わっていた。フレイレは、まずはブラジル北東部の貧困地域の小作人や労働者とともに働き、そこで非識字の問題に対処できる効果的な教授法を開発した。そうした経験や、よく知られているいくつかの成人識字プログラムを組織化した後、ブラジル教育省から国家識字プログラムを整備するために招聘された。しかし、そのプログラムは成功をおさめたにもかかわらず、一九六四年、軍の独裁政権はフレイレの活動を妨害するようになる。結局フレイレは逮捕され、チリに国外追放となる。国外追放の期間、フレイレは様々な地域において活動し、チリ、モザンビーク、カーボベルデ、ギニアビサウやニカラグア等の地域の識字問題や、その他の教育プログラムにも関わることになった。また、ユネスコや、ジュネーブの世界教会協議会の教育局特別顧問の職にも就任した。彼の影響力は世界中へと広がり、ハーバード大学に招聘されるまでになる。さらには、世界中の大学から相当数の賞や名誉特別研究員も受賞している。

一九七九年、ブラジルは恩赦を宣言し、追放されていた人々がブラジルに戻ることができるようになった。フレイレも帰国し、サンパウロカトリック大学とカンピナス大学で教鞭をとるようになる。追放の年月は、政治や教育に対するフレイレの情熱を鈍化させてはいなかった。フレイレはすぐに労働党員となり、識字と文化政策の中心人物となる。一九八九年のサンパウロの市政選挙で労働党が勝つと、フレイレは教育大臣に就任する。彼の行政指導のもと、成人教育における多くの進歩的プログラム、カリキュラムの再構成、コミュニティーへの参加や学校の民主化のための意欲的な政策が実行された。

教育大臣の職を辞した後、人生最後の六年間を彼は国内外での執筆活動と講演活動に捧げた。この六年間、彼は知的に非常に充実した時間を過ごした。挑発的で個人的とさえ言えるような多くの著作を執筆し、その読者層は世界中に広がっていった。これらの著作、多くのインタビューや論文において、彼は注目を要する彼自身や他の人の研究に対して問題提起をしている。それは、まるで残された人生が少ないことを彼自身が知っていたかのようである。一九九七年にフレイレは亡くなるが、その功績と思想は今も世界中に生きつづけている。彼の研究が影響力をもちつづける理由は、彼の思想の説得力と深く関係があると言える。彼の思想のなかで最も生産的であったものは、おそらく、教育が常に政治的な行為である、ということであろう。これはフレイレにとって単なるスローガンではなく、彼の教育理論のまさに中核である。彼にとって教育は常に社会との関係のなかでの産物であり、それゆえに政治的な選択を常に含有しているのである。フレイレは「何か？」「なぜか？」「どういうことか？」「目的は何か？」「誰のためなのか？」というような問題すべてが教育活動の中心であると主張する。フレイレにとっては、これらの問題は抽象概念を意味しない。すべての教育者はこれらの問題を問うのであり、そしてその答えが批判教育のプロジェクトを決定的に導くことになるのである。それゆえ、教育において中立であることは不可能なばかりか、すべての教育政策と実践は、常に社会的な暗示をもっていることを認識しなくてはならないことになる。それらは、排除と不正義を永続させるか、社会変革のための状況を構築するように私たちを援助するかのどちらかなのである。

フレイレにとって、私たちの社会、資本主義社会——教育に含有されたものを含めて——の主な関係は、抑圧の関係である。フレイレが彼の理論と実践を発達させたブラジルという場所は、数百万の人々が経済、社会、教育資本から排除されるという、一つの巨大な政治、社会、経済の不平等があった。そして、抑圧者と被抑圧者のこの抑圧の関係は、フレイレにとって目を背けることのできない問題であった。ブラジルでも、他の多くの国々においても、貧困にある人々とともにあることが、彼の活動の動機である。

初期の著作においてさえも、フレイレは、教育学の主流思想が、社会を深く特徴づけている排除様式の再生産を改善していないことに気づいていた。このため、新しい教育の概念の必要性をフレイレは主張したのである。それは、これまでの教育学とは異なる立場と世界観で動く、根源的に異なる認識論的アプローチを要求するものであった。それゆえ、フレイレが発達させた教育の概念とその方法論の根本的な基盤は、まず排除され抑圧された不利な文化、知識、そして状況を選択することになる。

フレイレによって提案された教育概念は、教室のなかだけには留まらなかった。彼が再生産と変革のための教室での活動の重要性を理解しつつもさらに主張したこととは、教育上の新しい技術だけでは、革新的な新しい学校や社会は創造できないだろうということであった。教育は、私たちが住んでいる世界について、理解できるようにしたり、変革に向かってのよい準備をさせることを可能にする。しかし、それは、人々が生活している現実に教育を深く関係づけ、それらの現実を変化させるために奮闘する限りにおいてだけなのである。これに応答するために、フレイレは、新しい認識論的アプローチを提唱したのである。

フレイレによる解放教育は知識の単なる伝達ではない。知ることとは、彼が「銀行型」と呼ぶ、事実や情報を取得することではない。むしろ、知ることとは、世界において主体として自己を構築することであり、自ら読んだものを書き改めることができて、根本的な変化をもたらすために世界で行動できることを言う。それゆえ、フレイレのリテラシー概念とは、言葉を読むという教科の受容力《キャパシティー》を遥かに超えるものである。むしろ、読む行為とは、世界を「よむ」能力についてでなくてはならないのである。

　フレイレが提案する解放教育の要点は、重要な人類学的主張である。男女は文化を創造する人たちであり、それゆえ歴史を創造する人たちであるとフレイレは信じた。人間は不完全であり、より完全な人間に近づくために「存在論的な使命」をもつ。そして、教師も生徒も未完成の人間であり、教育過程においては互いに学習し合う。しかし、これは教師が学習過程で行動するその役割を否定することを意味することにはならない。なぜなら、このプロセスは批判的な対話と相互の知識の創造を基にしているからである。

　フレイレは批判的で文化的な労働者としての教師の役割を強調する。教師は彼（女）らの文化的で政治的な機能を理解するために、社会においても彼（女）ら自身においても現存の主流の文化価値と闘うべきなのだとフレイレは言う。そして、この二重の闘争が教師を反省的で変革的な方向に作用するように導き、この移行のための活動は教室を超越する必要性がある。彼の言葉によると

　実質的には政治的であり限定的には教育的である、という私の選択と夢がより明白になったこと、また、私は教育者であるが、政治的な動因《エージェント》でもあるということが分かったことで、民主主義を発達させるために、どれほど遠くまでいかなくてはならないのか、そして、なぜおじけづいてしまうのか十分に理解できるようになった。また、学習者の意識を批判的に挑発するような教育を実践するためには、私たちを歪ませている神話に対抗することが必要であることも実感した。この神話のようなものに立ち向かうこととは、私たちが主流なるものと対峙することである。主流となるような神話は、権威やイデオロギーの産物以外の何ものでもないからである。[★2]

　この言葉の背後にある倫理的、政治的な意味は明白である。もし、対話的な教育が、教師としてすでに知っていることに対する一つの政治的理解を前提条件にするならば、生徒のもつ知識に対しても十分に尊重することが要求されることも真実となるのである。「異なることは劣っていることなのだと強く私たちに押しつける風潮がある。（中略）これは不寛容である。差異を妨害する抗し難い風潮である。[★3]」

　しかし、学校とは、劣性イデオロギーのようなものを具現化する主要な機関の一つである。学校は主流派の知識の獲得の場であり、それらを非歴史化して、自然化す

る。学校は、目に見え、社会的に受け入れられる知識だけを主流の知識にする。このことは、フレイレにとっては間違いである。彼は知識とは歴史的なものであると主張する。彼によると、政治的、文化的、経済的な関係のなかで、歴史的でも社会的でもないものとして生産される知識など存在しない。この相関性の理解は彼の議論において非常に重要であり、それは「異質」、「大衆向き《ポピュラー》」と呼ばれる知識、主流の保守的な教育モデルにおいては、価値がなくて正当なものではないとされる知識のことである。解放教育《エマンシペイトリー・エデュケーション》とは、伝統的な学校で常識とされるような種々の習慣を絶対再生産しないことなのである。相反するものとして、自由になるためのフレイレの教育モデルは、生徒の知識は十分に正当で価値があり歴史的であると認識する。しかし、それだけに留まらない。フレイレのアプローチは生徒がすでに獲得している知識を、彼ら自身を解放し、主流とされる文化を再び自分のものとする力を得るために利用するのである。たとえば、この視点において、生徒は言葉の用法における「規範」について、社会的に定義づけされているものを学習するかもしれない。しかし、真の批判教育はこれをさらに超えなければならないのである。フレイレは、

重要なのは、「規範」と呼ばれるものを学習するうちに生徒が学ぶことが、自分の言葉が醜く劣っていることではなく、「規範」を獲得することで、世界を再び発見するための取り組みに利用できる道具を手に入れることなのである、ということを認識しておくことである。★4

と言っている。

実践と理論の対話的関係に関与することで、フレイレは常に実践を説得力ある理論的思考の基礎とし、それを彼の実践行動に応用させた。それゆえ、教育内容、教科書、教授法の技術のアプリオリな定義をもつことなく、彼はその人生を教育実践の探求に使ったのである。彼の意図は、彼が「意識化」と呼ぶ教育の過程をそのかかわりに確立することであり、それは教師と生徒の文化的で社会的な現実のなかに根づいているものであった。現実を通して主題の要素、内容、教育的決定——換言するとカリキュラムと教授——が生まれてくるのである。理論と実践を関係づけたことは、フレイレの思想の影響力に貢献している。

具体的には、識字プログラムにおける成人の「意識化」への手立ては、基本的にいくつもの段階を通して構

成された言語的で社会的な意味のコード化／コード表示を解読する過程によって構成されている。第一に、生成テーマを発達させる。生成テーマはコミュニティーとともにインフォーマルで個人的な関わりから生まれ、文化サークルにおいて対話的な議論がなされる。これらの話し合い《ディスカッション》から語幹を形成する領域を一般化し、そこから教師は、そのコミュニティーにおいて、社会的で文化的に関連するいくつかの言葉で構成された言語領域を導き出す。この言語領域から最小限の言語領域が獲得されることになり、その最小限の言語領域は、十七か十八の音素論的に豊かな生成文法の言葉を構成し、音声学的な難易度の順に並べ替えられる。そして最終的に読むことの全過程を達成するのである。それは、コード化された実在的な状況から、書かれた文字のコードを解読する過程によって構成されている。実際に存在する状況への関係づけは、重要な段階であり、それは、被抑圧グループの生徒が、生活を再構成するために、新しく獲得した知識を活用できるようになるための重要な要点の一つである。

世界中の被抑圧者に対してこのアプローチを活用する事実は、彼の思想が単なる「ガイドブック《メソッド》」になり、批判考察されることなく、術筆《レシピ》とされてしまうことになるかもしれない、と常にフレイレを憂慮させていた。フレイレは、理論の本質主義化《エッセンシャライゼーション》への危険に対して用心深かった。それは、彼の批判教育理論と実践の源——非常に不正義なブラジルの実態に介入するという決意——は決して忘れられてはならないことを、フレイレ自身が深く理解していたということである。これは彼の理論の真意として維持され、単なるアルファベットの学習や算数の学習に見えるようなものが、実は複雑に政治と関連しているという事実を常に留意させることにつながった。通常、教育は政治的ではないと見なされること自体が、彼にとっては問題なのであり、この状況を変革することこそが具体的な政治的計画だったのである。彼の理論を模写することで、その理論を単純な方法論へと縮小することは、フレイレの壮大な教育に対する貢献の本質を否定することとなるのである。

★注

★1　Paulo Freire, *Pedagogy of the Oppressed*, Harmondsworth: Penguin, p.25, 1982.（パウロ・フレイレ『被抑圧者の教育学』小沢有作ほか訳、亜紀書房、一九七九年、パウロ・フレイレ『被抑圧者の教育学』三砂ちづる訳、亜紀書房、

二〇一一年）
★2 Paulo Freire, *Teachers as Cultural Workers: Letters to Those who Dare Teach*, Boulder, CO: Westview Press, p.41, 1998.
★3 Ibid., p.71.
★4 Palulo Freire, *A educação na cidade*, São Paulo: Editora Cortez, p.46, 1991.

フレイレの主要著作

- *Pedagogy of the Oppressed*, trans. M. B. Ramos, Harmondsworth: Penguin, 1982; New York: Seabury Press, 1970.（『被抑圧者の教育学』小沢有作ほか訳、亜紀書房、一九七九年、『被抑圧者の教育学』三砂ちづる訳、亜紀書房、二〇一一年）
- *Cultural Action for Freedom*, Cambridge, MA: The Harvard Educational Review Monograph Series, no.1, 1970.（『自由のための文化行動』柿沼秀雄訳、亜紀書房、一九八四年）
- *Education for Critical Consciousness*, New York: Seabury Press, 1973.
- *Pedagogy in Process: The Letters to Guinea-Bissau*, trans. C. St. John Hunter, New York: Seabury Press, 1978.
- *Pedagogy of Hope: Reliving Pedagogy of the Oppressed*, trans. R. R. Barr, New York: Continuum, 1994.（『希望の教育学』里見実訳、太郎次郎社、二〇〇一年）
- *Teachers as Cultural Workers: Letters to Those Who Dare Teach*, Boulder, CO: Westview Press, 1998.

関連図書

- Collins, D. E., *Paulo Freire: His Life, Works and Thoughts*, New York, Paulist Press, 1997.
- Freire, P, Fraser, J. W., Macedo, D., McKinnon, T. and Stokes, W. (eds), *Mentoring the Mentor: A Critical Dialogue with Paulo Freire*, New York: Peter Lang, 1997.
- Horton, M. and Freire, P., *We Make the Road by Walking: Conversations on Education and Social Change*, Philadelphia, PA: Temple University Press, 1990.
- McLeren, P. and Leonard, P. (eds), *Paulo Freire: A Critical Encounter*, New York: Routledge, 1996.
- Shor, I. and Freire, P., *A Pedagogy for Liberation: Dialogues on Transforming Education*, Westport, CT: Bergin & Garvey, 1987.
- Taylor, P. V., *The Texts of Paulo Freire*, Beckingham: Open University Press, 1993.

（マイケル・W・アップル、ルイス・アーマンド・ガンディン、アラバロ・モレイラ・ヒポリト）

セイモア・B・サラソン　*1919—*
Seymour B. Sarason

教育改革を紹介したり、支持したり、評価したりすることは、政治的なプロセスである、なぜなら、存在する力関係の変化、また、それに脅威を与えることが避けられないからである……学校文化は政治的ではないと前提するくらい、改革に抵抗する根拠のない通説などまずないし、改革努力の失敗に大きく貢献するものもあるまい。[★1]

八〇代でありながらなおも多くの著作を執筆しつづけている、多作家のセイモア・サラソンは、学校文化、特に教育改革との関連において、世界的指導者、哲学者であり著作家である。臨床心理学の教育的背景をもち、人生を通じてサラソンは広範囲における著作と多方面にわたる視点を発達させた。そのどちらもが教育の心理学的視点を批判する一方で、その視点をより歴史的、文化的、政治的な理解へと編纂している。セイモア・サラソンが書いた多くの著作は、多様で包括的な主題と学校文化、教育改革と刷新、教師教育、教授《ティーチング》と学習における芸術の役割、知能障害と知的障害（現在はこちらを使用）、カウンセリング、キャリア、老化現象、とりわけ自伝を相互に関連づけている。

セイモア・B・サラソンは一九一九年、ニューヨーク市ブルックリンでユダヤ系移民の息子として生を受けた。「子供服の裁断師」[★2]だった父親は、家族から特に尊敬を集めていたわけではなかったが好かれていた。また、父親は母親に比べて「ずっと宗教的にユダヤ人」[★3]であった。より「アメリカナイズ」されていた彼の母親は、「ユダヤ人の母親のステレオタイプの多くに一致する女性：情愛深くて過保護で罪悪感を作り出し、また、大志をもった」[★4]人物で、過去は「単に過ぎ去ったものではなく、乗り越えるもの」[★5]と考えていた。サラソンは自伝において、自身がアウトサイダーで歴史的に根無し草であると人生の長きにわたって感じているのは、これらに起因すると振り返っている。[★6] 教育における文化、改革、歴史の役割と相互関係を理解することへの彼の独特の知的貢献もまた進歩と伝統の前世代の縁組みによる賜物である。

サラソンのユダヤ系移民というルーツと、アメリカの主要な大学で教員となった第一世代のユダヤ・グループの先鋭であったことは、文化的に異なるということが何なのかという彼の感性だけでなく、アメリカ人のアイデンティティとして彼の心を奪っていたもの、そして特徴的でありながらアメリカ心理学の性質がコミュニティーとしては滅多に認識されていないという「近代のローマ帝国、実に地球をまたにかけて心理学の道を建設すること」[★7]にも影響を与えた。もしユダヤ系移民であることが、サラソンの生活と研究上におけるアイデンティティのインサイダー／アウトサイダーのアンビバレンスを引き起こしていたのであれば、彼の上半身が矯正器《ブレース》やギブスで覆われた高校三年生の二度にわたるポリオの痙攣も同様にアンビバレンスを引き起こした。このひどい病気のインパクトは、サラソンの心のなかに生涯にわたって障害に対する研究を行うという遺産として留まることになり、彼が初期の業績において、障害のある人々への直接的な関心――精神障害の類いに関心を向けることへとつながった。さらに綿密な言い方をすれば、第二次世界大戦のための勤労奉仕にサラソンが不適正だとしたその障害は、臨床心理学と政府の政策が戦争で肉体的に負傷した退役軍人をどのように取り扱ったか、という彼の関心を形成することを結果として招いた。また、さらなる詳細に触れるならば、競争的ゲームや思春期の男性的競争のしきたりにサラソンが参加することをポリオが不可能にさせたとき、それは、間接的に、知的な競争、男性的な学者ぶった生活、組織的に順応する文化や大学でのキャリアを発展させることから成人期の彼自身を除外することにもなったのである。[★8]

伝統に根ざしながらも改革に鋲うたれたこの大志あるアウトサイダーは、間接的に大学の教授職への入り口を見いだしたときにだけ適合している。サラソンは、一九五三年に「経済的に不利な」十六歳の生徒として、ニュージャージー州のニューアークにあるダナ・カレッジで高等教育を受けはじめた。まず、ダナ・カレッジでの経験は、サラソンを思想界の一隅に加わりたいと思わせた。ここでは簡単に述べるにとどめるが、彼はマルクス主義者になり社会主義労働者党の一員となった。その左翼主義の形態は、使命への強迫観念、アメリカの複雑さへの理解の失敗、広く公的な関心を要求できる不正義に対して形式や立場を受け入れる不本意さ、そして全くユーモアがないからと彼が拒絶してきたものに由来していた。[★9]ここで、サラソンは左翼主義的な順応主義の派閥と、それらすべてのイデオロギー的な予言性の結びつきとを切り離し、彼自身の政治的に批判的な道を踏み固めはじめた。

一九三九年にサラソンはマサチューセッツ、ウスターのクラーク大学大学院の奨学金を手に入れた。そこでは、なかんずくレイモンド・キャッテルというイギリス人の心理学者で因子分析研究の代表的な人物から指導を受けた。[★10]二年目の終わりに、特殊なこと、換言すれば「学外研修」を、大学近隣の精神病を扱うウスター州立病院で行うことができた。そこではじめてコミュニティー心理学に興味をもつことになる。そして、クラーク大学大学院を卒業するとき、心理学者として公務員試験に合格し、新しく革新的な施設であったサウスベリー訓練校の職に二三歳で就いた。ここで、サラソンは、発達障害への人道主義的な視点を発達させ、政治的、社会的、組織的な目的のためのIQテストの誤用についての懐疑主義的態度を構築し、いかにサウスベリーのような革新的で刺激的な新しい「環境」が、あっという間に色あせるのかに好奇心をもちはじめた。ヘンリー・シャーファー＝シモン教授のような教師の献身的な仕事ぶりを通して、心神喪失と見なされた人々の隠れた才能が芸術によっていかに開花していくのかをはじめて学んだのである。

めったにないことであるが、セイモア・サラソンは生涯一つの大学にだけ勤めた――一九四五年にイエール大の心理学科に移籍して以来、四十五年以上もの間である。彼の処女作は『精神障害の心理学的問題』[★11]で、一九四九年に出版され、その後、続いて一九五六年に『臨床的相互作用』[★12]が出版された。イエール大学の人間関係研究所での仕事は、学際的な研究のための可能性を拡大した。知的障碍についての小論をサラソンと共同執筆した生活史の専門家のジョン・ダラード、革新的で高名な文化人類学者のトーマス・グッドウィンらを含んだ親密な友人関係も築いた。また、サラソンは、キンゼイ・レポートにおける男性の性行動の被験者として、キンゼイの上司であるポメロイからインタビューを受けている。

イエールでの長期にわたる在職期間中においては、二つの大きなエピソードが特に重要である。一つ目は、一九五〇年代中期、近くのニューヘイブン州立大学の特別支援教育の後任学科長バートン・ブラッドとの間に始まった長期の関係である。この関係を通して、サラソンはブラッドが価値を置いた現実世界における行動主義《アクティビズム》と教師教育の教育学への興味関心を確かなものとした――これが二人の共著の『教師の準備――教育学のなかで研究されていない問題[★13]』につながり、この著作のなかで彼らは、「学校を文化的存在物として普及し決定づける社会の伝統の力」に対峙するために、非歴史学的、非社会学的、不本意な教師教育を批判した。[★14]

二つ目の広く知られているエピソードは、サラソンが「キャメロット時代[★15]」と称する十年のことで、イエール大学心理教育クリニック――行動、介入、観察、反省の新しい場所――を設立し軌道に乗せたときのことである。この施設は、サラソンの過労の感覚を和らげるために、また「研究工場《ファクトリー》を運営すること[★16]」を終わらせるために作りたかったものであった。このクリニックは、学校などの実際のコミュニティー環境を創造もしくは改革し、さらにそれらを理解し内部からサポートするためにスタッフを貸し出すという方法が独特であり、そのために特徴ある文化と歴史的な性質にも非常に繊細に対応していた。クリニックを創立し運営していくという、このサラソンの経験は、『環境の創造と未来の社会[★17]』という彼の革新的な著作のなかの実験的土台の多くを構成している。

セイモア・サラソンは、研究を通して、少数の中核となる問題に対して、あくまで粘り強く執拗に、そして時にはしつこさを原則として立ち戻る。第一に、アメリカ臨床心理学の批判的ではない体質と、それに伴う運営上の支配の道具としてのオプションが挙げられる（のちに他者が心理テスト批判と類推する立場）。第二に、「大きな政府」に繰り返される傾向、最善の意図に動機づけられているときでさえ、文化を改革することの複雑さとそれへの反発を理解することなく学校や学校のシステムなどの大きな組織の改革を試みることである。第三に、心理学的問題を歴史や社会の複雑さや、深く根づいている不可避な問題としてではなくて、個人の介入や矯正で彼らを順応させるという仕方で定義するアメリカ心理学の見当違いの非歴史的、非文化的な性質である。第四にサラソンは、繰り返し、学校、メンタルヘルス・ユニット等、彼自身の場合はイエール大学の心理教育クリニックだが、新しい組織環境を設立（維持）することに関わる問題を扱っている。第五に、これらの目的を達成するのに、進歩と救済という最も楽観的な視点と、政治的、組織的に行き過ぎたという最も人目を引く惨事として同時に性格付けられた、第二次世界大戦とその後に続く社会や組織の変化における不況期のキャリアの発達と、彼の成人期初期における個人的で知的な衝撃について繰り返し述べている。[★18] 第六に、サラソンは、教員養成の質とその特徴と学校教育をより教育的に生産的な文化へと創造することの不可能性について、何度も憂慮し絶望している。最後に、教育上の「弱者」への理解と擁護に継続的な関心がある——保守的学風に挑戦する教授、文化的気質に反しながら教授する教師、また、経験をより真摯に受けとめるとき、今まで予知できなかった才能、素質、そして未開の洞察力を見せる精神障害をもつ学生がいることである。サラソンが掲げるこれらの主題に一貫したスタイルとは、常に批判的であり、勇気を与える挑戦的なものであり、因習を打破するものでさえある。彼は(個々の主唱者《プロタゴニスト》を批判することはめったになかったが)、終わりのない型にはまった知恵に挑戦した。まさに彼の書いたものは、参考文献の厚いリストを作る必要性があるという感覚によって妨げられることは全然ないのである！　サラソンのインスピレーションは、文献研究を徹底して総合すること、もしくは経験主義的な証拠を蓄積するということよりも、むしろ彼の周辺世界での実際の経験の豊かな内容省察から来ていた[19]。彼の言葉を借りると、「私は研究より思想にずっと関心があった。私は調査員というよりも批評家であった。私は心理学者というよりむしろ哲学者であった。」

セイモア・サラソンは、まさに分析者であるのと同じく活動家でもあった。実践家、メンタルヘルス分野のリーダーとして、独創的なイエール大学の心理教育クリニックの設立者として働いた。活動家、そして分析者として、しかし、より歴史学的、政治学的な教育心理学を創造するために懸命な「アウトサイダー」[20]であるという強い感覚については、サラソンは自伝で告白している。この感覚は八〇代になってもなお、彼がリードしている重要な局面(個人的なコミュニケーション)において専門的には孤独を感じさせている。しかしその一方で、パレスチナ出身の文化論者のエドワード・サイード[21]が、決して完全な「我が家」などないと主張しているように、この感覚は、素晴らしい利点でもあり、公的な知識人としてのまさに義務でもある——。おそらく、心理学の分野でサラソンが三人の知的な「ヒーロー」と賞賛するのは、——ジョン・デューイ、ウィリアム・ジェイムズ、ジークムント・フロイト——であろう。それは、サラソン自身の研究と彼の人生にも見て取ることができる独特の精神の質と思想を最もよく表現している。

彼らに共通するのは、教育、知識の蓄積、絶えまない精神の再構成、精神形態の一般化、そして思考と外面において劇的な変化が起こることはそれぞれの人生において可能であるというある種の励ましである。まったくつまらなく、嫉妬の塊の私のような人間にとって、人類史のなかの彼らの知識の量には畏敬の念を抱かざるを得ない。真に気高いところから、彼らは過去を見ることができるし、全く違った未来に思いを巡らすことができるのである。そして彼らは――書く限り――彼らの考えが広く知れ渡り影響力をもつように努力をする。彼らは常に問うているのである。世界は彼らを放っておくことができないのである。[22]

セイモア・サラソンの教育学と心理学における数ある貢献のなかで、特に四つのテキストが後世に残る、もしくは残ることがすでに約束されていると言えるだろう。一つ目は『学校文化と変革の問題』[23]で、サラソンが五〇歳になるまで発表しなかった著作である。この本は、教育改革と学校の組織文化の最も重要な古典的一冊となった。これは一九六〇年代、数学教育の現代化がそこにある根深い問題を描写し損なったことのようなスケールの大きな改変や、スケジュール作成、学級構成、教師は孤立するという伝統などの歴史的に根拠のない学校の「規制」に対して痛烈な批判を展開している。この著書が意味する学校文化とは、制度の変化にひどく鈍感である。学校改革努力は、めったに学校政治、学校のリーダーシップ、学校教育のコミュニティーや政策の文脈、もしくは改革努力が成功するための本質である教師の研修、学校を貧しい場としている教師の個人主義への明確な文化を記述していない。

今日、疑うことなく最も影響力のあるサラソンの著作は、学校文化の基盤と教育改革における数少ないテキストに依拠している。意外にもサラソンが第一版で引用していない書物のウィラード・ウォーラーの『教授の社会学』[24]、そして、一九八二年の改訂版で重要な参考文献となった二冊、ダン・ローティの『スクールティーチャー』[25]とマイケル・フランの『教育変革の意味』[26]であり、これらの本が第二版の出版を可能にした。

両版ともに、また一九九六年の改訂版においても、『「学校文化と変革の問題」を再訪する』[27]は、公平に言って、サラソンの文章はウォーラー、ローティ、フランがもつような世界的なインパクトには欠けていると言える。この理由は、分析の質に見られるのではなく、サラソンが直面している改革問題を特にアメリカの特質に応じて書き記すという彼の決意にある。サラソンは、アメリカの政策論争を念頭に置いているのである。その努力が可視化されるほどあまりにも見事なために、彼の業績のグローバルレベルでのアクセスと、そこへの移行の可能性を阻害しているのである。これは、サラソンによって示された問題の多くは実際に他の研究者による教育改革の後続する分析の主要な論争の前兆であるため、この点は同情に値する。それゆえ、サラソンの議論では、改革の過程で重要なこととは以下のことである、と述べられている。

改革のプロセスの詳細を含んでいることを認識するまでは、関連する記述も研究も私たちは行うことができない……最も根本的なことは……社会関係の三つの一般的なタイプを決定している前提である。学校環境における専門家同士の関係、専門家と生徒の間の関係、専門家と大きな社会の異なる部分との関係である。[28]

文化的な改革政治に関してサラソンが警告するのは、「学校文化は政治的ではないと前提するくらい、改革に抵抗する根拠のない通説などありえない[29]」ということである。彼は繰り返し、改革の時間的視点が「学校内の人間ではなく連邦政府の政策立案者によって決定されていること」が不満だと指摘しており、教師に改革の実行の調節を認めるように呼びかけ、時間に関する問題を訴えている。『ここから抜け出すための闘いとして値打ちのあることは何か？[30]』の共著者である私のような人間に対しては、サラソンは、学校を超越し、ずっと以前から環境と学校エコロジーの関係の重要性について冷静な分析を論じている。そして、教授《ティーチング》と自責の念への独特の分析の構築を試みている人間として、私が記すこととは[31]、サラソンの最も重要な仕事に敬意をもって立ち戻り、「教師は子どもに必要だと思われるすべてを与えられないがゆえに罪の意識を感じる[32]」ことを引き起こす「絶えまない覚醒の文脈で与えつづけること」に従事する教師についての彼の話を理解することである。専門家としての研修への強烈な含蓄、とサラソンが記しているのは、「高レベルで与えることを継続するには、教師の経験を得ていることが必要になる」のである[33]。短言するならば、教育改革のこの後のほとんどの研究論文には、何らかの形でこの象徴的な原本でサラソン自身が論じたものを目にすることができるのである。

『学校文化と変革の問題』のちょうど一年後、サラソンは素晴らしく独自性のある、もうひとつの著作を発表した。それは、いかにサウスベリーの斬新さが色あせていったのかを目撃した経験、イエール大学の心理教育クリニックを設立した経験だけでなく、学校もしくはメンタルヘルスの組織における革新的な努力が、時を経て色あせていったことを描写したものであり、『環境の創造と未来の社会』[★34]では素晴らしい分析を記している。

この著作は、「環境の崩壊」とタイトルをつけた方がより適切であったかもしれなかった。それは、行政や政策立案者が、そのような環境の創造をアプローチするナイーブな方法について叙述している。そして、建物やデザインの価値がコミュニティーを形作るという建築学の傲慢な信念を強調している。ここで指摘されていることとは、新しい環境がどのようにして脅かされ、現存しているものによってしばしば妨害されるのか、他の場所の環境との「外交」をうまくやることの重要性とその難しさ、新しい環境における構成員や責任者が感じる優越感とそれに属する感覚、また、道徳的に侮辱的言動として行政的な疑問や政治的な懐疑主義をとらえるその環境の構成員の危険な風潮についてである。

彼が強調するのは、新しい環境は興奮を求めたり改革するための挑戦や自由を望む人々を一度に引きつけるが、人々はすぐに予算、場所の問題、官僚的な遅れによってそれらが阻害されることを知ることになる。新しい環境はしばしば親密なコミュニティー理解の共有という小さなスタートを切るが、拡大することですぐに彼（女）ら自身の成功の犠牲者になりかねない。闘争する派閥の分裂という別のものとなっていくのである。資源は無限であるという神話と価値の分配の難しさがある。これらの問題は、リーダーの組織的な「役目」の保護が他者によって競われるようになり、争いが起こり、また、リーダーの孤独が増すにつれて新しい環境でのリーダーシップをその周辺で硬直させてしまうのである。

『環境の創造』は、なぜ滅多に改革に終わりが来ないのか、という問題について深い含蓄をもっている。主にモデル校、人目を引くような学校、未来の学校、またパイロット・プロジェクトは、どうして時が経つにつれて、行政の純粋性や価値を継続できない創造物になってしまうのか。三十年後も『環境の創造』は、教育改革史を研究する人々に大きな影響を与える一冊であり、モデル校における今日の実験の運命である。[★35]

後年、セイモア・サラソンは、教育政策のより綿密な経験に自身の洞察力を活用している。[★36]『予想可能な教育改革の失敗』[★37]は、これらのテキストのなかでも最も鋭く凝縮された著作である。そのなかで、サラソンは四つの相互関係のあるキーポイントを示している。第一に、教育改革努力は、しばしば質と改善を約束する一方で、根本的な規制や改善努力を常に妨げている根深い学校の組織の変容はめったに試みられないこと。第二に、これらの規制は、学校のすべての局面でシステム上、相互関係にあること。「システムのある部分の改革を試みることは、その部分がいかに相互に関係しているかという理解と知識を必要とする。[38]」まさに問題なのは、リーダーシップやカリキュラム、教授の戦略もしくは学校組織などが、「別々に中断を余儀なくされ、酷評される」時に、「失敗の確率があがる[39]」ことである。

第三に、これらの学校教育の体系的な調和は、根深く固定化された力の関係によって補強されるとサラソンは論じている。[40] 最も注目すべき彼の主張のなかに、「対峙することを避けている限り、学校には再構成を望むためには扱いにくいものが残る……それは現存の力の関係である。[41]」それは教室のなかのものも含まれる。最後に、初期の作品から継続してサラソンが読者に気づかせようとしていることとは、専門家としての成長、自由裁量権《エンパワーメント》が増大する感覚、同僚関係のための機会という視点から、「生徒のための生産的な学習への時間的に継続した状況を作り維持することは、それらが教師のために存在しないときには事実上不可能である」ということである。もし誰かが、教育改革の第一歩《イニシアティブ》の絶え間なく難解な問題を理解したいのであれば、歴史的に組織が政治化された形態をもつものとして学校を見る価値について、この著書ほど包括的に効果的に叙述されているものはない。

最近の著作のなかの一冊で、セイモア・サラソンは、彼の研究における永続する二つのテーマに立ち戻っている――それは教師教育と教授《ティーチング》の芸術性についてである。[42]『舞台芸術としてのティーチング[43]』で、サラソンは、教授は帰するところ、技術を駆使したり基準を提示したりすること以上のものであると論じている。パフォーマンスそのもののなかに、教室の観客に触れたり失ったりする、動的で情熱的な活動があり、それは舞台芸術である。つまりサラソンが強調する教授とは、帰するところ、静かに促進を促す、もしくはコンピューター擁護者が主張するように、間接的なコーチング以上のものであり、これは私自身の研究上の事柄になるが、最も進歩主義的な教師であったとしても、直接的には、劇的《ドラマティック》に覚醒した関わりを生徒と一緒に創っていくことなのである。

教師教育の第一歩《イニシアティブ》は専門家としての才能の選抜過程において、もっと慎重に選抜されるべきであるという議論によって、彼はその分析を解釈している。それは、オーディションのようなもの、組織は、教師の才能を行き詰まらせ、浪費させることをやめるべきであり、学校は役割の多様化や発達のための継続した機会を教師に与えるべきで、そうすれば教師は紋切り型や使い古されたものにならないという。[44]

サラソンの主張する教授と教師の概念は、教師教育と教育改革の両方についてのアドバイスという彼の認識から成り立っている。舞台芸術家としての教師の概念は、「教育的な基準を思考するために要求される、ある種の市民を訓練する教官として」[45]の政治的なものとは大きく違う。その概念とは以下のようなものである。

> 教師は、生徒という観客に対して、興味深く、刺激的で、信頼できる人であり、新しい発展的な方法で彼ら自身と彼らの世界の成長を援助する人であり、平凡な自分を脱皮させる新しい経験という必要性を満たしてくれる人なのだと感じてほしいのである。[46]

彼が残念に思う教師とは「教師の役割が何であるのかを理解する必要に迫られた時にリップサービスだけをする、システムのなかでだけで教える」教師である。

セイモア・B・サラソンとは、歴史学的、政治学的な心理学者であり、独創的な思考をもった人物、知的な因習打破主義者、そして自身をアウトサイダーと認識する人物である。アウトサイダーの立場は、政治的に批判的な視点として今日さらに激しさを増している。その研究は、保守主義と縮小を値打ちがある改革としてごまかしつづける標準化や正常化を推進する教育界においては、著しく無視されている。サラソンの遺産の価値は、ほとんどの改革努力の傲慢な愚行を見ることに耐え、打倒しなくてはならないと思う者に救いを提供し、教育者として成すことができる最善について表明する、という教育的な存在より人間的で勇気を与え《エンパワー》る民主主義的な形式の記憶を再び活性化することにある。

★注

★1　Seymour B. Sarason, *The Culture of the School and the Problem of Change*, 2nd edn, Boston, MA: Allyn & Bacon, p.71, 1982.

★2　Seymour B. Sarason, *The Making of an American Psychologist: An Autobiography*, San Francisco, CA: Jossey-Bass, p.17, 1988.

★3 Ibid., p.29.
★4 Ibid., p.28.
★5 Ibid., p.28.
★6 Ibid.
★7 Ibid., p.9.
★8 Ibid.
★9 Ibid., pp.90–8.
★10 Ibid., p.116.
★11 Seymour B. Sarason, *Psychological Problems in Mental Deficiency*, New York: Harper & Row, 1949.
★12 Seymour B. Sarason, *The Clinical Interaction*, New York: Harper & Row, 1956.
★13 Seymour B. Sarason, K. Davidson, and B. Blatt, *The Preparation of Teachers: An Unstudied Problem in Education*, Cambridge, MA: Brookline Books, 1987. Originally Published in 1962.
★14 Sarason, *The Making of an American Psychologist: An Autobiography*, op cit., p.340.
★15 Ibid., p.353.
★16 Ibid., p. 356.
★17 Seymour B. Sarason, *The Creation of Settings and the Future Societies*, San Francisco, CA: Jossey-Bass, 1972.
★18 Sarason, *The Making of an American Psychologist*, op cit.
★19 Ibid., p.233.
★20 Ibid., p.29.
★21 E. W. Said, *Representations of the Intellectual*, New York: Random House, p.57, 1994.
★22 Sarason, *The Making of an American Psychologist*, op cit., pp.329–30.
★23 Sarason, *The Culture of the School and the Problem of Change*, op cit.
★24 Willard Waller, *The Sociology of Teaching*, New York: Wiley, 1932.
★25 Dan Lortie, *Schoolteacher*, Chicago, IL: University of Chicago Press, 1975.
★26 Michael Fullan, *The Meaning of Educational Change*, New York: Teachers College Press, 1980.
★27 Seymour B. Sarason, *Revisiting 'The Culture of the School and the Problem of Change'*, New York: Teachers College Press, 1996.

★28 Sarason, *The Culture of the School and the Problem of Change*, op cit., p.59.

★29 Ibid., p.71.

★30 Andy Hargreaves and Michael Fullan, *What's Worth Fighting For Out There?*, New York: Teachers College Press, 1998.

★31 Andy Hargreaves, *Changing Teachers, Changing Times*, London: Cassell; New York: Teachers College Press, 1994.

★32 Sarason, *The Culture of the School and the Problem of Change*, op cit., p.200.

★33 Ibid.

★34 Sarason, *The Creation of Settings and the Future Societies*, op cit.

★35 Dean Fink, *Good School/Real School*, New York: Teachers College Press, 2000.

★36 Seymour B. Sarason, *Schooling in America: Scapegoat and Salvation*, New York: Free Press, 1983; Seymour B. Sarason, *Letters to a Serious Education President*, Newbury Park, CA: Corwin Press, 1993; Seymour B. Sarason, *Barometers of Social Change*, San Francisco, CA: Jossey-Bass, 1996.

★37 Seymour B. Sarason, *The Predictable Failure of Educational Reform*, San Francisco, CA: Jossey-Bass, 1990.

★38 Ibid., p.15.

★39 Ibid., p.27.

★40 Ibid., p.5.

★41 Ibid., p.145.

★42 Sarason, et al., *The Preparation of Teachers*, op cit.: Seymour B. Sarason, *The Case for Change: Rethinking the Preparation of Educators*, San Francisco, CA: Jossey-Bass, 1993.

★43 Seymour B. Sarason, *Teaching as a Performance Art*, New York: Teachers College Press, 1999.

★44 Andy Hargreaves, Lorna Earl, Shawn Moore and Susan Manning, *Learning to Change: Teaching Beyond Subjects and Standards*, San Francisco, CA: Jossey-Bass, 2001.

★45 Sarason, *Teaching as a Performance Art*, op cit., p.6.

★46 Ibid., p.36.

参照項目

『教育の主要思想家50人』所収、**デューイ**の項

サラソンの主要著作

- *Psychological Problems in Mental Deficiency*, New York: Harper & Row, 1949.
- *The Clinical Interaction*, New York: Harper & Row, 1956.
- Sarason, S. B., with Davidson, R. and Blatt, B., *The Preparation of Teachers: An Unstudied Problem in Teacher Education*, Cambridge, MA: Brookline Books, 1987; originally pub. 1962.
- Sarason, S. B., with Levine, M., Coldenberg, I., Cherlin, D. and Bennett, E., *Psychology in Community Settings*, New York: Wiley, 1966.
- *The Creation of Settings and the Future Societies*, San Francisco, CA: Jossey-Bass, 1972.
- *The Culture of the School and the Problem of Change*, 2nd edn, 1982; Boston, MA: Allyn & Bacon, 1971.
- *Schooling in America: Scapegoat and Salvation*, New York: Free Press, 1983.
- *The Making of an American Psychologist: An Autobiography*, San Francisco, CA: Jossey-Bass, 1998.
- *The Predictable Failure of Educational Reform*, San Francisco, CA: Jossey-Bass, 1990.
- *The Case for Change: Rethinking the Preparation of Educators*, San Francisco, CA: Jossey-Bass, 1993.
- *Barometers of Social Change*, San Francisco, CA: Jossey-Bass, 1996.
- *Teaching as a Performance Art*, New York: Teachers College Press, 1999.

関連図書

- Fullan, M., *The Meaning of Educational Change*, New York: Teachers College Press, 1980.
- Hargreaves, A., *Two Cultures of Schooling: The Case of Middle School*, Lewes: Falmer Press, 1986.
- Hargreaves, A., *Changing Teachers, Changing Times: Teachers' Work and Culture in the Postmodern Age*, London: Casselll and New York: Teachers' College Press, 1994.
- Hargreaves, A., Lieberman, A., Fullan, M. and Hopkins, D. (eds), *The International Handbook of Educational Change*, The Netherlands: Kluwer Press, 1998.
- Hargreaves, D., *The Challenge for the Comprehensive School*, London: Routledge & Kegan Paul, 1982.
- Huberman, M., *The Lives of Teachers*, London: Cassell and New York: Teachers College Press, 1993.
- Lieverman, A. (ed), *Building a Collaborative School Culture*, New York: Teachers College Press, 1998.

- Lortie, D., *Schoolteacher*, Chicago, IL: University of Chicago Press, 1975.
- Nias, J., Southworth, G. and Yeomans, A., *Staff Relationships in the Primary School*, London: Cassell, 1989.
- Waller, W., *The Sociology of Teaching*, New York: Wiley, 1932.
- Woods, P., *Sociology and the School*, London: Routledge & Kegan Paul, 1985.

（アンドリュー・ハーグリーブス）

イズラエル・シェフラー　*1923—*

Israel Sheffler

批判的思考は教育活動の概念や体系において第一番目に重要なものである。★1

イズラエル・シェフラーは、教育学と哲学のハーバード大学ビクター・S・トーマス名誉教授である。彼は、一九五二年にハーバード大学の教員となり、一九九二年に退官した。ブルックリン大学で学士号と修士号を取得したシェフラーは、その後、ペンシルヴァニア大学において、哲学上は師と仰ぎ、またシェフラーの生涯の友人、協力者でもあった、ネルソン・グッドマンという著名な哲学者の指導のもとで哲学の博士号を取得した。

シェフラーは、アメリカ教育哲学界において、イギリスのR・S・ピーターズとともに重要な人物であり、二〇世紀後半の英語圏において傑出した哲学者である。彼の教育哲学への貢献は二つある。第一に、シェフラーは一般的な哲学において常識であった方法《メソッド》、技法《テクニック》、見識を教育哲学に応用し、教育哲学の方法《メソッド》に大きな影響を与えたことが挙げられる。第二に、教育の最終目的や理想というような根本問題を含んだ教育の中心課題、教えることや教育それ自体の概念という重要な教育概念や諸問題に対して、非常に影響力をもつ視点を実質的に発展させたことが挙げられる。この重要な視点は、学生を尊重し大切にすることが教師の人間としての大切な義務である、という根本的に道徳的な用語である教育の考え方に関与《コミットメント》するシェフラーの姿勢を反映している。

シェフラーによって発展した分析哲学の方式は、続く次の世代の教育哲学者に大きな影響を与えている。彼の教育哲学における初期の論文「教育の分析哲学へ」は、「教育実践に関連する重要な概念の厳密で論理的な分析」としての教育哲学の概念を提供した。ここで言う「論理的な分析」とは、「言語、そして言語と探求の相互浸透」

に慎重に着目し、洗練された関心事項として理解される。そして、それは、「経験主義の精神、厳密さ、詳細に注目すること、選択肢を重んじること、方法の客観性という科学の現代的な例にならうこと」を試み、また、議論の厳密さを強調し、さらに関連する部分やふさわしい箇所には、「過去五十年の間に急速に発達し成熟した記号論理学のテクニックの使用」を十分に行う。[★2]「教義ではなくむしろ手法によって統一化された研究コミュニティーの感覚」と「本質的な問題を明確にするための共通研究」は、シェフラーが教育哲学の中心であるべきだと論ずる哲学への分析的手法を特徴づけている。シェフラーは一般哲学から二つの有名な例、ラッセルの厳密な記述理論という言語哲学によって意味と指示対象理論のなかの問題を明晰にするものと、ヘンペルのカラスのパラドックスという科学哲学によって立証の特徴を明確にするための足がかりとされたものとともに、この種の演繹的手法を描写した。シェフラーの思考は、この分析的手法を教育に応用することであったが、それは、分析結果をさらなる独自の研究結果へと応用すること、また教育概念や諸問題に分析手法を応用することの両方を意味していた。そのどちらもが、教育哲学に一般哲学の方法と課題と親密であることを要求した。

シェフラーの教育哲学の分野での最初の著書は、分析的手法によるもので、彼が編集した選集《アンソロジー》『哲学と教育——現代読本（*Phylosophy and Education: Modern Readings*）』である。この本は教育哲学分野の新しい方向性を示す注目に値する著書であり、多大な関心をひき、人々を魅了した著作である。この分析的手法を使って、教育用語や教育概念を明晰にしようとする継続的な努力は、まず『教育のことば（*The Language of Education*）』にあらわれている。この著作でシェフラーは三つの異なる教育的表現形式を分析した。たとえば「私たちは子どもを教えるのです。教科を教えるのではありません」というような教育のスローガン、「成長としての教育」というような教育の比喩、そして教育用語の定義、「カリキュラム」のようなキーワードの定義である。シェフラーの議論は、そのすべてにおいて、教育の慣用語法の型の厳密な論理的査定を可能にするのに十分な分析を生じさせることを狙いとしている。たとえば、教育のスローガンにおける分析では、「私たちは子どもを教えるのです。教科を教えるのではありません」というのは、厳密には間違いであるが（子どもたちは教えられる限りにおいて、何かを教えられなければならないのである）、それにもかかわらず、このスローガンは重要な実践への導入の手がかりをもっている。そして、同様に、定義もまた、記述的にもプログラム的にもなり、そのどちらに根拠をおいたとしても評価がなされる必要があると主張する。文字通りのスローガンとその実践的導入との間の分類は、そのスローガンをより適切に査定することを可能にする。同様に、比喩や定義、その他の教育の慣用語法の使用や研究へも応用される。これらすべてにおいて、シェフラーは言語哲学から教育概念の分析へと、その洞察を応用した。

　注目される点は査定がキーワードであることである。私たちは言っていることを判定したり、評価したいと思う。しかし、分析が言葉の意味だけをあらわすと考えることは間違いであり、さらに価値への問いや標準的な概念とすることも見当違いである。それらに反して、シェフラーの綿密な分析のポイントは、まさに教育の理解そのものを豊かにし、より弁明可能な教育概念や、理論と実践を達成することを援助することにあった。シェフラーの分析では、教えることは徹底的に規範的で価値への責任を負う概念であることが明確にされた。シェフラーにとって「教えること」は、「信条を養成すること」という主要な概念よりずっと意味が狭いものである。というのは、信条は教え込むとか洗脳するなどの教えない方法でも養成することができるからである。シェフラーによると、「教えること」には、生徒の理性への承認を要求するという一定の作法《マナー》がある。それゆえ、教えるということの概念は、本質的には道徳的要素をもつが、それは、シェフラーからすれば、特定の結果を生み出すようにデザインされた、行動や運動の一連の反復として間違われたり失われたりしているのである。教えることは、理性や合理性に焦点を合わせることである。そして教師は生徒が善の理性を信じるように試みるのだが、生徒の個人の判断を尊重したやり方でそうしなくてはならない。生徒自身の道理に対する感覚が真の教授において訴えられなければならないし、教師の一般的な責務とは、善の理性を構成しているものに対する生徒の感覚を高めたり豊かにすることなのである。このような手法で、上記の序文の引用文や下記のしばしば引用される文にも示されているように、合理性は教育の主要な目的なのである。「合理性とは……理性に関わる問題である。そして、それを本質的な教育の理想として捉えることは、すべての学問分野において理性のための自由で批判的な探求ができる限り普及するように務めることである。」[★3]

　この教育の概念は、教師と生徒の一部に、カリキュラムの内容だけでなく、学校、そして教育が行われるより幅の広い文化の特質や組織に対して、教育的なすべてのものへの合理的な批判を促す。この点において、シェフラーの教育の理想は、挑戦的であり理想主義的である。いかなる文化も組織的に真の向上を探求するなかで、それ自体の批判を請うたり歓待したりはしない。これはシェフラーが信奉する合理性の教育の理想は、まさに理想なのであるという感覚を示唆している——おそらく決して達成されることのないものであるが教育的な事柄を導く視点を提供するのである。この視点で議論されることは、教えることと教育の概念、そして根本的な教育目的とその理想として生徒の理性を育むという概念であり、そこにシェフラーの教育哲学の神髄がある。一九七三年にはじめて出版された彼の論文集『理性と教授《ティーチング》』は、これらのテーマをすべて網羅していると言えるかもしれないほど教育の状況の多様な文脈をつかんでいる。シェフラーの著作において教師教育と教師の役割が特にテーマとして取り上げられているのは、彼の重要な論文である「教授《ティーチング》の哲学的モデル」と「大学の学究性と教師教育」である。そして「道徳教育と民主主義的理想」では、中心的な教育的理想としての理性に対する彼の視点の重要な言明がなされている。これらは論文集に再収録された。

　理性の善について語ることは、正当性について語るもうひとつの道である。それは、「これを信じるに足る善い理由があるのか?」と問うことは、事実上、「これを信じることを正当化できたか?」と問うことである。正当性は認識論の主要な課題であり、知識の自然、範囲《スコープ》、限界を理解することに関心をおく哲学の一分野である。『教育から見た知識の条件（*Conditions of Knowledge: An Introduction to Epistemology and Education*）』で、シェフラーは認識論の体系的な論述法とその中心課題と概念——知識、真理、信念、証拠、理性、正当性のような概念——教育に関連する概念について提示している。この著書は、今日もなお卓越した認識論における入門書《イントロダクション》であり、認識論的な概念と関心、教育学的な概念と関心の体系的な相互関係にその特徴がみられる。

　客観性に対するシェフラーの関心は、その評価方法も科学哲学における重要な二冊の本から明らかである。『研究の解剖学的構造（*The Anatomy of Inquiry*）』は、科学哲学の中心課題である、説明、認知の優位性、確証の本質について述べられたものである。ここでシェフラーは科学哲学における未解決の問題の解明に役立つ慎重な分析能力を発揮している。『科学と主観性（*Science and Subjectivity*）』においては、科学とその方式の客観性を立証する議論がなされており、客観性に対して信用に値しない科学の主張への哲学的努力の批判的な反応への詳細と、この鍵となる概念の斬新な再構成の両方を提供している。いずれの著作においても、シェフラーは科学哲学の問題を直接取り扱っている。どちらにおいても教育哲学については言及されていない。しかし、両方の文脈において、シェフラーは信条や判断の合理性と方式の客観性を中心課題としている。シェフラーの広い哲学的関心――科学、知識、言語と教育――が重なりあう問題事項と強調点で統合されているのである。これは、なぜシェフラーが教育哲学はその母体分野との緊密な接触を求めていかなければならないと考えるのかということを明らかにしている。

シェフラーの著書である『教育のことば』は、言語哲学の眼識をもち込むことで、教育用語が言語哲学に耐えられるように努力したものである。「字義を越えて――言語における曖昧さ、不明瞭さと比喩への哲学研究」においてシェフラーは、彼の初期の著書が科学哲学や認識論それ自体に固有の貢献をしたように、言語哲学に対してそれ自体へ独自の貢献をした。彼の著書、『四人のプラグマティストたち』は、所々において教育も取り扱っているが、この著書の主要な貢献は、チャールズ・サンダース・パース、ウィリアム・ジェイムズ、ジョン・デューイ、ジョージ・ハーバート・ミードの著作のいくつかの視点に対して好意的な批判を提供し、プラグマティズムの哲学的な運動を理解することであった。また、『ヒューマン・ポテンシャル』では、シェフラーは教育哲学分野に立ち戻っており、人間の潜在力の概念の体系的な分析と教育概念におけるその適切な役割とを提供している。

ここまで言及した著書、そして、「探究――言語の哲学的研究」、「科学と学習――認知感情の賛美」（この論文のなかで、シェフラーは認知と情緒の明確な分類を否定した）、「象徴世界《シンボリック・ワールド》」（芸術、科学、言語、風習、劇について取り扱った）――三つの論文集において、シェフラーは、哲学全般に、そして教育哲学自体にも多大な貢献をしている。最近出版されたシェフラーの著書である『青年時代の教師たち――あるアメリカ系ユダヤ人の経験（*Teachers of My Youth: An American Jewish Experience*）』は、彼の若い頃や教育的経験を自伝的に提供しており、シェフラーのより一般的な教育の議論を非常に個人的な方法で際立たせたものである。もう一冊、V・A・ハワードとの共著である、『研究、教育、そしてリーダーシップ（*Work, Education and Leadership*）』では、再び教育哲学の中心課題について論じている。教育哲学への突出した威信と根本的な貢献に加えて、彼は、認識論、科学哲学、言語哲学、プラグマティズムへ重要な貢献をしている。★4 ここで個人的な信条をもう一つつけ加えるとするならば、この文章を書いている私本人ハーヴィー・シーゲルは、シェフラーの教え子であることをとてもよかったことだと思っており、幸運なことであったと思っているということである。彼の哲学的な卓越性に唯一勝るものがあるとすれば、それは、彼の教師として、また人間としての卓越性のみがそれとしてあたると言えよう。それは、彼自身の哲学書のなかで、教え子たちをケアし、気にかけ、また敬意を払っていることを教え子たちが自分自身を全面に表明することを通して促すことで繰り返し示している、ということである。

すべての偉大な教育哲学者は教育哲学と一般的な哲学の間の隔たりを橋渡しし、より大きい哲学的課題と方法の教育哲学との関連性を明らかにしている。残念なことは、アメリカ、イギリス、また他の地域でも、教育哲学はデューイの教育哲学の時代以来、哲学科ではなく教育学科にその拠点をおいてきたという組織的な事実である。教育哲学がその母体分野と親密な関係を要求しないことは、教育哲学にとって全く有害なことである。認識論、言語哲学、科学哲学におけるシェフラーの著作は、教育哲学における彼の研究を卓越したものにした。シェフラーの教育哲学における業績は、主流の哲学問題に動機づけられていないか、または哲学問題に関係していない教育哲学者の研究には、基本的に見られない哲学的に洗練されたレベルのものを示してくれている。さらにシェフラーの言語哲学、科学哲学、認識論における業績は広く哲学界で賞賛されているため、教育哲学での彼の業績は、教育哲学を芳しく思わない人たちをも楽しませることになり、そういった人々が教育哲学に敬意を払うようになることにもつながった。シェフラーという人物は、根源的な哲学問題に興味をもち、哲学一般に貢献し、教育哲学の問題をより広い哲学的課題の文脈におくことで洗練された論評から利益を得ることができるようにし、母体の学問分野においても才能があるという、教育哲学者が憧れる素晴らしいモデルを提供したのである。教育哲学は、一般的な哲学との強い絆を築くことに従事する一方で、それと同時に教育実践への基本的な視点と、実践からもち上がる哲学的問題を抱えつづけている。この点で、シェフラーの教育哲学、一般的な哲学、教育実践の統合は、教育哲学者が見習うように助言されるべきことである。専門分野としての教育哲学の健全性は、シェフラーの統合性の洗練レベルにいかに教育哲学者の能力が接近しているか、という評価点から大きく査定することができるのである。

要約として、シェフラーの四つの主要な教育哲学への貢献に言及させていただきたい。一つ目は、論理的な分析方法の紹介——ことば、明晰さ、方式の客観性と慎重で厳格な議論に注目することである。二つ目は、教えることなど、私たちの最も弁明可能な教育の概念を発達させる努力のなかにおいて価値問題を探索するために彼がこれらの手法を使用したことである。そして、教育、教育目的、理想を最大限に理解することができることは、同時に教育実践に奉仕していることになる。三つ目は、主要な教育的概念の具体的な発展である：（1）教育、すなわち教育の概念は理性を育むことを目的としている（2）教授《ティーチング》とは、すなわち、教師が自分たちが生徒に教えていることと自分たちの独立した見解を学習させる内容を提示しなくてはいけないし、生徒の理性と合理性の感覚に敬意を払わなくてはいけないし、また生徒を尊敬の念をもって取り扱わなければならないというような作法によって制約された活動としてのものであり、また行動主義的に理解したり分析できない深遠な道徳的要素をもつ概念としてのものである。教えることとは、すなわち教師は、生徒の独立した判断力に対して何を教えたか、彼（女）らの教授とその実態を甘受しなければならないことである。そして、行動主義的な理解や分析では不可能な、深淵な道徳的要素とともにある概念なのである。四つ目は、哲学一般と教育哲学を親交させることで得られる利点を証明し、その母体分野との接触を教育哲学が失ってしまうことが間違いであることを実証したことである。

シェフラーの功績に対して、もちろん、批判的な挑戦は存在する。幅広い哲学的な立場から批判的に応答する余地が常に残されているように、シェフラーの視点は様々な観点から批判されてきた。ある人は、果たして教育哲学の根本的手法として論理的な分析が強調されるべきであるかどうかと問題提起した。また、ある人は、果たして教育哲学はシェフラーが提案したように一般的な哲学と親密な関係をもつ必要があるかどうか、また、ある人は、果たして教えることは行動主義やその他の用語よりも、むしろ道徳のなかで正しく分析されるのかどうか、さらに、ある人は、果たしてシェフラーが論ずるように、理性を育むことが教育の基礎となるのかどうか等、問題提起している。シェフラーの様々な面からの業績、そしてその業績への様々な面からの批判は、『ジンテーゼ』の特別版と『イズラエル・シェフラーに敬意を表す理性と教育の論文』という選集《アンソロジー》のなかで考察されている(多くの他の著書のなかにもあるのだが)。この広範囲にわたる論文のコレクションは、教育、教えること、理性へのシェフラーの功績を批判的に考察しており、教育的、哲学的な文脈の範囲をさらに超えていくように応用されている――科学哲学と科学教育、道徳哲学と道徳教育、宗教哲学と宗教教育、言語哲学と教育の言語、感情、人間の潜在力、教育政策やその他諸々である。これらすべてをシェフラーは賞賛しているはずである、というのは厳密な分析と批判への彼の強い主張は、彼の業績だけでなく、その他のすべてのことに対して確実に応用されているからである。彼の功績の大部分は今後も時間と批判という試練に耐えていきそうである。もし仮にそうならなかったとしても、それでもなお、教育哲学における彼の著作の根本的な重要性が否定されることはない。シェフラーは教育哲学の重要な功績のためのあるひとつの基準をもうけた。このことは彼が成し得たすべての功績のなかで最も重要な功績である。★5

★注

★1　Israel Scheffler, *Reason and Teaching*, p.1.

★2　シンボリックロジックをこのように重要視した点は、ピーターズの「日常言語」分析の伝統とシェフラー流の分析哲学を異なるものにしている。シェフラー流の分析は、常に日常の意味とその使用に非常に慎重でありながら、その一方で、シンボリックロジックの使用によって哲学的な理解や理論に利点がある時には、論理的なテクニックを日常言語に取って代わって使用することを厭わなかった。

★3　Israel Scheffler, 'Concepts of Education: Reflections on the Current Scene', reprinted in Scheffler, *Reason and Teaching*, p.62, emphasis in original.

★4　シェフラーの一九九二年までの著作の目録の完全版は、*Synthese*, 94, 1, pp.139–44, 1993.

★5　この論文はカセットテープに録音された私のスピーチ「イズラエル・シェフラー」: William Hare (ed), *Twentieth Century Philosophy of Education: Four Lectures on John Dewey, Bertrand Russell, Israel Scheffler, and R. S. Peters*, Dalhousie University Learning Resource Services, 1990.

参照項目

本書のハースト、ピーターズの項
『教育の主要思想家50人』所収、デューイ、ラッセルの項

シェフラーの主要著作

・'Toward an Analytic Philosophy of Education', *Harvard Educational Review*, 24, pp. 223–30, 1954.
・*Philosophy of Education: Modern Readings*, editor, Boston MA: Allyn and Bacon, 2nd edn, 1996, 1958.
・*The Language of Education*, Springfield: Charles C. Thomas, 1960.（『教育のことば――その哲学的分析』村井実監訳、東洋館出版社、一九八一年）
・*The Anatomy of Inquiry*, New York: Alfred A. Knopf, 1963.
・*Conditions of Knowledge: An Introduction to Epistemology and Education*, Chicago, IL: Scott, Foresman, 1965.（『教育から見た知識の条件』生田久美子他訳、東洋館出版社、一九八七年）
・*Science and Subjectivity*, 2nd ed., Indianapolis, IN: Hackett Publishing Company, 2nd edn, 1982; 1st pub., Indianapolis, IN: Bobbs-Merrill, 1967.
・*Reason and Teaching*, Indianapolis: Hackett Publishing Company, 1989; 1st pub., London: Routledge & Kegan Paul, 1973.
・*Four Pragmatists*, London: Routledge & Kegan Paul, 1974.
・*Beyond the Letter: A Philosophical Inquiry into Ambiguity, Vagueness and Metaphor in Language*, London: Routledge & Kegan Paul, 1979.
・*Of Human Potential*, London: Routledge & Kegan Paul, 1985.（『ヒューマン・ポテンシャル――教育哲学からの考察』内田種臣、高頭直樹訳、勁草書房、一九九四年）
・*Inquiries: Philosophical Studies of Language, Science, and Learning*, Indianapolis, IN: Hackett Publishing Company, 1986.
・*In Praise of the Cognitive Emotions*, New York: Routledge, 1991.
・*Teachers of My Youth: An American Jewish Experience*, Dordecht: Kluwer, 1995.
・*Symbolic Worlds*, Cambridge: Cambridge University Press, 1997.
・Scheffler, I. and Howard, V. A., *Work, Education and Leadership*, New York: Peter Lang, 1995.

関連図書

・Siegel, H., *Educating Reason: Rationality, Critical Thinking, and Education*, London: Routledge, 1998.

- ———, *Rationality Redeemed?: Further Dialogues on an Educational Ideal*, New York: Routledge, 1997.
- ——— (ed.), *Reason and Education: Essays in Honor of Israel Scheffler*, Dordrecht: Kluwer.
- ———, *Synthese*, 94, 1, 1993. A special issue of the journal devoted to discussion of Scheffler's philosophical work, guest-edited by Catherine Elgin.

（ハーヴィー・シーゲル）

ジャン＝フランソワ・リオタール　1924—98

Jean-François Lyotard

ポストモダンの知は決してただ単に諸権力の装置であるのではない。それは、差異に対するわれわれの感受性を高め、共約不可能なものに耐えるわれわれの能力をより強くするのである。ポストモダンの知の根拠は、専門家たちのホモロジー（homologie）のうちに見出すのではない。発明家たちのパラロジー（paralogie）のうちに見出されるのである。[★1]

ジャン＝フランソワ・リオタールは、二〇世紀の主要なフランス哲学者および知識人の一人であった。彼は多くの研究者たちから、哲学の「ポストモダンの討論」における中心人物としてとらえられている。リオタールの『ポストモダンの条件』（一九八四年）の初版が一九七九年、フランスで発行されると、即座に名著となった。リオタールが序文で説明しているところによれば、この本は「高度に発展した社会における知についての報告[★2]」であるという。「ポストモダンの条件」とは、変化している発展と知の状況、高度化する社会における科学と教育の独自の貢献である。リオタールははじめて、ポストモダン文化に関する哲学的思想を、多様に分化した研究から統合し、「ポストモダン」の位置づけを「メタ物語に向かう疑念[★3]」と定義づけた。すなわち、リオタールは、精神の弁証法、意味の解釈学、理性的または実用的主題の解放、あるいは支配の力によって、中立で、汚染されていない解決策を提供するという西欧文化の「大きな物語」を拒絶した。代わりにリオタールはこうした「大きな物語」の崩壊を考察し、それらが閉塞性や全体性に対して抵抗する、少しばかり野心を抑えた「小さな物語（petis recits）」、に譲らなければならないと提案した。彼は『文の抗争』（一九八八年）で、「異質なジャンルを調停する普遍的な判断規則が一般的に欠如して」[★4]おり、「他のジャンルに優越し、それを支配することが正当であるとされうるようなジャンルはない」[★5]ことを詳細に述べた。「小さな物語」のように、繰り返される証明によってのみ、私たちは、私たちの生活のなかの変動、多様性、そして差異を称賛することができる。これは新しいものや、新たな問いを生み出す新しい疑念に手を伸ばす探究を示すものである。また、不明確で思考不可能、単純化できず、提示することができないものや、グローバルのジャンル化に抵抗するものを称賛することに対し反発する探究である。この見方は、同意に辿り着くことではなく、私たちの差異を認め、それを目撃することに耐えることである背理主義の実践として、合意を求めるためではなく、正確には「不安定性」を求めるものとしての、リオタールの科学、知ならびに教育に対する究極的な見方を決定するものである。(倫理的責任)

ジャン＝フランソワ・リオタールは、一九二四年、ベルサイユに生まれた。彼はメルロ＝ポンティから現象学を学び、彼の最初の哲学に関する出版物である『現象学』（一九五四年）は一九九一年に英語に翻訳され、主として彼の師の研究について論じたものであった。リオタールは高等学校において、アルジェリアのコンスタンチン（北東の町）で、アルジェリア戦争勃発の少し前の一九五〇年から五二年の短期間を含め、十年間（一九四九年～五九年）、哲学を教えていた。

一九五四年から六四年にかけては、リオタールは積極的に政治活動に参加した。一九五四年、彼は過激派マルクスグループの「社会主義か野蛮か（Socialisme ou babarie）」に参加し、一九六三年、革命的な労働者組織である「労働者の力（Pouvoir ourvier）」に属するため、マルクスグループを出ると、そこで二年間、メンバーとなった。次の二十年間、リオタールは数か所の高等教育機関（ソルボンヌ、ナンテール、CNRSならびにバンセンヌ）で教鞭を取った。この期間、ナンテール大学の講師として働く傍ら、リオタールは、フーシェ（*Fouchet*）の一九六七年の改革に対抗して「パリ五月革命（Le Mouvement du 22 Mars）」を開始し、大学の学生および職員による表現の自由と民主的な参加に全力を注いだ。リオタールは一九六八年の出来事の間、政治的に活発であり、純粋な民主的な参加への学生の熱望を擁護した。一九七一年、リオタールは文学博士号を授与された。彼の博士論文は「ディスクール、フィギュール（Discours, figure）」と題され、マルクス主義から意識的に離れるものであった。その後、リオタールはパリ第八大学（サン・ドニ）の哲学科の教授職に就き、一九八九年の退官までその職を務めた。リオタールはパリの国際哲学コレージュ（College International de Philosophie）の常任理事のメンバーを務めた。彼はウィスコンシン州、ミネソタ州の大学やイエール大学、ジョン・ホプキンス、モントリオール、サン・パウロ、トリノなどの客員教授を務めた。リオタールはパリ大学の名誉教授であり、カリフォルニア大学アーバイン校では数年の間、フランス語の教授であった。彼はそこからアトランタのエモリー大学へ移り、フランス語と哲学の教授となった。リオタールは一九九八年四月二一日、この世を去った。

　リオタールの業績は、モダニティ／ポストモダニティの討論として知られる、多くのきわめて優れた哲学者や社会理論家が関わった、独創性に富んだ著作からなる。[★6] この討論は、脱工業化社会における知の起源と変化、現代科学、技術と教育に対し、重要な哲学的解釈を発展させた。マイケル・ピーターズに対してリオタールは、「世界を見る際に、いわゆる〝近代〟だけでなく、様々な、伝統的に「近代的な」見方がある」[★7] ことを示唆していた、と説明している。リオタールは、彼の用いる「ポストモダン」という言葉は、「ポストモダニティ」がその後に続くような、単なる直線の時系列ではない、と指摘する。それどころか、ポストモダンはすでにモダンにより暗示されている。なぜなら「作品はまず、最初にポストモダンとなってからモダンになれる」からである。したがって、理解されたポストモダニズムはその終わりではモダニズムではなく、発生期の状態でモダニズムであり、その状態は不変のものである。[★8]

　フーコーにより展開され、その後、バルトやクリステヴァ、デリダ、ドゥルーズなどにより発展したポスト構造主義や脱構築を含む他の現代思想の潮流には、類似点や共通の仮説がある。リオタールが自身のプロジェクトにもち込んだ創造的な学際的アプローチは哲学領域のみならず、教育を含む人文科学全般に影響を及ぼした。[★9]

　リオタールの業績は、教育、特に教育哲学や理論、そして教育方針に対する懸念について直接的に言及している点にある。彼の思想は、教育および知の将来の状態や役割を分析し、それらは、社会が脱工業化の時代に入るにつれ、知がどのように変化するかを予測する、予言的なものであることが示された。リオタールは、西欧文化と知は「一九世紀末からはじまって、科学や文学、芸術のゲーム規則に大幅な変更を迫った一連の変化を受け」[★10]、永続的に変化したと主張している。リオタールはこれらの変化を、「大きな物語」、特に科学における知の規則と近代の教育機関の創設の両方を正当なものにするために使用された意味、真実と解放に関わる啓蒙主義のメタ言説などの危機の文脈に位置づけた。これらの変化はゲームの規則だけでなく、知の伝達と生産の実践をも変更した。最も根本的には、それらは知の正当化の言説を変更した。リオタールは、ポストモダン状況は、近代における知の生産力についての現代的方法の正当化の危機を表すものである、と主張する。知はすでに、生産の根本的な力になり、先進国における労働力の構成を変えている。リオタールは、知の商業化および、その循環の新たな方法は、国民国家と情報が豊富な多国籍企業との間に新たな倫理、政治ならびに法律上の問題を生み出す他、いわゆる先進国と第三世界の国々との間の溝を深めるであろう、と示唆している。[★11]

リオタールにとっての課題は、保存され、回収され、パッケージ化され、操作され、伝達可能な、交換価値のあるメッセージを伴う符号化されたメッセージを文（の集合）に還元する、「生産的な商品のなかにある言語の変容」という批判を理解し、提供することである。彼はこれを「行為遂行性（Performativity）」の原則、すなわちインプット／アウトプットの割合に従い測定される効率性の観点から説明する。これは、すべての言説を一つだけの基準、効率性を主題にすることを示唆している。リオタールは、「行為遂行性」の原則は、すべての言語ゲームを消費されるものとして扱うとしている。彼は、こうしたアプローチは、言語ゲームの大部分や文化的・社会的差異を曖昧にすると主張している「行為遂行性」の概念の裏には制度のパフォーマンスの効率性の最適化がある。リオタールの見解では、「この基準の応用は、私たちのゲームのすべてに対して、ソフトなものかハードなものかにかかわらず、一定のレベルの恐怖を伴う」（使用可能、すなわち消費されるものであること、または消えていくこと）という。[★12]

リオタールは、「行為遂行性」の支持者らが、教育は保護する知や技能のみを授けるべきであるとし、社会の運営効率を強化しようとしていると考えたため、「行為遂行性」を通じた教育の正当性に反論した。「行為遂行性」の原則の論理やシステム全体のパフォーマンスの最適化およびその基準の論理は技術的であり、われわれに何が真実で、何が美しいかを判断する規則を提供することはできない。すると教えられたことは、制度の技術的要件に判断され、教育者は、自らの教育がどの程度効率的に行われたかで評価されるということになる。教育が「行為遂行性」を通じて正当化される時、知には内在する価値があるとは考えられないだろう、とリオタールは指摘する。代わりに、知は販売できる商品としてのみ評価され、「交換価値」のみで「使用価値」[13]が失われてしまう。

リオタールは、「行為遂行性」を通じた正当性には問題があり、社会に問題のある結果をもたらす、と主張している。リオタールによれば、ポストモダンの教育と科学は、効率性の基準からも、万人のコンセンサスの追求からもその正当性を評価されるものではない。それよりも、リオタールの視点では、正当性とは大多数、意見の不一致、革新、想像、そして創造性からくるものである。リオタールはこれを「パラロジー(paralogie)の探究」[14]と名づけた。リオタールは、「コンセンサスは議論の一状態に過ぎず、決してその目的ではない。目的はむしろパラロジーなのである。」[15]としている。正当化の別の方法を探究し、リオタールは「このような要求が最終的には承諾され得るとすれば、その唯一の正当化は、それは理念を、言い換えれば、新しい言表を生み出すだろう」[16]と指摘する。ポストモダンの教育および科学の目標とは、これら理念や概念の発見である。

ポストモダンの教育と、知の変わりゆく状況に対するより深い理解において、リオタールの業績は、他の偉業に勝るとも劣らない。リオタールは二十冊の書籍と多くの学術論文を執筆し、哲学分野の領域、主題、様式ならびに話題を広げた。リオタールの思想は長年の間、メルロ゠ポンティ、フロイト、ニーチェ、カント、ウィトゲンシュタイン、そしてドゥルーズなど、多くの思想家の影響を受けることで変化した。リオタールにとって、私たちの経験と、私たちがこの経験について語る際に用いる言語の間には差異があった。『ディスクール、フィギュール(*Discours, fugure*)』のなかで、彼は、私たちの生活世界での経験の特殊性から独立したものである、永久の、思想の普遍的ジャンルに賛成して歴史を追放する理論的構成概念を批判している。一九六〇年代、急進的なマルクス主義のグループである「社会主義か野蛮か」とのつながりから、リオタールは歴史的な唯物主義と政治的習慣の自由な批評を無視した学説に対する不信を強めることとなった。[17]一九六六年、リオタールが、急進的なマルクス主義のグループへの積極的な政治的関わりを中断した一方で、彼の自叙伝『マルクス主義の記憶・ピエール・スイリのために』[18]が知的に記された後、マルクス主義と見解の相違を見せた一方で、哲学的な転向があった。[19]マイケル・ピーターズ(一九九五年)は、リオタールがマルクス主義から背を向け、一九五〇年代から六〇年代のフランスの知識人の生活の歴史的背景に見られる哲学の必要性、そして特に「進展」という、見せかけだけの中立性のなかで現れるヒューマニズムと、「普遍的」な人類発展（共産主義者または資本主義者）との葛藤に取り組んだ、と主張している。『リビドー経済』（原著は一九九四年）のなかで、リオタールは弁証法の基本的観念を批判し、マルクス主義の想像上の倫理的、社会的真実を通して真実に辿り着くことはない、と主張している。リオタールは、フロイトのリビドーの経済的観念を用い、それをマルクス主義の政治的経済の背景に移し、われわれが決してどの政治的立場をも正しいものとして選択することができないことから、一つの政治的立場を他から選択することの不可能性を示している。リオタールによれば、ある（政治的または哲学的）立場の経験は必ずしもその消耗性を暗示するわけではなく、あるいは受け継がれ、抑制された他の立場への発展を暗示するものでもないという。『文の抗争』のなかで、リオタールは『ポストモダンの条件』で紹介した概念を広げ、「differend（急進的な争異、抗争）」は、弱小グループの利益を侵害することとなしに合意に対する訴えにより平等に解決することはできない、と主張している。リオタールは、コミュニケーション・コミュニティとして定義される、望ましい主張を基に合意される、新しい種類の合理的社会への社会の進化的な飛躍という、ハーバーマスの視点を真っ向から否定している。リオタールによれば、これは、適応者が歓迎され、不適応者は理想的合意の「テロリスト」ととらえられる「全体（主義）的」な哲学的伝統の、受け入れがたい遺物なのである。リオタールによれば、ハーバーマスの立場は、論争の脈絡の根本を調べないままに放置し、常に権力や地位、ネットワーク、影響力の効果により特徴づけられているという。

リオタールの業績の主なテーマは、ポストモダンの時代における知を認めること、教育における中心的な関心事に直接関係したテーマである。リオタールの視点は、グローバル資本主義のシステムの、自主規制の性質、通貨主義に対する世界銀行や国際通貨基金等の世界的機関による介入の観点から教育のネオリベラル的な商業化に正当な批評を与えるもので、供給側の経済は、資本蓄積のネオリベラル的戦略を強く示すものである。[★20] 公共投資の代わりに民間企業や個人を重要視すること、教育を商品化し、それを労働者の従順さおよび効率性増加の手段として見ることにより経済の優位性を向上させること。このようなモデルでは、教育は経済の指導部門としてとらえられ、「行為遂行性」の原則により定義される。リオタールはシステム全体としてのパフォーマンスの観点からの教育の正当化に反対している。「行為遂行性」は、教育的な方針が形作られなくてはならないものにしたがって、支配的なメタ物語（大きな物語）として機能する。リオタールは、「小さな物語は優れて創造的発明、しかもとりわけ科学における創造的発明がとる形態であり続けている」場合、パラロジー（非合理性）として理解される差異に基づいた知と教育の正当化を理論化している。[21]

その姿を現しつつあるポストモダンの社会において、知識と教育の正当化に関する中心的な関心事は、おそらく今日、これまで以上に切実なものであろう。「行為遂行性」の原則は現在、教育においてこれまでより広くいきわたっており、したがってリオタールの思想は、近代の教育機関における優先順位と基盤を批評するうえで強力な後ろ盾となりうるであろう。

★注

★1 J.-F. Lyotard, *The Postmodern Condition: A Report on Knowledge*, trans. G. Bennington and B. Massumi, Minneapolis, MN: University of Minnesota Press, p.xxv, 1984, 1st pub. In France 1979. Henceforth referred to as PMC.（ジャン＝フランソワ・リオタール、『ポストモダンの条件』小林康夫訳、水声社、一九八六年、序一一頁）

★2 PMC, p.xxv.（『ポストモダンの条件』、同頁）

★3 PMC, p.xxiv.

★4 J.-F. Lyotard, '*The Differend: Phrases in Dispute*. Trans. Georges Van Den Abbeele. Minneapolis: University of Minnesota Press, 1988 [*Le Différend*. Paris: Éditions de Minuit, 1983].（ジャン＝フランソワ・リオタール、陸井四郎ほか訳『文の抗争』法政大学出版局、一九八九年、二頁）

★5 Ibid., p.158.（同書、三二五頁）

★6 M. Peters, *Poststructuralism*, Politics and Education, New York: Bergin & Garvey, 1996.

★7 M. Peters, *Education and the Postmodern Condition*: Revisiting Jean-François Lyotard, *Journal of Philosophy of Education*, 29, p.387, 1995.

★8 PMC, p.79.

★9 R. Kearney and M. Rainwater, *The Continental Philosophy Reader*, London, Routledge, 1996.

★10　PMC, p.3.（『ポストモダンの条件』、序、七頁）
★11　See Peters, *Education and the Postmodern Condition*, op cit.
★12　PMC, p.xxiv.
★13　PMC, p.4–5.（『ポストモダンの条件』、一六頁）
★14　PMC, p. 66.（『ポストモダンの条件』、一六二―一六三頁）
★15　PMC, pp.65–6.（『ポストモダンの条件』、一六〇―一六一頁）
★16　PMC, p.65.（『ポストモダンの条件』、一五九頁）
★17　R. Kearney and M. Rainwater, *The Continental Philosophy Reader*, London, Routledge, 1996.
★18　J.-F. Lyotard, 'A Memorial for Marxism: For Pierre Souyri', in *Peregrinations: Law, Form, Event*, New York: Columbia University Press, 1988.
★19　M. Peters, 'Emancipation and Philosophies of History: Jean-François Lyotard and Cultural Difference', unpublished manuscript, University of Auckland, 1998.
★20　M. Peters, Education and the Postmodern Condition: Revisiting Jean-François Lyotard', *Journal of Philosophy of Education*, 29, p.393–4, 1995.
★21　PMC, p.60.（『ポストモダンの条件』、一四九頁）

参照項目

本書の**ハーバーマス**、**ウィトゲンシュタイン**の項
『教育の主要思想家50人』所収、**カント**、**ニーチェ**の項

リオタールの主要著作

・*Libidinal Economy*, Bloomington, IN: Indiana University, 1993, Fr. 1974.（『リビドー経済』杉山吉弘、吉谷啓次訳、法政大学出版局、一九九七年）
・Lyotard, J.-F, with Thebaud, J.-L., *Just Gaming*, Minneapolis, MN: University of Minnesota Press, 1985, Fr. 1979.
・*The Postmodern Condition*, Minneapolis, MN: University of Minnesota Press, 1984, Fr. 1979.（『ポストモダンの条件』小林康夫訳、水声社、一九八六年）
・*The Differend*, Minneapolis, MN: University of Minnesota Press, 1988, Fr. 1982.（『文の抗争』陸井四郎ほか訳、法政大学

出版局、一九八九年）
・*The Postmodern Explained*, Minneapolis, MN: University of Minnesota Press, 1992, Fr. 1986.
・*Heidegger and the Jews*, Minneapolis, MN: University of Minnesota Press, 1990, Fr. 1988.（『ハイデガーと「ユダヤ人」』本間邦雄訳、藤原書店、一九九二年）
・*The Inhuman: Reflections on Time*, Stanford, CA: Stanford University Press, 1991, Fr. 1988.（『非人間的なもの——時間についての講話』篠原資明、上村博、平芳幸浩訳、法政大学出版局、二〇〇二年）
・*Peregrinations: Law, Form, Event*, New York: Columbia, 1988.（『遍歴——法、形式、出来事』小野康男訳、法政大学出版局、一九九〇年）
・*The Lyotard Reader*, Cambridge, MA: Blackwell, 1989.
・*Lessons on the Analytic of the Sublime*, Stanford, CA: Stanford University Press, 1994, Fr. 1991.
・*Toward the Postmodern*, Atlantic Heights, NJ: Humanities Press, 1993.
・*Political Writings*, Minneapolis, MN: University of Minnesota Press, 1993.

関連図書

・Benjamin, A. (ed.), *Judging Lyotard*, London and New York: Routledge, 1992.
・Bennington, G., Lyotard: *Writing the Event*, New York: Columbia, 1988.
・Peters, M. (ed.), *Education and the Postmodern Condition*, New York: Bergin & Garvey, 1995.
・Readings, B., *Introducing Lyotard: Art and Politics*, London and New York: Routledge, 1991.

（ミカリノス・ゼンビラス）

ローレンス・A・クレミン　*1925—90*

Lawrence A. Cremin

私からすると、失敗を回避するうえで、また、例えば教会教育の小教区制度の特色もしくは学問的自由のもろさというような監視制度の非効率的な点について認識するうえでの単なる見込みある価値として、私たちは歴史教育を研究しているわけではないようである。最も歴史がそのような価値をもつことはできるのだけれども。私たちが歴史を研究するのは、前提になっていることやその関与《コミットメント》の起源を吟味することによって、教育において前提とされていることやその関わりに気づくためである。私の信条は、もし国家指導者が、過去二十五年の間、もっと価値があって正確なアメリカ教育史を得ていたとしたならば、どこにどのように介入するのがよいのか、という選択肢の幅はずっと広がっていたであろうということである。……私たちが歴史を学ぶのは、歴史には常に欠落した部分があるからなのではなく、むしろ崩壊した歴史の批判的研究の欠落部に、神話、曲解、イデオロギーの繁殖があるからである。これは、ソクラテスが反省することが欠落している人生は人間の人生としてふさわしくない、と教えたときの彼の気持ちであると私は考える。これこそが、過去は完全に知ることができないものであるのにも関わらず、私たちに学ぼうと思わせる理由なのである。★1

クレミンは教育学研究一般、また教育史研究の分野において大きな影響を及ぼし、功績を遺した歴史家、教師、そしてリーダーである。彼は一九二五年にアメリカ・ニューヨーク市で生まれた。秀才が通うタウンゼンド・ハリス公立高校に進学した後、一九四二年にニューヨーク市立大学（ＣＣＮＹ）に入学した。四年生になる前にアメリカ航空部隊に入隊し、第二次世界大戦後、学士課程を修了するために大学へ戻った。そして、成績優秀者《フィ・ベータ・カッパ》に選ばれ、社会科学の学士号を取得してＣＣＮＹを卒業した。ニューヨーク・スクール・オブ・ミュージックの創立者であった父と母は、彼にはコンサート・ピアニストになってほしいと願っていたが、クレミンは最終的に人文科学と社会科学の分野、特に歴史の分野へと進むことになる。一九四六年九月、復員兵援護法のおかげで彼はコロンビア大学への入学が可能になった。ティーチャーズ・カレッジでは、ジョン・チャイルズ、ジョージ・カウンツ、フリーマン・R・バッツ、ブルース・ラウブなどの高名な学者たちの担当するアメリカ教育の社会学的で哲学的な基礎《ファンデーション》コースを含め、幅広く大学院の講義を履修した。そして、一九四七年に修士号、一九四九年には博士号を取得した。★2

クレミンの知名度は、長期にわたって教育史研究と教育史の教授《ティーチング》の質を向上させたこと、教育史研究者のための研究の枠組み《パラメーター》を拡大させたことで築かれた。さらに、歴史学の主要潮流に複雑に関係し、学術的に耐えうるものとしての教育史の確立に自身のキャリアの大部分を捧げた。一九五〇年代初頭、彼がこの分野に足を踏み入れた当時は、教育史の書物は、明確な方法論《メソドロジー》にも論理的基盤にも欠けており、アカデミックな世界に閉じこもった、偏狭で批判が欠如した傾向にあった。それは、フォーマル・スクールの内容や構成を形成している社会的、経済的な内容に対して、事実上関心をもたないものであり、孤立した状態で公立学校の起源とその発達について記録したものであった。クレミンは教育史の研究者が、公教育を民主主義社会の「素晴らしい平等化の産物」として、ロマンチックに表現してしまう傾向にあることに気づくことになる。当時の教育史の研究者たちは、近代デモクラシーの華やかさを表現するものの一つとして、公教育の発達を年代順に並べたてる一方で、先住民、奴隷、移民、一般の労働者、女性、民族的マイノリティー・グループが被った、反民主主義的な経験をやすやすと省いていた。アメリカの教育の発展とその起源についてのこのような書き方は、カバリー式として知られており、それはスタンフォード大学教育学部学部長を長く務めたエルウッド・P・カバリーという著名な代表者の例からその名がついたものである。教育史の「カバリー学派」は、コモンスクールの発生、拡大、成功を、近代デモクラシーの原動力として特徴づける歴史学のパターンを発達させた。歴史研究のメソッドやテクニックのまともなトレーニングを受けなかった教育学の教授による主な書物は「組織内部でしか通用しない」歴史として類別されることが適切であり、公立学校の複雑で問題をはらんだ過去に対する、偏狭でロマンチックな視点にその特徴を見ることができる。それらの多くは、公教育のある一定の型を促進するために書かれていたように、本質的にはある一定のイデオロギーへの関与《コミットメント》によって動機づけられていた。さらに、提案者たちは、それらへの弁護が専門家《プロフェッショナル》としての基本姿勢《スタンダード》であるとさえ見なしていた。カバリー式の後継者たちは、クレミンの教育政策や実践における歴史学の役割の視点を形成するなかでも大きな役割を果たしている。しかしながら、クレミンは学問的に裏打ちされた教育史という、新しくて異なる史学研究の基準を導くことに従事していったように、カバリー式の歴史学研究の本質的概念に反旗を翻していくことになる。

クレミンの重要性は、教育学の分野での歴史学の役割の変遷のなかで、主に二点の重要な先導を成し得たことに対する高い評価から理解することができる。第一に、彼は教育史の分野を教授《ティーチング》することと、その研究の質の向上のための批判的な役割を果した。第二に、歴史家バーナード・ベイリンの概念的枠組みの影響を受けながら、教育史学研究者のための社会的で知的な歴史学の枠組み《パラメーター》を拡大した。一九五〇年代後半、高等先端教育基金とフォード基金の助成によって、教育史分野の研究と教授《ティーチング》の質の改善への自覚的な努力がはかられた。一九六一年出版の『学校の変容――アメリカ教育のなかの進歩主義、一八七六年から一九五七年まで』で、クレミンは、教育史研究において学術的に耐えうる研究者を育てていこうというフォード基金のキャンペーンの代表例となる。この著書は、進歩主義教育の歴史を進歩主義時代の主流であった知識や社会史と関連させており、また、より広いアメリカ史の分野にその主な立ち位置があることを前提としていた。一九六四年にバンクロフト賞を受賞したこの著作は、教育史の新しい歴史方法論のモデルと見なされた。出版後、クレミンはコロンビア大学の歴史学科との併任を申し入れされ、またフォード基金のアメリカ史における教育委員会にも招聘された。こうしてクレミンは、教育史の分野での一流の研究を重要視する委員の具現者となり、そして学術的な基盤をもつ教育学における歴史学研究という新しい主眼点のモデルとなった。彼の功績は、進歩主義的な政治と教育の変化の関係性に取り組み、地政学的な文脈を改めた歴史家として、最終的には国際的な関心も引くことになったのである。[★3]

一九六〇年、バーナード・ベイリンは『アメリカ社会形成における教育』で、極端にフォーマルな学校教育に重点をおくことから、フォーマルでもインフォーマルでも、時代を超えて文化的信条や社会行動を形成しているすべての教育的組織や機関に研究の重点をおくという、非常に広い教育史の定義を提案した。クレミンがベイリンの教育史の概念を受け入れたことは、その後の一九六五年の出版物『アメリカ教育史考――エルウッド・P・カバリー教育史の評価』によく現れている。クレミンは、ベイリンが提案した教育学の歴史学的研究の批判に同意し、家族、教会、図書館、ミュージアム、出版社、慈善団体、青年団、市場、ラジオのネットワーク、軍組織、研究所を含む学校を超えた他の組織による教育も教育史と呼んでいる。この視点は、カバリー式に即して研鑽されてきた教育史研究とはっきり分離するのみならず、クレミン自身の初期の著作の焦点とも大きく異なるものである。『アメリカ・コモンスクール――歴史的概念』(一九五一年)、『我らの民主主義のなかのパブリック・スクール』(一九五六年にメール・ボロウマンとの共著)、『学校の変容』(一九六一年)におけるクレミンの研究は、公立学校の歴史にだけ焦点があてられている。『アメリカ教育史考』の出版直後、クレミンは、ニューヨークのカーネギー・コーポレーションからアメリカ教育局の百周年記念を祝うための総合的なアメリカ教育史の執筆を依頼された。この教育史における新しい研究は、フォーマルとインフォーマルな文化形成として、教育を広く定義するものによって概念化された。

一九六四年の殿堂入りするにふさわしい三冊に始まって、各巻ともバーナード・ベイリンから採用した新しい教育の定義を主軸として論じられた。これらの著書で、クレミンは教育史の研究とは、熟考することであり、変化のためにシステマティックに継続的になされる努力のことであり、直接的または間接的、意図的または意図的になされなかった努力の結果へのあらゆる研究はもちろん、知識、価値、態度、技術や感覚を引き起こす、もしくは獲得することであると定義した。明らかに、この視点からするとクレミンの教育の概念と伝統的な文化人類学の文化の定義には殆ど差がない。まさに、クレミンには教育史と文化史の違いは視覚的に消滅していたのである。彼のアメリカ教育総合史の傑作である三冊とは、『アメリカの教育――植民地の経験』(一九七〇年)、『アメリカの教育――国家の経験』(一九八〇年)、『アメリカの教育――大都会の経験』(一九八八年)である。クレミンは第二巻『アメリカの教育――国家の経験』で、一九八一年のピュリッツァー賞歴史部門の受賞を果たした。クレミンは、バンクロフト賞とピュリッツァー賞の受賞によって、アメリカ教育史の最も著名な歴史家、また国際的にも最も知名度のある学者としての地位を築いた。まさに文句なしにクレミンの三冊とは、教育史は知的で社会的歴史学の主要な学術性と統合可能であるというフォード基金の最初の思惑を具現化したものである。

教育史という分野は、一九六〇年代後半、アメリカにおいて活性化した。クレミン、そしてその他の多くの学者も二〇世紀中期まで絶滅寸前であったこの分野に新しい息吹をふきこむために尽力した。彼は、新しいアメリカ教育史の「長老《リーダー》」として確実に敬意を表されてはいたが、一九六〇年代後期の若手研究者の多くは、学内の公民権運動、「新しい」急進的な社会史、女性解放運動、言論の自由、反戦運動の批判的な視点に影響を受けていた。彼らはクレミン世代である第二次世界大戦直後の時代期と全く違った社会状況のなかで生き、また歴史家としての教育を受けた。それゆえ、クレミンの世代が行ったように、この分野の若手研究者たちは、彼らの世代の経験に即した問題に適合する新しくて異なる歴史を書きはじめた。社会史、労働者階級史、民族史、女性史の分野の出現は、ベイリンやクレミンが定義づけた仕方とは違った形で、社会的で知的な歴史学一般と教育史の特定の分野を結合した。新しい研究者たちは、学校研究から他のフォーマル、インフォーマルな教育機関への移行のかわりに、コモンスクールについてのカバリーのワンダフル・ワールドにいっそうの批判的な視点をもった。彼らは、非常に民主主義的なコモンスクール・システムの発生、発達、成功という古い組織内部でしか通用しない歴史学から、公教育の構造と内容を形成しているもののなかにある階級、人種、ジェンダー、官僚主義という非民主主義的な役割についての分析を担う歴史学へと変遷させていった。学校システムの歴史を、図書館の歴史、教会史、ミュージアム史、慈善団体の歴史と並列させるかわりに、新しい教育史の研究者たちは、学校システムの起源や発達を社会的、経済的発展の全体的な矛盾と統合することを模索したのである。階級支配と社会の不平等という主題は、伝統的な民主主義と個人の機会という主題とともに扱われた。この新しい歴史学は、アメリカにおける市民化の源には、公教育の発展があるというカバリーの信条に挑戦しているだけでなく、クレミンによって定義づけられた歴史的研究の枠組み《パラメーター》さえもリセットし、公教育の歴史的意味もまた再定義してしまった。要約すると、一般的に社会的不平等の主要なパターンを補充する従属機関として公立学校教育を概念化し、また、より大きな社会的要請のなかでフォーマルな学校教育の役割を探求するものとして、教育史の主要な役割を定義づけたのである。そのなかのいくばくかの研究は、学校教育以外の社会的状況における教育に焦点を当ててはいたが、全体のバランスとしては、クレミンの三冊の傑作のなかで確立された道筋からは離れていった。今日では、この二つの概念は、よりバランスを保ってきてはいるが、教育史の主眼は、家族、教会、図書館、ミュージアム、出版社、慈善団体、青年団、農産物品評会、ラジオのネットワーク、軍隊組織、研究機関よりもむしろフォーマルな学校教育にとどまっている。

一九六〇年代後半から一九七〇年代初頭の「修正主義者《リビジョニスト》」的教育史として知られるものが台頭し、激しい論争があったにもかかわらず、一九六〇年代後半から一九八〇年代の終わりまでに、この分野の研究と教授《ティーチング》の質の改善には著しいものがあった。さらに、教育史は知的で社会的な歴史学という広い分野の枠組みのなかで、よりふさわしい地位を国際的にも十分に与えられるようになった。まさに教育史は、二〇世紀中期の実体のない偏狭で組織内部でしか通用しない歴史学から、二〇世紀の最後の三分の一の間に、豊かで精力的な分野へと変遷をとげたのである。疑いなく、クレミンは大きな論争において決定的な役割を果し、彼の著作と教授《ティーチング》を通して他の人物同様、教育史をより学術的に耐えうる研究へと変貌させたのである。彼は、アメリカ教育史学会、全米教育協会《ナショナル・アカデミー・オブ・エデュケーション》の設立に助力し、これら二つの組織は、教育史という特定の分野の研究と教育学研究一般を発展させた。スペンサー基金の会長を引き受けた後、クレミンは教育学分野の基礎研究のための研究資金を増やすことで、教育学研究一般の発展に尽力した。さらに、教育における公正の問題を明らかにしようとする研究により重点をおくこと、教育学のコミュニティーの再構成を助長する特別研究員《フェローシップ》制度に追加基金を提示することで、彼は教育学研究の質の向上が、より強固で組織的なプログラムのなかで長期にわたってその関与が可能になるように転換していった。教育学研究における多くの国内研究と国際研究、学校教育の内外における教育研究は、スペンサー基金において彼が発展させた特別研究員《フェローシップ》の研究プログラムにその恩恵を受けているのである。さらにティーチャーズ・カレッジ・フレデリック・バーナード教育学部教授としての在職期間中、彼は教育史の著名な学者達を輩出した。教え子である、パトリシア・グラハム（歴史家でスペンサー基金の前会長）、エレン・コンドライフ・レイジマン（歴史家で現スペンサー基金会長）、メアリー・アン・ドズバック（歴史家でアメリカ教育史学会会長）等、クレミンは、教育学の分野の研究の道筋を現在も形成し続けているという偉大な遺産を残している。最後に一言添えると、クレミンは、多作の著作家として、教育史専攻の全学生が絶対学ばなければならない一流の学問の重要な主幹部分を築いたのである。

注

★1 Cremin, 'American Education: Some Notes Toward a New History', Monograph for American Educational Research Association —Phi Delta Kappa Award Lecture— Bloomington, IN: Phi Delta Kappa International, pp.17–18, 1969.

★2 Ellen Condliffe Lagemann and Patricia Albjerg Graham, 'Lawrence Cremin: A Biographical Memoir', *Teachers College Record*, 96, 1, Fall, pp.102–11, 1994; Diane Ravitch, 'Lawrence A. Cremin', *The American Scholar*, 61, 1, Winter, pp.83–9, 1992.

★3 Peter Cunningham, *Curriculum Change in the Primary School Since 1945: Dissemination of the Progressive Ideal*, London and New York: Falmer Press, 1988; Ron Brooks, *King Alfred School and the Progressive Movement, 1898–1998*, Cardiff: University of Wales Press, 1998; Shirley Dennis, *The Politics of Progressive Education: the Odenwaldschule in Nazi Germany*, Cambridge, MA: Harvard University Press, 1992; John Shotton, *No Master High or Low: Libertarian Education and Schooling in Britain 1890–1990*, Bristol: Libertarian Education, 1993; Joachim Liebshner, *Foundations of Progressive Education: The History of the National Froebel Society*, Cambridge: Lutterworth Press, 1991.

クレミンの主要著作

- 'Toward a More Common School', *Teachers College Record*, LI, pp.308–19, 1949–50.
- *The American Common School: An Historic Conception*, New York: Bureau of Publications, Teachers College, Columbia University, 1951.
- 'The Curriculum Maker and His Critics: A Presistent American Problem', *Teachers College Record*, LIV, pp.234–45, 1952–53.
- Cremin, L. A., with Freeman Butts, R., *A History of Education in American Culture*, New York: Henry Holt and Company, 1953.
- Cremin, L. A., Richardson, C. C., Brule, H. and Synder, H. E., *The Education of Teachers in England, France and the USA*, Paris: UNESCO, pp.225–48, 1953.
- 'The Revolution in American Secondary Education, 1893–1918', *Teachers College Record*, LVI, pp.295–308, 1954–55.
- Cremin, L. A., with Merle L. Borrowman, *Public Schools in Our Democracy*, New York: Macmillan, 1956.

- ‘The Problem of Curriculum Making: An Historical Perspective’, in *What Shall High Schools Teach?*, Washington, DC: Association for Supervision and Curriculum Development, pp.6–26, 1956.
- *The Republic and the School: Horace Mann on the Education of Free Men*, New York: Bureau of Publications, Teachers College, Columbia University, 1957.
- ‘The American Common School in Theory and Practice’, *The Year Book of Education 1957*, New York: World Book, pp.243–59, 1957.
- ‘The Progressive Movement in American Education: A Perspective’, *Harvard Educational Review*, XXVII, pp.251–70, 1957.
- ‘L’Avvenire della Scuola Pubblica Americana’, *Problemi della Pedagogia*, Luglio-Ottobre, I, pp.37–54, 1957.
- ‘The Writings of William F. Russell’, *Teachers College Record*, LIX, pp.172–8, 1957–58.
- ‘The Recent Development of the History of Education as a Field of Study in the United States’, *History of Education Journal*, 11, VII, pp.1–35, 1955–56.
- *The American School*, Madison, WI: American Press, 1958.
- ‘John Dewey and the Progressive-Education Movement, 1915–1952’, *The School Review*, LXVII, pp.160–73, 1959.
- ‘What Happened to Progressive Education?’, *Teachers College Record*, LXI, pp.23–9, 1959–60.
- *The Transformation of the School: Progressivism in American Education, 1876–1957*, New York: Alfred A. Knopf, 1961.
- ‘L’Ecole Pour Tous’, *Education Americaine*, Paris: Nouveaux Horizons, pp.i–40, 1963.
- *The Genius of American Education*, Pittsburgh, PA: University of Pittsburgh Press, 1965.
- *The Wonderful World of Ellwood Patterson Cubberley*, New York: Bureau of Publications, Teachers College, Columbia University, 1965.（『アメリカ教育史考――E・P・カバリー教育史の評価』中谷彪、中谷愛訳、昇洋書房、二〇〇五年）
- Cremin, L. A., with the Committee on the Role of Education in American History, *Education and American History*, New York: The Fund for the Advancement of Education, 1965.
- ‘John Dewey’s My Pedagogic Creed’, in Daniel J. Boorstin (ed.), *An American Primer*, 2 vols, Chicago, IL: University of Chicago Press, IL, pp.608–20, 1966.
- ‘American Education: Some Notes Toward a New History’, Monograph for American Educational Research Association — Phi Delta Kappa Award Lecture, Bloomington, IN: Phi Delta Kappa International, 1969.
- *American Education: The Colonial Experience, 1607–1783*, New York: Harper & Row, 1970.
- ‘Curriculum-Making in the United States’, *Teachers College Record*, LXXIII, pp.207–20, 1971–1972.

- ‘The Family as Educator: Some Comments on the Recent Historiography’, *Teachers College Record*, LXXVL, pp.250–65, 1974–75.
- ‘Public Education and the Education of the Public’, *Teachers College Record*, LXXVII, pp.1–12, 1975–76.
- *Public Education*, New York: Basic Books, 1976,
- *Traditions of American Education*, New York: Basic Books, 1977.
- *American Education: The National Experience, 1783–1876*, New York: Harper & Row, 1980.
- ‘The Problematics of Education in the 1980s: Some Reflections on the Oxford Workshop’, *Oxford Review of Education*, 9, 1, pp.9–20, 1983.
- ‘Grading the Nation’s Schools’, *The World Book Year Book*, Chicago, IL: World Book-Child Craft International, pp.66–83, 1983.
- ‘The Popularization of American Education Since Word War II’, *Proceedings American Philosophical Society*, 129, 2, pp.113–20, 1985.
- *American Education: The Metropolitan Experience, 1876–1980*, New York: Harper & Row, 1988.
- *Popular Education and Its Discontents*, New York: Harper & Row, 1990.

関連図書

- Bailyn, Bernard, *Education in the Forming of American Society*, New York: Random House, 1960.
- Bowles, Samuel and Gintis, Herbert, *Schooling in Capitalist America: Educational Reform and the Contradictions of Economic Life*, New York: Basic Books, 1976.
- Bullock, Henry Allen, *A History of Negro Education in the South: From 1619 to the Present*, New York: Praeger, 1970.
- Burgess, Charles O. and Borrowman, Merle L., *What Doctrines to Embrace: Studies in the History of American Education*, Glenview, IL: Scott, Foresman, 1969.
- Church, Robert L., *Education in the United States: An Interpretive History*, New York: The Free Press, 1976.
- Clifford, Geraldine Joncich, *Edward L. Thorndike: The Sane Positivist*, Middletown CT: Wesleyan University Press, 1984.
- Cohen, Sol, *Progressives and Urban School Reform: The Public Education Association, of New York City, 1895–1954*, New York: Bureau of Publications, Teachers College, Cilumbia University, 1964.
- Cubberly, Ellwood P., *Public Education in the United States*, 2nd edn rev., Boston, MA: Houghton Mifflin, 1934.

- Dzuback, Mary Ann, *Robert M. Hutchins: Portrait of an Educator*, Chicago, IL: University of Chicago Press, 1991.
- Fisher, Berenice M., *Industrial Education: American Ideals and Institutions*, Madison, WI: The University of Wisconsin Press, 1967.
- Graham, Patricia Albjerg, *Progressive Education from Arcady to Academe: A History of the Progressive Education Association, 1919–1955*, New York: Teachers College Press, 1967.
- Kaestle, Carl F., *The Evolution of an Urban School System: New York City, 1750–1850*, Cambridge, MA: Harvard Press, 1973.
- Karier, Clarence J., Violas, Paul and Spring, Joel, *Roots of Crisis: American Education in the Twentieth Century*, Chicago, IL: Rand McNally, 1973.
- Katz, Michael B., *Irony of Early School Reform: Educational Innovation in Mid-Nineteenth Century Massachusetts*, Bston, MA: Beason Press, 1968.
- Krug, Edward A., *The Shaping of the American High School, 1920–1941*, 2 vols, Madison, WI: University of Wisconsin Press, 1972.
- Lagemann, Ellen Condliffe, *The Politics of Knowledge: The Carnegie Corporation, Philanthropy and Public Policy*, Middletown, CT: Wesleyan University Press, 1989.
- Lazerson, Marvin, *Origins of the Urban School: Public Education in Massachusetts, 1870–1915*, Cambridge, MA: Harvard University Press, 1971.
- Mattingly, Paul H., *The Classless Profession: American Schoolmen in the Nineteenth Century*, New York: New York University Press, 1975.
- Perkinson, Henry, *The Imperfect Panacea: American Faith in Education, 1856–1965*, New York: Random House, 1968.
- Ravitch, Diane, *The Great School Wars: New York City, 1805–1973*, New York: Basic Books, 1974.
- Schultz Stanley K., *The Culture Factory: Boston Pulic Schools, 1789–1860*, New York: Oxford University Press, 1973.
- Spring Joel, *Education and the Rise of the Corporate State*, Boston, MA: Beacon Press, 1972.
- Tyack, David B., *The One Best System: A History of American Urban Education*, Cambridge, MA: Harvard University Press, 1974.

（ジェイムズ・D・アンダーソン）

バジル・バーンスティン・F　*1925—2000*

Basil Bernstein F.

> 私たちが現在取り組んでいることとは、教授上の役割がそれぞれ分断され、教師が担当している部分への権威や独立性をもっているような中等学校から、教授上の役割がさほど独立しておらず、分担されたり、協同的な役割をもつような中等学校へと転換することである。いわば、「所与のもの」（誰しもが賦与の義務に問題なくありつけるという意味において）という教師の役割から、他の教師と関連して達成されなければならない役割への転換である。その役割は、もはや、作られるものではなく、作らねばならない。教師は、もう他の教師から孤立したりしない。というのは、そこでは自分の担当教科の公的な試験に対する関わり方が統合を原則とするからである。教師は、今日では、日々の教授のレベルでみた場合、他の教師と相互補完的な関係にあるのである。★1

この引用文は、一九六七年に大衆誌『ニューソサエティー』で最初に出版された「オープンスクール・オープンソサエティ」という論文からのものである。★2この論文のタイトル、そしてまさしくこの雑誌の名前は、教育の未来を決定するなかで、出身階級よりも能力に重点を置く、階級に基づかない開かれた社会を望んでいることを示している。この論文は、このような望むべき未来を拡大するなかで出版されたことと歴史的文脈のなかで理解されなければならない。バーンスティンのほぼ全作品は、このような仕方で理解されなければならない。それは、彼の著書が時間を超越した確証性に欠けているからではなく、彼の理論への誤解と誤用が広い領域に渡っているからである。

バーンスティンが著書の執筆に取り組みはじめた頃のイギリスの情勢は、第二次世界大戦後の「緊縮財政」が広がっていた。一九四五年、六年間の世界大戦の荒廃によって、イギリス社会を再建するための穏健派の社会主義者の復興プログラムと労働党政府が選出された。共闘したすべての社会団体は、「私たちは共にある」という闘争精神を今度は政治上の熱狂的な表現として、社会関係の平等主義の推進力の時代に引き継いだ。

イギリスに「新エルサレム」を建設するという労働党の熱狂的な使命感は、地域と階級差によって明確に分離された文化的領域に注目した。一九五〇年代の労働者階級のための学校の生徒として成長することは――私自身がそうであるが――自分の出身とその先行きをあらゆる段階において連想させられることであった。このことは、北米の読者がその概念をつかむのは、特に難しいことかもしれないので、当時の労働者階級の学校経験の一部である「感覚の構造」をつかむために以下の引用文を用意した。

> しかし、最初から私は奇妙な矛盾を経験した。就学していることになっている間、私は不明瞭で煮え切らないような多くの問題の答えを探求したが、それらは学校の計画《アジェンダ》になかったのである。それらは、本当に子どもじみた質問だったが、同時に私の世界に対する理解でもあった。それらは家のなかで話すようなことであった。どうしてお父さんは一生懸命働くのだろう？　どうしてお父さんと朝会わないのだろう、それに夜遅くまで会うことがないのだろう？　どうしてお母さんは「僕を援助するために」働きに出たのだろう？　どうして僕が遊んでいた様々な場所は、大きな公営団地によって発展したのだろう？　どうして三マイル以上も歩いて（後には自転車で）学校にいかないといけないのだろう？　どうして学校は「上流階級の」村にあって、僕の村にはないのだろう？　どうして僕の村の出身の子どもたちは、その学校に隣接する地域の子どもたちとは違った扱いを受けたのだろう？
>
> これらは私の世界への視点である。しかし、なぜそれらは決して語られなかったのか、学校はそれらを子どもにひとりで学ばせるのだろうか？
>
> 学校についての私の関心は中等学校に通った時に膨らんでいった。私は入学試験《イレブンプラス》に合格し、グラマー・スクールに送られた（再び、私の村から数マイル離れたところにあった）。友人たちは皆、私たちの村の学校に通った。セカンダリー・モダンスクールである。公営団地を通って、ブルーのベネチアンブレザーに黄色の飾りふち《タセル》のついた帽子をつけてのグラマー・スクールへの長い道のりは、学校への深い陶酔感を結合させるものとなった（自分の自転車のサドルの鞄に詰めて学校の自転車小屋においておいたブレザーや帽子より

も、この陶酔感はずっと長く残った）。

グラマー・スクールでのカリキュラムは、私とはつながりをもっていなかったし、小学校での二分法は子どもっぽく思えた。そこでは、私はその内容に対して部外者だったし、飲み込みが悪いだけでなく、伝達と構造の様式（すこしも対話的でない形式）にもはなはだ当惑した。私は学校をまるで第二言語を学ぶかのように経験したのである。この文化的な置き換えの主要な要因は学校のカリキュラムにあった。[3]

イギリスの学校における階級的、地域的な経験に対する学術的な研鑽とそれを暴きながら立証していくことは、社会学者のある世代にとっては主流とされたプロジェクトであった。バーンスティンは、この世代のなかで群を抜いて説得力があり一般的で明快である。バーンスティンが論じた有名なフレーズに、「教育で社会の補償はできない」[4]というものがある。彼が論じた問題とは、教育文化コード・システムそのものではなく、それらのシステムにアクセスすることであった。上記のように、バーンスティンが成し得たこととは、「精密コードへのアクセスが、社会階級の役割のメカニズムだと示して見せたことである。」[5]

この種のバーンスティンの知的な探究のルーツは、かなりたくさん文章化されている。一九二五年生まれの彼の最も早い労働者階級の文化への経験としては、ロンドン東端のバーンハード・バロン施設での居住労働者となったことがあげられる。定住運動は不利な地域に対する、文化的、精神的な啓蒙をもたらそうという、ある種の伝道者めいた関心から芽生えた。ここでいう伝道者めいた関心とは、ユダヤ教正統派が主流を占めるコミュニティーに改革派をもち込むことであった。バーンスティンは、家族のケースワークに携わり、後に以下のように記している。「この経験は様々な点で私の人生に深い影響を及ぼした。この経験こそが、文化伝達の構造と、その過程に対して常に抱く関心を焦点化し明確にさせた。[6]」

バーンスティンは、ロンドン・スクール・オブ・エコノミクス（ＬＳＥ）で社会学を専攻した。当時、「ＬＳＥ」は、教育、保健、福祉などの応用分野における社会的不平等への影響について調査するかなりの人数の社会学者の一団を養成していた。バーンスティンは、教育を選択し、教師になるための教育を受けた。はじめての教職は、一九五四年から一九六〇年までのシティ・デイ・カレッジである。労働生活の一日から解放され、教育と訓練に取りかかる生徒を教えることへの挑戦に魅了されたことを彼は記録に残している。理論的な言説と実践に従事する事との間の差異に関しては、自動車整備工場の階級に関するものが特に卓越していた。バーンスティンは、生涯車を運転することがなかったので、この点では理論が実践を導かなくてはならないが（運転しないことは、かなりの社会学者の間で共通しており――アメリカ在住の社会学者たちでさえそうだった――例えば、スタッズ・ターケル、デレク・セイヤー、ゴードン・ウェルズ、フィリップ・コリガン、ディック・ヘブディジ）。バーンスティンがシティ・デイ・カレッジで教えた労働者たちは、正式《フォーマル》な学校教育から脱落した人々であった。言葉の使い方と社会階級の関係に対する関心は、一九六〇年代初頭、二年間滞在したユニバーシティ・カレッジ・ロンドンの音声学科で研究された。そこでのバーンスティンの同僚のフリーダー・ゴールドマン－アイスラーも重要人物だが、総合的に最も重要なのは、社会言語学者のM・A・K・ハリディの影響だろう。

彼らからの影響と音声学科の組織的な環境が、言語と社会階級に焦点を絞る方向へとまとめていったのかもしれない。

ここまでで、バーンスティンの研究計画《プログラム》は、出版された論文の領域を確定し、一九六三年のロンドン大学教育研究所の社会学研究部の設立時に組織的なものとなった。教育社会学の上級講師に就いたバーンスティンは、研究に没頭し、博士と博士研究員《ポストドクトラル》を指導し、残りのキャリアをそこで過ごした。バーンスティンの貢献について要約することの難しさは、彼の業績において最も雄弁なコメンテーターであるポール・アトキンソンによって捉えられている。「バーンスティンは、多くの独創的な思想家の運命を被った――彼は語ったことや書いたことがないことによって最もよく知られている。」[★7] この運命は、アトキンソンの一般的な結論に反して読まれなければならない。

彼は最も著名で影響力のあるイギリス人社会学者の一人である。彼の研究は、世界中の社会学者、言語学者、教育学者に知られている。彼の著作は広くレポートされ、再生産され、選集になり、そして議論の的でもある。彼の思想は、何年にもわたって関心と議論の主題となっており、学生世代は、少なくともいくつかのバージョンには精通するようにできている。バーンスティンの名は、教育や言語に関しての教科書のあちらこちらに繰り返し現れている。[★8]

言語と社会階級の初期の研究は有名になったが、しばしば略式伝達法の誤った解釈形式が存在している。コード・システムの彼の研究は、まさに「ライフワーク」だが、当初彼は「精密コード」（よく中産階級で用いられる）と「限定コード」の区別を展開している。同じように、彼は「定式言語」と「共用言語」の区別をした。典型的には、中産階級の子どもは両方を話すことができる。その一方で、労働者階級の子どもは共用言語のコードに限定されている。

このコード理論は、あらゆる分野で俗化して普及してしまった。特に労働者階級の子どもは「言語欠損」（命名することと責任を負わせる過程のさらに次の段階）と決めつけられていること、また、これらの欠点が彼らの学校での脱落を説明していたことがあげられる。それゆえ、非難される根源が、学校から文化的な立ち位置へとほぼ移行してしまったのである。しかし、誤読と誤解釈の多様化はそれ以上であった。M・A・K・ハリディは、誤解が生じてしまったことについて整理しようと努めた。

一般コード理論との関連において、「欠陥か差異か」というスローガンは全く的外れである。……もし社会の平等の成就が教育されることに依り、教育されるためには精密コードを操らなくてはならないのだとしたら、精密コードにアクセスできない人は皆、いかなる理由であっても、社会正義を否定した事になる。アクセスが開かれなければならないか、もしくは教育の過程が変革されなくてはならない。[★9]

しかし、これはコード理論が解釈されたり受け取られたりしたこととは違う。

それまでに彼は言語学的様式の「欠陥」理論を推す（彼らが主張するには）社会言語学者と教育学者（主にアメリカ人だが、どこからともなく現れた同調者とともに）の悪質な攻撃の対象となってしまった（例として一九七〇年のラバブを見よ）。彼の限定コードの概念は、労働者階級に劣性の知能の責任を負わせているとして非難にさらされ、そして欠陥か差異かという問題の周辺部で全くの神話がでっちあげられ、欠陥の根拠の身代わりという役割をバーンスティンに負わせたのである。ゆえに、行動領域でコードを検討するということは、システムの根本的な潜在性には何の関わり合いもない事を示す一つの方法であったのである。[★10]

このバーンスティンの研究のすり替えは、甘んじて受け入れていいようなものではない。社会的な分析と調査から取るに足らない論争へと、社会的、政治的な目的のために私たちが見つめていることをすり替えている。事実、バーンスティンの関心は古典的な社会学者のものである。上記から、彼は「文化の変遷」と社会的再生産に「関心があった」(彼に相反するのはフランス人のピエール・ブルデューである)。そして、バーンスティンのコード理論は、彼のライフワークの中心なのである。

コード理論はまさに、社会、階級、文化、社会化間の体系的な関係を理解するための継続した挑戦であった。コードは、構造と再生産の一般原則を表現するために使用され、それは分析レベルにおいて、一緒に関連づけられ配置された。分業、役割とアイデンティティの分配、メッセージと意味の構築、社会的統制の訓練である。[★11]

バーンスティン自身[★12]、アラン・ザドヴニク[★13]が編集した卓越した記念論文集において、ライフワークについての彼の視点を言及している。

私自身の研究への主な努力は、確かにコミュニケーションにおける社会学的規制を説明することに発展していった……私の血のにじむような努力は、コードを概念化したいという思いによって最終的には動機づけられ、その定義は分析と文化的制約のレベルを統合した。初期の研究を本質的な部分として、意味の認識とそれの実現化の様式とを区別した。意味の認識は、決定的な特質、情況、依存/独立に関連する基本的な特徴であった。実現化の様式は、スピーチや行動のなかで、意味の認識を具体化する相互作用の活動を限定する事に言及したのである。よって、支配状態にある家族形態もしくは学校形態の位置的、個人的な形は、同じ意味の認識の異なる理解なのである。それが精密ということである。

支配状態における地位的で個人的な形式は、コード諸様式における違いを認めた。コードはより明確で特殊性を制限する。使用者は、権力が明確にされる仕方で、多様な情況において立場を取ったり対峙したりして主観性は構築され明らかにされる。地位的で個人的なものは、しかしながら、権力と支配の明白な区別を認めない。より高い序列概念の類別と枠付けは、一九七一年に発達した。力学的関係は類別の原則を構築し、統制関係は枠付けの原則を構築した。この方法で、意味の適応は、類別と枠付けの価値によって制限されたのである。コードの諸様式は、権力の分配と統制の原則から文脈のなかで制限されたコミュニケーションへと移行する。

研究は、真に教育コード（後に広く定義され提供された）、象徴的統制の様態のより広い文脈のなかにおいて、特化された記号コードの構築へと向かっていった。★14

この引用はバーンスティンの関心についての、まともな歴史的要約である。その初期は、主に言語に関心があった。一九七一年に類別と枠付けの研究が発表され、★15 その後の論文（一九七七年）では、見える教師と見えない教師について発表した。★16 この後期の論文は〈教育〉言説における彼の研究を予期しているものである（一九八六年、★17 一九九〇年）。★18

類別と枠付けと〈教育〉言説の研究は、カリキュラムと教育方法の「メッセージ・システム」の理解のなかで、コード理論を拡張する関心から発展した。カリキュラムは何が価値のある知識であるかを定めており、教育方法は何が価値ある知識の伝達法であるかを定めている。これらに対し、教わった者にとって価値ある知識の実現を定める「評価」を、バーンスティンは付け加えたのである。

デュルケム学派の専門用語では、バーンスティンは機械的なものから有機的な固まりへの進化の動作を見ている。類別はカリキュラムのカテゴリー間の境界に言及している。強固な類別は、伝統的な教科知識のなかの異質で分離したカリキュラムを示す。微弱な分類は、弱い境界線を維持する統合カリキュラムを示す。これら二つの型は、収集型コードと統合型コードとして特色づけられている。

枠付けは、教育方法学的な実践を通して価値ある学校知識が何であるかの伝達について言及する。教師と生徒が選択を所有する管理の情況と学校知識の全体的な構成が分析される。強固な枠付けはこれらの選択肢を制限し、微弱な枠付けは広い領域で選択可能なものを含んでいる。

後期の研究は、いかに「〈教育〉装置」が権力のコード化で、価値ある学校知識が社会グループ間において異なって分配されるのかについてである。ここでの関心事は「社会階級の前提と教育方法的な実践形式の結果」★19 を分析することである。関心領域の広がりにもかかわらず、文化的変遷と社会的再生産にバーンスティンの研究の中心は継続していることは明白である。いかに年月を超えて、この記念碑的なライフワークは受け止められ認識されてきたのか？　再度、変化する歴史的文脈が主要部分を担う。アトキンソンたちは以下のように言及する。

> まさに、現代社会思想の根本的なテーマと問題を予示し省察した社会学者が学術界の中心的人物として広く認知されるべきではなかった、ということは注目すべき点である。その理由を見つけることは、しかし難しい事ではない。彼の選択したテーマの実証の重要性にもかかわらず、そして大きな国際的評価を得た他の研究者に対しても親近感をもっていたのにもかかわらず、バーンスティンはいつも彼自身の知的な脈絡を苦労してすすんだ。彼はひたすら階層の縦列的な影響力をもつ権力を生じさせる見かけのよい地位に甘んじる事を避けた。彼の研究と著作は間違いなく彼自身のものとして残っている。★[20]

彼の友人ブライアン・デイヴィス★[21]が評価するには、

> 彼が有名であり、そして現在、孤独な人物である点は論争にならない。彼の複雑でいまだ進化しつづけている学校研究は、広く評価され理解されるにはいまだ至っていない事も確かである。これらのこと、彼自身のスタイルの長所と短所、時間、保ちつづけなくてはならない唯一の集団と絡み合うことは、語る価値のある命題である。★[22]

双方のコメンテーターは上記で個人的性格に焦点をあてているが、デイヴィスはちなみに「時間」についても言及している。

　おそらく社会学的な見解は、非歴史的な傾向をもつのだろうが、ここでは歴史的文脈は以後と呼ばれる重要な判断の一部分である。バーンスティンは、私たちの社会における大きなタブーの一つについて、人生をかけて研究した――社会の序列を補強し継続させる不利なパターンについて、である。一九六〇年代、一九七〇年代の短い間に、これらのタブーはそれまでになく、それ以降にもなく、光があたることになり監視をされた――類別と枠付けで、いわば、すこし弱められたのである。それ以来、結びつきは不変で知覚可能となっている。イギリスの学校の変化しつつある支配体制は、深くそれを反映している。これらの変化は個人的なスタイルの問題よりもバーンスティンのライフワークという視点からのほうが、より重要な説明をなす枠組みであるのかもしれない。デイヴィスは最近の学校言説への関心とともに指摘している。

現在の北米の学校での有効な計画《アジェンダ》によって大きくつき動かされている強力な平等論争のなかでは、工学的な答えを好む人々は、学校改善者になることに殆ど戸惑いをみせない。「何が生徒をできるようにしているのか？」と問うことを禁止する状況がある――もしくは、決して立ち止まってみないということ――「何が彼らをできる生徒にしているのか？」と私たち自身に問いつづけることに相当する。★23

もう一つは、学校を特権と不利益の効果的な分配所とみなすことであり、学校をより効果的にすることだけを問題にすることがある。

しかし、歴史の文脈に個人的な型《スタイル》を置くという試みは、少なくとも私を感心させている。そして、二〇〇〇年に亡くなったバーンスティンに、現在の文脈から最後の言葉を贈ることにする。

突出していることとは、象徴的《シンボリック》な支配を代行する国家権力とその権力を形作っているものの増大である――国家統制の決定的な脱中心化に依るものとして市場を紹介し賞賛すること。これは果たして必要性があることなのかどうかはともかく、常に階級イデオロギーの新たな供給は依然としてみられる。今日、左翼は、集権主義や贖いの個人主義の汚染からの言葉の解放を想像するための試みとしての、社会運動、フェミニズム、セクシュアリティ、地方分権主義により重要な責任を負っているようにみえる。階級と文化について語ることは実に難しく、階級文化をとりのこしてしまう。★24

この文章の始めの引用に再び戻るならば、それは「策謀と欲望」の言説として、私たちを考えさせる。それは時代錯誤なのではなく、一度教えられたことへの証言なのである、しかしその瞬間は、繰り返すが、考えることができないのである、なぜなら、

一方では、学校の〈教育〉言説は、生徒の教育方法《ペダゴジ》学《ック》的な関係を強調するより、教科の壁をもち、特化された才能、基礎能力、そして教師はより強く分類されている。特定の職業訓練はほんの少し、もしくは全く

国のカリキュラムには含まれていない。伝統的なグラマー・スクールのモデルに類似したものになっているのである。その一方で、学校は競争市場の環境におかれ、学問的な成功は、テストや試験の結果を公表することで公けにされており、行政は脱中心化され、そして市場の意味が経営文化を変化させている。この新しい脱中心化した学校は、経営文化とともに、新右翼のネオ・リベラル派の産物である。しかし、〈教育〉言説と選択は、より伝統的な保守主義の産物である。それゆえ、国家レベルでの現代の保守主義のなかの緊張は、学校文化の内側における緊張として再生産されている。国家レベルのテストプログラムは、現代の保守主義のなかの緊張を反映しており、それは、現代の保守主義と教育制度の間にある。この頂点には、十四歳の生徒が国家試験を受ける事に対する教師たちの反対があり、最終的には、学校のすべてのテストプログラムの見直しのなかにあるのである。[25]

★注

★1 Bernstein, *Class, Codes and Control: Towards a Theory of Educational Transmissions*, vol. 3, London: Routledge & Kegan Paul, p.71, 2nd edn, 1975.（バーンスティン『教育伝達の社会学——開かれた学校とは』海外名著選Ⅲ、萩原元昭編訳、明治図書出版、一九八五年）

★2 Berstein, 'Open Schools, Open Society', *New Society*, pp.351–3, 14 September, 1967.

★3 Goodson, I. F., 'A Genesis and Genealogy of British Curriculum Studies', in A. R. Sadovnik (ed.), *Knowledge and Pedagogy: The Sociology of Basil Bernstein*, Norwood, NJ: Ablex Publishing Corp, pp.360–1, 1995.

★4 Berstein, *Class, Codes and Control: Applied Studies Towards a Sociology of Language*, vol. 2, chap. 10, London: Routledge & Kegan Paul, 1973.

★5 Halliday, M. A. K., 'Language and the Theory of Codes', in A. R. Sadovnik (ed.), *Knowledge and Pedagogy: The Sociology of Basil Bernstein*, Norwood, NJ: Ablex Publishing Corp, p.134, 1995.

★6 Bernstein, 'Introduction', in B. Bernstein (ed.), *Class Codes and Control: Theoretical Studies Towards a Sociology of Language*, vol. 1, London: Routledge & Kegan Paul, p.2, 2nd edn, 1974.（『言語社会化論』海外名著選97、萩原元昭編訳、明治図書出版、一九八一年）

★7 Atkinson, P., Davis, B. and Delamont, S., *Discourse an Reproduction: Essays in Honor of Basil Bernstein*, Cresskill, NJ: Hampton Press Inc, p.xi, 1995.

★8 Atkinson, P., *Language, Structure and Reproduction: An Introduction to the Sociology of Basil Bernstein*, London: Methuen, p.1, 1985.

★9 Halliday, 'Language and the Theory of Codes', op cit., p.134.

★10 Ibid., p.133.

★11 Atkinson *et al., Discourse and Reproduction*, op cit., pp.x–xi.

★12 Bernstein, 'A Response', in A. R. Sadovnik (ed.), *Knowledge and Pedagogy: The Sociology of Basil Bernstein*, Norwood, NJ: Ablex Publishing Corp, pp.385–424, 1995.

★13 Sadovnik, A. R., *Knowledge and Pedagogy: The Sociology of Basil Bernstein*, Norwood, NJ: Ablex Publishing Corp, 1995.

★14 Bernstein, 'A Response', op cit., p.399.

★15 Bernstein, Class, *Codes and Control: Theoretical Studies Towards a Sociology of Language*, vol. 1, London: Routledge & Kegan Paul, 1971.（バーンスティン『言語社会化論』前掲書）

★16 Bernstein, 'Class and Pedagogies: Visible and Invisible', in B. Bernstein (ed.), *Class Codes and Control: Towards a Theory of Educational Transmissions*, vol. 3, London: Routledge & Kegan Paul, pp.116–56, 2nd rev. edn, 1977.（『教育伝達の社会学——開かれた学校とは』前掲書）

★17 Bernstein, 'On Pedagogic Discourse', in J. Richardson (ed.), *Handbook of Theory and Research in the Sociology of Education*, New York: Greenwood Press, pp.205–40, 1986.

★18 Bernstein, *Class, Codes and Contrl: The Structuring of Pedagogic Discourse*, vol. 4, London: Routledge & Kegan Paul, 1990.

★19 Ibid., p.63.

★20 Atkinson *et al., Discourse and Reproduction*, op cit., p.ix.

★21 Davies, B., 'Bernstein, Durkheim and the British Sociology of Education', in A. R. Sadovnik (ed.), *Knowledge and Pedagogy: The Sociology of Basil Bernstein*, Norwood, NJ: Ablex Publishing Corp., pp.39–57, 1995.

★22 Ibid., p.40.

★23 Ibid., p.46.

★24　Bernstein, 'A Response', op cit., p.389.
★25　Ibid., p.390.

バーンスティンの主要著作

- 'Open Schools, Open Society', *New Society*, 14 September, pp.351–3, 1967.
- *Class, Codes and Control: Theoretical Studies Towards a Sociology of Language*, vol. 1, London: Routledge & Kegan Paul, 2nd edn, 1974, 1971.（『言語社会化論』海外名著選97、萩原元昭編訳、明治図書出版、一九八一年）
- *Class, Codes and Control: Applied Studies Towards a Sociology of Language*, vol. 2, London: Routledge & Kegan Paul, 1973.
- *Class, Codes and Control: Towards a Theory of Educational Transmission*, vol. 3, London: Routledge & Kegan Paul, 1975.（『教育伝達の社会学——開かれた学校とは』海外名著選Ⅲ、萩原元昭編訳、明治図書出版、一九八五年）
- *Class, Codes and Control: The Structuring of Pedagogic Discourse*, vol. 4, London: Routledge & Kegan Paul, 1990.
- *Pedagogy, Symbolic Control, and Identity: Theory, Research, and Critique*, London and Washington: Taylor & Francis, 1996.

関連図書

- Atkinson, P., *Language, Structure and Reproduction: An Introduction to the Sociology of Basil Bernstein*, London: Methuen, 1985.
- Atkinson, P., Davis, B. and Delamont, S., *Discourse and Reproduction: Essays in Honor of Basil Bernstein*, Cresskill, NJ: Hampton Press Inc, 1995.
- Sadovnik, A. R. (ed.), *Knowledge and Pedagogy: The Sociology of Basil Bernstein*, Norwood, NJ: Ablex Publishing Corp, 1995.

（アイヴァー・F・グッドソン）

ミシェル・フーコー　*1926—84*　Michel Foucault

一八世紀以来哲学と批判思想の中心的問題はいつも、そしていまなおそして将来的にも、以下のような諸問題が残っていたし、残っており、残ることであろう。われわれが使用する理性とは何か、理性の歴史的影響とは何か、理性の限界とは何か、理性の危険性とはなにか。本来的な危険によって不幸にも遭遇し、その結果理性の実践に上手く関係することの有能な理性的主体としてわれわれはいかに存在しうるか……[★1]

ミシェル・フーコーは一九二六年にポワティエに生まれ、五七歳の時、一九八四年にエイズで死亡した。彼の短い生涯において、フーコーは、当時の最も認識されるようになった知的諸問題を彼の作品において具体化した人物として、知識人の出現の象徴となった。ユルゲン・ハーバーマスは以下のように注目している。「われわれの時代を診断した当代の哲学者の学問集団《サークル》のなかで、フーコーは『時代精神』に最も継続的に影響を与えてきた。[★2]」だが彼の作品と思想を特徴づけることは非常に難しい。なぜならフーコーは彼の生きた時代においてその方向性を変更しただけでなく、また彼の思想を強調したというだけでなく、一般的な学術的分類のいずれにおいても彼は一致しなかったということによるからだ。宗教歴史学者であるジョルジュ・デュメジルはフーコーの家庭教師であり強い知性的影響を与えてきた人物であったが、フーコーには多面的な顔があった。「彼は多くの仮面を着けていた、彼はいつもそれらの仮面を着け替えていた。[★3]」実際、フーコーは伝統的用語における彼の政治学（ポリティックス）を位置づける困難さを示していた。」

私は政治的チェッカー盤でほとんどの碁盤にうまく布石できると考える。次から次へと、時には即座に。アナキスト、左翼、典型的なマルキストあるいは一目置かれるマルキスト、ニヒリスト、明確なあるいは隠れ反マルキスト、ド・ゴール主義政権での管理職、新自由主義者などとして。あるアメリカ人の教授は私のような隠れマルキストがアメリカを訪問した際、東ヨーロッパの新聞社によって反体制者の共犯者として弾劾された、ということに不満を漏らしておりました。これらの描写はどれも重要なものはありません。他方で、以上を考え合わせますと、それらの描写はある意味合いを有しています。私にはそれらの描写が意味するところに興味があることを認めざるを得ません。[★4]

フーコーはヘーゲルについてのアレクサンドル・コジェーヴとジャン・イポリットの講義の両方に出席した。彼の高等教育機関《コレージュ・ド・フランス》での最初の講義において、彼は彼への最も近接した援助とモデルとして、ドゥメジルとカンギレム（ソルボンヌでのガストン・バシュラールの後継者であり、生物哲学者）そしてイポリットらの名を挙げた。彼はルイ・アルチュセールとモーリス・メルロ＝ポンティの子弟であった。フランスの大学を支配してきた哲学史や、ヘーゲルに対する地位を高く評価した歴史が現象学や実存主義の厳格な現代的強調を手助け、そうした伝統のなかで彼は成長してきた。彼はクロード・レヴィ＝ストロース、ジャック・ラカン、ロラン・バルトを含む構造主義の四大人物の一人として、人気ある専門雑誌により分類されてきた。フーコーは「ニーチェ、フロイト、マルクス」[★5]と命名された初期の論文において知的恩恵を示している。しかしフーコーのマルクスとマルキシズムへの関連は彼のニーチェへの関与［ニーチェの『道徳の系譜』（一八八七年）が歴史研究への一モデルを提供した］より、一層複雑であり問題を孕むものであった。フーコーは「私は常にニーチェ学徒である」[★6]という言い回しを引用する。彼はジョルジュ・バタイユやモーリス・ブランショの著作を通してニーチェに接近した。これら両人はフーコーの作品にかなりの影響力を及ぼしている。だが人間が研究主題となり、倫理的主題として（それらを）形成する過程において「従順な身体」の政治学的服従から自己決定する者としての個人へと、初期著作の強調を変えた要因がニーチェとマルティン・ハイデッガーの両人の思想であった。

幼少期のフーコーは、地方の州立学校に通い、カソリック高等学校でバカロレアを授与された。後にフーコーは、高等師範学校（エコール・ノルマール・スペリウール）で哲学の教授資格を取得して、二五歳にして大学教員資格を授与された。一九五〇年には、フーコーは、心理学の教授資格を取得し、精神疾患に関わる病院で勤務しはじめた。二年後、フーコーは、精神病理学にて学位を取得した。これは後に一九五四年に精神疾患と人格についての一著作として出版せられ、一九六六年に再版され、一九七六年に『精神疾患と心理学』として出版されることとなる。

　この初期の著作とハイデッガー的な心理療法主義者であるルードヴィヒ・ビンスワンガーの著作（『夢と実存』）についての紹介の両方において、フーコーは、現象学と実存主義的精神分析へのアプローチを介して活動しはじめた。フーコーは、スウェーデン、ポーランド、ドイツの各大学におけるフランス語学部で勤務しつづけながら、一九五九年にハンブルグ大学でジョルジュ・カンギレムの指導の下、狂気に関する研究で博士号を取得し、その論文を元にしたのが、後の『狂気の歴史』であったが、これは初版が一九六一年である。古典期における狂気とは合法的問題《リーガルイシュー》ではあったが、未だ治療的問題ではなかった。一八世紀は、狂気への特定の位置として、また司法権力の医師の代用として、収容所《アサイラム》の誕生を見ることとなる。この狂気に対する医療化、すなわち、尋常と病気とを区別する診断に基づいた「医療化《メディカリゼーション》」は、フーコーが後に「医療の誕生」という再構成された仕方で積極的に追究することとなったテーマを予示することとなったのであった。

　それに続く次の時期において、フーコーは、はじめての就任となったクレモン・フェラン大学哲学教授を皮切りに、ヴァンセンヌ大学を経て、最終的に有名な高等教育機関《コレージュ・ド・フランス》の思想史担当教授として転任することとなり、偶像破壊的哲学者、歴史学者となったのである。高等教育機関《コレージュ・ド・フランス》の思想史教授時代においては、自らの革新的精神を再考しつつ、これまでの思想史上、明確に区別されうる「構造主義者」としての傾向を自称していた。じっさいのところ、「考古学的」傾向がフーコーの研究方法に対し、その影響下での研究対象は知の蓋然的対象として解釈されうるということを諸条件として、焦点が当てられていた。一九六六年に、フーコーの『言葉と物』が出版された。フーコーはそのテクストにおいて「構造主義は新しい方法ではない。構造主義は現代思想の覚醒された、そして厄介な意識である[★7]」と論じている。だが、英語版の序文において、フーコーは同じく以下のように注釈している。

　問題の所在。知の知識論的レベル（科学的意識）と知の考古学的レベルとを区別する際に、私は困難に満ちた方向に自らが歩んでいることに気づくのである。

私は知の伝記《バイオグラフィー》の正当性を否定するつもりは毛頭ない。同じく、理論史、概念史、テーマ史の可能性をも否定するつもりはない。私は単に、そのような描写、説明はそれ自体で十分なのかどうか、それらが言説《ディスコース》の膨大な密度を公平に評しているかどうか、それらの一般的な境界線外で、科学史上、決定的役割を有する規則体系が存在するのか否か、これら三つを疑問に思うだけなのである。★8

『言葉と物』は一九世紀に出現した思想体系の形成の法則や規則性、役割を発見することに基づいた人文科学の考古学を提唱している。フーコーは、思想体系であるエピステーメー［知識・思想体系］を三つに区分している。それら三つは、各々それ自体固有の構造を有している。三つとはルネサンス、古典時代、そして現代の三つのエピステーメーのことである。このニーチェの『道徳の系譜』（一八八七年）によって、そしてニーチェの「人文主義批判」に強く影響を受けて、フーコーは以下のことを主張する時、「神の死」の多様性を包摂する。「われわれの時代において、かつて、ニーチェは、長い間、転換点を示していた。神の不在、または神の死というよりも、人間の目的が容認されるのである、と」★9。彼は続けて述べる。「われわれの思想の考古学が容易な仕方で示すところによれば、人間は最近発明された、ということである。人々はおそらくその目的に近づきつつあるのだ。」★10

フーコーの著作の研究をめぐって、ドレフュスとラビノウ（一九八二年）は、四つの段階を想定している。まず、第一は、ハイデッガーの影響を受けた時期（フーコーによる狂気と理性の研究によって特徴づけられている）、第二は、考古学的または準構造主義（quasi-structuralist）の影響を受けた時代（『知の考古学』と『言葉と物』により特徴づけられる）、第三は、系譜学の時代、そして第四は、倫理の時代。フーコーの著作において、考古学的段階から系譜学的段階への移行は、教育理論と直接関連を有した作品である『監獄の誕生』においてよく表現されている。『性の歴史』と同様に、『監獄の誕生』は、散漫的にしてありえない実践（制度上の実践）を表現しているものとして理解されている知への意志の解明に、ニーチェ的な系譜的傾向が示されている。とりわけ、権力、知、身体の複雑で内的関連を示している。『監獄の誕生』は、権力についてのとある訓練上の技術の対象として、身体に関心が向けられており、フーコーは、順々に身体刑（国王殺しのダミアンの陰惨たる説明から開始している）、処罰（ニーチェの有名な『道徳の系譜』の内容のリストの全くといっていいほどの模倣）[11]、規律・訓練、最後に監獄を論じることで、罰の系譜的形式と現代の刑罰についての制度上の発展をそれぞれ検討している。

「規律・訓練」の章は、三つの部分から構成されている。すなわち、「従順な身体」、「良き訓育の手段」、「一望監視方式《パノプティシズム》」の三つである。これらは一七世紀から一八世紀にかけて、訓練が支配の一般的形式となった説明を含んでいる。この新しい政治学的解釈が、異なる方向性において見いだされる年少者を対象とした展開の多様性において、結果としては普遍的方法へと統合し証明される、とフーコーは主張する。「それら［すなわち、訓練的技術］は、最も初期の頃には中等教育機関において用いられていたが、より後には、初期教育機関で用いられるようになった。訓練的技術は、徐々に病院での位置を獲得するようになった。これらの技術は、数十年間、軍事組織を再編成することとなった。[12]」フーコーは、「配分の術」の観点から、訓練的技術について語っている。禁域制度という修道院でのモデルは、最も完璧な教育支配制度となり、「分割化《パーティショニング》」（各個人は自らの位置を有）するようになった。「機能的位置の法則」は、「危険な情報伝達」を監督し回避するための、需要に対応した空間を建築家がデザインするやり方であることに言及する。フーコーは、以下のように論じる。「連続的空間の組織化は、初等教育の最も大きな技術的変更の一つであった。[13]」そのような初等教育は、伝統的徒弟制度にとって代わることが可能となり、かつての子どもたちは、大多数の子ども集団が怠惰に過ごしていたのに対して、組織のなかの学習者は、教師とともに少しの時間をともに過ごすという、伝統的徒弟制度にとって代わることが可能となったのだ。

フーコーは同じく、「行動の時間的工夫装置」（例えば、行進すること）と彼が呼ぶところの時間割、身体と身振りとの相互関連（例えば、見事な清書が体育を想定するのだ）、同様に他の側面に関して、「活動の制御」を詳細に語ってもいる。彼は以下のように記す。

要するに、躾は身体から創出され、躾は個人のあるいは四つの性格の特徴と関係づけられた個性の四つの類型を支配するのである、すなわち①細胞質状のもの（空間配分の作用によるもの）、②組織的なもの（活動のコード化によるもの）、③発生学的なもの（時間の蓄積によるもの）、④結合するもの（力の構成によるもの）。そのように行うことによって、躾は四つの偉大な技術を操るのである。すなわち計画を立案し、行動を指示し、演習を課し、最後に力の結合を得るために躾は「戦略」を整備（アレンジ）する。

フーコーは「学校という建物は訓練のための機構として存在している……」と指摘し、判断を標準化し、試験を正当化する「教育的装置」[★15]、を提唱することで、「階層的観察」の観点から良き訓育の手段を議論する。試験は、「目に見える経済を権力の行使へと変容」させ、「個性を文章の領域へと紹介」することであり、「すべての文章上の技術によって包囲されることでもあり」、「個々の個人を特定の「事例」[★16]とするもの」であった。最も有名なこととして、一望監視方式《パノプティシズム》――監視の一形態であり、ジェレミー・ベンサムの建築的構図に基づくものである――を議論する。このパノプティコンは中央監視塔の官吏によって周辺の同房者の厳しく絶え間ない観察を可能にすることで運営されるもので、かつ彼らに見られることもないのである。

『監獄の誕生』は、それを通して人間が主題となる客体化の諸類型について基礎付けを行うことで、新たな対話の形式における知識の出現への関係性および権力の技術的操作に焦点を当てている。フーコーがさらに彼の性の歴史という作品において発展させているテーマである。フーコーは以下のように問う。

セクシュアリティはなぜこれまで広域に議論されてきたのか、また性について何が語られてきたのか？発言された内容によって生じる権力への影響とは何であったか。これらの対話における関係性とは何か？またこれらの権力の影響とは何か、さらには対話によって探究された快楽とは何であるのか。どのような知がこの関連の結果として形成されてきたのか[★17]。

フーコーが「生権力」と言う用語を、心身の解剖学的な――政治学の一種として、またおおざっぱな人口の統制の一種として、造語として作り出したのは、彼の性への探究過程とそれに関連した言説《ディスコース》の拡散においてであった。

フーコーのいわゆる最終的な「倫理」的局面において、彼は「主題に帰れ」ということは禁欲的実践として見なされる自己形成の倫理学への移行であると述べている。自己においてなされた「作業」は伝統的な左翼の主張する「解放のモデル」として理解するのではなく、むしろ

（カント的な）自由の実践として理解されるべきであるとフーコーは主張している。なぜなら、本質的にして隠された、または真なる自己などは存在せず、フーコーにとって自己は、抑圧のメカニズムによって、あるいはこのメカニズムに組み込まれた、隠され遠ざけられたものだからである。[★18] この抑圧されたメカニズムとは、解放の必要性に立つものではあるが、自己の解釈学のことであり、自己解釈の一連の実践のことである。自由はフーコーの性の歴史における作品内において、倫理学における存在論的条件であることをフーコーは強調している。さらに彼は「他者への配慮」よりも一層初期に優先権を有し発展してきた「自己への配慮」という概念に満足を見出すため、ストア派の思想に立ち返っている。

教育と関連したフーコーの思想上の意義とは、彼が権力と知の関係や、権力や知の下で知識の対象を構成する諸条件に、それぞれ焦点を当てることで、喫緊の人文科学の部分である、教育学の領域を研究するための理論的および方法論的手段を提供したということである。教育学者は、教育学者自身の領域に対しフーコーの思想の関与や約束事を明確化する端緒についたばかりである。

★注

★1 Michel Foucault, 'Space, Knowledge and Power: Interview', *Skyline*, March, p.19, 1982.

★2 Juergen Habermas, 'Taking Aim at the Heart of the Present', in David Cousens Hoy (ed.), *Foucault: A Critical Reader*, Oxford: Blackwell, p.107, 1986.

★3 Cited in Didier Eribon, *Michel Foucault*, trans. Betsy Wing, Cambridge, MA: Harvard University Press, p.xi, 1991.

★4 Michel Foucault, 'Polemics, Politics and Problematisation', in *The Foucault Reader*, New York: Pantheon Books, pp.383–4, 1984.

★5 Michel Foucault, 'Nietzsche, Freud, Marx', in *Nietzsche*, 'Proceedings of the Seventh International Philosophical Colloquium of the Cahiers de Royaumont', 4–8 July, 1964, Edition de Minuit, Paris, pp.183–200, 1967.

★6 Cited in François Dosse, *History of Structuralism, Vol. 1, The Rising Sign, 1945–1966*, Minneapolis, MN and London: University of Minnesota Press, p.374, 1997.

★7 Michel Foucault, *The Order of things*, Vintage, p.208, 1970.（ミシェル・フーコー『言葉と物』渡辺一民・佐々木明訳、

新潮社、一九七四年）
★8 Ibid., pp.xiii-xiv.
★9 Ibid., p.385.
★10 Ibid., p.387.
★11 Friedrich Nietzsche, *The Birth of Tragedy and The Genealogy of Morals*, trans. Francis Golffing, New York: Anchor Books, p.213, 1956.（ニーチェ『悲劇の誕生』秋山英夫訳、岩波文庫、一九九六年／『道徳の系譜』木場深定訳、岩波文庫、一九六四年）
★12 Michel Foucault, *Discipline and Punish*, trans. Alan Sheridan, Harmondsworth: Penguin, p.138, 1991.（ミシェル・フーコー『監獄の誕生』田村俶訳、新潮社、一九七七年）
★13 Ibid., p.147.
★14 Ibid., p.167.
★15 Ibid., p.172.
★16 Ibid., p.187ff.
★17 Michel Foucault, *The History of Sexuality, vol. 1*, London: Allen Lane, Penguin, p.11, 1978.（ミシェル・フーコー『知への意志　性の歴史1』渡辺守章訳、新潮社、一九八六年）
★18 Michel Foucault, 'The Ethics of the Concern for the Self as a Practice of Freedom,' in Paul Rabinow, *Michel Foucault: Ethics, Subjectivity and Truth*, London: Penguin, p.283, 1997.

参照項目
本書の**ハイデッガー**の項
『教育の主要思想家50人』所収、**ニーチェ**の項

フーコーの主要著作
・*The Archaeology of Knowledge*, trans. A. M. Sheridan, London: Tavistock, 1977.（『知の考古学』慎改康之訳、河出文庫、二〇一二年）
・*The Birth of The Clinic: An Archaeology of Medical Perception*, tras. A. M. Sheridan, London: Tavistock, 1973.（『臨床医学の誕生』神谷恵美子訳、みすず書房一九六九年／二〇一一年）

- *Discipline and Punish: The Birth of the Prison*, New York: Vintage, 1977.（『監獄の誕生』田村俶訳、新潮社、一九七七年）
- ‘On Governmentality’, *Ideology and Consciousness*, 6, pp.5–21, 1979.
- *The History of Sexuality*, vol. 1, New York: Vintage, 1980.（『知への意志　性の歴史1』渡辺守章訳、新潮社、一九八六年）
- *The Use of Pleasure: The History of Sexuality*, vol. 2, New York: Vintage, 1985.（『快楽の活用　性の歴史2』田村俶訳、新潮社、一九八六年）
- *The Care of the Self: The History of Sexuality*, vol. 3, New York: Vintage, 1990.（『自由への配慮　性の歴史3』田村俶訳、新潮社、一九八七年）
- ‘Governmentality’, in G. Burchell, C. Gordon and P. Miller (eds), *The Foucault Effect: Studies in Governmentality —With Two Lectures by and an Interview with* Michel Foucault, Brighton: Harvester Wheatsheaf, pp.87–104, 1991.
- *Madness and Civilization: A History of Insanity in the Age of Reason*, trans. Richard Howard, London: Routledge, 1992, 1961.
- ‘Michel Foucault: Ethics, Subjectivity and Truth’, *The Essential Works of Michel Foucault 1954–1984*. Vol. 1, Paul Rabinow (ed.), London: Allen Lane, Penguin, 1997.
- *Power/Knowledge: Selected Interviews and Other Writings 1972–1977*, Colin Gordon (ed), London: Harvester, 1980.
- *Politics, Philosophy, and Culture: Interviews and Other Writings, 1977–1984*, M. Morris and P. Patton (eds.), Routledge: New York, 1988.

関連図書

- Dreyfus, H. and Rabinow, P., *Michel Foucault: Beyond Structuralism and Hermeneutics*, Brighton: Harvester Press, pp.208–26, 1982.
- Macey, D., *The Lives of Michel Foucault: A Biography*, New York: Pantheon Books, 1993.
- Marshall, J., *Michel Foucault: Personal Autonomy and Education*, Dordrecht: Kluwer, 1996.
- Smart, B. (ed.), *Michel Foucault, Critical Assessments*, vols. 1–3, London: Routledge, 1994.

（マイケル・ピーターズ）

マーガレット・ドナルドソン　1926—　Margaret Donaldson

教育システムのなかで私たちが最も重要視する技術は人間の心性の自発的機能モードにとって、全面的に異質なものである。★1

マーガレット・ドナルドソンは、発達心理学者であり、精神の性質と発達に関するその学説は、教育の意義とはいっけん程遠い。彼女は一九二六年六月一六日、スコットランドの町、グラスゴー近郊のペーズリーで三兄弟の長女として生まれた。

彼女が六歳の時、一家はペーズリーからパースシャーへ引っ越すと、彼女はそこで現地の小学校に通い、その後、カランデールの中等学校へ通った。十七歳の時、ドナルドソンはエジンバラ大学においてフランス語とドイツ語の学科に取り組み、こうして彼女の生涯を通じての大学とエジンバラの都市との名高い関係は始まった。一九四七年、大学を首席で卒業後、彼女は心理学と教育学の修士課程を経て、一九五三年、優秀な成績で卒業した。この時、彼女はフランス語及びドイツ語の教師にはならず、自分のなかで大きくなりつつあった子どもの思考と学習を追及することに決めた。彼女は教育学部で助手となり、一九五六年、子どもの思考に関する研究で博士号を取得した。一九五八年、彼女はエジンバラ大学心理学部の講師となり、残りの研究者生活をそこで送り、一九六九年には准教授に任命され、一九八〇年には教授に任命された。彼女は現在、エジンバラ大学発達心理学の名誉教授である。

ドナルドソンが発達心理学でそのキャリアを進めていたとき、英国の心理学では行動心理学が主流であった。しかしドナルドソンは世界の他の地域から生まれる異なる学説のアプローチにより興味をもつようになった。例えば一九五七年、彼女はジュネーブでスイスの心理学者、ジャン・ピアジェと彼の研究チームと一学期間を過ごした。彼女はピアジェの方法と学説構築のスケールに感銘を受けたが、必ずしも彼が正しいとは考えなかった。ドナルドソンはまた、ヴィゴツキーやルリアなど、ソヴィエトの心理学者らや、アメリカの心理学者、ブルーナーなどによる新たな学説から影響を受けた。事実、彼女は一九六〇年代の数年間の夏の期間、ハーバードでブルーナーやその同僚たちとともに研究していた。

ドナルドソンの初期の関心事は、知能テストで使用される実験道具の種類についてであった。彼女は、なぜ子どもたちが特定の質問を難しいと感じたかに興味をもち、こうした質問に対する子どもたちの反応の理由となるものを導き出そうと試みた。[★2] 彼女は、子どもたちがたびたび質問に正解しなかったのは、子どもたちが、質問のなかで与えられた情報が完全に定着しなかったからであると気づいた。代わりに彼らは自らのアイデア（多くの場合、人間の感覚としてつじつまが合うもの）をもち込んだ。しかしこれは目の前の作業に関連性のないものであった。これから明らかにしていくが、このテーマはドナルドソンのその後の功績でも強く繰り返される。

一九六〇年代、ドナルドソンは特に保育園児の思考と言語に興味をもつようになった。彼女はエジンバラの心理学部内に保育所を設け、地元の三歳〜五歳の子どもたちがそこへ通った。この子どもたちはドナルドソンや彼女の同僚、学生により集中的に観察された。この研究から生まれた見解は、一九七八年に出版された、ドナルドソンの最も著名で評価の高い著書『子どもの心性（*Children's Minds*）』のベースとなった。

『子どもの心性』の中心的な考え方は、前後関係のなかに「埋め込まれた」人間の感覚をつかさどる思考と、そうでない思考との区別である。ドナルドソンによれば、身近な、あるいはすぐに理解可能な人間の前後関係における目的的思考は、私たちにとって比較的容易であるという。このような場合、人間は通常、問題について推論したり、合理的に考えることができる。このことは、たどり着いた結論が既存の知識や信念と相反しない時に顕著である。実際、こうした推論は三歳から四歳の幼児にも見られるとする例が多数ある。しかしながら、「人間の感覚の境界を超えて」考え方を変えることが求められる場合、私たちの思考は、意味のある出来事の支えとなる前後背景により維持されることがなくなるため、大人でさえも大きな困難に直面することになる。こうした思考をドナルドソンは「埋め込まれていないもの」と呼び、彼女が期待したこの用語が、「本来、私たちの考えのすべてが含まれた、古い原始的な母体から引き出された思考」という観念を伝えるであろう。★3

この「埋め込まれた」思考と「埋め込まれていない」思考の区別は、少年期の子どもたちの自己中心性を調べるために使用される二つの問題を比較することでうまく説明される。「自己中心性」という用語はピアジェの研究★4から生まれたもので、他者の視点を考慮する能力をさす。ピアジェは、六歳または七歳以下の子どもたちは特に、こうした点から自己中心的であると信じ、これを提示するため、彼は多くの問題を考案した。

ある有名な問題では、子どもたちは、それぞれの色が異なる三つの山の模型が置かれたテーブルを前に着席させられる。人形がテーブルの別の場所に置かれ、子どもは、その人形の視点からの山の写真を選ぶよう指示される。ピアジェは、七歳から八歳までの子どもたちはこの問題を非常に難しく感じ、人形ではなく、自分たちの視点から見た山の写真を選ぶことが多いことを発見した。ピアジェは、幼い子どもたちの自己中心性が、世のなかで自分たちの視野は複数のうちの一つにすぎないという気づきを子どもたちから奪っていると結論づけた。

『子どもの心性』においてドナルドソンは、この山の問題を、子どもたちの自己中心性を調べるために考案された別の問題と比較している。この問題では、三つの人形が使われ、そのうちの二つは警官で、一つは小さな男の子である。子どもは、模型の壁の範囲で、男の子の人形をどちらの警官の人形からも見えないように隠すように指示される。これを成功させるには、子どもたちは自分たちの視点を無視する必要があり、他者の視点を考慮しなければならない。しかし、子どもたちに想定される自己中心性にかかわらず、三歳または四歳の子どもたちは多少の難しさはあったものの、この問題に成功した。★5

ドナルドソンによれば、これら二つの問題は「埋め込まれた」思考と「埋め込まれていない」思考との違いをうまく示しているという。警官の問題では、参加者の目的と動機は明確で、幼い子どもにもすぐに理解できるもので、問題は人間の感覚で納得のいく前後背景のなかに埋め込まれたものであると言える。対照的に、ピアジェの他の課題の多くと同様に、山の課題には明確な意図や目的がないため、それは直ちに知力を要するものとなる。とすれば、幼い子どもたちがこの問題を難しいと感じるのはもっともである。

この「埋め込まれた」思考と「埋め込まれていない」思考の区別は、おそらく『子どもの心性』において最も重要な着想であろう。また、なぜこれほど多くの子どもたちが学校で困っているのかを理解するうえで重要な特質である。そのことに関して、ドナルドソンとしては、「あなたが人間の感覚に影響を受けずに問題に対処できればできるほど、あなたは私たちの教育システムのなかで成功を収めることになるでしょう」[★6]と主張している。その結果、私たちは多くの教育的「失敗」をする一方で、数少ない教育的「成功」を収めることになる。

私たちはどうしたらこのような状態を回避できるのか？『子どもの心性』のなかで、ドナルドソンは、学校が、「埋め込まれていない」様式の思考に関係して困っている子どもたちにしてあげられる多くの方法を紹介している。具体的には、彼女は、読書が初等教育時代に特に重要であるとして、そのプロセスに重きを置いている。しかし、ドナルドソンは、子どもたちが文字を読む実践的な能力は大事ではあるが、読書のプロセスとは、それだけを養うためだけのものではないと強調している。むしろ「希望としては、読書が、記号システムとしての言語としてだけでなく、自らの思考のプロセスなのだという、子どもの内省的な認識を大きく増進するような方法で教えることができるということである」[★7]。そのため、ドナルドソンは、子どもたちが口語と文語の関係に気づくことの重要性、早く回答するよりも、じっくり考えることに時間を割くことの重要性、そして子どもたちが間違いをおかし、そこから学ぶようにさせることの重要性を強調している。また、彼女は子どもたちが比較的初期の段階で遭遇するシステムの性質について知ること（たとえば書面の手紙と発せられる音との間には単純な相関関係はないなど）を提唱している。

『子どもの心性』は幅広い読者に受け入れられた。ドナルドソンのすべての著作と同じく、主張は非常に高い透明性をもって示され、それらは多くの読者から反響があった。その結果、小学校の多くの教員が幼い子どもたちの能力に関してもっていた思い込みや、ピアジェの「学習の準備段階」という考え方の適切さについて見直すこととなった。発達心理学者は、子どもたちの能力を測るための技術を再調査し、数学の学習など、ドナルドソンの他の分野における思想の意義について探究しはじめた[★8]。

『子どもの心性』の後、ドナルドソンの功績は主に二つの方向に発展した。彼女は引き続き、文学教育に相当な注意を払い、一九八九年、現在は流行しているが、当時は激しく議論された、評論的方法を生み出した。たとえば「本物の本」に対する熱意や、文学を学ぶということは、基本的に口語の使い方を学ぶプロセスと類似しているといった考えなどが含まれる。[9] また彼女は自らの研究のなかで得た子どもたちに関する理解を用い、子ども向けに多くのフィクションの本を執筆した。[10] しかし、ドナルドソンの主な関心は、彼女が『子どもの心性』の弱点と考えたものを改善することであった。具体的には、「埋め込まれた」思考から「埋め込まれていない」思考へ移行する際のプロセスが適切に説明されておらず、彼女は感情の役割に十分な注意を払っていなかった。そのため、彼女は知識の探究に長期間取り組み、一九九二年、『人間の心性（*Human Minds*）』を出版した。[11]

　『人間の心性』では、ドナルドソンは精神機能の四つの主な様式を基にした精神発達モデルを提案している。それぞれの様式は、ある特定の時間における精神の関心事の中心、あるいはその精神活動がどういったものかという点から定義される。ドナルドソンは、最初の様式を点様式と呼び、その関心事の中心は、「直近の現実」（または「今ここと現在」）であるという。この機能の様式は生後二〜三か月の時に現れはじめるという。二つ目の線様式では関心事の中心は「今ここと現在」を超え、過去や将来の心配などから想起される特定の出来事を含む。この様式は生後八から九カ月で現れはじめる。三つ目、構築様式では、三歳から四歳にかけて現れ、その関心事の中心は特定のものから一般的なものへと移行する。関心事は「世界の状況はどういったものなのか」、あるいは「事物の一般的性質」などとなる。最後の様式は超越様式と呼ばれ、その関心事の中心は空間や時間を超えたところへ移行する。例えば、数学あるいは論理的な概念上の領域で働いている時など。ドナルドソンによれば、この最終様式は誰しもが到達するものではないという。

　ドナルドソンの精神機能の四様式は、ピアジェの発達段階に類似しているように見えるかもしれない。しかし実際にはそれらは大きく異なる。ある重要な違いは、ピアジェの「段階」は、前の「段階」から生まれ、それを超えるというものである。対照的に、ドナルドソンが定義する各機能様式は、新たな様式が得られた後も残る。様式は発展的にそれぞれに続くが、置き代えられることはない。したがって、私たちは人生を通して各様式を継続的に用い、子どもが到達できない単一の「成人」としての機能を得るのではなく、複数の様式を習得することになる。この意味では、成人は多くの人が考えるよりもずっと子どもに近いと言える。

　その他、ドナルドソンの発達モデルの重要な特徴は、それが感情をもたらすという点である。ドナルドソンはそれを「価値感情」と呼ぶ。思考と同様に重要である。その際、ドナルドソンは近代西洋文化の慣習から離れていることをよく理解していた。近代西洋文化では、感情はしばしば、論理あるいは理性に劣ると考えられている。実のところ、ドナルドソンが主張するように、感情と思考はしばしば緊密に関わっている。そのため、機能の点及び直線様式《ライン・モード》においては、感情と思考は通常、互いに結び付き、ほぼ構築モードとなる。ところが、ドナルドソンはこれを「知能構築様式（intellectual construct mode）」と呼ぶ。例えば仮定的状況について数学的計算を行うとき。さらに、様式のなかでは感情が思考に勝るときがあり、ドナルドソンはこれを「価値感知構築様式(value-sensing construct mode)」と呼んでいる。芸術または音楽に対する感情的な反応がこのカテゴリーに分類される。これと類似して、ドナルドソンは「知能構築様式」と「価値感知構築様式」の間で重要な区別をしている。前者は数学または論理で抽象的な推論を含むことが考えられ、後者は対照的に神秘的または宗教的経験に関連して見られる。

　この最後の文が示すように、『人間の心性』のなかでのドナルドソンの主張は発達心理学を大きく超え、科学の歴史、仏教の性質、そして豊富な宗教的あるいは神秘的な経験に彼女を導いた。事実、『人間の心性』を特徴的で優れた作品にしたのは、この予期しないことながらも関連性のある分野を通じた道程の成果である。しかし、最終章で再び、ドナルドソンは彼女の発達モデルにおける教育的意味合いを考察している。そこから二つの主なアイデアが生まれる。

　まず、ドナルドソンは、点及び線様式の獲得や中心的な構築様式での学習の多くは無意識のうちに、自然に起こると主張している。子どもたちは自分たちを取り巻く環境のなか、偶然に遭遇する出来事から多くを学ぶ。また、これはより知識のある大人と一緒に過ごす間に顕著である。しかし、より高い様式での学び、つまり知能及び価値感知様式では、学習はこうした形では得ることはできない。仮に私たちがすべての子どもたちにこれらのモードを活用するための潜在能力を獲得して欲しいのならば（ドナルドソンはそうするように強調している）、私たちは子どもたちに正しく、明確に教える必要がある。

　次に、ドナルドソンは、子どもたちの興味や期待を基盤とする、「子ども中心」の教育へのアプローチはこの課題には不適切だとしている。彼女は子どもの目線から物事を見ることの重要性を強く提唱しているが、子どもたちの目線は限られたものであるという。つまり、子どもたちは彼らの先にある可能性を知らないのである。同時に彼女は、「文化中心」アプローチと定義する他の非常手段を拒否している。こうしたアプローチは創造性を犠牲にして単一性や基準を無理強いするため限られたものであり、子どもたちの目線を無視している。したがって、彼女は教育に対し、脱中心的アプローチを提唱し、ピアジェの用語を明確に用い、子どもの目線と彼らが属する文化の目線の両方を考察するように提唱している。

ドナルドソンの論文を総括すると、彼女が教育に対する私たちの考え方に多大なる貢献をしたことに疑いの余地はない。彼女は子どもの目線で見ることの重要性（および限界）を思い出させてくれた。彼女は発達の仮説と教授の実践において正説に挑み、人の精神がどのように発達するかについて独自の仮説を推し進め、知性と感情の発達を極めて高く評価した教育へのアプローチを主張した。何よりも、彼女は可能な限りの明確さをもって、私たちの教育に向けた願いが完全に実現されるためには、それが子どもたち、そして人間の精神の性質に対する理解に正確かつ深く根づいたものを基盤としたものでなくてはならないと示したのである。

★注

★1 Donaldson, *Children's Minds*, London: Fontana, p.15, 1978.

★2 Donaldson, *A Study of Children's Thinking*, London: Tavistock, 1963.

★3 Donaldson, *Children's Minds*, op cit., p.76.

★4 See for example, J. Piaget and B. Inhelder, *The Child's Conception of Space*, London: Routledge, 1956.

★5 M. Hughes and M. Donaldson, 'The Use of Hiding Games for Studying the Coordination of Viewpoints,' *Educational Review*, 31, pp.133–40, 1979.

★6 Donaldson, *Children's Minds*, op cit., pp.77–8.

★7 ibid., p.99.

★8 See for example, M. Hughes, *Children and Number*, Oxford: Blackwell, 1986.

★9 Donaldson, *Sense and Sensitivity: Some Thoughts on the Teaching of Literacy*, Occasional paper 3, Reading and

Language Information Centre, University of Reading, 1989.

★10 See for example, Donaldson, *Journey into War*, London: Andre Deutsch, 1979.

★11 Donaldson, *Human Minds: An Exploration*, London: Allen Lane, Penguin, 1992.

参照項目

本書のブルーナー、ピアジェ、ヴィゴツキーの項

ドナルドソンの主要著作

- *A Study of Children's Thinking*, London: Tavistock, 1963.
- *Children's Minds*, London: Fontana, 1978.
- Donaldson, M., with Grieve, R. and Pratt, C., *Early Childhood Development and Education: Readings in Psychology*, Oxford: Blackwell, 1983.
- *Human Minds: An Exploration*, London: Allen Lane, 1992.
- *Human Possible: Education and the Scope of the Mind*, in D. Olson and N. Torrance (eds), *The Handbook of Education and Human Development*, Oxford: Blackwell, pp.324–44, 1996.

関連図書

- Bryant, P., 'Constraints of Context: A Review of Human Minds', *Times Higher Education Supplement*, 25 September, 1992.
- Grieve, R. and Hughes, M., *Understanding Children: Essay in Honour of Margaret Donaldson*, Oxford: Blackwell, 1990.

（マーティン・ヒューズ）

［その他の邦訳文献］

マーガレット・ドナルドソンのピアジェ批判

ジョージ・バターワース、マーガレット・ハリス、村井潤一、神土陽子、小山正、松下淑訳『発達心理学の基本を学ぶ——人間発達の生物学的・文化的基盤』ミネルヴァ書房、一九九七年、第九章五

イヴァン・イリイチ 1926—2002 Ivan Illich

そうなのです。私の仕事は、西洋文化の［あるがままの］事実を深い悲しみをもって受けとめようとする試みなのです。ドーソンはこんなことを書いています。教会とはヨーロッパであり、ヨーロッパとは教会であると。まさにそのとおりなのです！ *Corruptio optimi quae est pessima*［最善のものの堕落は最悪である］です。啓示を確保し、保証し、管理しようとする企てを通じて、最善のものは最悪のものとなります。ところが、私たちは依然として、たえず次のことに気づくのです、すなわち、たとえ私たちがパレスチナ人［サマリア人］であろうとも、溝に倒れている一人のユダヤ人を腕に抱きかかえて抱擁することが自分にはできるのだということに。私はまた、根本的に両義的な感覚も抱いています。［一方で］私は伝統なしにはやっていけません。しかし［他方では］、伝統の制度化こそ、私が自らの目と精神で知りえたいかなる悪よりも根深い悪のルーツであるということに気づかざるをえないのです。それが私のいう西洋なのです。西洋を啓示の曲解として研究すること、またそう理解することによって、私はますますその起源を探究することにためらいを覚えますが、他方では、いっそうその探究に興味をそそられ、すっかり引き込まれてしまいます。それは語りかける彼の声なのです。子どもでもわかるくらい単純な話です。まあ、子どもじみた話といってもよいのですが。（デイヴィッド・ケイリー編、イバン・イリイチ「文字の文化からコンピューターの文化へ」、『生きる意味』、高島和哉訳、藤原書店★1、二〇〇五、三六二—三六三頁）。

因習打破の歴史家、社会批評家であるイヴァン・イリイチは、司祭、大学管理者、教授、所長、講師、作家として働いていた。彼は一九六〇年代、一九七〇年代後半に行った研究、特に彼の第二の著作『脱学校の社会』★2においてなされた研究によって教育界では非常によく知られている。イリイチが「啓示の曲解としての西洋」と語る際、彼の社会批判は、彼の聖書に対する考え方が反映されていると思われているが、仮に教育思想を学ぶ学生たちが『脱学校の社会』のみにイリイチ読解を限定した場合、彼らは、これと同様の結論には達しないであろう。イリイチは初期に綴ったエッセイのなかで、世俗的な権力や社会活動は教会のもつ特別な使命を凌駕するものであるという考えのもと、「社会問題を解決する独創的な手段」を計画し成し遂げるための「徹底したヒューマニズムに基づく理念」と「意識的な世俗的イデオロギー」が必要であると述べている。[★3] したがって、ごく最近まで、イリイチは徹底したヒューマニストとして文章を記し、社会問題を語る際は、意識的に世俗的な文体を使用していた。しかし、イリイチを学ぶ学生たちは、世俗的なレンズと神学的なレンズの両方を通して彼を読むことが賢明であろう。

イリイチは一九二六年九月、オーストリア、ウィーンで三人兄弟の長男として生まれた。幼い頃からカトリック教会へ信仰に非常に熱心であった。両親が転々としていたため、ダルマチア、ウィーン、フランスに住む。一九三〇年代は祖父の住むウィーンがイリイチの生活中心であった。この間、住み込みの家庭教師たちに語学を教わり、多言語に精通するようになったり、祖母の所有する書籍を読むだけにとどまらず、両親の知人たちの間の多くの著名な知識人たち（ルドルフ・シュタイナー、リルケ、そしてジャック・マリタン、加えて家庭医としてジークムント・フロイト）との交流もあった。こうした生活環境が、後のイリイチの活動を形成した。しかし、意外なことに、若き日のイリイチは学校に通うには不十分と判断され入学は保留されていた。

一九三八年、ヒットラー率いるナチ政権がオーストリアを占拠した。父は裕福なダルマチア人技術者で、母はセファルディー系ユダヤ人であった。父はアーリア系、母はユダヤ系であったため、イリイチは、ナチ政権によるアーリア人とユダヤ人の定義の揺らぎのもとにさらされたが、一九四一年に母と二人の弟とイタリアへ逃亡し、イタリアで司祭職に就いた。

二四歳の時、ローマのグレゴリアン大学で神学と哲学の修士号を取得した。このすぐ後、ザルツブルグ大学より歴史哲学の博士号を授与される。ザルツブルグ大学でアルバート・アウアーとミヒャエル・ミュッヒリン二人の教授の指導の下、旧約聖書の史的研究法と解釈の学問に目覚める。特にアルバート・アウアー教授の一二世紀における苦しみの神学に関する文章はイリイチの研究と大きく関わっていた。教授はイリイチの博士論文アーノルド・トインビーの哲学的歴史的研究法を指導した。イリイチはこの後、フローレンス大学でさらに化学結晶学の研究を続ける予定であった。

イリイチは際立った聡明さと高い教養を兼ね添え深い信仰心をもっていたゆえに、バチカンから外交使節の候補に挙げられたが、教会組織のあり方に批判的であったがために、教会貴族の大学への入学を断わった。その後一九五一年にローマを去りプリンストン大学へ進み、アルベルトゥス・マグヌスの錬金術に関しての研究を始めることに決めた。

ニューヨークへ渡ったイリイチはその晩、友人宅で一泊した。友人との話がニューヨークのプエルトリコ人問題に及び、心打たれたイリイチはプリンストン行きを辞めた。イリイチは間もなくしてスペルマン枢機卿を訪ね、ニューヨーク在住のプエルトリコ人教会区へ派遣してもらえるよう懇願した。枢機卿は願いを受け入れ、イリイチをワシントンハイツにある教会区へ配属した。ワシントンハイツは元々アイルランド人コミュニティーであったが、当時プエルトリコ人たちが数多く移り住んできていた。ニューヨークの大司教区は、プエルトルコ移民をアメリカ式のカトリックに組み込もうとしていた。しかしこれはイリイチにとっては狂信的でイエスの愛と相容れないやり方であった。いかなるかたちの文化的優越も、バベルの塔の逸話と同様で、原罪を明示することだと考えていた。神の愛を知るためには、「文化的価値観、或いは『文化的貧困の至福』を捨て去ることが必要になる可能性がある」とイリイチは述べている。[★4]

教会区で働きはじめたイリイチは、プエルトリコ人移民と接するのに全く異なる方法を編み出し実践した。先ずスペイン語を三カ月で覚えた。ベルリッツ語学校に通い、最初の三週間で移民たちとスペイン語で話せるようになった。またプエルトルコ文化に心身ともに浸かることでプエルトリコ人たちを理解し、彼らとの間に友情を築いた。ニューヨークに住むプエルトリコ人の文化活動に関わるため多くの時間を割いた。また休暇をプエルトリコで取った。島の隅々まで徒歩や馬、ヒッチハイクで巡り、現地の人々の信仰に関する要求を知り、聖職者としての職務を果たした。プエルトリコ文化に心身ともに浸かることは、イリイチのスペイン語学習にとって大きな助けとなった。イリイチは彼らの文化に浸かることで「話し方を学んだ上に、沈黙の仕方も学んだ」と著書『沈黙の雄弁』[★5]のなかで見事に述べている。イリイチが体験したこの言語学習の手法は、彼が後年プエルトリコとメキシコに設立させるスペイン語研修施設の道標となった。プエルトリコ人移民たちがこれまでの移民とどのように異なっているのか、またプエルトリコ独自のカトリックを生みだした歴史的背景についての研究も行い、気づいた様々な内容を自身の随筆「異邦人ではなく、異質な存在として」のなかで発表した。[★6]

ニューヨークで現在も行われているサンフアン祭りの日は、イリイチの活動がニューヨークのプエルトリコ人移民社会で成功した証である。第一回のサンフアン祭りの前、地元の警察官は来場者数を五千人と予想していたが、ふたを開けてみると三万五千人のプエルトリコ移民が会場となったフォーダム大学のグラウンドに集まった。イリイチは国を追われた人々のアイドルとなったのである。

プエルトリコ移民社会での業績が認められて、イリイチは二九歳の若さで高位聖職者となった。これはアメリカの教会史上最も若い年齢であった。また教会のスペイン・アメリカ関係事務所の調整役を任されることとなった。一九五五年、イリイチはポンセにあるプエルトリコ・カトリック大学の副司祭に任命された。業務内容は、司教たちをプエルトリコ及び南米の文化に馴染ませる目的の国際コミュニケーション協会（ＩＣＣ）を設立することであった。協会でイリイチは司教たちに対し徹底したスペイン語の研修を行った他、プエルトリコ文化における日常生活のあり様をできる限り伝えた。この研修を通じ、イリイチは司教たちが歴史的にカトリック教会やスペイン人の征服者たちが南米で行ってきた文化的押しつけに気が付き、その傲慢さに抵抗してくれるよう願った。[★7]

イリイチは五年間プエルトリコに滞在したが、ポンセ大司教が交際を禁止していた避妊肯定派のムニョス・マリンとの関係が原因で、島から退去するよう命ぜられた。

ニューヨークに戻ったイリイチは南米に飛び、チリのサンティアゴからベネズエラのカラカスまで何千キロにも及ぶ距離をヒッチハイクで横断し、新しい研修所の建設に最適な場所を探した。渓谷に挟まれ、温暖な気候に恵まれ、優れた図書館と大学のある町から一時間以内、多くの学生たちが滞在できるように住居費や食費の安い場所、というのがイリイチの考えた条件であった。[★8]イリイチは後年になってこの理想郷をメキシコのクエルナバカに見つけた。ここには当時賛否両論を呼んでいたメンデス・アルセオ大司祭がおり、南米一進歩主義的な教区として知られていた。

イリイチは一九六六年、アルセオ大司教とスペルマン枢機卿、フォーダム大学の援助の下、脱米国化のための新しい研修所を設立した。後の異文化ドキュメンテーション・センター（ＣＩＤＯＣ）である。イリイチは同センターを、「進歩のためのケネディ同盟」を妨害する目的で設立した。（イリイチはこの同盟の目的が、南米の文化や生活を犠牲にする米国式資本主義の伝播にあると見ていた。）また当時ローマ法王が米国教会の司教や関係者の一〇パーセント（およそ三万五千人）を南米へ派遣する法令を出したが、イリイチは同センターを通じてその政策に対抗した。イリイチはCIDOCにプエルトリコのIICと同じ機能をもたせようとした。ローマ法王が出した法令は明らかに「進歩のためのケネディ同盟」に結び付いていた。イリイチはこの計画に非常に強い危機感をもって強く反対した。

私はこの計画に反対した。現地に派遣される者と、派遣された者が関わりをもつ現地の人々、この計画を米国で支援するスポンサー、すべての関係者にとってマイナスになると考えたからだ。私はプエルトリコ国内において、この「貧しい人々」に対する事業の影響で人生を破壊されない人々はわずかしかいないことを知っていた。島に米国の生活水準や期待をもち込むことは、プエルトリコに本来必要とされている革命的変革の発露を阻害するだけだった。資本主義やその他の政治的イデオロギーの道具としてゴスペルを使用するのは間違っていた。★9

教会は預言を使命とし、制裁は行わず非難のみに徹するべきだとイリイチは信じていた。この方法に基づいてのみ、教会はこの世界の政治的な出来事を正当化することを避けることが可能であり、社会や政治を直接庇護せずに、信仰の秘跡を祝福すべきであると考えていた。このような神学的立場を取っていたので、イリイチには思想の右左、教会の内外を問わず敵がいた。イリイチは一個人としては政治的に賛否両論ある立場に身を置いていたが、一聖職者としては、神学の維持と聖霊のための活動に深く身を捧げていた。

イリイチはより非官僚的で、平信徒中心、より慎ましい教会を求めていたので、敵との対立は悪化した。そんななか、極右のリーダーたちがイリイチをメキシコから追い出すようニューヨークの大司教区に働きかけを行った。一九六八年六月には、イリイチの活動に憤ったリーダーたちが、バチカンへ働きかけ、イリイチはバチカンの教理省［普遍的な探求の神聖な信徒の一派］へ召喚された。

召喚を受けたイリイチは即ローマへ飛んだ。聖書聖典に則り、バチカンの彼に対する曖昧な告発内容に対し長い質問状を読み、抗弁はせずにクエルナバカへ戻った。抗弁をしないことで教会の非道なやり方を辱めないように配慮したのだ。三カ月後、バチカンはイリイチの脱会要求を受理し、イリイチは平信徒となった。

一九六九年一月、法王はすべてのカトリック司祭、牧師、シスターたちがCIDOCの研修やセミナーに参加することを禁じた。これを受けイリイチは、ニューヨーク・タイムズの宗教部の編集者に彼の異端審問の詳細を送った。その年の三月にはカトリック教会にとって最も優秀で従順な人材であった人間が教会を去ることとなった。

CIDOCに対する禁止令は発令されたものの、CIDOCの活動は中断されることなく続いた。イリイチはプエルトリコで公の学校教育を行っているとき、教育に大変興味のあるエバーレット・レイマーと出会った。イリイチは新しい「教会」としての学校教育に注意を向けはじめた。一九六九年~七〇年、CIDOCでは「二者択一の教育」と呼ばれるセミナーが開催された。レイマー、ポール・グッドマン、ジョエル・スプリング、ジョン・ホルト、ジョナサン・コゾル、パウロ・フレイレなどが主にセミナーに参加し、『脱学校社会』等の刊行物も出版された。

『脱学校社会』というタイトルを付けたのはイリイチではない。本のタイトルはハーパー社のキャス・カンフィールド社長が宣伝を目的に命名した。イリイチは本書で学校の廃止ではなく、「公教育」制度廃止について論じている。イリイチは学校に公共の予算が使われるべきではなく、学校教育が贅沢なものだと認識されるよう、学校が税金を納めるべきで、学校教育を受けることのできない人々が生まれないように、学校教育における差別を継続できなくするための法的な基礎が作られるべきであると述べている。これは事実上の国と教育の分離である。アメリカ合衆国憲法で定められている国と宗教の分離と同様である。この分離は教育に改善をもたらすとイリイチは考えていた。何故なら分離する事で教育が強制でなくなり、学ぶことが、外からの動機づけによって行われず、より本物の目的により行われることが可能であるからで、教育が知識を求めるものによって与えられる楽しみの行為、愛、慈悲となることができるからだ。

イリイチの学校教育と教育学に対する考え方やアプローチは、彼が「脱学校社会」を記す前から変化しはじめていたことを読者は知っておくべきであろう。彼が「脱学校」で用いた現象学的分析方法は、彼が長年興味をもっていた教会論における非常に特別な一分野に由来していた。イリイチにとって教会論は「社会学の前身」でり、教会が理想と捉え四世紀から保持してきた特定の共同体、つまり教会に関する科学的な研究を含む学問であった。[★10]教会論には礼拝があり、イリイチが興味をもっていたその教会論の分野は、自らを教会と呼ぶ共同体を形成する「儀式」や「様式」に焦点があてられていた。[★11]したがって「脱学校社会」に登場する最も大事な章の一つは「進歩という儀式」と題されている。この章のなかでイリイチは次のように述べている。

　今日の学校制度には、有力な教会が何世紀にも渡り果たしてきたものと同様な、三つの役割がある。社会の神話の貯蔵と、その神話のもつ矛盾の制度化、そして神話と現実の落差を再生産し隠蔽する儀式が行われる場所を提供することである。[★12]

教会が魂の救済のために宗教を義務としたように、学校は社会参加のために必要な儀式として、新しい世界宗教となった。「脱学校社会」が発表される以前から、イリイチは自身が訴える学校の公教育制度廃止について危惧を抱いていた。イリイチがドイツで出会ったヴォルフガング・サックスや、学生グループ等が「脱学校社会」の内容に対し批判していたからである。イリイチは以下のように述べている。

　私は義務教育の不必要な副作用に焦点を置き過ぎてしまい、現代社会において、すでに教育の機能が学校から他の強制的な学習方法に姿を変えつつあるという事実に盲目的であった。[★13]

他の強制的な学習方法（テレビ、強制的な社内研修、ワークショップ等）とは法的には強制力はないが、人々が確実に何かを学習していると信じ込ませるための別の方法のことである。

その結果、イリイチは学校教育の現象的作業に向けていた関心を、それが生み出す文化的志向性へとシフトさせた。人々はどうして教育に執着するようになったのか。イリイチは、世界経済の前提となっている不足感が、教育が人々にとって「必要なもの」であると思わせる役割を担っていると考えた。この不足感の原理の下では、人々のニーズは偉大なものであるが、その不足感を満たす手段は限られている。つまり人々はその「ニーズ」を満たすために学習する必要があるのだ。こうして不足感の歴史家となったイリイチは、一七世紀初頭にある世論が生まれていたことに気づいた。

一七世紀初頭、人間は社会にとって無能で生まれ、「教育」を受けるまで無能のままであるという世論が台頭しはじめた。教育が生命の活力とは反対の性質を帯びはじめたのだ。教育は単に事実に関する知識や、人間の人生を形作る道具を使うための能力としてではなく、プロセスとなった。教育はすべての人々の利益として生産される無形の生活必需品となり、教会が目に見えない神の恩寵を授けるのと同様に、人々に授けられるようになった。教会が原罪を人々の信仰の根拠としたのと同様に、教育は、人は生まれながらにして無知であるとし、その必要性を説いた。★14

イリイチは現代社会を一二世紀から見つめる歴史家として、今日の確かさが昨日には全く存在していなかったことを指摘している。過去五百年の歴史を「生存に対する戦争」と呼び、われわれの存在を設計するうえで新しいシステムと創造物に適応するように再設計が必要であると述べている。以前は神の手にあった宇宙は、今日人間の手にあると考えていた。

哲学者としてのイリイチは宗教的で反テクノロジーの理論家に分けられるが、世俗の反テクノロジーの哲学者（ユンガー、マルクス、ハーバーマス等）とは一線を画している。イリイチは反学校、反制度で反テクノロジーではなく、近くにいる他人に友情の手を差し伸べる可能性を限定するような創造物に対し敏感であっただけだ。イリイチのすべての著作物には、彼の主要な関心事である友情から生まれた「愛」の進展と養成が記されている。

★注

★1 David Cayley, *Ivan Illich in conversation*, Concord, Ontario: House of Anansi Publications, pp.242–3, 1992.
★2 Ivan Illich, *Deschooling Society*, New York: Harper & Row, 1970.
★3 Ivan Illich, *Celebration of Awareness: A Call for Institutional Revolution*, New York: Doubleday, pp.102 and 103, 1970.
★4 Francine du Plessix Gray, *Divine Disobedience: Profiles in Catholic Radicalism*, New York: Vintage Books, p.245, 1971.
★5 Illich, *Celebration of Awareness*, op cit., pp.41–51.

★6 同書、二九―四〇頁
★7 Gray, *Divine Disobedience*, op cit., p.244.
★8 同書、二五一頁
★9 Illich, *Celebration of Awareness*, op cit., pp.53–4.
★10 Cayley, *Ivan Illich in Conversation*, op cit., p.65.
★11 同書、六六頁
★12 Illich, *Deschooling Society*, op cit., p.54.
★13 Cayley, *Ivan Illich in Conversation*, op cit., p.70.
★14 Ivan Illich, *Toward a History of Needs*, Berkeley, CA: Heyday Books, pp.75–6, 1977.

参照項目

本書の**フレイレ**、**ハーバーマス**の項
『教育の主要思想家50人』所収、**シュタイナー**の項

イリイチの主要著作

・*A Celebration of Awareness: A Call for Institutional Revolution*, New York: Doubleday, 1970.（イバン・イリイチ『オルターナティヴズ――制度変革の提唱』尾崎浩訳、新評論、一九八五年）
・*Deschooling Society*, New York: Harper & Row, 1970.（イヴァン・イリッチ『脱学校の社会』東洋・小澤周三訳、東京創元社、一九七七年）
・*Tools for Conviviality*, New York: Harper & Row, 1973.（I・イリイチ『自由の奪回――現代社会における「のびやかさ」を求めて』岩内亮一訳、佑学社、一九七九年／『コンヴィヴィアリティのための道具』渡辺京二・渡辺梨佐訳、日本エディタースクール出版部、一九八九年）
・*Medical Nemesis: The Expropriation of Health*, New York: Pantheon, 1973.（イヴァン・イリッチ『脱病院化社会――医療の限界』金子嗣郎訳、晶文社、一九七九年）
・*Energy and Equity*, New York: Harper & Row, 1974.（イヴァン・イリイチ『エネルギーと公正』大久保直幹訳、晶文社、一九七九年）
・*Toward a History of Needs*, Berkeley, CA: Heyday Books, 1977.

- *Shadow Work*, London: Marion Boyers, 1981.（I・イリイチ『シャドウ・ワーク——生活のあり方を問う』玉野井芳郎・栗原彬訳、岩波書店、一九八二年／新装版、二〇〇五年／岩波現代文庫、二〇〇六年）
- *Gender*, New York: Pantheon Books, 1982.（I・イリイチ『ジェンダー——女と男の世界』玉野井芳郎訳、岩波書店、一九八四年）
- Illich, I., with Barry Sanders, *ABC: The Alphabetization of the Popular Mind*, Berkeley, CA: North Point Press, 1988.（I・イリイチ／B・サンダース『ABC——民衆の知性のアルファベット化』丸山真人訳、岩波書店、一九九一年）
- *In the Mirror of the Past: Lectures and addresses, 1978–1990*, London: Marion Boyers, 1992.
- *In the Vineyard of the Text*, Chicago, IL: University of Chicago Press, 1993.（イヴァン・イリイチ『テクストのぶどう畑で』岡部佳世訳、法政大学出版局、一九九五年）

関連図書

- Aries, Phillipe, *Centuries of Childhood: A Social History of Family Life*, New York: Knopt, 1962.（フィリップ・アリエス『〈子供〉の誕生——アンシァン・レジーム期の子供と家族生活』杉山光信、杉山恵美子訳、みすず書房、一九八一年）
- Cayley, David, *Ivan Illich: In Conversation*, Concord, Ontario: House of Anansi Publications, 1992.
- Elias, John, *Conscientization and Deschooling: Freire's and Illich's Proposals for Reshaping Society*, Philadelphia, PA: Westminster Press, 1976.
- Ellol, J., *The Technological Society*, New York: Knopf, 1964.
- Gray, Francine du Plessix, *Divine Disobedience: Profiles in Catholic Radicalism*, New York: Vintage Books, 1971.
- Kohr, Leopold, *The Breakdown of Nations*, London and New York: Routledge & Kegan Paul, 1986.
- Ladner, Gerhard, *The Idea of Reform*, Santa Fe, NM: Gannon, 1970.
- Pieper, Joseph, *The Silence of St. Thomas*, New York: Pantheon, 1957.
- Polanyi, Karl, *The Great Transformation*, New York: Octagon Books, 1975.
- Prakash, H. S. and Esteva, G., *Escaping Education: Living as Learning within Grassroots Cultures*, New York: Lang,1998.
- Sachs, Wolfgang (ed.), *The Development Dictionary*, London: Zed Books, 1992.

（デイヴィット・A・ガッバード、ダナ・L・ストゥシュル）

［その他の邦訳文献］

『生きる意味――「システム」「責任」「生命」への批判』（藤原書店、二〇〇五年）

『生きる思想――反＝教育／技術／生命』（藤原書店、一九九九年）

ローレンス・コールバーグ　1927―87　Lawrence Kohlberg

われわれの調査において、われわれは道徳思想における確定的そして普遍的な発達理論を見いだした。[1]

ローレンス・コールバーグは、教育者、心理学者、哲学者そして、多くの者によって、ソクラテス、ジャン・ピアジェ、そしてジョン・デューイの後を継ぐ知的巨人として見なされている。コールバーグの著作は、子どもと成人における道徳判断の発達に主眼が置かれ、ピアジェの段階説を孕む認知発達のアプローチを駆使するものである。研究と著作の第二の特徴は、道徳的行為に焦点が当てられ、そしてここにジャスト・コミュニティ（公正な共同体）の概念と民主主義的行為が彼の作品を占めている点である。彼の教育実践への影響は、道徳的発達のための教育課程として見いだされ、学校管理と学校運営のモデルとして見いだされている。教育領域を越えたところでは、コールバーグの著作は、共同体を基にした教育、宗教教育、矯正教育、各種職業教育などの成人教育の領域において深淵な影響力を与えている。伝統的なしつけの領域を拡張し、経験的実体と正義と公正の規範的哲学原理との間を横断することで、コールバーグは客観的研究者、民主的で自由な価値と制度を熱烈に提唱する人物でもあった。「私の理論と研究計画の中心的特徴は、哲学的主張として耐えうる経験的で心理学的、人間学的データを活用することで、さらに心理学的、人間学的そして教育的データを定義し解釈するために哲学的仮説を活用することで、二つの学問を往来するものである。」（コールバーグ、一九八五年、p.505）[2]

コールバーグ自身は、道徳における彼の関心の芽生えを、寄宿学校と大学生時代にわたるナチの独裁の経験に由来するものとして描いている。彼の道徳と道徳教育における関心は、「ホロコーストに対する一応答として、

［そして］道徳的感覚を真っ当な物とするための緩やかではあるが絶え間ない世界共同体の努力をその場所に認めている。[★3]」一九四八年の彼の最初の出版論文は、ヨーロッパに滞在していたユダヤ人をパレスチナへ秘密裏に脱出させる船員の英雄的な試みの解説であった。シカゴ大学の大学生として、彼は普遍的な人権に関連した、カント倫理学やロック、ジェファーソン、ジョン・スチュワート・ミルの政治哲学を読んだ。心理学を専攻した大学院の時代に、彼はピアジェとデューイに基づく彼の道徳発達の理論を形成しはじめた。彼は一九五八年に青年期の道徳的思考と選択形式の発達について博士論文をシカゴ大学で完成させた。シカゴ大学心理学部で六年間過ごした後、一九六八年にはハーバード大学教育学部大学院に移籍した。ハーバード大学では一九八七年に彼が亡くなるまで研究と著作の大部分を成し遂げた。ハーバード大学での在職中、彼は自らの研究を継続、発展、批判した学生や研究者の集団を養成し、学校、刑務所、その他の機関における道徳教育の試験的《パイロット》プログラムを指揮した。彼の研究の二大特徴とは、道徳発達の理論的経験的調査と、ジャスト・コミュニティ（公正な共同体）の確立であった。――これは道徳思考の最も顕著な発達段階を顕示する正義と公正の民主主義的原理に基づく学校や刑務所のモデルとなるものであった。

道徳発達のコールバーグの関心は、教育に対して核心が向けられ、少なくともプラトンの描くソクラテスの時代にまで遡る。ソクラテスとメノンの対話は徳とは教授可能であるのか否か、徳は実践によって実現化するのか、あるいは徳は自然な態度や自然本性によるものなのかという問題に焦点を当てている。この問題は文明化した社会と個人の生き方には重要である。なぜならもし徳や道徳的社会がないとすれば、歴史を通じて全体主義の統治によって証明されているように、ホッブスの主張する「万人の万人に対する争い」へと自ずと堕落してしまうだろうからである。価値は行動と道徳とを動機づけ、したがって、価値は日々の決定に必要不可欠である。すなわち道徳的判断と道徳的思考は、それらが意図的になされるか否かは問わず第二の自然である。プラトン以来何世紀にも亘って、哲学者たちはメノンの問いに対して異なる解答を提案してきた。そして教育者たちも同様であった。一九七二年の『ハーバード・エデュケーショナル・レヴュー』における将来性のある論文において、コールバーグは西洋教育思想の発展における三つの大きな流れを要約した。すなわち、ロマンティシズム、文化伝達そして進歩主義《プログレッシヴィズム》である。[★4]教育のロマンティシズム的見方は、ジャン・ジャック・ルソー、ジョージ・H・ミード、G・スタンリー・ホールの哲学につながる。そしてA・S・ニイルのサマーヒル運動により例示される。この見解において、子どもの内部に招来するものは発達の最も重要な側面のことであり、かくして教育は優先されるべき子どもの内的善性を容認すべきである――支配下における内的悪は――寛大な教育的環境において許容されるべきである。そして以上とは対照的に、文化伝達のイデオロギーは前世代の偉業を保持し安定を維持するために、教育の原初的課題は一つの世代から次の世代へと情報や規則や価値を伝達することであるとする説を展開する。教育技術、特に行動主義の理論はこの思想の流れを決定づけた。最後に進歩主義は、教育思想の第三の流れを形成し、コールバーグによって熱烈に受容せられた思想である。ロマンティシズムは、子どもの有する内的傾向がどのようなものであれ保護されるべきだとして無批判に捉え、文化伝達のイデオロギーは社会的な現状を複製するのに対して、進歩主義は子どもと環境の弁証法的相互作用として見なされている。ウィリアム・ジェームズとジョン・デューイに基づく進歩主義は、教育とは子どもと社会あるいは環境との自然的関連を育むべきものであると捉えている。

進歩主義的見解において、この目的は解決可能な問題ではあるがしかし純粋な問題、または二項対立の表明を通して、発達を活発に刺激する教育環境を必要としている。教育経験は子どもに考えさせ、認知と情緒の両面を組織する方法で思考する機会を与える。知識の獲得は、経験的な問題解決の状況によってもたらされる思考のパターンに能動的変化をもたらす。進歩主義の信奉者は問題を含む社会状況に対する反応のパターンにおいて能動的変化として道徳的獲得を理解するのである。★5

コールバーグの見解において、認知と道徳的発達、感情的領域と知性的領域との間に結合が存在する。「認知的教育の中心である論理的思想と批判的思想との発達は、道徳的価値の広域なまとまりにおいてより大きな意味合いを有する。★6」

コールバーグの理論は以下のピアジェの主要な説によるアプローチを基にしている。(1) 特に一般的、道徳的理性における認知は、日常の経験を理解し意味あるものにする精神構造の、シェマの一形式において心のなかに構成されている。各シェマは世界と実在の本質についての仮説に基づいている。これは個人が実在をいかに把握するかを決定するシェマのことである。シェマは幼少期から存在し、以後決して変化することを中断することなくまたより洗練されたものへと変化することをも止めない。発達は精神構造上、変化を意味する。新たな経験は、これらの経験が理解するための新たなシェマの創造をもたらすところの、シェマが存在するように統合されるところのもの、あるいは吸収されるところのもの、のいずれかである。認知的発達は同化と吸収を通して、経験を精神構造へと顕在化させることを通して、生じるが、最終的により念入りな新しい構造の創造を生じさせるのである。(2) 認知的道徳的発達は、一連の諸段階を通して、子どもとしてまたは大人として生じてくる。各段階は見事に洗練されており、各段階は経験の意味を付与させるため相対的な構造を表現している。個人は一連の序列における各段階を通して移行し、彼らは諸段階を決して回避することはしない。稀に前段階に戻ることも見られる場合があるが、前段階の思考方法を新たに獲得された段階へと習得し進行するのである。発達と成熟は認知的不均衡の結果生じるのであり、これは現時点の段階において充分に理解され得ない場合の状況による経験のことである。(3) いっそう高次の段階では個人が経験をより包括的理解による方法において意味のあるものとして許容するが、その意味においてより望ましいという段階を意味する。すべての個人が発達の高度な段階に到達可能ではないものの、実際、各段階の発達は年齢と密接に関連しており、少なくとも認知的発達の初期の段階においては著しいのである。段階による発達は遅れうるが決して加速することはない。

道徳発達に関して、コールバーグは六つの段階と三つのレベルを描いている。すなわち、前慣習的レベルⅠは、段階1(罰と服従の方向付け・傾向)と段階2(手段的相対主義者としての方向付け・傾向)から成立している。伝統的レベルⅡは段階3(対人的調和の方向付け・傾向)と段階4(社会を維持する方向付け・傾向)から成立する。そして後天的慣習レベル又はそれに類する主義であるレベルⅢは、段階5(社会契約の方向付け・傾向)、そして段階6(普遍的な倫理的原理による方向付け・傾向)から成り立つ。後天的慣習レベルの段階5と段階6を規定する際に、コールバーグは社会契約理論、特に哲学者ジョン・ロールズの研究に注目している。[★7] 発達の各段階において、個人は何が正しいのか、全く別のやり方でなぜそれらが正しいのかについて思考するであろう。友人から盗むことがなぜ悪いのかと尋ねられた時、段階1の人物は、そのようなことは悪いと答えるであろう。なぜなら逮捕された人は罰せられるだろうからと主張するであろう。他方、段階3の個人は、盗むことは友人間の信頼関係を害するであろうと指摘するかもしれない。段階5においては、個人は財産に対する権利を支持するため、また互換的に恩恵ある仕方で行為するため社会の構成員間の絶対的な契約の存在を指摘するかもしれない。

　コールバーグの経験的研究は、道徳発達理論の妥当性を測定し評価するため、その方法の応用に焦点をあてている。彼は道徳判断インタビュー（MJI＝Moral judgement interview）を応用させ、それは仮説的道徳のジレンマについて半構成的インタビューを含む取り決め《プロトコール》（議定書）であり、スコアリング・マニュアル（加点方式スコア）であった。その場では、参加者は行為の成り行きを決定し、道徳的に正当化することが求められている。広範囲なスコアリングガイドライン［加点基準表］を活用することで、インタビューされる人の道徳的思考の段階を決定することが可能である。各三年ごとにインタビューされた二十年間にも及ぶ長い研究結果を活用することで、コールバーグは、彼の理論によって予想した段階的な階層プログラムを示した。他の長きにわたる研究は、これらの発見を有効なものとした。彼以前のピアジェのように、コールバーグはその理論の文化相互的妥当性を評価するための研究に着手した。その研究結果は、四十カ国を超える西洋と非西洋諸国において実施され、総じて道徳判断は年齢と教育とともに高まりをみせ、その理論の普遍妥当性を示すことで道徳的思考の段階の多様性を示した。道徳教育に関して、広域な研究はそのような計画は道徳思考上に効果をもたらすということが分かってきた。[★8]

　一九七〇年代と一九八〇年代の間のコールバーグの著作のほとんどが、道徳発達の理論の実際的意味合いに集中していた。このことは教育課程の発展を含んでおり、学校や大学を改革することとなった。そして監獄において教育的民主制の実験、公正な共同体《ジャスト・コミュニティ》によるアプローチにおいて、共同体に基づく組織改革を行うこととなった。[★9]

　コールバーグの著作は、ユルゲン・ハーバーマスやイズラエル・シェフラーのような哲学者、同僚の社会科学者、研究協同者、以前の学生が彼の著作にコメントを寄せ、研究と理論を深化発展させ、考えられうる他の選択的または競合的説明や理論的フレームワークを提示することで、数多くの顕著な反応を引き起こした。成人教育に携わる教師に対する関心としてあげられるのは、専門職の発展への認知的発達思考への応用であり、正義についての思考というよりは、生涯にわたってさらには仕事場においても、各領域にわたる発展を考慮しながらの認知的発達思考への応用である[10]。シュレーダーが簡潔に解しているように、「確かにコールバーグは批評家たちにつきまとわれている、だがそれは彼のための批評家でもあるのだ。コールバーグの思想は熟考に値するし新しい思想の出発点を提供する。コールバーグは対話と討論を歓迎する。彼は認知的衝突や対話なくしては、われわれは発展することをやめてしまうであろうと信じていた[11]。」

★注

★1 Kohlberg, 'The Child as a Moral Philosopher', *Psychology Today*, 2, 4, September, p.8, 1968.

★2 Kohlberg, 'A Current Statement of Some Theoretial Issues', in S. Modgil, and C. Modgil (eds), *Lawrence Kohlberg: Consensus and Controversy*, Philadelphia, PA: Falmer, pp.485–546, 1985.

★3 Kohlberg, *The Philosophy of Moral Development*, San Francisco, CA: Harper & Row, p.407, 1981.

★4 Kohlberg and R. Mayer, 'Development as the Aim of Education', *Harvard Education Review*, 42, p.449, 1972.

★5 同書、四五四―五頁

★6 同書

★7 J. Rawls, *A Theory of Justice*, Cambridge, MA. Belknapp Press of Harvard University, 1971.（J・ロールズ『正義論』川本隆史、福間聡、神島裕子訳、紀伊國屋書店、二〇一〇年）

★8 J. Rest, *Moral Development: Advances in Research and Theory*, New York: Praeger, 1986.

★9 Kohlberg, *The Just Community Approach to Moral Education in Theory and Practice*, in M. Berkowitz and F. Oser (eds), *Moral Education: Theory and Application*, Hillsdale, NJ: Lawrence Erbaum, 1985.

★10 例えば、D. Commons, D. Sinnott, F. Richards and C. Armon, *Adult Development*, vol.1 and 2., New York: Praeger, 1989; and J. Demick and P. Miller, *Development in the Workplace*, Hillsdale, NJ: Lawrence Erbaum, 1993.

★11 D. Schrader, 'Editor's Notes', in D. Schrader (ed.), *The Legacy of Lawrence Kohlberg*, New Directions of Child Development, 47, San Francisco, CA: Jossey Bass, 1990.

参照項目

本書のハーバーマス、ニイル、ピアジェの項
『教育の主要思想家50人』所収、デューイ、カント、ミル、ルソー、ソクラテスの項

コールバーグの主要著作

コールバーグは心理学、哲学、教育学の各領域に広く公刊してきた多産な著作家である。彼の主要な著書は三巻本シリーズに収められている。

- *The Philosophy of Moral Development* (San Francisco, Harper & Row, 1981).
- *The Psychology of Moral Development* (San Francisco, Harper & Row, 1984).
- *Lawrence Kohlbery's Approach to Moral Education* (New York: Columbia University Press, 1989, with C. Power and A. Higgins).
- With A. Colby, Kohlberg authored a two volume scoring manual, *The Measurement of Moral Judgement* (Cambridge, MA: Center for Moral Education, Harvard University, 1987).

  彼の経験主義的著作は、リサーチ・モノグラフ（研究小論文集）において要約されている。
- *A Longitudinal Studinal Study of Moral Judgement* (Chicago, IL: University of Chicago Press for the Society for Research in Child Development, 1983, with A. Colby, J. Gibbs, and M. Liebermann).

  包括的な道徳発達理論のレビューおよびその概要と批評への応答については、
- L. Kohlberg, C. Levine and A. Hewer, *Moral Stages: A Current Formulation and Response to Critics*. (New York: Karger, 1983).

関連図書

- Berkowitz, M. and Oser, F. (eds), *Moral Education: Theory and Application*, Hillsdale, NJ: Erbaum, 1985.
- Kanjirathinkal, M. J., *A Sociological Critique of Theories of Cognitive Development: The Limitations of Piaget and Kohlberg*, Dyfed, Wales: Edwin Mellen, Lampeter, 1990.
- Modgil, S. and Modgil, C. (eds), *Lawrence Kolberg: Consensus and Controversy*, Philadelphia, PA: Falmer, 1986.
- Reed, D. R. C., Following Kohlberg: *Liberalism and the Practice of Democratic Community*, Notre Dame IN: University Notre Dame, 1997.

- Reimer, J., Prichard Paolitto, D.and Hersh, R. H., *Promoting Moral Growth*, New York: Longman, 1983.
- Rest, J. R. and Narvaez, D. F. (eds), *Moral Development in the Professions; Psychology and Applied Ethics*, Hillsdale, NJ: Erlbaum, 1994.
- Rest, J. R. and Narvaez, D., Bebeau, M. J. and Thomas, J., *Postconventional Moral Thinking: A Neo-Kohlbergian Approach*, Hillsdale, NJ: Erlaum, 1999.
- Schrader, D. (ed.), *The Legacy of Lawrence Kohlberg*, New Directions for Child Development, 47, San Francisco, CA: Jossey Bass, 1990.

（K・ピーター・クチンカ）

ポール・H・ハースト　1927―

Paul H. Hirst

分析的教育哲学のその初期の頃の役割は、教育哲学が啓蒙主義とりわけカントの思想と関連づけられた多くの哲学思想と議論形式を十分な批判的検証を伴わずに前提とされ、今日では以上のことがよく知られているという点で、教育理念における最も根本的な諸問題の再評価と再構成によって特徴づけられてきた。だが、いまや教育哲学は教育を第一義的には理論的学術的訓練だけに留まらず、われわれが充実した生涯を見出すことのできる社会的実践への通過儀礼《イニシエーション》として、新しいそしてより十分な性格を備えた教育としてしっかりと説明を果たしていくことであると、私個人としては考えている。★1

ポール・ヘイウッド・ハーストは、教育学研究に貢献しうる学説をはじめとして、学際的な哲学における特筆すべき領域や、英語文化圏における教育哲学の確立において主要な役割を果たしてきた。彼は、教育学上の制度的あるいは政策に関連した発展の多くに対して大きな影響力を有しており、明晰にして他者を鼓舞する教育者として、また活気溢れる粘り強い討論者として、合理的かつ将来を予見しうる教育的指導者として幅広い関心を集めている。

ハーストは、ファンダメンタリストの福音主義的キリスト教による、厳格で、世俗離れした道徳的に熱心な家庭で育った（彼の父親はプリマス兄弟団の厳格な流れを汲む一派の一員であった）。彼の知的業績の多くについてその宗教的影響はさることながら（例えば、問題における本質や真理における強調の観点において、ある意味で究極的に概念や信念を探究する彼の探究態度においてその影響は見出される）、ハーストの特異な教授方法の基礎と、広範な歴史的技術を生み出した説教者としての彼の責任観には以上の背景がある。ハーストは、非常に先鋭化された専門的で学術的な文法学校での教育を受け、在学中の高学年の段階においては数学と物理学とにほとんど没頭し、十七歳の時には数学優等試験合格者名簿に掲載され、ケンブリッジのトリニティ・カレッジに入学が許可された。彼は、真の知的関心を哲学に見出すことで、また彼の宗教観形成を批判的観点の立場に立脚させることで、これまでの初期の養育と教育の狭窄を救済しはじめた。彼は、A・J・エイヤーの著作に深く影響を受けた（特に、意味と真理の関連においてエイヤーの強調について影響を受ける）。しかし、形而上学と宗教の主張に対するエイヤーの否定的考え方を拒絶する。というのもハーストは、意味と真理の基準にはもう一つ別の種類のものが存在するはずだと考えていたからである。この初期の段階において、ハーストの「知識の諸形式《フォームズ・オブ・ナレッジ》（以下、知識の形相とする）」の中心的理論の一つが出現するのである。

ケンブリッジを去って後、ハーストは数学教師としての経歴を残す。彼の教師としての成功は、一九五五年のオクスフォード大学の教育学部へのハーストの着任とともにもたらされることとなる。オクスフォード大学で彼は、数学科教員の養成の責任者であった。オクスフォードでの大学教員としての任期を通して、彼の哲学に対する関心は、衰えるものではなかった。一九五〇年代のオクスフォードは、哲学上の「分析的《アナリティック》革命《リボルーション》」によって席巻されていた。ハーストは、当時の主要な哲学者が彼らの業績を深化発展させていた、セミナーに参加することで、もちろんそれは当時すぐに創設された哲学の学士号（哲学専攻の学部学生）のためのセミナーではあったが、当時の哲学的状況に強く影響を受けていた。ハーストはこれらの哲学的発展と教育問題との関連を検討しはじめた。そして当時の哲学を教育学へと応用する教員養成の講義を開催した。しかし、オクスフォード大学はハーストの目下の支配的な関心となっていたこの研究の、応用についてはごくわずかしか拡張の機会を提供しなかった。そのため一九五九年には彼はロンドン大学の教育研究所の教育哲学講義を開講するためにルイス・アーノード・リードからの招聘を受諾した。当初ハーストはリードの研究が刺激的であることを見出していた（とりわけ、芸術的分野における研究）、しかし、リードの研究が分析哲学上の発展においてさらなる改良を要するものであると感じていた。他方、リードの方はハーストの分析的アプローチにほとんど共感をもっていなかった。この頃リチャード・ピーターズが一九六二年にロンドン大学教育研究所の教育哲学の学部長に任命された時期ということもあって、まさにハーストの研究が栄華を極めはじめたばかりの時期と重複していた。

ハーストは、ピーターズにおいて、共感的精神を見出した、それに彼らの以下に続く時期（この時期において、すなわち一九六五年に、ハーストはロンドンのキングスカレッジの教育学部長に選出された）での親密な共同研究は、イギリスのみならず英語圏の教育哲学の開花における顕著な特徴的時期の中心として位置づけられる。このような発展は、二人の指導者、「ハーストとピーターズ」として親密な仕方で特徴づけられ、彼ら二人は、この時期に教員養成の世代に対してまた世界中の教育者に対して権威的名称となった。ハーストは教育活動に深く関わり、この発展における制度的側面に深く関わるようになった。そしてイギリスの教育哲学会の設立に手をさしのべた。この学会において彼は主導的役割を果たすこととなった。学術的観点においては、ピーターズは、ハーストに思想上の発展における深遠さと支持を提供した（ハーストは、ピーターズにかなりの知的恩恵を負っていると常に認めている）。[★2] そして彼らの興味と哲学的立場の発展は、相補的で両立しうるものであった。その当時のハーストの最初の知識論的関心は、ピーターズの合理的道徳判断の業績と民主的社会原理としての正当化とその本質について関連していた。後者の民主的社会原理としての正当化とその本質は、教育哲学上、あらゆる世代にわたって明晰で力強い一般的見解を創造するために要請されているものであった。[★3]（これは「ロンドン・ライン」（ロンドン戦線）としてある期間知られていたものである）。そしてこのことはテーマの応用における基礎となり多年にわたり教育哲学の構造と協議事項（アジェンダ）となったものであった。

一九七一年、ハーストは教育学の教授としてまた教育学部長としてケンブリッジ大学に移った。それは純粋にアカデミックで専門的基礎に基づく大学での教育学研究の確立のためであった。ケンブリッジに移動する際、学術的なリーダーシップと行政上の管理職という責任ある立場に立つことによって、彼の教育哲学への貢献は、当面の間、喫緊を要する課題のため副次的立場を取らざるを得ないようになった。一九八八年のケンブリッジ大学の退職に伴って、ハーストは客員教授研究員としてロンドン研究所とのより密接な関係を再構築し、彼の思想の再考と再度、論述に着手した。

ハーストの思想は高度に抽象化され（基本的概念化、あるいは原理の問題に焦点を当てることで）、厳格に研究がなされ密度の高いそして以上のような傾向をもつものである。ハーストの思想が提言している明晰さ、緊急性、直接性は、継続した批判的観点を強く要請しており、それは彼の議論の教育学的含意のみにとどまらず、非常に豊富で、慎重な解釈の必要性を要請するものである。ハーストの著作は、分析的教育哲学の伝統を発展させた多くの特徴を例示しており、目的的ではなく教育問題の本質についての議論のための正当化の支援を提供しているという意味において、求められる概念上の明確化のための興味を示している。ハーストの初期の著作は、科学的モデルへの未熟な同化に抗した教育理論の本質を明確に示している。同じく教授概念の概念的構図化や、宗教は不確かな知識論的状態を有するため、宗教は道徳教育の一般的基本原理としては値しないという趣旨の議論をも提示している[★6]（ハースト自身の宗教的見解は、不可知論の領域に専ら移行している）。しかしながら、ハーストの初期の著作は、彼の主張する「知識の形相」理論によって支配されており、当初、一九六五年の彼のより強い影響力をもった論文「一般教養と知識の本質（Liberal education and the Nature of knowledge）」[★7]において発展せられ、この論文は分析的教育哲学の観点から最も激しく議論され論争されることになった。何故そのように論争されたかと言えば、単に示唆的であったということではなく、議論展開上、不完全で問題を孕んだ性格であったためである。この論文において、ハーストはすべての知識と理解は真理（真理基準）のための明確な概念と検証の観点から特徴づけられる数多くの「形相」内において見出されうると論じている。しかもこれらの形相は（これは道徳性、芸術を含むと言及されており、おそらく宗教もまた含むであろう）、学校カリキュラムの最適な形式と構造の理解に大いに関係がある（複雑ではあるが）。これらの理論はそれの教育的含意（学習者への形相の直接的指導を意図するものではなく、また学校に関連する主題と形相とが同一視されるというものでもない）と、さらには明瞭化においてしばしば誤解されてきた。またこの理論の再論及と批評は、長年にわたって支配的であった。

ハーストの「知識の形相」理論は、その位置づけとして広域な哲学的立場の文脈において適切に理解されるべきものである。この見解の核心において（ハーストは今となっては哲学的立場の文脈における「知識の形相」理論のことを「合理主義的」として否定的に言及している）人間の認知能力（正当化しうる信念、理性的信念の達成を可能とする概念図式の形式において見出されうるもの）は、感情的、能動的な能力以外のすべてとして構成され、また知的営みを限定するものとして見なされている。それによって理性的な情緒や理性的行為を可能としているのである。これは万人が憧れる「理性に基づく生活」のことである。この見解において提示される「理性に基づく生活」は魅力的で、柔軟な理想であった。「理性に基づく生活」は選択の自由の概念と理性自体の概念とを含んでいた。（というのも理性は個人によって合理的と思われる決定上の多くの問題を未解決のまま放置してきたと、見なされてきたからである。）しかしそれは理性が民主主義という自由の原理のようないくつかの根本的社会原理を伝達するという文脈においての場合のことである。この見解は、より明瞭で一貫した力強い構想《フレームワーク》を教育目的の形成のために産出する。知識と理解の発展と追究は（それらのうちの様々な様式が「知識の形相」理論において構図化されている）、単にそれらが本質的なものというだけではなく、個人的側面、社会的側面の両方における人間の他の諸能力すべてにわたっての理性的発達に必要不可欠とみなされているからである。理性的精神の認知的側面の発達を目的とした多様な知識の形相への、目的的な通過儀礼《イニシエーション》としての「一般教育《リベラル・エデュケーション》」の規定的説明は、以下のような広域の教育的核心を（補助的にではあるが）提供するものとしてみなされるであろう。この教育とは実際的側面における理性的生活に直接焦点を当てた知識、技術、性格の質に関連した教育のことである。「教育」とはそれ自体、望ましい教育上の影響が知識論上、十分に根拠づけられている点を示すことで統括され、制限されるべきだとする理由に基づき、教理教授法（または宗教的信念の形成）といった諸活動とは鋭く区別されたものであった。★8

一九七〇年代から八〇年代にかけて、ハーストは、新アリストテレス主義や、アラスティア・マッキンタイヤー、リチャード・ローティ、チャールズ・テイラー、バーナード・ウィリアムズといった哲学者たちの影響下にあったが、この一般的立場には著しく不満を感じはじめることとなった。彼の後期著作は、知識の形相における理性の教育ではなく、社会的実践への通過儀礼《イニシエーション》としての教育への比重を高めつつこのことを強調することで、自らの重要な見解の再表明に着手しはじめている。その場合の社会的実践とは（活動の類型は知識、態度、感情、徳、技術、性格、関係性を含む諸要素の領域から構成される人間の課題と関心の充足のために従事すること）である。しかしながら、ハーストの初期の立場において知識の形相における理性中心の役割は、大いに議論されることとなる（ケンブリッジでのハーストの講義の一つは、「人生における問題のすべては理性である」（All that

Matters in Life is Reason) と銘打たれていた)。のであり、また社会性の原理（社会の意義と社会に関係することの意義）は無視されなかった。ハーストの最近の著作は（理論的）理性の中心性の議論について分け隔て無く議論されるようになっているが、それ故、このことは彼の初期の議論の全体的否定として見なされるのではなく、異なる原初的関心とそれへの強調に対して注目しはじめたものとして最もよく理解されはじめている（理性の形相への役割と個人的自律性が影響力を有していて、知識の形相の存在は否定されていない、ということを再認識している（奇異に写るところもあるが））。

近年のハーストの著作においては[★9]、ジョン・ホワイトや他の者と協調路線に立つことで、われわれの教育についての正しい理解の基本を提供する知識論を強調する傾向から距離を置きはじめている。後のハーストの見解においては、彼は善き生活が認知的判断によるのではなく知識論に基づく理論的知識によるものでもない、むしろ一層望ましい観点において認められ実践的理性行為と健全な社会的実践への関わりを基本とするものであって、このことは、われわれの生涯がそれによって構成され満足が得られる関係において存在しているとの理由を提示している。この、より後の時期の見解においては、理性は他者の欲求と満足の一部分として、またそれに関連づけられるものとして、さらには行われるものとして、見なされているということである。ちょうど、われわれの関心によって指示され、第一義的実践として指示される場合のように。（事実を知ること (Know-that) よりも理由を知る (know-how) ことの問題、明晰で明白なものよりも暗黙に関わる問題のことである）。この見解に基づくと、理性は人格の他の能力から分離されるものとして認識されるべきではなく、あるいは人格についての他の能力を超えた一定状況にあるものとして認識されるべきでもない。教育は善き生への発展と関連したものとして見なされるのである。それはちょうど、教育は知識の獲得を第一義的要請とするのではなく、社会的実践（それ以外のものよりもさらに必然的で不可避の重要な意味をもつもの）へと、広域でかつ反省的な通過儀礼《イニシエーション》として見なされるべきであって、ちょうどそれは実践理性の発達と関連づけられ見なされるのと同様である。学術的理論的訓練がこの発達に対して第一義的で直接的ではない以上、それらの研究（通過儀礼《イニシエーション》と、実践への批判的反省の実践とは明確に区別されるものとして）は人格的に満足できるそのような研究を見出す人物にのみ適合するものとして見なされる[★10]。一般教養の明確な概念の特徴付けはもはや重要ではなくなったと見なされている。道徳教育は道徳的理性の発達と本質的には関係がなく、個人的社会的人間の達成を目指す特定の理性的な社会的実践を巻き込んだ関わりと関係があるのである。[★11]ハーストの近年の一般的見解の正確な特徴と弁護（とりわけ、それと自由主義的伝統における中心的要素との関係と両立可能性）は、未だ焦点化されてはおらず、その探究（例えば、見事な実践を構成するのは何かを解明するうえで、社会的実践の事例を明確化することとの関係において）は、現代の教育哲学者の継続した注目を要請するものであろう。

ハーストは実践理性の強調ならびに理論的理解の限界について強調しているが、彼の発展しつつある見解において教育における理論と実践との関係の本質、および教授するためには専門的準備が必要であることを、ある期間、明らかにしていた。これら二つの見解の要点は理性的実践の基礎として抽象的概念化が十分ではないということであり、このことが強調されている。抽象的概念化とは実践において最適な概念化をもたらさねばならないという要請のことであり（そして「実践的諸原理」をもたらさねばならないという要請についても同様である）、他方、理論的知識は実践の反省的評価と再構成において間接的役割をもつべきものだからである[★12]（教育「諸原理」に見出される理論的知識と同様である）。この見解の一つの主要な含意は実践的文脈において進歩的イニシエーション（入会式）の初任者教員研修の中心性がいわば様々に異なるレベルでの反省の要請を伴った形で専門的実践へと至ることである。[★13]

ハーストの知性的著作に加えて、彼は教育における制度的、政策的用語への多大な貢献を果たしている。ケンブリッジにおいて、ハーストは教科またはカリキュラム改革を通して教育に対する前例のない観点をもたらしている（消え去りつつある大学院後期課程の教育学の学位を再生するため、またケンブリッジでの学位（ＢＡ）の優等試験制度という教育の拡大、修士課程、博士課程の研究拡大のそれぞれの実施の復活と再方向付けを含む）。そしてこれらは、大学教育学部の一般的改革を通して、さらには大学間においてケンブリッジのホメルトン・カレッジの状況を改善するための複雑きわまる交渉を通して、その学部はもちろん他の重要な委員会の一委員として広域にわたる大学問題において多大なそして影響力のある役割を果たす事を通して、貢献したのであった。同じくハーストは、教員養成の発展や初任者教員研修における学校の役割を開拓する主要な調査プロジェクトの監督者としても国家レベルにおいて重要な役割を果たしている。特に後者においては職業的専門家としての実践の本質と発展についての彼の思想の実際的含意が詳細にわたって検討されている点が見られる。[★14] ハーストは、さらに高等教育に関連した委員会の委員としても仕え、ロード・スワンが委員長のエスニック小規模集団の子どもたちの教育を対象とする検討委員会の影響力ある委員でもあった。

★注

★1　P. H. Hirst, 'Philosophy of Education: The Evolution of a Discipline', in G. Haydon, (ed.), *50 Years of Philosophy of Education: Progress and Prospects*, London: Bedford Way Papers, Institute of Education, University of London, pp.16–19, 1998.

★2　P. H. Hirst, 'Richard Peters's Contribution to the Philosophy of Education', in D. E. Cooper (ed.), *Education, Values and Mind: Essays for R. S. Peters*, London: Routledge & Kegan Paul, 1983.

★3　P. H. Hirst and R. S. Peters, *The Logic of Education*, London: Routledge & Kegan Paul, 1970.

★4　P. H. Hirst, 'Educational Theory', in J. W. Tibble (ed.), *The Study of Education*, London: Routledge & Kegan Paul, 1965.

★5　P. H. Hirst, *Knowledge and the Curriculum: A Collection of Philosophical Papers*, London: Routledge & Kegan Paul, chap. 7, 1974.

★6　Hirst, *Knowledge and the Curriculum*, op cit., chap. 12; P. H. Hirst, *Moral Education in a Secular Society*, London: Hodder and Stoughton, 1974.

★7　P. H. Hirst, *Knowledge and the Curriculum*, op cit., chap. 3, see. also, chaps. 4, 6.

★8　P. H. Hirst, 'Education, Catechesis and the Church School', *British Journal of Religious Education*, Spring, 1981; P. H. Hirst, 'Education and Diversity of Belief', in M. C. Felderhof (ed.), *Religious Education in a Pluralistic Society*, London: Hodder and Stoughton, 1985.

★9　See, in particular, P. H. Hirst, 'Education, Knowledge and Practices', in R. Barrow and P. White (eds.), *Beyond Liberal Education: Essays in Honour of Paul H. Hirst*, London: Routledge, 1993, and P. H. Hirst, 'The Nature of Educational Aims', in R. Marples (ed.), *The Aims of Education*, London: Rouledge, 1999.

★10 See, for example, P. H. Hirst, 'The Foundations of National Curriculum. Why Subjects?', in P. O'Hear and J. White (eds), *Assessing the National Curriculum*, London: Paul Chapman, 1993.

★11 P. H. Hirst, 'The Demands of Moral Education: Reasons, Virtues, Practices', in J. M. Hastead and T. H. McLaughlin (eds.), *Education in Morality*, London: Routledge, 1999.

★12 P. H. Hirst, 'Educational Theory', in P. H. Hirst (ed.), *Educational Theory and its Foundation Disciplines*, London: Routledge & Kegan Paul, 1983.

★13 P. H. Hirst, 'The Theory and Practice Relationship in Teacher Training', in M. Wilkin, V. J. Furlong and M. Booth (eds.), *Partnership in Initial Teacher Training: The Way Forward*, London: Cassell, 1990; P. H. Hirst, 'The Demands of a Professional Practice and Preparation for Teaching', in J. Furlong and R. Smith (eds.), *The Role of Higher Education in Initial Teacher Training*, London: Kogan Page, 1996.

★14 V. J. Furlong, P. H. Hirst, K. Pocklington and S. Miles, *Initial Teacher Training and the Role of the School*, Buckingham: Open University Press, 1988.

参照項目

本書の**ピーターズ**、**ホワイト**の項

ハーストの主要著作

- P. H. Hirst, with Peters, R. S., *The Logic of Education*, London, Routledge, 1970.
- *Knowledge and the Curriculum; A Collection of Philosophical Papers*, London: Routledge, 1974.
- *Moral Education in a Secular Society*, London: Hodder and Stoughton and National Children's Home, 1974.
- 'Educational Theory' in P. H. Hirst (ed.), *Educational Theory and its Foundation Disciplines*, London: Routledge & Kegan Paul, 1983.
- 'Education, Knowledge and Practices', in Robin Barrow and Patricia White (eds), *Beyond Liberal Education: Essays in Honour of Paul H. Hirst*, London: Routledge, 1993.

関連図書

- Barrow, Robin and White, Patricia (eds), *Beyond Liberal Education: Essays in Honour of Paul H. Hirst*, London: Routledge,

1993.

- Hirst, Paul H. and White, Patricia, "The Analytic Tradition and Philosophy of Education: An Historical Perspective" in P. H. Hirst and P. White (eds), *Philosophy of Education: Major Themes in the Analytic Tradition, Volume 1*, London: Routledge, 1998.
- Hirst, Paul H. and White, Patricia (eds), *Philosophy of Education: Major Themes in the Analytic tradition,* 4 vols, London: Routledge, 1998.

（テレンス・H・マクラフリン）

フィリップ・ウェスレイ・ジャクソン　1928—

Philip Wesley Jackson

依然として、教師になることは、私の人生において深遠な影響を与えていたということを確信しつづけている。それは私を今日の私の姿にしたか、あるいはそうすることに少なくとも関係した。その確信は、教えることが教える人々に影響がなかったという見解が、私には意味をなさなかったということをなぜ私が述べたかについて説明している。その範囲において、少なくとも、私はウォーラーの教えることの最も明白な影響が教師たち自身にあることに関する主張に全面的に合意している。★1

フィリップ・W・ジャクソンは、シカゴ大学教育学部及び心理学部のデイヴィット・リー・シリングローの名誉教授である。ジャクソンは一九五五年、コロンビア大学ティーチャーズ・カレッジで博士号を取得した。彼は一九五五年、シカゴ大学教育学部の准教授に任命され、一九九八年の退官まで在籍した。

ジャクソンはシカゴ大学在職中、教育学部において様々な役割を担った。これには教育学部大学院の学部長、大学構内のカリキュラムと制度に関するベントン・センター（Benton Center for Curriculum and Institution）の所長などが含まれる。こうした管理職ポストに加え、彼は一九六六年から一九七〇年の間、大学の保育園の園長を務めた。

教育分野でのジャクソンの経歴は、長い年月を経て、教育心理学の領域から徐々に教育課程（カリキュラム）へその焦点を移し、まさに教育における哲学的な問題へと変わっていった。コロンビア大学、ティーチャーズ・カレッジでの彼の博士課程における研究は、測定と統計の専門家であるアーヴィング・ロージ教授の指導のもとに進められた。ジャクソンは、シカゴでロージの指導の下、新たな博士号として期待される量的能力と実証的傾向に自らの方向性を定めた。しかしアーヴィング・ロージは最も重要な存在ではあったものの、彼の唯一の指導者ではなかった。シカゴ大学教育学部において、ジャクソンは同じ心理学者である別の教授に出会ったが、彼は大きく異なる姿勢をもっていた。ハーバード大学社会関係学部卒業生であるヤコブ・ゲッツェルスは学習に関して幅広い社会的視野をもち、認知について広い構想をもっていた。ゲッツェルスは若い准教授を指導するうえで主要な役割を担っていた。

　ゲッツェルスとジャクソンの主な主張はまず、一九六二年に発行された『創造性と知能（*Creativity and Intelligence*）』から生まれた。『創造性と知能』は、被験者が創造的または新しい考え方を示す必要のない課題における行為に依存する知能の概念から、創造的な考え方を切り離そうという彼らの取り組みに関して説明している。彼らの研究の概念的な試みは、基本的には知能指数（IQ）スコアから個人が創造性の測定において高得点を得るかどうかを知ることは難しいというものであった。ゲッツェルスとジャクソンは、知能検査で高得点を記録し、創造性の評価では低い得点を記録した若者と、知能検査では低い得点を記録したが、創造性では高得点を記録した若者を一連の創造的な課題により評価した。彼らは背景となる条件、家庭生活の形態、これら二つのグループの子どもたちと関連づけられる素質の種類を測定しようと試みた。アメリカにおいて創造的思考方法（creative thinking skills）の発展に関して大きな関心が寄せられた際、彼らの著書は広く話題となり、この分野での研究に大きな進展を与えた。

　テストの実施を通して、さらに、精密なテスト実施を通して測定される創造性における関心はジャクソンの研究において中心的な役割を担うことはなかった。一九六〇年代半ば、ジャクソンは今日では明らかに重要と考えられるものの、当時はないがしろにされていた領域に関心をもつようになった。彼は、教室で何が起きているかを知ろうとしたのである。この好奇心は、シカゴ大学附属実験学校における研究につながり、非常に重要な著書である『教室の中の生活（*Life in Classrooms*）』の完成につながった。このプロジェクトに関し、ジャクソンは次のように記している。

> その狙いは学校を罵倒することでも称賛することでもない。また学校を変えることでもない。むしろ、目標は単に読者の認識を高め、可能であれば、本来そうあるべきよりも少ない注目しか得ていない学校生活のある側面に関する関心を目覚めさせることにある。★2

そして事実、そうなったのだ！

一九六〇年代、このプロジェクトの研究が最初に着手されたとき、依然、考えること［思考］と教えること［教授］の慎重な側面［discreet dimensions］を個別化し、測定することが研究者の主要な関心事であった。一連の教育学的な徳目［pedagogical virtues］を説明することを意図した教師の評価測定は、評価尺度として教師の行為に適用された。教育的な研究団体は、今日もある部分はそうだが、当時は完全に科学的組織［scientific array］の下にあった。教室で生命について学ぶことにより、科学的に価値あるものを学ぶ可能性は、定量化に向かう経験主義者の計画上では高くはなかった。ジャクソンは教室での実践を研究し、そうした環境で起こった事柄の解釈的、記述的描写を提供した第一人者であった。

現在、他の社会的配置の配列［any array of social arrangements］と同様、教室観察は、観察者がもち込む知覚力のレベルの質によって大きく左右される。ジャクソンに何らかの価値があるとすれば、この領域で多く光を放つものをもっていることであろう。彼はアメリカの教育的実践における学生のなかで最も鋭敏で、彼が使用する喚起する散文の種類によって刺激された記憶においてのみ明白になる鋭利な用語において彼が見ることと記述することを可能にした記述の文学と詩のスタイルと結合した彼の鋭敏さの間にあります。『教えない授業（*Untaught Lessons*）』[★3]のなかで彼が高校時代の教師について説明する、以下の一節を考察してみる。


私がヘンジ先生の早朝のクラスで最も鮮明に覚えていることは、教室で彼女が私たちに宿題を出した方法だ。三、四人の生徒が黒板の前に呼ばれ、前の日に出された宿題を解かされるのだ。宿題はもっぱら、教科書の練習問題を単純化し、xを求めるといったものだった。教室の窓から反対側に立っていたヘンジ先生のメガネは反射光で光っていて、他の生徒たちが見守るなか、彼女は黒板の前に立つ生徒に向かって問題を読み上げた。生徒はそれぞれ問題を解くとふり返り、黒板に書いた解答が見えるように脇へ移動した。ヘンジ先生は注意深くそれぞれの解答を確認し（席についていた生徒たちもそうした）、答えだけでなく、計算手順もメモした（計算は細かく黒板に書かれなければならなかった）。解答がすべて正しければ、彼女はうなずきながら生徒を褒め、席に戻すのだった。生徒が間違えた場合、彼女は生徒に計算を見直させ、間違いに気づくかどうかを試みた。彼女は言う、「ロバート、どこかに間違いがあるわよ」と。そしてさらに「もう一度見てみて」と言う。数秒間にわたる見直しによって、ロバートが間違いを把握できなかった場合、ヘンジ先生は、彼らの不幸なクラスメイトが間違った部分を指摘するようにクラスに向かって尋ねた（たいてい、多くの生徒が答えたがった）。[★4]

この一節の影響力は、ジャクソンが『教室の中の生活』で用いた実践である定量的データと組み合わされると、より重要性を増すこととなる。『教室の中の生活』は、量的調査における成果であり、また散文のなかで描写された内容を裏づけ、補足するために定量的情報を活用することができる知的な方法を具体化するものだった。

ジャクソンの『教室の中の生活』に関して重要なことは、ルイス・スミスとウィリアム・ジェフリーの『都会の教室の複雑性（*The Complexities of an Urban Classroom*）』[★5]と並び、それがまだ終了していない動きを始めたという点である。私が述べる「運動」とは、アメリカにおける教育学研究者の間にある並外れた関心のことであり、学校、教室、教育実践と学習のダイナミックな複雑性の理解に関するものである。アメリカの教育研究組織のなかでは、論文集では明らかにすることのできない方法で、学校生活の実践的な事象に関する鋭く洞察に満ちた説話を発表することを提案するという、ある種の質的な転回がある。他の数人の研究者と並び、ジャクソンは、衰退することのない教育学的な学問に対するアプローチに着手した。

教育学におけるジャクソンの功績は、長年の間、彼がティーチャーズ・カレッジで学んだ量的経験主義から徐々に、数字に要約され、統計的に分析されるデータに関連するものよりも、小説家、特にエッセイストに近い種類の経験主義へ変化していった。表現の形としてのエッセイに対する彼の興味は、彼の言語の文学的使用に対する興味に合致していた。この形式における彼の功績は一九八六年に出版された『教えることの実践（*The Practice of Teaching*）』[★6]や、一九九二年に出版された『教えない授業』[★7]、一九九八年に出版された『ジョン・デューイと芸術の授業（*John Dewey and the Lessons of Art*）』[★8]などの著書となった。彼は急激に方法論的左派に移行し、アメリカの教育研究組織に対し、入手可能ななかで最も繊細で洞察的な学習と学校教育に関する解釈を提供した。

フィリップ・ジャクソンは教育学の分野で学者として

だけでなく、教育的指導者および管理者としての役割を果たした。彼は国立教育アカデミー（National Academy of Education）に選出され、前副会長であった。また一九九〇年から一九九一年、アメリカ教育研究協会（American Educational Research Association）の会長を務め、一九九六年から九八年にはジョン・デューイ協会の会長を務めた。また一九六六年から六八年にはブリタニカ百科事典教育法人（Encyclopedia Britannica Education Corporation）の諮問委員会で委員を務め、一九六二年—六三年の間、カリフォルニア州スタンフォード大学の行動科学に関連する高等研究センター（Center for Advanced Study）では特別会員に任命された。

アメリカの教育学におけるジャクソンの経歴は、その鋭く効果的な観察により特徴づけられる。彼はたとえすべてがうまくいっているように見えていても、愚行を容認せず、誤った流行に流されることもない。しかし、教室または学校での日々の営みに責任を持たない場合、学校の学者たちによる批判は容易である。ジャクソンはシカゴ大学附属実験学校の校長であった。すなわち、もし学校が一人の人物により運営可能な機関であったなら、彼にはその責任があった。思うに、ジャクソンはこれに反論するであろう。学校は一人の人物により運営できるものではなく、またそうされてもならないものなのだ、と。彼がアメリカの教育に貢献したことは、鋭い感覚能力と、鋭敏な頭脳による分析、さらには教育の目的と意義のより深い分析を再構築することから発展した展望によるものである。評論家、研究者、エッセイスト、詩人……フィリップ・ジャクソンは私たちが教育についてより熱心に、より深く考えるスペースを与えてくれた。彼のこうした才能はあまりにも類稀なものである。

★注

★1 Philip Jackson, *Untaught Lesson*, New York: Teachers College Press, p.73, 1992.

★2 Philip Jackson, *Life in Classrooms*, New York: Holt, Rinehart and Winston, p.vii, 1968.

★3 Philip Jackson, *Untaught Lesson*, op cit., pp.1–2.

★4 同書、一—二頁

★5　Louis Smith and William Geoffrey, *The Complexities of an Urban Classroom*, New York: Holt, Rinehart and Winston, 1968.

★6　Philip Jackson, *The Practice of Teaching*, New York: Teachers College Press, 1986.

★7　Philip Jackson, *Untaught Lesson*, op cit.

★8　Philip Jackson, *John Dewey and the Lessons of Art*, New Haven, CT: Yale University Press, 1998.

参照項目

『教育の主要思想家50人』所収、**デューイ**の項

ジャクソンの主要著作

・Jackson, P., with J. W. Getzels, *Creativity and Intelligence*, London: Wiley, 1962.
・*Life in Classrooms*, New York: Holt, Rinehart and Winston, 1968.
・*The Teacher and the Machine*, Pittsburgh, PA: University of Pitburgh, 1968.
・*The Practice of Teaching*, New York: Teachers College Press, 1986.
・*Untaught Lesson*, New York: Teachers College Press, 1992.
・*John Dewey and the Lessons of Art*, New Haven, CT: Yale University Press, 1998.

（エリオット・W・アイズナー）

ジェーン・ローランド・マーティン　1929—

Jane Roland Martin

もし私が私自身の調査から学ぶべき一つのことがあるとしたら、それは以下のことです。社会全体のために教育をすべての少女および少年のために豊かで、価値があり、さらにできるだけ有益にするために、教育的展望のなかで、少女と女性たちを、そして、伝統的に彼女らを守るために位置づけられた文化遺産をはっきりと、そしてじっくりと見続けることが絶対に必要です。★1

マーティンは、教育が深く、結果的にジェンダー的であることを示し、教育およびそれに関する問いが、教育という概念の根底を揺さぶった国際的に著名な哲学者である。隠れたカリキュラムを理論化し、この問題が、教養人の理想像や教授法、学校教育、教育の根本に深く根ざしていることを理論化した。改善策として、新たなジェンダー・センシティブな教育理念を打ち出し、再概念化した学校教育、また教育変革を叫び、教育の多様性を訴えた。なぜなら彼女は、しばしばジェンダー・ブラインドであると仮定されている、教養のある人の理想、および学習や学校教育、および教育それ自体の基本概念に埋め込まれていたジェンダーの隠れたカリキュラムを理論づけたからである。

父は新聞記者、母は家庭科教師、ニューヨーク市に生まれた。進歩主義的教育《プログレッシブ・エデュケーション》★2の米国における実験に貢献しているリトル・レッド・スクールハウス、エリザベス・アーウィン高校★3を卒業しており、ここでの経験がマーティン自身の著書に影響を与えている。一九五一年、専攻は政治哲学を専攻し、ラドクリフ・カレッジを卒業した★4。在学中、ジェンダー・バイアス（性差別）の忘れることのできない経験をしたが、それに気づいたのは何年も後になってからであった★5。大学院で受けた講義のなかの哲学的研究が、彼女が小学校の教師★6として直面した実際的な試みによって明らかとなった彼女の問いに取り組むことを助けてくれるかもしれないと考えた。一九六一年、ラドクリフ・カレッジにおいて哲学と教育の分野で博士号を取得するも、「教育の現実的諸問題」に対し、自らの哲学的な専門性を応用していくことが大きな試練となる。★7

教育において、高度に技術的な言語学的討論が分析哲学の研究を支配した。当時、教育理論に関する女性の論文は珍しいとされていたが、マーティン自身は説明の構造★8において、言語学的討論に深く貢献した。★9また、積極的な行動なしに、女性の終身在職雇用は稀であった。これは特に女性学者が学者の夫をもっていたとき顕著であった（マーティンも同様）。十年以上にわたり教育と哲学の学部で様々な職位の非常勤教員として勤めた後、マーティンはボストン、マサチューセッツ大学で学部レベルの哲学科の大学教員の階級を徐々に上って、現在は名誉教授となった。★10

市民の権利として、平和と女性運動は米国の大学内で注目を集め、一九七〇年代に自由主義教育運動が盛んになってから、マーティンの研究はカリキュラムの論理に焦点化しはじめた。教科とカリキュラムの関係はどうあるべきか。「神から与えられた主題」または「不変の基礎」を正当化するのは何なのか。適切な学校の教科の分析とは何か。カリキュラムのどの部分で生徒の選択が生かされ、偶然にまかせられるか。「隠れたカリキュラム」とは何か。そのような分析から、マーティンは進歩主義的な教育の理念を取り巻く独断的な推論と、その最も保守的な提唱者による社会研究、黒人研究、そして女性研究など学際的分野に対する反論を批判するようになった。このように、彼女は「教育の現実的諸問題」に、哲学的に取り組むようになった。取り組みを進めるにあたり、彼女はカリキュラムに対する哲学的探究は、倫理的、社会的、そして政治的カリキュラムの問いも生まれることから、しばしば認識論的であるべきであると考えられてはいたものの、その必要はないことを示した。

マーティンの、カリキュラム分析は標準的な哲学的方法を展開させ、女性やジェンダーに関して言及することはなかった。しかし、それらの分析は、一九八〇年に彼女が始め、現在では彼女の代名詞とも言える女性と教育に関する基本的研究に対する重要な考え方の基盤となった。女性の教育的経験や貢献を真剣に考慮し、ジェンダーに対する自らの長年の推論に挑戦しようとしている哲学者や教育者に対し、マーティンは教育や彼らの分析方法の意味について再考するように喚起を促した。したがって、彼女は特に教育の分析哲学者たちの間の辛辣な論争の火付け役となった。それにもかかわらず、マーティンの六本の異なる論文[★11]を引用している『教育哲学：百科事典（*Philosophy of Education: An Encyclopedia*）』は、彼女がスタートさせたフェミニスト活動は「教育哲学の様相を変えた」と主張した[★12]。

実のところ、教育哲学会（Philosophy of Education Society）での彼女の果敢な活動は一九八一年、その分野の歴史において大きな転機を迎えた。まずマーティンは、女性に関する新たな研究について、しばしば引用され、再出版された会長講演において、分析哲学者のR・S・ピーターズのジェンダー・ニュートラルと言われている論説を批評した『教育を受けた人の理想（*The Ideal of the Educated Person*）』を、他二本の影響力の大きな論文[★13]とともに「ハーバード・エデュケーショナル・レビュー」のなかで発表した。坂本辰朗と坂上道子により続けて和訳された『女性にとって教育とはなんであったか――教育思想家たちの会話（*Reclaiming a Conversation*）』（一九八五年）のなかで、彼女はこれら論文の課題のいくつかに言及した。女性に関する彼女の初期の研究は、教育的思考のテーマや目的として女性を除外したり、歪めたり、その価値を低く評価したりした教育の現代分析哲学における認識論の不平等を明らかにした。彼女は女性の教育的活動に関する思想の歴史から、現代分析哲学者の怠慢を、それが代表的なものであっても（男性、女性の両方について）言語化した。さらにマーティンは、こうした怠慢が現代の教育哲学者に女性を除外させるだけでなく、育児についての問いをその分野で禁じるよう規制した場合に、結果として起こるものであったことを示した。『女性にとって教育とはなんであったか――教育思想家たちの会話』は、プラトンやジャン・ジャック・ルソー、メアリー・ウルストンクラフト、キャサリン・ビーチャー、シャーロット・パーキンスらの軽視されてきた文献を批評的に再構築することで、これらの問題を取り上げた。こうした思想家による、「ジェンダーを見ようとしない（gender-blind）」や「ジェンダーに縛られた（gender-bounded）」教育理念を批評する一方、マーティンは「ジェンダー・センシティブな（gender-sensitive）」教育理念を主張した。この理念のなかでは、教育者には、常に二つの性の生き方（ジェンダーが教育的差異を生み出す一方で、そうしてはならない場合）においてジェンダーの働きを把握していることが求められる。ジェンダーに対し、規範的なものよりも、敏感であること、その理念はどちらの性別においても不可欠な特質を仮定しないが、両者とも社会の

「生産的」（政治的、文化的、経済的）かつ「生殖的（reproductive）」（子育て）プロセスにおいて、に関する、のために教育されるべきであるという目的を打ち立てた。[★14]

また、マーティンはここで、教育思想の歴史家たちは容認できる情報源や調査方法、原著者であること（authorship）自体に対する彼らの仮定に疑問をもつべきであると提案している。こうして学者たちは、例えば雑誌、個人の日記、手紙、パンフレット、新聞、フィクションの一本、そして口頭によるものなど、標準的でない情報ソースにある女性の教育思想の証拠を探求することになる。マーティンは、教育思想の歴史家たちはこうして、スタンダードなひとりの哲学者の役割に加え、「人類学者の役割を担う」必要が出てくるかもしれないと示唆している。[★15] さらに、教育思想の著者は個人だけでなく、学校の創設者や社会運動を起こしたグループであるかもしれない。

マーティンの論文（一九六九—九三年）は、『教育的風景の転換（*Changing the Educational Landscape*）』（一九九四年）のなかで多く再出版され、他の場所でもアンソロジーに編まれ、彼女が『スクールホーム——〈ケアする学校〉（*The Schoolhome*）』（一九九二年）において取り組んだ、共学カリキュラムについての再考の必要性を提示した。マリア・モンテッソーリの「子どもの家（casa dei bambini）」を再解釈し、ウィリアム・ジェームズの「戦争の道徳的等価物（Moral Equivalent of War）」を批評しながら、大衆文化と上位文化双方からの無数の情報ソースを批評する一方で、この著作は「生きるために学ぶこと（'learning to live'）」と、独占された、そして独占している文化についての学ぶこと、その両方のため、学校を「家庭の道徳的等価物（Moral Equivalent of home）」としてラディカルに再‐概念化した。カリキュラムを単なる「傍観者」の知識に還元する認識論の誤りを非難し、ジェンダー・センシティヴィティを再理論化するためにアリストテレスの中庸（the golden mean）を展開した。さらにそれは、彼女が「ドーム恐怖症」と名付けた不適切な教育現象、米国における文化と教育の両方を侵食し、女性と子どもの幸福に損害をもたらす病的な恐怖心と抑圧的な憎しみについての意識の昂揚を求めた。

しかしながら、マーティンは近年、『スクールホーム——〈ケアする学校〉』で提案するように、学校を再構築することは必要ではあるものの、この文化の最も基本的な要求に対応するには不十分であると主張した。現在進行中の、彼女の最新の研究は二つの有名な本質主義者の方程式——教育と学校教育の間、そして文化と上位文化の間——に挑んでいる。またマーティンは家庭と学校間の「教育的機能の性差（gendered-division）」と、教育者が自明のものであると考えていた本質主義の前提から続いて起こる「文化的損失」を批判している。教育が伝達する可能性のある一般的な「文化的蓄積」を生み出す「文化的富」と文化的負債との間に明確な区分を描くことで、彼女は現在、広く定義される「複合的教育機関（the multiple educational agency）」を定義した。教育機関は学校や家庭だけでなく、教会、近隣住民、職場、美術館、図書館、コンサート会場、電子及び印刷メディアなどにも属する。彼女の考えでは、仮に公衆が幅広い教育機関を認めるようになることで、こうした複合的機関が若者に不適切な教育をし、「私たちの文化的富の代わりに負債を残し、伝達した」として責任を問われることになるという。[16]

マーティンの新たな複合的教育機関の概念と一致して、彼女の理論は排他的に子どもの教育に注目していない。彼女の最新の著書、『アカデミーにおける時代の到来（*Coming of Age in Academe*）』（二〇〇〇年）では、専門的職業および研究分野としての教育自体における二流のステータスが、高等教育においてどのように「教育的ジェンダーシステム」に反映しているかを分析している。教養ある女性と過去二世紀にわたる米国への移民者を比較し、マーティンは女性の生きた経験や、特にゲットー化された、教職を含めた「女性の」職業から学術的な乖離を永続させる様々な学術的実践を批判した。このシステムに苦しんだのは女性ばかりではない。マーティンは、それを「頭脳の流出」と名付けた。これは「社会の〈最も賢い〉者の注目を現実社会の問題からそらす」というものである。[17] 教養ある女性に同化を拒絶するように促し、彼女は「大小のアクション」[18]、「戦略的かつ挑発的アクション」を通じてエデュケーション・ジェンダー・システムの廃止を支持した。また彼女は教養学部に「教育、保育、そして社会福祉学部の学者たちと共通の利害を作るため、学部全体、学校全体で考えるよう嘆願した。[19]

こうして、教育理論におけるフェミニスト先駆者として指揮をとり、マーティンは大きな困難に対抗しつつ、二児の母としてだけでなく、学部レベルの大学の哲学教授として、マーティン自身の研究を自らの日常生活[20]とより身近に関連づけることに成功した。[21] 学術的な性差別に関する彼女の理論は、彼女自身が、自分の所属する大学[22]で教育哲学における有能なフェミニストの指導教官がいない世界中の女性の大学院生を指導した経験を反映している。[23] しかし、皮肉なことに、教育哲学における彼女と同世代のあまり有名でない白人男性と異なり、マーティンは、自らが教鞭をとり、教え子たちに助言を与えたどの複合的研究大学においても終身在職権のある職に就くことはなかった。

しかしながら、「教育思想に女性を参加させる」[24] というマーティンの取り組みは、今日、教師教育において顕著なカリキュラムの注目を受けている。若い学者たちは自主的に同様の挑戦に取り組んだ。そのために、女性の教育に対するデューイやヘーゲル、テオドール・フォン・ヒッペルの思想や、キャサリン・マッケイ、ベル・フックス、ルイーザ・メイ・アルコット、ヌトザケ・シャンゲ、トニ・モリソン、マーガレット・フラー、カトリーヌ・ブロンテ、フランス人作家のコレット、カナダ人作家のモンゴメリー、そしてアメリカ女性大学人協会[25]による共同声明など、様々な文化圏の女性による教育思想などを取り入れた。今日、これまでにない数の女性が教育哲学者となっている。マーティンの、教育思想におけるジェンダー・ブラインド分析的パラダイムへの取り組みは、知的な教育実践者の非常に重要な関心事(例：教授（teaching）と共同的な教育（co-education）、体育と性教育、政治的公正と文化的多元主義、ロールモデル、両性具有、公教育における性差別と性の自由[26]について、新たな哲学的議論や討論をも可能にした。また、こうした討論は、小説、映画、絵画や音楽、インターネットに至るまで、今までに比べ、より一層幅広い文化的資源を用いることになった。マーティンは一九八一年、教育思想に女性たちを導き入れることにより、この分野が再活性化され、豊かなものになると約束したことが、そのことは明らかに正しかった。[27]

このような経緯から、アメリカ教育学会［AERA］や他の組織が数回にわたってマーティンに栄誉を与えたことは驚くにあたらない。[28] 彼女は米国とスウェーデンの両国で博士号を受け、その功績はカナダやオーストラリアでも讃えられていることも驚くにあたらないであろう。あるいは彼女が英国、イスラエル、フィンランド、オランダ、ノルウェー、スウェーデン、そして日本で講義をしたことも(驚くにあたらないであろう)。おそらく、グロリア・ステイネムが、マーティンの教育に関する理論に対する幅広い支持を最もよく要約している。それは次の通りである。「ジェーン・ローランド・マーティンは、旧いゲームでは捨てられていたエネルギーや、もしそれらのエネルギーが放たれた時の可能性について考えるために私たちを団結させた。[29]」

注

★1 Jane Roland Martin, 'Women, Schools, and Cultural Wealth', in Connie Titone and Karen E. Maloney (eds), *Women's Philosophies of Education: Thinking Through Our Mothers*, Upper Saddle River, NJ: Merrill, p.175, 1999.

★2 To document this remarkable school's history, Jane Roland Martin was awarded a Spencer Foundation Grant with Helena Ragoné for a project entitled 'Remembering Progressive Education: Interviews with the Class of '43'.

★3 Nel Noddings, *Philosophy of Education*, Boulder, CO: Westview, chap. 10, 1995.（ネル・ノディングズ、宮寺晃夫訳『教育の哲学』世界思想社、二〇〇六年）

★4 Jane Roland Martin, *The Schoolhome: Rethinking Schools for Changing Families*, Cambridge, MA: Harvard, p.211, 1992.（ジェーン・R・マーティン『スクールホーム―〝ケア〟する学校』生田久美子訳、東京大学出版会、二〇〇七年）

★5 Martin, *The Schoolhome*, op cit., p.53. 同書

★6 Jane Roland Martin, 'One Woman's Odyssey', in *Changing the Educational Landscape: Philosophy, Women, and Curriculum*, New York: Routledge, p.2, 1994.

★7 同書

★8 Jane Roland Martin, *Explaining, Understanding, and Teaching*, New York: McGraw-Hill, 1970. Also see her 'On the Reduction of "Knowing That" to "Knowing How"', in B. O. Smith and R. H. Ennis (eds), *Language and Concepts in Education*, Chicago, IL: Rand McNally, 1961, reprinted in *The Philosophical Foundations of Education*, ed. Steven M. Cahn, New York: Harper & Row, pp.399–10, 1970; and her 'On "Knowing How" and "Knowing That"', *The Philosophical Review*, pp.379–87, 1958.

★9 Susan Laird, 'Teaching and Educational Theory: Can (And Should) This Marriage Be Saved?', *Educational Studies*, 29, 2, Summer, p.137, 1998.

★10 Jane R. Martin (ed.), *Readings in the Philosophy of Education: A Study of Curriculum*, Boston, MA: Allyn & Bacon, p.9, 1970.

★11 *Philosophy of Education: An Encyclopedia*, J. J. Chambliss (ed.), New York: Garland, p.706, 1996; analyticphilosophy, civic education, domestic education, feminism, girls and women, philosophy and literature.

★12 Barbara Houston, 'Feminism', in *Philosophy of Education: An Encyclopedia*, p.219.

★13 All articles are reprinted in Martin, *Changing the Educational Landscape*, chaps 1, 2, 3.

★14 Susan Laird, 'Martin, Jane Roland', in Lorraine Code (ed.), *Encyclopedia of Feminist Theories*, New York: Garland, 2000.

★15 Jane Roland Martin, *Reclaiming a Conversation: The Ideal of the Educated Woman*, New Haven, CT: Yale, p.181, 1985.（ジェイン・ローランド・マーティン『女性にとって教育とはなんであったか——教育思想家たちの会話』坂上道子、村井実、坂本良朗訳、東洋館出版社、一九八七年）

★16 Martin, 'Women, Schools, and Cultural Wealth', *op cit.*, pp.159–75.

★17 Jane Roland Martin, *Coming of Age in Academe: Rekindling Women's Hopes and Reforming the Academy*, NewYork: Routledge, p.133, 2000.

★18 同書、第三章

★19 同書、一七三頁

★20 Martin, *Changing the Educational Landscape*, op cit., p.1.

★21 Martin, *Reclaiming a Conversation*, op cit., p.xi; Martin, Coming of Age in Academe, op cit., p.95.（『女性にとって教育とはなんであったか——教育思想家たちの会話』）

★22 In the United States, for example, Karen E. Maloney, 'The Theory of Education of Charlotte Perkins Gilman: A Critical Analysis', Ed. D. diss., Harvard University Graduate School of Education, 1985, and Susan Schober Laird, 'Maternal Teaching and Maternal Teachings: Philosophic and Literary Case Studies of Educating', Ph. D. diss., Cornell University, 1988. However, the students whom she has mentored include other students from the United States, Canada, Australia and Sweden.

★23 Martin, 'A Professorship and Office of One's Own', in *Changing the Educational Landscape*, op cit., chap. 6. See also Susan Laird, '"Working It Out", with Jane Roland Martin', *Peabody Journal of Education*, 71, 1, pp.103–13,1996.

★24 Steven E. Tozer, Paul C. Violas and Guy Senese, *School and Society: Historical and Contemporary Perspectives*, Boston, MA: McGraw-Hill, p.351, 1995. This is one of the most widely used basic texts in historical, philosophical, and social foundations of education. Martin's *The Schoolhome* is also a frequent text in such courses.

★25 Most notably, Titone and Maloney, *Women's Philosophies of Education*, op cit.; Susan Laird, 'Women and Genderin John Dewey's Philosophy of Education', Educational Theory, 38, 1, winter, pp.111–29, 1988; Susan Laird, 'Curriculum and the Maternal', *Journal for a Just and Caring Education*, 1, 1, January, pp.45–75, 1995; Susan Laird, 'The Ideal of the

Educated Teacher: Reclaiming a Conversation with Louisa May Alcott', *Curriculum Inquiry*, 21, pp.271–97, 1991; Susan Laird, 'The Concept of Teaching: *Betsey Brown* vs. Philosophy of Education?', in James Giarelli (ed.), *Philosophy of Education 1988*, Normal, IL: Philosophy of Education Society, pp.32–45, 1989. Also Zandra Lesley Shore, 'Girls Reading Culture: Autobiography as Inquiry into Teaching the Body, the Romance, and the Economy of Love', Ed. D. diss., Ontario Institute for Studies in Education at the University of Toronto, 1999; Virginia Ann Worley, 'The Educational Place of Metissage in Colette's La Maison de Claudine: A Two-Fold Pedagogy of Place Itself and of the Place-Teaching Partnership', Ph. D. diss., University of Oklahoma, 1999; Jeffrey Ayala Milligan, 'Negotiating the Relationship between Religion and Public Education: Conceptualizing a PropheticPragmatic Teacher from Toni Morrison's *Beloved*', Ph. D. diss, University of Oklahoma, 1998. In 'One Woman's Odyssey', op cit., p.15, p.31, n.39, n.40, n.41, n.42, n.43, n.44, Martin cites other scholars who have taken up her challenge: Inga Elgqvist-Saltzman and her students at the University of Umea; Mineke van Essen, Mieke Lunenberg, and their colleagues in The Netherlands; David MacGregor in Canada; Robert Roemer and others at a Guilford College symposium; and Mary Ann Connors at the University of Massachusetts.

★26 Ann Diller, Barbara Houston, Kathryn Pauly Morgan and Maryann Ayim, *The Gentler Question in Education: Theory, Pedagogy, and Politics*, Boulder, CO: Westview, 1996. を参照。

★27 Susan Laird, 'Teaching and Educational Theory: Can (And Should) This Marriage Be Saved?', *Educational Studies*, 29, 2, summer, pp.131–51, 1998.

★28 たとえば The John Dewey Society, Society of Professors of Education, American Educational Studies Association, Society of Women in Philosophy, and several universities, including Harvard.

★29 Gloria Steinem, Foreword to *Coming of Age in Academe*, op cit., p. xvii.

参照項目

本書の**ピーターズ**の項

『教育の主要思想家50人』所収、**アルコット**、**モンテッソーリ**、**プラトン**、**ルソー**、**ウォルストネクラフト**の項

マーティンの主要著作

- *Explaining, Understanding, and Teaching*, New York: McGraw-Hill, 1970.
- *Reclaiming a Conversation: The Ideal of the Educated Woman*, Japanese language edition, 1987; New Haven, CT: Yale

University Press, 1985.（「女性にとって教育とはなんであったか——教育思想家たちの会話」坂上道子、村井実、坂本良朗訳、東洋館出版社、一九八七年）
- *The Schoolhome: Rethinking School for Changing Families*, Cambridge, MA: Harvard University Press, 1992.（『スクールホーム——〝ケア〟する学校』生田久美子訳、東京大学出版会、二〇〇七年）
- *Changing the Educational Landscape: Philosophy, Women and Curriculum*, New York: Routledge, 1994.
- *Coming of Age in Academe: Rekindling Women's Hopes and Reforming the Academy*, New York: Routledge, 2000.

関連図書

- Diller, A., Houston, B., Morgan, K. P. and Ayim, M., *The Gender Question in Education: Theory, Pedagogy*, and Politics, Foreword by Jane Roland Martin, Boulder, CO: Westview, 1996.
- Titone, C. and Maloney, K. E. (eds), *Women's Philosophies of Education: Thinking Through Our Mothers*, Upper Saddle River, NJ: Merrill, 1999.

（スーザン・レアード）

[その他の邦訳文献]

- ジェーン・R・マーティン、『カルチュラル・ミスエデュケーション——「文化遺産の伝達」とは何なのか』生田久美子、大岡一亘訳、東北大学出版会、二〇〇八年）

ネル・ノディングス　*1929—*

Nel Noddings

私たちの子どもの生活を維持し、子どもの個人的成長を涵養することへの関心は、道徳生活と道徳教育への納得できる関心をもたらす。★1

他の著名な哲学者と同様に、ネル・ノディングスは、教育学の領域に貢献してきた。とりわけ彼女の業績上のテーマとは、ケアリングの分析と倫理学におけるケアリングの位置づけ★2、人間関係へと配慮することを勇気づける学校構造の発展★3、女性の観点から悪を再概念化しようとする努力★4、そして道徳教育を周知させるための母性的関心の活用★5、そうした主題の周辺の問題を含んでいる。ノディングスの広範囲にわたる影響は、道徳的思考、価値、信念の彼女のより広域な概念に依存する。さらに彼女の貢献は現代の教育上の論争に重要な転機をもたらしつつある。最近の傾向は道徳的生活と道徳的発達への関心を一層強めている。しかしながら、教授と学習の倫理的基礎を確認する機会は、特定の集団の狭いそしてしばしばノスタルジックな見解に訴えることがなされ学校への政治的に動機づけられた要請によって、脅威にさらされている。この脅威に満ちた荷担に対して、ノディングスはわれわれが今日他の仕方で有している倫理的信念の理解とは別に、より厳格なそしてより包括的な倫理的信念の理解を提供する。

　ノディングスは、ニュージャージー州にあるモントクレア州立大学を卒業後、数学教員として、専門の職歴を開始した。彼女の最初の教員生活は六年生とともに始まった。しかし彼女は、十二年間、高等学校の数学を教授しつづけた。学校はノディングス自身学ぶ場（生徒）として、彼女の生活において重要な役割を果たしてきた。そして教師に配慮する彼女の初期の経験は、生徒と教師の関係についての生涯長きに亘った興味を有することになった。最初、数学に、後には哲学へと至ることになる彼女の学術的情熱は、それらを教授してきた教師への彼女の憧憬に由来するもので、後には教師というテーマ（主題）それ自体の要請によって由来するようになった。★6

ノディングスはラトガーズ大学で数学の修士号を取得した。彼女はまた、スタンフォード大学で大学院生活を継続する前に学校と地域の行政官として従事した。教育哲学と教育理論で博士号を取得の後、ノディングスは、シカゴ大学附属実験学校での指導のため一九七五年に雇用されることとなった。新たに教育哲学の発想を得たノディングスは、ジョン・デューイの影響が強いその学校の歴史という抗しがたい立場を見出したに違いなかった。デューイは著名なアメリカの実用主義者《プラグマティスト》で、彼の進歩主義的思想はノディングス自身の業績に影響を与えつづけてきた。一九七七年に、ノディングスはスタンフォード大学の教育学部に加わった。その場で彼女はスタンフォード大学教員養成プログラムの責任者や学部長としてあらゆる仕事をこなした。ノディングスは、スタンフォード大学で複数の教育表彰を授与された。一九九二年には彼女は寄付講座の教授に任命された。スタンフォード大学退職後、ノディングスは、二〇〇〇年までコロンビア・ティーチャーズ・カレッジで教育哲学を教授した。

ノディングスの初期の研究の大半は、数学教育である。それは彼女が生涯をかけた領域である。しかしながら徐々に、哲学と倫理学研究が彼女の学術的業績の中心となった。彼女の最初の著作『ケアリング――倫理学と道徳教育への女性論的アプローチ(*Caring: A Feminine Approach to Ethics and Moral Education*)』は、以上の領域に貢献している。ノディングスは「道徳教育の基本とはなにか」という永遠の問題を提起することによってこの書を書きはじめている。多くの彼女以外の倫理学者も、同じ質問を提起している。ただノディングスのアプローチは過去の哲学的伝統とは異なるアプローチである。特に彼女は、二つの主たる倫理学的体系である功利主義と義務論的倫理学のいずれもが、道徳的ジレンマと女性の倫理的関心の理解の十分な基礎を決して提供するものではないと論じている。ノディングスは、予見できる結果（功利主義的アプローチ）と原則に基づいた思考（義務論的アプローチ）の各決定を否定はしていない。むしろ彼女は、母親の子どもへのケアの場合と同様に、自然本性的なケアに基づく第三の見方を提案する。ノディングスが主張するに、自然本性的なケアとは道徳的態度のことであり、ケアされる記憶またはケアする経験により生じる善への希求のことである。この基本的観点から、ノディングスは人間関係にある良好な状態、受容、親密、専念により特徴づけられた倫理的ケアの概念を発展させている。

ノディングスのアプローチの強みは、相互互換性に強調をおくことであり、倫理的問題が義務やある抽象原理に従って行為する個人の見通しから単に分析されるものではないと論じている点に要点が存在する。むしろ、人間関係は常に「意味あるものへ配慮する」を含意し、人の関心、動機、愛情ある対応とともに存在する。この観点において、意味あるものへの配慮に基づくアプローチは、身近にある人間関係に常に注意することとなる。平等、公平さといった諸原理が決定される時、それらの適応方法は、人への原初的関心、そしてそうした人々との対話、結果として形成される人間関係の平等に由来するのである。

ノディングスは自身の分析を弁護するため、フェミニスト理論の全般を引き合いに出している。そしてこの事の理由のゆえに、彼女は他のフェミニストの学者たちが遭遇した挑戦と同様の挑戦に直面している。倫理学の事例において道徳行為は、典型的に「父親の言語において」描写される。つまりノディングスは、「正当化、公平、正義といった父性的用語において」を指摘している。[★8]しかしながら、母性的興味を強調する学者たちは、キャロル・ギリガンの言う「異なる声」と呼ぶところのものでもって、議論に参入する。[★9]新たな声を因習的領域へともたらす挑戦は、これまでにはなかった分析上の貢献やその精神そのものを放棄することなく、さらなる議論を誘発する「活気ある」分析を提示することにある。この問題は、いわばこれらの用語の形式的用法において厳格には経験上または論理的ではない概念について、いかにタフな精神でありつづけるかという問題と言うことができる。

ノディングスは、幾通りかの方法でこの挑戦に応じている。第一に、彼女の著作は反論的見解を一貫して容認する。同じく彼女は、上記にて記した政治的困難というだけではなく、そのケアリング理論中に含まれる分析的困難さという彼女自身のケアリングの分析において生じる困難さをはっきりと訴えている。例えば、彼女は相互互換性――ケア理論の中核である――が、教育者のほとんどが関心を寄せる非平等的関係（例、生徒と教師）の類型において、極端に複雑となる、そのような考え方を議論する。ちょうど、植物、動物、理念、組織といった非人間的実体へのケアが何を意味するのかという問題に着手するのと同様に、時間、強度、状況的変化の諸問題は同じく着手されなければならない。彼女の著作が示すように、ノディングスの確信は、その問題の複雑さのゆえにその理論（ケアリング理論）を捨て去るというのではなく、可能な限り、理知的に、これらの複雑さを通して考えることである。

　第二に、ノディングスは親密さと受容について強調する古典的文脈において、女性の観点からそのアプローチを規定している。確かに部分的には女性論的アプローチの目的は、それ自体、性（ジェンダー）の経験的問題からのアプローチを分離することにある。女性は伝統的倫理学において強調された技術、すなわち論理的結論に至るための形式的思考と諸原理の整理をはっきりと為すことができる、とノディングスは論じている。同時に、男性は彼らの道徳的行為の基礎としてケアすることを拒否する正統な理由をもちあわせていない。女性と同様に、男性もまた、人生を維持し、人間関係の質を向上させ、個人的成長を促すことにそれぞれ伝統的関心をもっていた。こうした興味を共有することは、男性、女性の両方にとって、倫理学の不必要な狭窄的見方に苦しむこととなる。

　第三に、ノディングスのアプローチはその方法において現象学的であることを論じているものの、したがって知識論に関連しているが、倫理的現象学の目的は、道徳的真理を「証明する」ことにあるのではない。その代わりに、ケアの理論家たちは形式的確実性と対立するものとして概念的知識と啓蒙的理解の獲得のため努力すべきだ、とノディングスは提案する。「はじめて自転車に乗る時にわれわれは覚えるように、われわれを安定させる手は提案的な知識を提供するのではなく、手はわれわれを導き同時に支援する、そして『方法を知ること』で完了する。[★10]」

　ノディングスのケアリングの哲学的分析は、主要なフェミニストの学者として賞賛が与えられることとなった書物『女性と悪（*Woman and Evil*）』[★11]とともに、一九八九年に始められた。この書物は不服従と罪の観点から悪を大きく規定している一連の伝統を扱い、これらの伝統はユダヤ・キリスト教神学の長い歴史をもつが、ただしユダヤ・キリスト教神学に対して両方の価値的な魅力を見出し表現している。このアプローチは慈悲深く、そして全能的神と人間的悲惨とを和解させる問題を創造するとノディングスは論じている。さらにこの問題を解決する努力は、悪をしばしば欺き悪から生じる支配の類型に対して優勢となるかもしれない。ノディングスは、このアプローチを拒絶するが、個人が悪に向けての傾向にあることを理解させ、支配する道徳の必要性を拒絶はしていない。再び女性の経験を引き合いにだすことによって、ノディングスは苦痛、別れ、援助のなさの現象学的条件によって悪を配置するアプローチを提案する。悪は、この観点から人に降りかかり、悪の原因は求められる必要はないが、しかしわれわれの状況が許す場合と同じく悪は勇気と対峙する。ケアリングは、対話と協力の基礎に貢献するものとしてこの種の勇気は重要な起源である。特にノディングスは、教師をケアリングすることは特に社会化される生徒や人の上に立とうと熱望する生徒などに対しすべての生徒の精神的継続性に関わる永遠の問題を広く語りかけることとなるため、これを推奨するのである。

ノディングスによるケアリングと悪の哲学的分析は、倫理学、現象学、フェミニストの学問に重要な貢献をなしてきた。しかしながら、彼女のこれ以外の重要な点は、教育実践を導く哲学の効用性について絶えず強調している点に表れている。彼女のこの学問の観点は、人間関係についてケアリングする勇気をもち教育することと学校生活を送ることとの構造を変容させ個人的成長を変容させるねらいがあることをノディングスははっきりと取り上げているが、その意味において、彼女は変形構造論者《トランスフォーメーショニスト》と命名されうる。ノディングスの著書『学校におけるケアすることへの挑戦（*The Challenge to Care in Schools*）』[★12]においては指導計画に焦点をあて、カリキュラム、教授の職について纏められている。一つの見方からこの書は、リベラル・エデュケーションの一批評として見なすことができ、そしてすべての生徒に対して「最善の」教育としてリベラル・エデュケーションを定義づける伝統として、見なすことが可能である。モティーマー・アドラーのパイデイア・プロポーザル[★13]の彼女による初期の批評を拡張することで、ノディングスは人間の理性の一層狭義の概念を包含するリベラル・エデュケーションの標準的教育理念を議論する。この人間理性は訓練（教育）された知性にほぼ依拠する。彼女の議論は数学、科学、言語等において同じ教育課程を選択するようすべての生徒に要請することには反対ではないが、生徒の発達、興味と才能の広域さを無視するあらゆる教育課程に対しては反対する。生徒間におけるありのままの相違が考慮されることで、すべての者に対して同じ教育課程を規定することは強制に依存するよう教師に求めることに他ならず、したがって学習と個人的成長に対して根本的関係を弱めることとなってしまう。

ノディングスが他のもう一つのアプローチを発展させるため応用した方法においてと同じく、教育哲学者はこれらの議論においてもデューイの影響を認識するであろう。また彼女の方法は複雑な思想的実験に読者を従事させることにねらいがある。親としてノディングスはもし子どもが能力と才能を異にした大きな集団に属する時、いかにしてわれわれは子ども達を教育してゆきたいかと問う。デューイの「最善にして最良の親」[14]という概念は、ノディングスが批判した人物によってリベラル・エデュケーションの同じ提案者によって適応されている（誤用もされている）。彼女の解釈は、教育エリートの概念を避けている。さらにこの思想の実験は五人の娘と五人の息子の母であるノディングスにとって、全く仮説的ではない。大規模で多様な家族を養うことは、教育とは教育がもたらそうとする恩恵が生徒たちに広く認識され責任をもって対応せられるべきものだという彼女の確信の主たる起源となっているという点を繰り返し彼女は認めている。

ノディングスの提案は、デューイが消極的になしてきた標準的訓練《スタンダード・ディシプリン》からの離脱である、ケアの核心を中心とする学校カリキュラムを編成することにあった。にもかかわらず、ノディングスとデューイは別の視点で同意を見た。両哲学者は、教育は生徒の興味に対して一致すべきものであるという説には賛同しているが、社会通念や職業上の要請を基本とするカリキュラムの差異化については二人とも反対する。そのような能力別学級編成は、教育とは人生のための準備以上のものを指し示し、直接作用する経験でもある。現代の論争は、多くの能力別学級編成の活用が大きな不平等をもたらしていることを論証することで別の問題点を提起する。しかしながら、この観点において、ノディングスはわれわれは等しさと平等とを混乱してはならないと注意する。「人間の才能は、素晴らしいほど広域に亘っている」「そしてもしわれわれが平等に本当に関心を寄せるのなら、彼らの才能は等しい尊敬で取り扱われるべきである[15]」と彼女は記している。

生徒に対し責任ある教育を求める際に、ノディングスは学習と経験の連続性について新たな強調を行っている。このことは彼女の学問において頻発するテーマである。このことは『知性的信念または懐疑のための教育（*Educating for Intelligent Belief or Unbelief*）[16]』の焦点であり、その書のなかでノディングスは［以下の］主題の各領域の関連性と、人生、死、自然と宗教についてしばしば発生する青年期の精神的問題について検討する。例えば、数学においては、多くの偉大な数学者は、神は存在するか、世界はどのようにして始まったか、生命はどこから発生したか、死後何が発生するかを含む実存的問題に取り組んできた。なぜなら、そのような問題は時間、空間、または人間の多様な経験を超越していると考えられるからである。ノディングスはそれらの問題が何ゆえ教育課程上ほとんど抜け落ちているのかを疑問に思っており、宗教や歴史における教育課程にのみ制限されていて、いつ現れるのかを疑問に思っている。

こうした傾向を無くすために、ノディングスは知性的信念または懐疑のために教育することは、精神的問題に関するだけでなく、生徒の幅広い関心を証明するためにもたらされた探究を明らかにするためのアプローチとして学校の教育課程のバックボーン（主力）として活用可能な方法を示すことによって豊富な例を提供する。ある意味、彼女の提案は教育課程を横断する教育に対する哲学の貢献を表明している。しかし、ノディングスにとってそのような探究の目的はそれ自体批判的思考でもなく、敵対者を打ち負かすことを探究するソクラテス的論証のタイプでもない。むしろ彼女は永遠の対話に参加するための機会をすべての参加者に提供する探究の形式を議論する。「そのような対話においては信じる者と信じない者とが互いに距離を縮めてゆく」[★17]とノディングスは記している。

要約すれば、ノディングスは倫理学的ケアリングについての彼女の業績が最も良く知られている一方で、彼女の教育への貢献は現代の理論とトピックの多面にまで及んでいる。これらの貢献のうちのほとんどが教授を通して教師が倫理学的思想に対して奮闘努力している生徒や教師を認識しはじめるとき、教師がすでに知っている事柄と関係するようになっている。この認識を高めるケアリングの意味は単に満足や博愛的行為の「心地よい」満足という一時的な意味というだけではない。ノディングスは、ケアリングは対人関係の思考の複雑な技術によって告知される道徳態度のことであると説いている。ケアリングとは、それ自体確固とした固有の形式や専門的職業としての形式のことでなく、形式論理学の計算された技術である。最も重要なこととは、ノディングスの業績であるケアリングは、ヴィトゲンシュタインがわれわれは「沈黙しなければならない」と忠告したものである必要はない。むしろ、沈黙を行うことは、人間の理性の最も説得力があり魅力的な形式の一つを手に入れそこなうことであろう。

注

★1　Nel Noddings, 'Shaping an Acceptable Child', in A. Garrod (ed.), *Learning for Life: Moral Education Theory and Practice*, Westport, CT: Praeger, p.67, 1992.

★2　Nel Noddings, *Caring: A Feminine Approach to Ethics and Moral Education*, Berkeley, CA: University of California Press, 1984.（ネル・ノディングズ『ケアリング――倫理と道徳の教育：女性の観点から』立山善康、林泰成、清水重樹、宮崎宏志、新茂之訳、晃洋書房、一九九七年）

★3　Nel Noddings, *The Challenge to Care in Schools*, New York: Teachers College Press, 1992.（ネル・ノディングズ『学校におけるケアの挑戦――もう一つの教育を求めて』佐藤学監修訳、ゆるみ出版、二〇〇七年）

★4　Nel Noddings, *Women and Evil*, Berkeley, CA: University of California Press, 1989.

★5　Noddings, 'Shaping an Acceptable Child', op. cit.

★6　Nel Noddings, 'Accident, Awareness, and Actualization', in A. Neumann and P. Peterson (eds), *Learning from Our Lives: Women Research, and Autobiography in Education*, New York: Teachers College Press, pp.166–82, 1997.

★7　ノディングズ、『ケアリング』前掲書

★8　同書、一頁

★9　Carol Gilligan, *In a Different Voice*, Cambridge, MA: Harvard University Press, 1982.（キャロル・ギリガン『もうひとつの声――男女の道徳観のちがいと女性のアイデンティティ』岩男寿美子訳、川島書店、一九八六年）

★10　ノディングス、『ケアリング』。前掲書、三頁

★11　Noddings, *Woman and Evil*, Op cit.

★12　ネル・ノディングス、『学校におけるケアの挑戦――もう一つの教育を求めて』、前掲書

★13　Nel Noddings, 'The False Promise of the Paideia', *Journal of Thought*, 19, pp.81–91.

★14　John Dewey, *The School and Society*, Chicago, IL: University of Chicago Press, p.3, 1902.（ジョン・デューイ『学校と社会』宮原誠一訳、岩波文庫、二〇〇五年）

★15　Noddings, 'Accident, Awareness, and Actualization', op cit., p. 177.

★16　Nel Noddings, *Educating for Intelligent Belief or Unbelief*, New York: Teachers College Press, 1993.

★17　Ibid., p. 144.

参照項目

『教育の主要思想家50人』所収、**デューイ**の項

ノディングスの主要著作

- Nel Noddings, *Caring: A Feminine Approach to Ethics and Moral Education*, Berkeley, CA: University of California Press, 1984.（『ケアリング――倫理と道徳の教育：女性の観点から』立山善康、林泰成、清水重樹、宮崎宏志、新茂之訳、晃洋書房、一九九七年）
- Noddings, N., with Paul J. Shore, *Awaking the Inner Eye: Intuition in Education*, New York: Teachers Collge Press, 1984.
- Nel Noddings, *Women and Evil*, Berkeley, CA: University of California Press, 1989.
- Nel Noddings, *The Challenge to Care in Schools*, New York: Teachers College Press, 1992.（『学校におけるケアの挑戦――もう一つの教育を求めて』佐藤学監修訳、ゆるみ出版、二〇〇七年）
- *Educating for Intelligent Belief or Unbelief*, New York: Teachers College Press, 1993.
- *Philosophy of Education*, Boulder, CO: Westview Press, 1995.（『教育の哲学』宮寺晃夫訳、世界思想社、二〇〇六年）
- *Educating Moral People*, New York: Teachers College Press, 2001.
- *Starting at Home: Caring and Social Policy*, Berkeley, CA: University of California Press, 2002.

関連図書

- Noddings, Nel and Wittherell, Carol (eds), *Stories Lives Tell*, New York: Teachers College Press, 1991.
- Stone, Lynda (ed.), *The Education Feminism Reader*, New York and London: Routledge, 1994.
- Noddings, Nel, Gordon, Suzanne and Benner, Patricia (eds), *Caregiving*, Philadelphia, PA: University of Pennsylvania Press, 1996.
- Noddings, Nel, Katz, Michael and Strike, Kenneth (eds), *Justice and Care in Education*, New York: Teachers College Press, 1999.

（デイヴィッド・J・フリンダース）

ユルゲン・ハーバーマス　*1929—*

Jürgen Harbermas

対話において能力のある参加者としてすべての個人を考察しようと試みることは、平等、自律性そして個人の見込みある理性に対する普遍的な関わりを予想させる。★1

ユルゲン・ハーバーマスは、哲学者集団にして、社会理論家そして一九二九年にフランクフルトで社会調査機関（社会研究所）を創設することに尽力した文化批評家の一派であるフランクフルト学派の第二世代の主要な人物である。ハーバーマスは、マックス・プランク研究所に移籍する一九七二年以前にそして後には一九八〇年代半ばからフランクフルト大学で哲学と社会学の教授として彼のポストに再び戻るまで、ハイデルベルグ大学とフランクフルト大学で哲学を教授した。

ハーバーマスは教育理論家としてというよりは、社会理論家であり哲学者であるということができるが、教育にかんして深い影響力を与えつつある。彼の初期著作は、道具的理性の批判と「科学的」なものとしての実証主義（価値あるすべての知識は、専ら科学的知識のことであるという信念）（ハーバーマス、一九七二年、p.4）、そして専門家（例、人々と状況とを目的に対する手段として取り扱う）において、そして平等主義的社会での無力化された個人と集団とを解放しようと公言された政治的意図において、フランクフルト学派の批判理論の計画を前進させた（例えば、ホルクハイマー、アドルノ、マルクーゼ）。ハーバーマスの初期業績は、知識論に対し社会理論の基礎を置くための努力であり、社会的民主主義においてどのような振る舞いが含まれるべきかの見解を含めることで、明らかに規定的及び規範的であるということができる。その意図は、単に社会と行動の説明を提供するだけではなく、構成員全員のため平等と民主主義に基づいた社会を実現することである。彼の理論の目的は、状況、権力、現象を理解することではなく、それら三つを変化させ、不平等を根絶することである。

ハーバーマスは彼よりも年長の家庭教師兼教師であったアドルノと同じく、構造的に受け継いだ差別的で非合法な権力と不平等を資本主義において見出している。資本主義は、その支配権（つまり、支配権と不平等な権力関係がすべての参加者の無言の同意によって運営される）を、動機、合法、アイデンティティ、政治学、経済学の各状況の危機を回避することにより主張しようとする。[★2]ハーバーマスの初期の業績はフランクフルト学派のイデオロギー批判の伝統に位置づけられており、社会正義の根本原理、社会平等の促進、民衆としての興味の創造と涵養、そして民主社会の達成への関与を前提とする。ハーバーマスは彼のイデオロギー概念を、参加者の日々の生活において「民衆としての興味の抑制」として定義づけている。[★3]その参加者の日々の生活の場においては、権力を有する諸体系や集団が理性的には抗しがたい方法によって運営を行う。というのも、彼らの権力は他の集団の無力化に基づくものだからである。即ち、彼らの行動原理は普遍的なものではない。ある意味、イデオロギー批判は、資本主義社会における権力と支配権の非合法的運用の批判である。

ハーバーマスの批判理論は、教育的討議事項を提起し、同じく特定のイデオロギー批判とアクションリサーチ（行動調査）においてそれ自体の方法論を有する。特定の支配集団から発せられる価値、信念、実践といったイデオロギーは、手段である。これによって強力な集団は、それぞれの特定――専門化した――利益を無力化された集団の犠牲において促進して規定してゆく。イデオロギー批判は社会と教育の多くの領域においてイデオロギーの運営を暴露することを意図している。そして一般的善の表層下で、与えられた興味を創造することが意図されているのである。このことは参加者を権力ある者にまたは権力無き者のいずれかにして永続させ、どうしたらいいのかを参加者に訴えることによって意識的にまたは無意識的に生じてくることである。換言すれば、民衆としての興味の抑圧のことである。状況は自然的ではなく、興味と権力とが保護され抑圧されるそのような場における結果と過程のことである。そしてイデオロギー批判の一つの課題は、[★4]このことを解明してゆくことにある。

ハーバーマスは、イデオロギー批判は四つの段階において語られると提案する。

段階1　現存する状況の描写と解釈—解釈学的行使の段階のことであり、これは現在の状況を理解するための試みと特徴づけから成る。（ウェーバーに由来する反芻することであり、理解するとは解釈学的パラダイムにアプローチしてゆくことである）。

段階2　理性が採用する形式に対して現存する状況をもたらす理性の浸透段階——①興味の分析と、②状況で作用を及ぼしているイデオロギーの分析、そして③権力と合法性の分析（ミクロ（社会学的用語）とマクロ——社会学的用語においての両方）を含意することで、状況の原因と目的、そしてそれらの合法性の評価のことである。ハーバーマスの初期の作品において、彼はこのことを、抑圧され歪曲され抑制された条件としての「患者」の意識へともたらす手段として、精神分析と関連づけている。さらにこの患者の意識とは彼らの条件、状況、そして行動の完全で正確な理解から彼らを遠ざけようとする経験と要因のことであり、しかもそのような暴露と検証は、解放者の役目を担い、解放のために役立つことになろう。ここでの批評はいかにして彼らの見解と実践とが、民主主義的自由、興味、権力研究者に対して作用する社会秩序や社会的状況を浸透させているイデオロギー的ゆがみとなりうるかを、個人と集団とに対し明確化することに価値が存在している。★5

段階3　その状況を変化させるための協議事項の着手。移行が平等主義的社会に向けなされるためのものである。

段階4　実践における新たな平等主義的状況の達成の評価の段階。

　イデオロギーは単なる理論ではなく、実践に直接インパクトを与えるものである。批判理論によって提示される教育的方法論は、アクション・リサーチ（行動調査）である。★6アクション・リサーチは教育的文脈において運営する人々に権力を授ける。なぜなら彼らは調査と実践の駆動力だからである。その意味において、アクション・リサーチには権力が強力に付与されており、自由で解放的であることの主張がなされる。それは実行者に「声」★7を付与し、意志決定に参与させ、それらの環境や職業上の生活を支配してゆく力を与える。アクション・リサーチを通した権力付与のための主張の有効性が、それらの構成要素が有するものと同じくらい強力であるかどうかということは、別の問題である。というのも変化と権力のためのアクション・リサーチは、教育に委任された改革に直面することによって相対的に権力を喪失してしまうからである。

ハーバーマスの知識構成主義的な関心の理論は、特定の状況において作用する興味を暴くことをねらいとする。そしてそうした興味の合法性[★8]をそれらが平等であり民主主義に値するのかという領域を特定することによって問いただすことを求めている。彼の理論の意図は、改革を含むものである。社会や個人を社会的民主主義へと変革してゆくことである。この観点において批判的な教育調査の目的は、実に実践的である。より公正で、平等な社会をもたらすために、そしてその公正で平等な社会において個人と集団的自由が行使され、さらには非合法的な権力の行使とその影響を根絶させるためになされるのである。なぜならもしそうでないのならば、批判的理論家と批判的教育学者、教師、研究者は、中立を主張しえなくなり、そしてイデオロギー的にも政治的にも潔白ではありえなくなるからである。

ハーバーマスは、知識は多様な興味に値し、しかも社会分析は社会において展開される知識構成的な関心の観点からなされうる、と提案する。興味とは社会的に構成されるものであり、「知識構成的」であると彼は論じる。なぜなら知識構成的とは知識の目的および類型としてみなされるものを形作り決定するからである。興味はイデオロギー的機能[★9]を有しており、例えば（テクニカル・インタレスト［技術的興味］）が、それらの力を与えられた場において力を得ることを保持し続ける効果をもっている。そして権力なきものにおいては権力なしにしてしまう、そのような保持効果を有している。即ち、社会的なものを現状のまま補強し不朽のものにさせることである。「解放的興味」はその現状を脅威にさらす。この観点において知識は中立ではない。価値ある教育的知識としてみなされるものは、社会的かつ条件的権力、即ちその知識の提唱による社会的かつ条件的権力によって決定される。即ち、学者の集団においてである。知識と知識を定義づけることは特定のパラダイムにおいて運営される学者の共同体の関心を反映している（例えば、クーン［1962］）。

ハーバーマス[★10]は、価値ある知識の定義と三つの認知的興味に関連する理解の形式上の定義とを解釈する。即ち、①仮定と支配、②理解と解釈、③解放と自由。彼はねらいとしてこれらのものを技術的、実践的、解放的興味と名付けている。技術的興味は、科学的、実証主義的方法で特徴づけられ、法則、ルール、予想（仮説）、行動の抑制あるいは受動的調査の対象や、手段的知識を強調することが伴う。実践的興味は教育を理解すること、調査することに対する質的アプローチによって素描される解釈的方法論において例示されている（例えば、象徴的《シンボリック》相互作用主義《インターラクショニズム》）。ここで調査の方法論は、「話すことと行為する主体」[★11]のコミュニケーション（意思伝達）を明確化させ、理解し、解釈することを求めている。解釈学は相互作用と言語に焦点を当てる。解釈学は、ウェーバーの理解の原理を何度も言及することで、参加者の目を通して状況を理解することを求める。実在（リアリティ）が構成される[★12]という見解がそこには前提とされている。事実、ハーバーマスは、社会学はその文化的位置における社会的事実を理解しなければならないと提案し、社会的に決定されているものとして理解しなければならないと提案する。解釈学は状況において行為者の意図を回復し再構築するもので、主題を関連づけている意味を表現することを含んでいる。そのような試みは、社会的文脈における意味の分析を含んでいる。現象よりも意味はここにおいては重要となる。

解放的興味は、先の二つの興味を内包している。この解放的興味は先の二つの興味を要請するがそれらの興味の範囲を超越している[★13]。解放的興味はプラークシスと関連する。プラークシスとは、解放する目的のため、反省によって改善してゆく行為のことである。この興味の二重の関連は、支配と抑圧とが個人と社会的自由の完全なる実存的実現[★14]を避けると論じることで、権力運営の解明と社会正義をもたらすことの二つの目的がある。この知識構成的興味の課題は、じっさい批判理論に関連するものであるが、それらの分離のために自由なき行動の、抑圧され、虐げられ、貧窮した決定者の意識に対して訴えてゆくことにある[★15]。

ハーバーマスの著作は、例えば、カリキュラム・デザイン、目的、内容、教育学、評価と調査といった教育に対してかなりの程度で影響を及ぼしている。カリキュラム・デザインのレベルにおいて、ハーバーマスの三つの知識構成的興味は、カリキュラム・デザインの三つのスタイルを特徴づけることができる[★16]。

1　合理主義者・行動主義者のカリキュラムに対する「産物としてのカリキュラム」という見方である。これは「技術的」知識構成主義的興味を表すものである[★17]。この見解は、典型的に官僚化された、道具的カリキュラムのことである。

2　人文主義的、解釈学的、実験主義的なカリキュラムに対する「実践としてのカリキュラム」[★18]の見方である。これはステンハウスのカリキュラムに対する「過程」的アプローチや解釈学的知識構成主義的興味を具体化した彼（ステンハウス）の人文主義的カリキュラム計画と同一視されるものである（例えば、アイズナーの表現的客観[19]における場合のように、結果の記述よりも、むしろ教育的出会いを描写と理解することである）。

３　「プラークシスとしてのカリキュラム」[20]という実存的、権限付与的そしてイデオロギー批判の見方である。これは解放的興味を具体化したものである。ハーバーマスの解放的興味は、カリキュラムには問題を含むものとすることによって与えられるものであり、例えば、アクション・リサーチを通して、「三つの対象を分類する」[19]ことを通してである。――問題を取り扱うこれらの対象と問題解決的アプローチのことである。――カリキュラムにおいて解放的問題を提起しそして批判的問題を提起する、さらには社会研究計画を確立することを通してである。（例えば、フレイレ[21]により発展させられた文化リテラシー計画が挙げられる）。とりわけ、「誰のためのカリキュラムか」「このことはどのような興味において発生してくるのか」「これらの興味はいかにして合法的とされるか」などといったカリキュラム上の問題が、主流を占める。

知識は中立ではない。カリキュラムはイデオロギー的に競争的情勢を占めている。教育的知識の社会学的研究はここではいかにして力強い権力ある者がカリキュラムを通して権力を保持するのかを示している。そしていかにして知識と権力が合法化されてゆくのかを示している。例えば、権力集団によって一層高い地位の「公的」知識の定義を通して、である。より高い段階の知識に対して特徴ある仕方によってアクセスすることや、そうした高い地位の知識の吸収理解によって、である。教育的知識に基づく社会学は、カリキュラムがイデオロギー批判への支配権をもつようになることと、学生［student の訳語であるが、以下、学生とする。ただし中等教育機関の学習者を排除するものではない。］にイデオロギー批判を促進させ支配権をもつようにすることの両方を目指したカリキュラムについて検討するのである。

解放的カリキュラムにおいては学生に内容と過程において力を与え、それは参加主義的民主主義、関わり、学生の意見を発展させること、そして個人と集団の実存的自由を実現することである。批判と実践は、諸文化、権力の生々しい経験や支配そして抑圧を交互にやりとりするカリキュラムを活性化させることに結びついている。即ち、カリキュラムがどのような主題を目指し、その内容、イデオロギー批判に対する目的はどのようなカリキュラムのテーマか、さらに権力を付与し促進させる協議事項はどのようなものによってなのか、このような問題を検討する。

　カリキュラムの内容の観点において、ハーバーマスの業績はイデオロギー批判のいくつかの本質的な焦点を示している。例えば、メディア研究、社会研究、そして人文主義、文化研究、政治教育、市民教育（シティズンシップ・エデュケーション）、機会均等、権力と権威、教育と共同体、教育と経済、個人と社会教育、コミュニケーション、美的教育などである。

　ハーバーマスの業績は特に批判的教育学の領域に対し鼓舞するものをもっており、影響を与えた著作家としてヘンリー・ジルー[★22]、マイケル・アップル[★23]などがいる。批判的教育学は教育目的、カリキュラム・デザイン、内容、教授方法、学習方法（スタイル）、教育と発達を構成する選択と決定についての諸問題を提起し、イデオロギー批判を発展させることがねらいである。批判的教育学は「民衆としての興味の抑制」や不平等から、自由、社会的正義、友愛精神、さらに言うなれば個人と集合的解放へと至るねらいをもってイデオロギー批判を発展させることに意図があるのである。

　教室の指導方法に関しては、ハーバーマスの見方からする八つの教育学的原理を、彼の知識構成的興味の見解[★24]に基づき描き出すことが可能である。

（1）協力と共同作業の必要性
（2）作業を基礎とした議論の必要性[★25]
（3）自立的、経験的で柔軟な学習
（4）交渉による学習の必要性
（5）学生が環境領域を理解し質問することができるよう、共同体に関連した学びの必要性
（6）問題解決活動の必要性
（7）語ることに携わる生徒の権利を向上させる必要性
（8）教師が「柔軟な知識人」として行動できること[★26]

以上は、イデオロギー批判を促進することで求めることが可能である。

　批判的教育学は、教育者は学生が教育的出会い（社会的不平等をもたらすカリキュラムを強要することよりも）をもたらす生きた経験とともに作用しなければならず、そのようなものと取り組まねばならないと論じる。この試みにおいて教師は学生において支配の経験を改めることが目指され、民主主義において学生を完全な「解放された者」となるよう目指されなければならない。学生の毎日の抑圧された経験、沈黙させられた経験、そう

いった文化に親しむことを強要された経験と、教育と意志決定から除外された「彼らの声」は、本来そうした行為に含まれるイデオロギー的メッセージを問いただしてゆくべきである。そのような不平等の意識の芽生えは、不平等の意識に打ち勝つ重要なステップとなる。教師と学生はともに、民主主義的で公平な社会における個人的自立に向けての過程において前進する。批判的教育学は学生がただ受け入れる、あらかじめ規定された文化的傾向の強いカリキュラムの場においてカリキュラムを文化的政治学の一形式として見なす。そうした文化的教育学ではカリキュラムに参加する参加者は、カリキュラムに含まれる文化的自国的メッセージを問題視し、批評する。そうしたメッセージを「可能な言語」[★22]と置き換え、共同体に関連したカリキュラムに時には権力を付与する。(例、学校を参加型の民主主義を支援する共同体における計画とともに関連づける)。この方法においてカリキュラムは、文化的にもイデオロギー的にも再生産としての学校というよりは、「社会として批判的」なものとして役立つのである。

ハーバーマスの主張は、教育調査、アクション・リサーチそして評価の基礎を補強する五つの原則を提案する。それらの原則とは以下のとおりである。

(1) 理解のための合意的探究において協同的で協力的であること

(2) 問題解決的アプローチを採用すること。

(3) 手に手を携えた共同概念であることとその行使を伴う際、非官僚的であること。即ちすべてのステークホールダー(利害関係当事者)の手中に権限が見出せること。

(4) すべてのステークホールダーが彼ら自らの実存的将来を実現するため、平等な社会に参加することができるよう、彼らを解放し、そして権限を有するようになること。

(5) 実証主義的方法論に独占的に依存せず、避けること。

これらの五つの原則は、アクション・リサーチとフェミニストの研究においてすべて役立てられている。[★27]

社会理論を知識論(この場合、彼は知識論を不十分と認めている)[★28]に由来する彼の初期の試みから出発することで、ハーバーマスの社会理論は、その起源が初期の著作[★29]にまで遡ることの可能性は「情報伝達順序《コミュニカティブ・ターン》」を採用している。ウェーバーの「官僚の鉄の鳥かご」(ハーバーマスは鉄の鳥かごのことを、権力、法、官僚制度の「メディアを操ること」による「生活世界の植民地化」と見なしている)[30]の道具的理性からどのように出発したのかという見方を提案しようとするハーバーマスの関心は、「コミュニケーション的理性(対話可能な理性)」において前進の道を見出す。このコミュニケーション的理性は、以下に挙げる諸要因からなる「理想的発話状況」の原則によって遵守されるところのものである。

(1)対話を開始する自由、問題を含む主張を考察する、説明を評価する、与えられた概念構造を修正する、正当化を評価する、規範を変更する、政治的意志を問いただす、発話行為に従事する。

(2)対話参加者間の相互理解への方向付け、平等にして自律的対話相手としての彼らの権利の尊重。

(3)参加者の地位、特に参加者を支配することの地位的権力というよりは、むしろ議論の力に依拠することによってのみ、議論中のコンセンサスを達成しようとする関心。

(4)真理、合法性、誠実さそして包括性の対話行為の有効性の主張を求めること。

ハーバーマスにとって、民主主義と平等は権力と支配的行為に基づくというよりは、理性的行為の探究と、真理のための理性的探究に基づく合意、それらに続いて達成されるところのものに基づいている、ということである。

教育用語において、ハーバーマスのコミュニケーション的理性は、以下のような例によって官僚化を抑制し、教育をはじめカリキュラム上の、また教育学的実践の理性的イデオロギー批判によるコミュニケーションと推論の高まりつつあるなかで、専門家の弱体化について議論する。

(1)学生の権力と自由を発展させる
(2)狭義の道具的手段カリキュラムを避ける
(3)教育が平等と民主主義とを促進することを確かなものにする
(4)学生を自律あるものとし、声、文化的力を発展させる
(5)協同的学習
(6)美的教育を発展させ、理性の非指示的形式を発展させる
(7)柔軟性を発展させ、学生の問題解決能力を発展させる
(8)それにおいて個人と共同体の文化生態史(生態地理学)が埋め込まれた文化・環境的文脈を批判的に問いただすこと
(9)交流的学習を発展させること

（10）機会均等の問題を取り上げること

（11）参加型民主主義における市民性を発展させること

（12）政治的教育と政治的に敏感な問題の研究を企てること

（13）カリキュラム上、基礎の広域的視点を採用すること。この場合、教育は手段として他の目的に資することではなく、むしろそれ自体目的をもつものであること

（14）教育において、また教育を通して、相互互換的コミュニケーションを発展させること

この莫大な企みの政治的感覚は、ハーバーマスに影響を与えられた多くの著作家[★31]たちによって認識されカリキュラム上及び教育学上の意志決定の合法性の問題に影響を与え、これまでの既存の知識の定義に対して挑戦を試みるものである（モリソン、一九九五年）。

ハーバーマス[★32]は、ポストモダン批判[★33]に直面する際、モダニズムの強力な防衛者である。モダニティの計画は未だ述べられてはいないが、ポストモダニズムが提供したものよりも、社会的解放のための一層広域な見通しをモダニティの計画は提供すると彼は論じているからである。それとは別に、例えば以下のような、容易に片付けることのできないハーバーマスの著作への批判がいくつか取り上げられている。すなわち、彼の理性に対する余りにも著しい強調[★33]、彼の著作が依拠する真理のコンセンサス理論の受容性について[★34]、権力を行使しつづける集団の支配力に対する彼の控えめな表現[★9]、イデオロギー批判と解放の推測的関連性[★9]、彼の初期著作における病的傾向[★9]、個人の解放と社会的解放との彼の同一視[★9]、彼自身の政治的アジェンダの促進（これは彼が批判するところとイデオロギー的に同じかもしれない）[★35]、彼の著作の相対主義[★9]、彼の知識構成的興味の理論的状況の曖昧さ[★9]、社会的変化を創出する運営体制[★36]に対する彼の拒否[★34]、主観性の彼の問題化の不十分さ[★9]、イデオロギー批判と社会理論との混同[★9]、彼の著作のユートピア的性格と一般的傾向[★9]、彼の理論の究極的な観想的本性[★9]、彼の理論が科学抜きの科学哲学であるという解釈[★37]、フェミニスト問題に対する彼の拒絶[★33]、社会改善を成し遂げる一手段としてコミュニケーションを彼があまりにも強調しすぎること。

これらの辛辣な批判にもかかわらず、ハーバーマスの作品は、カリキュラムと教育学が問題を孕みかつ政治的であると容認するのに十分な含意に対して力強い理論的実証性を提供する。ハーバーマスの理論によって伝えられる教育理論と教育調査は本質的協議事項を有する。例えば、試験することと問いただすことについて、学校と

社会の関係について、学校がいかにして不平等を不朽なものとするかまたは減じる機能を果たすか、知識とカリキュラムの社会的構造のこと、価値ある知識を誰が定義づけるのか、知識にはどのようなイデオロギー的関心が値するのか、社会において不平等を創出するのはどのようにしてなのか、教育を通してどのような権力が創造され再生産されるのか、それらの関心は教育によって値するものであるのか、そしてこれらはいかにして合法的となるのか（例えば、低所得者・非白人・女性よりも富裕者、白人、中間層の男性に関心が向けられているのか）。おそらくハーバーマスの民主主義と平等に対する継続した関心は、彼のマルキシズムへの新たな取り組み、そして社会を「植民地化」する際に「舵を取ること（steering mechanism）」として過激な専門家主義に打ち勝つことの彼の推奨のことであり、二〇世紀の主要な哲学者の一人として彼自身を特徴づけている。また彼の作品は教育理論家に対しても鼓舞するものである。

注

★1 Habermas 1982, p.252.
★2 Habermas 1976.
★3 Habermas 1976 p. 113; 1984, p.10.（ハーバーマス『コミュニケーション的行為の理論』河上倫逸訳、未来社、一九八五―八七年）
★4 Habermas 1972 p. 230.（ハーバーマス『認識と関心』奥山継良、渡辺祐邦、八木橘貢訳、未来社、一九八一年）
★5 Carr and Kemmis 1986 pp.138–9.
★6 Callawaert 1999.
★7 Carr and Kemmis 1986; Grundy1987.
★8 Habermas 1974, p.12.（ハーバーマス『理論と実践――社会哲学論集』細谷貞雄訳、未来社、一九九九年）
★9 Morrison 1995.
★10 Habermas 1972.（前掲『認識と関心』）
★11 Habermas 1974, p. 8.（前掲『理論と実践』）
★12 Habermas 1988, p.12.（ハーバーマス『社会科学の理論によせて』、清水多吉他訳、国文社、一九九一年）

★13 Habermas 1972, p. 211.（前掲『認識と関心』）

★14 Habermas 1979, p. 14.

★15 Habermas 1984, pp.194-5.（前掲『コミュニケーション的行為の理論』）

★16 例として、Carr and Kemmis 1986: Grundy 1987; Young 1989.

★17 例として、Tyler 1949; Taba 1962.

★18 Stenhouse 1975.

★19 Eisner 1985.

★20 Freire 1972; Stenhouse 1975; Apple 1979, 1993 の著作を見よ

★21 Freire 1972.

★22 Giroux 1983.

★23 Apple 1979.

★24 Morrison 1996.

★25 Young 1989.

★26 Aronowitz and Giroux 1986. 変容可能な知識人とは、学生の政治的意識を生じさせ自らの置かれた生活状況へ考察を深める目的で、学習者の心のなかにカリキュラムと学校生活が問題であると思わさせ、教育上イデオロギー、諸価値を問いただすそのような教育者のことなのである。

★27 例。Kemmis 1982; Carr and Kemmis 1986; Grundy 1987; Kemmis 1999; Cohen *et al.* 2000.

★28 Habermas 1985.

★29 Habermas 1970, 1979. 本理論の正当化は Habermas 1984, 1987a において着手されている。そして Alford（1985）によるそれに対する強烈な批判である「再構成の科学」の理論の大部分の前提として述べられている。

★30 Habermas 1984, 1987a.（前掲『コミュニケーション的行為の理論』）

★31 例として、Apple 1979; Anyon 1981; Giroux 1983, 1992; Gore 1993.

★32 Habermas 1987b.（前掲『コミュニケーション的行為の理論』）

★33 例として、Giroux 1992.

★34 Lakomski 1999.

★35 例として、Roderick 1986, p.71.

★36 Fendler 1999.

★37　Miedama and Wardekker 1999, P.75

参照項目

本書のアップル、バーンスティン、フーコー、ジルー、グリーンの項

ハーバーマスの主要著作

- 'Toward a Theory of Communicative Competence', *Inquiry*, 13, pp.360–75, 1970.
- *Towards a Rational Society*, trans. J. Shapiro, London: Heinemann, 1971.
- *Knowledge and Human Interests*, trans. J. Shapiro, London: Heinemann, 1972.（『認識と関心』奥山継良、渡辺祐邦、八木橋貢訳、未来社、一九八一年）
- *Theory and Practice*, trans. J. Viertel, London: Heinemann, 1974.（『理論と実践——社会哲学論集』細谷貞雄訳、未来社、一九九九年）
- *Legitimation Crisis*, trans. T. McCarthy, London: Heinemann, 1976.
- *Communication and the Evolution of Society*, London: Heinemann, 1979.
- 'A Reply to My Critics', in J. Thompson and D. Held (eds), *Habermas: Critical Debates*, London: Macmillan, pp. 219–83, 1982.
- *The Theory of Communicative Action. Volume One: Reason and the Rationalization of Society*, trans. T. McCarthy, Boston, MA: Beacon Press, 1984.（『コミュニケーション的行為の理論』河上倫逸訳、未来社、一九八五—一九八七年）
- 'Questions and Counterquestions', in R. J. Bernstein, *Habermas and Modernity*, Oxford: Polity Press with Basil Blackwell, 1985.
- *The Theory of Communicative Action. Volume Two: Lifeworld and System*, trans. T. McCarthy, Boston, MA: Beacon Press, 1987a.（前掲『コミュニケーション的行為の理論』）
- *The Philosophical Discourse of Modernity*, Cambridge, MA: Massachusetts Institue of Technology, 1987b.（『近代の哲学的ディスクルス（一・二）』三島憲一他訳、岩波書店、一九九〇年）
- *On the Logic of the Social Sciences*, trasn. S. Nicholsen and J. Stark, Oxford: Polity Press in association with Basil Blackwell, 1988.（『社会科学の論理によせて』清水多吉他訳、国文社、一九九一年）
- *Moral Consciousness and Communicative Action, trans.* C. Lenhardt and S.Nicholsen, Cambridge: Polity Press in

association with Basil Blackwell, 1990.

関連図書

- Alford, C.,'Is Jürgen Habermas's Reconstructive Science Really Science?', *Theory and Society*, 14,3, pp.321-40, 1985.
- Anyon, J., 'Schools as Agencies of Social Legitimation', *International Journal of Political Education*, 4, pp. 195-218, 1981.
- Apple, M., *Ideology and Curriculum*, London: Routledge&Kegan Paul, 1979.
- ———, 'The Politics of Official Knowledge: Does a National Curriculum Make Sense?', *Teachers College Record*, 95, 2, pp. 222–41, 1993.
- Aronowitz, S., and Giroux, H., *Education Under Siege*, London: Routledge & Kegan Paul,, 1986.
- Berstein R., *Habermas and Modernity*, Oxford: Polity Press with Basil Blackwell, 1985.
- Callawaert, S., 'Philosophy of Education, Frankfurt Critical Theory and the Sociology of Pierre Bourdieu', in T. Popkewitz and L. Fendler (eds.), *Critical Theories in Education: Changing Terrains of Knowledge and Politics*, London: Routledge, pp.117–44, 1999.
- Carr, W. and Kemmis, S., *Becoming Critical*, Lewes, Falmer, 1986.
- Cohen, L., Manion, L. and Morrison, K. R. B., *Research Methods in Education*, 5th edn, London: Routledge, 2000.
- Eisner, E., *The Art of Educational Evaluation*, Lewes: Falmer, 1985.
- Fay, B., *Critical Social Science*, New York: Cornell University Press, 1987.
- Fendler, L., 'Making Trouble: Prediction, Agency, Critical Intellectuals', in T. Poplewitz and L. Fendler (eds), *Critical Theories in Education: Changing Terrains of Knowledge and Politics*, London: Routledge, pp.169–88, 1999.
- Freire, P., *Pedagogy of the Oppressed*, Harmondsworth, Penguin, 1972.（パウロ・フレイレ『被抑圧者の教育学』三砂ちづる訳、亜紀書房、二〇一一年）
- Geuss, R., *The Idea of a Critical Theory*, London: Cambridge University Press, 1981.
- Giroux, H., *Theory and Resistance in Education*, London: Heinemann, 1983.
- ———, *Border Crossings: Cultural Workers and the Politics of Education*, London: Routledge, 1992.
- Giroux, H. and McLaren, P., 'Teacher Education and the Politics of Engagement: The Case for Democratic Schooling', *Harvard Educational Review*, 56, pp.213–38, 1986.
- Gore, J., *The Struggle for Pedagogies*, London: Routledge, 1993.

- Grundy, S., *Curriculum: Product or Praxis?*, Lewes: Falmer, 1987.
- Kemmis, S., 'Seven Principles for Programme Evaluation in Curriculum Development and Innovation', *Journal of Curriculum Studies*, 14, 3. pp.221–40, 1982.
- Kemmis, S., 'Action Research', in J.P. Keeves and G. Lakomski (eds), *Issues in Educational Research*, Oxford: Elsevier Science Ltd., pp.150–60. 1999.
- Kemmis, S. and McTaggart, R., *The Action Research Planner*, Victoria, Australia: Deakin University Press, 1981.
- Kolakowki L., *Main Currents of Marxism Volume Three: The Breakdown*, trans. P. S. Falla, Oxford: Clarendon Press, 1978.
- Kuhn, T., *The Structure of Scientific Revolutions*, Chicago, IL: University of Chicago Press, 1962.
- Lakomski, G., 'Critical Theory', in J. P. Keeves and G. Lakomski (eds), *Issues in Educational Research*, Oxford: Elsevier Science Ltd., pp. 174–83, 1999.
- McCarthy, T., *The Critical Theory of Jürgen Habermas*, London: Hutchinson, 1978.
- Miedama, S. and Wardekker, W. L., 'Emergent Identity versus Consistent Identity: Possibilities for a Postmodern Repoliticization of Critical Pedagogy', in T. Popkewitz and L. Fendler (eds.), *Critical Theories in Education: Changing Terrains of Knowledge and Politics*, London: Routledge, pp.67–83, 1999.
- Morrison, K. R. B., 'Habermas and the School Curriculum', unpublished Ph. D. thesis, School of Education, University of Durham, 1995.
- Morrison, K. R. B., 'Habermas and Critical Pedagogy', *Critical Pedagogy Networker*, 9, 2, pp.1–7, 1996.
- Pusey, M., *Jürgen Habermas*, London: Tavistock, 1987.
- Rasmussen, D. M., *Reading Habermas*, Oxford: Basil Blackwell, 1990.
- Roderick, R., *Habermas and the Foundations of Critical Theory*, Basingstoke: Macmillan, 1986.
- Stenhouse, L., *An Introduciton to Curriculum Research and Development*, London: Heinemann, 1975.
- Taba, H., *Curriculum Development: Theory and Practice*, New York: Harcourt Brace, 1962.
- Tyler, R., *Basic Principles of Curriculum and Instruction*, Chicago, IL: University of Chicago Press, 1949.
- Young, R., *A Critical Theory of Education: Habermas and Our Children's Future*, London: Harvester Wheatsheaf, 1989.

（キース・モリソン）

カール・ベライター　*1930—*

Carl Bereiter

過去の時代においては、暫くの間は高まりその後には沈静化する教育改革の波が次から次へと見られた。仮にわれわれが改革を行い、人々に新しく刺激を付与するところに注目するのなら、多くの人々に常に認識されている斬新さが教育のプロセスのなかで啓蒙され人道的仕方の中に存在することを発見することであろう。この斬新さは、可能性の限界を拡張するものとして見なされるものではなかった。すでにわれわれが見出しかつ現代生活の殆どの側面で要請されているものは、可能性の継続的拡張である。だがこの継続的拡張が教育において生じないなら、人々はそれについて探求することさえ生じ得ないであろう。教育における可能性の限界の拡張が何を意味するのかを人々は予測できない。生徒に知識の正当な創造者として役割を付与するその営みは、真剣にその限界を拡張しようと努力してきた長い歴史において最初の出来事である、と私は考える。もしこのことが継続し、そしてそのような指導が一層前進して肯定的となるならば、このことは最終的には、いつまでも存《ながら》えることとなる改革を告げるものとなるかもしれない。★1

ベライターは、教育心理学者である。彼の経験的調査と理論化は、政策、哲学、科学技術の領域に教育心理学を応用し、その領域の非常に多くの部分を占めている。関連した論題は、彼の言葉で言うならば、教育上「可能性の限界を拡張」することの欲求である。しかし、この対象は一九五九年にウィスコンシン大学で彼が博士号を完成させた後の数年後に至るまで具体化されなかった。当時の二名の主要な心理測定学者チェスター・ハリスとジュリアン・スタンレイから量的研究方法について教育を受けた後、ベライターは同じ経歴をたどることとなった。初期の頃の産物の一つである「変化測定における継続的ジレンマ（Some persisting Dilemmas in the Mesurement of Change)」と題された論文（一九六三年）★2は、まだ万人受けはしなかった概念的問題の構造化としてしばしば引用される。しかしながらその論文が登場するまでには、ベライターはそれまで捕われていた研究的伝統を捨て去って、「存在する多様性の分析に限定した調査以外には教育における新しさは、人々において条件や方法のいずれにおいても成り立たない」との結論を有していた。より冒険的な実験のみが研究対象でありえた。そのような動機に確信づけられることで、イリノイ大学の教育調査研究所に移動した。その研究所では実験が機械によって教育の予想した新しい領域に着手していた。

しかしイリノイで彼の興味を引くこととなった研究は教育者に関係することのみならず、科学技術とは全く関係のないマスメディアに関係することであった。イリノイ大学で興味を抱いたのは、恵まれない子どもたちの就学前教育のことであり、「可能性の限界」は未だ定着していない新興の領域のことであった。この研究は、「直接的指導」という用語を教育に付与した。学習すべきものを明確化し、それを最も効率的方法において、教授することが本質的には有効であるが、――直接的指導は、昔も今も最も多くの教育や訓練における選択方法であり、幼い子どもに対するその適用は多くの者によって珍奇なものとみなされ、かなりけしからぬものとされた。ベライターとエンジェルマンの『就学前における恵まれない子どもを教授すること(*Teaching Disadvantaged Children in the Preschool*)』(一九六六年)[★3]は、引用されるまでに至る古典となった。但し、その引用部分の大部分に対しては批判的であった。ベライターによれば、その書は、読まずしてそれを批判することが許されうるような状況にあって、象徴的立場を達成している証左である。だが、ベライターとエンジェルマンが就学前教育について論証したことは、集中的直接的指導を通してのそれであり、学問の適性に関して期待が低い子どもたちに対してのことであって、そうした子どもたちが次のような時期までに、つまり、彼らが幼稚園を離れ、知能検査において一般的高領域において得点を獲得できる時点までに第二学年半ばまでで読むことができ、算術(計算)をすることができるようになったということである。就学前教育施設のその研究の衝撃《インパクト》を評価することは困難である。適量の直接指導は、今や幼稚園では一般的である。子どもの庭としての幼稚園の一般的性格は、旧態依然として存するが、幼い子どもが知性的発達が可能となるところの意味を大きく変えてきている。

就学前教育施設のベライターの研究は、はっきりと言えば非論理的である。一九六八年のベライターの論文[★4]が論じているところによれば、スキナー主義的な行動主義やピアジェ的な発達主義の幼児教育者たちに該当する理論は、教育すべき内容と方法の本質的問いに対応できてはいない。彼は教育的地平に現れる唯一の起源である理論的アプローチと認識主義として知られるものにより大きな期待をもつようになった。時期よくグッゲンハイム助成金が一年間、この新しい科学の業績の研究と、隣接するデューイの著作の研究に捧げることを許した。「可能性の限界」の更なる発展は、科学的基礎を要請した。――即ち知性的過程に影響を与える強力な手段の発見を証明するのに有効な科学的基礎のことであり、知性的過程の理解のことであった。

　マールリーナ・スカルダマリアとともに、彼はオンタリオ州にあるオンタリオ教育研究所で調査計画に着手した。これは意図的学習の探究という記述的心理学から出発して、コンピューター環境と社会ネットワークのデザインへともたらされ、後者（社会ネットワーク）は子どもの知性的発達において増進的利得《インクラメンタル・ゲインズ》というよりは、現実に近い質的飛躍《リアル・クオリタティブ・リープス》を論証するものであった。一九七六年に開始して以来、八年以上にもわたってベライターとスカルダマリアは、構成過程をとりまく認知問題のほぼ全領域を検討することで、経験の領域を向上させた。特に興味をそそったのはこれまで誰一人として探究していなかった次のような問題であった。即ち、子どもたちがはっきりとそれに依拠するものを最小限与え考えさせることで、子どもたちが行動するのと同じく書くことができるのは、どのようにしてなのか？という問題であった。彼らが様々な証言から寄せ集めた答えは、「知識語り型モデル」と彼らが呼ぶ形式を採用したことである。この「知識語り型モデル」とは、主題に一致する教科書の、最も効率良い成果のためのモデルというだけではなく、著作の知識を事実上、何ら損なうことなくとどめているものを含む内容にも一致するモデルのことである。このモデルは、子どもの記述［作文］においてはほとんど普遍的であり、「知識伝達型モデル」として特徴づけられる専門的著作家集団において広く見出されるところのものと鋭く対比されている。これらのモデルは科学的モデルに応じる形で創造されたが、これらは同じく教育問題も提起している。知識語り型モデルは、学校での作文の課題に理念的には向いている。そういった機会においては、最初に求められる課題は、時間通りにそれらを行い着手することである。事実、調査報告書作成のための、学校での作文の教科書の一般的記述は、このモデルに基づいて描かれている。主題を選び、それを適切な分量にまで削減し、題材を収集し、それを組み立て、原稿を作成し、それを編集し、最終的に複写を残す。知識語り型モデルの問題点は、それを予め想定する学校の課題以外に他に書く事に対して役立つことはないということである。

彼らが、作文とともに観察したことを生徒の読解過程の分析においても同じく見出している。そして学校の教育課程にわたる共通の一パターンを提示しているように見える。学校が課す課題と生徒が学校の出す課題を取り扱う戦略《ストラテジー》は、安定した状態が達成されるまで共進化する。その段階において学校の課題と、時間を最小化し認知的努力を行おうとする生徒の戦略とが調和状態にある。評価の活動もまた同じく、課題、テスト、戦略の在り方において不変の結合をもたらすこととなる。同時に彼らが作文、読書においてこの現象を発見した際、他の研究者たちは生徒の科学的誤解が驚くべき範囲に及び、それが持続していることを見出している。ベライターとスカルダマリアの問う疑問は、いかにしてこの誤解がそのように長時間もの間無自覚のままでいられるのかということであった。学校の読書と作文と同じく、学校研究は生徒に容易に起ったものに適応させるため、関わりあってゆくように思われる。

多くの教育批評家はそのカリキュラムと提案とが、明確な解決方法として内容の改善、標準の強化を沈黙させるものとして嘆いている。彼らの調査結果として、ベライターとスカルダマリアは、より深い問題を看て取っている。教室内の指導教師によって遂行された部分を取り上げ、さらに生徒によって演じられる遂行部分をも取り上げ一貫した社会的認知過程として考察を加えている。以上の手続きから教師たちは善き教えの伝統的な子ども中心の見方を理解するのである。その場合の「善き」教えとは、教師が高度の認知的レベルのほとんどを遂行し生徒が低位の認知的レベルを遂行するというやり方のことである。その方法はどの程度の支配が教育のプロセスのより低次の部分にわたって生徒に許容されているのかに応じて主に異なっていた。根本的変化はより高度のレベル以上のものを生徒に対して熟考し発見することが求められている。――即ち、目的として高度な事柄と関連のある部分のことであり、理解の問題、新しい知識と古い知識との関連、個人と集団の進歩の評価と、高い目標を基本とする努力の再方向付けのことである。以上のことに対し批評家が使用していた要約としてのコメントは「当事者のより高度なレベル」（一九九一年）[★5]のことであった。

生徒にとってのより高度の主体性のレベルとは、（自己選択あるいは教師による割り当てのいずれであれ)、課題と活動の周辺に位置する学校生活の確立された構造内で定着したりまたはっきりと宣言されるものでもない。学校教育は生徒の世界を理解し、その世界のなかに自らを位置づける生徒自らの努力領域が構築されなければならない。――即ち、しばしば公表され、ほとんど実践に移されない理想のことである。彼らが信じるそのような再構成化は、以下の場合においてようやく可能となろう。すなわち知識の構築のより拡張された理解に基づく場合と教室内での情報の流れを再構成するためのネットワーク・コンピューティングの将来的な可能性を開拓する場合において、である。その結果がCSILE(Computer Supported Intentional Learning Environment)(意図的学習環境を支援するコンピューター)であった。このプロジェクトは、一九八六年に開始され、学校児童生徒が今まで教育課程ガイドラインにおいては想定しなかった深い段階にまで、説明を追究してゆくことが実証され、これによって認知と学習共同体において即座に注目を得ることとなった。このプロジェクトは、その周辺環境からの訪問者を教室運営にまでもたらし、複数の国々において実験的場所を生み出すことによって、「可能性の限界」を模索しつづけている。

このことに関するイリノイでの実証研究は、教育界では「直接的指導」という用語を与えたのに対し、トロントでの検証では、「知識構築」という用語をもたらすこととなった。これらの用語は一般化されるにつれ、それらの意味は、予想しうる通り、堕落していった。後者の用語は、意味ある学習の類を言及する際の大げさな言語(表現)としてのみ使用されることもあった。しかし、ベライターが使用するものとしての、知識構成の概念は、明確に区別された活動として知識構築を把握するために必要とされるより大きな概念的枠組みに埋め込まれている。一九八五年に始まった一連の論文「学習パラドックスの解法にむけて(Toward a Solution of the Learning Paradox)」[★6]と、書物においては集大成であり、目下刊行印刷中[本書訳出時には既に刊行されている]である『知識時代における教育と精神(*Education and Mind in the Knowledge Age*)』において、ベライターは、ますます複雑化した知識の獲得について心理学的にいかに説明するか(ピアジェの問題)、学校教育に対して科学に特徴的な思慮ある種類の知識の産物をどのようにもたらすか(ベライターの用語で言う「概念的産物」またはポパーの客観的知識の概念と密に関連づけられた問題)、の以上二つの問題に取り組んでいる。ベライターによれば、教育的に有用な方法において、心理学的問題を解決することは民族心理学や以下に共通する包括者としての精神のメタファーを捨て去って、現実には、規則、命題、イメージ、記録された出来事等が知識を構成するのだというふうに伝統的に、良いと思われているような考えを抱くことが要請される（ベライター、二〇〇〇、p.232）。このことは結合説《コネクショニズム》のいくつかの形式のうちの心の概念のことである。そしてベライターは、規則、命題やそれに類似するものとして、いまだ充分に説明するには至っていない学習成果の大部分を取り扱うことが教育にとっては重要であると論じている。これらのうち主要なものとは、理解の深さである。

しかしながら、知識の構築は、知的になるということと全く同じではない。更なる概念的産物の創造に対して公的に有効な道具となる概念的産物の創造のことである。即ち、進歩主義的訓練の計画《プログラム》のことである。創造、テストの実施、そのような産物を改良することとの過程において、生徒は知識、能力において利得を得る。しかし同時に、世界にとって意味のある概念上の効用的道具となりうる事物を創造するであろう。純粋な探究に生徒を従事させるため、半世紀において多くの努力がなされてきたけれども、ベライターが主張するように、生徒は知識構築の本質的原動力を見過ごしてしまっている。ポパーの用語法において、彼ら生徒は、物理的世界である世界1と、生徒の精神世界である世界2とに焦点を当てている。しかし、研究所と大人世界の研修室での知識構築の対象である理論世界や他の構築的世界に「可能性の限界」の拡張は、世界3において活動中の子どもの本質的証明であるＣＳＩＬＥ計画上において論証されている。

★注

★1　C. Bereiter, 'Artifacts, Canons, and the Progress of Pedagogy: A Response to Contributors', in B. Smith (ed.), *Liberal Education in a Knowledge Society*, Chicago, IL: Open Court, in Press.

★2　C. Bereiter, 'Some Persisting Dilemmas in the Measurement of Change', in C. W. Harris (ed.), *Problems in Measuring Change*, Madison, WI: University of Wisconsin Press, pp.3–20, 1963.

★3　C. Bereiter and S. Engelmann, *Teaching Disadvantaged Children in the Preschool*, Englewood Cliffs, NJ: Prentice Hall,

1966.
★4 C. Bereiter, 'Psychology and Early Education', in D. W. Brison and J. Hill (eds), *Psychology and Early Childhood Education*, Monograph, Series No.4, Toronto: Ontario Institute for Studies in Education, pp.61–78, 1968.
★5 M. Scardamalia and C. Bereiter, 'Higher Levels of Agency for Children in Knowledge Bilding: A Challenge for the Design of New Knowledge media', *The Journal of the Learning Sciences*, 1, 1, pp.37–68, 1991.
★6 C. Bereiter, 'Toward a Solution of the Learning Paradox', *Review of Educational Research*, 55, pp.201–26, 1985.

参照項目

本書の**ピアジェ**の項
『主要な教育思想家50人』所収、**デューイ**の項

ベライターの主要著作

- Bereiter, C. and Scardamalia, M., *The Psychology of Written Composition*, Hillsdale, NJ: Lawrence Erlbaum Associates, 1987.
- Bereiter, C. and Scardamalia, M., *Surpassing Ourselves: An Inquiry into the Nature and Implications of Expertise*, Chicago, IL: Open Court, 1993.
- 'Implications of Postmodernism of Science, or, Science as Progressive Discourse', *Educational Psychologist*, 29, 1, pp.3–12, 1994.
- Bereiter, C. and Scardamalia, M., 'Rethinking Learning', in D. R. Olson and N. Torrance (eds), *Handbook of Education and Human Development: New Models of Learning, Teaching and Schooling*, Cambridge, MA: Basil Blackwell, pp.485–513, 1996.
- Bereiter, C. and Scardamalia, M., 'Beyond Bloom's *Taxonomy*: Rethinking Knowledge for the Knowledge Age', in A. Hargreaves, A. Lieberman, M. Fullan and D. Hopkins (eds.), *International Handbook of Educational Change*, Dordrecht: Kluwer, pp.675–92, 1998.
- 'Keeping the Brain in Mind', *Australian Journal of Education*, 44, 3, pp.226–38, 2000.
- *Education and Mind in the Knowledge Age*, Mahwah, NJ: Lawrence Erlbaum Associates, in press. [Routledge, 2002]
- 'Education in a Knowledge Society', in B. Smith (ed.), *Liberal Education in a Knowledge Society*, Chicago, IL: Open Court,

in press. [2002]

関連図書

- Brown, A. L., 'Desing Experiments: Theoretical and Methodological Challenges in Creating Complex Interventions in Classroom Settings', *The Journal of the Learning Sciences*, 2, 2, pp.141–78, 1992.
- Case, R., and Okamoto, Y., 'The Role of Central Conceptual Structures in the Development of Children's Thought', *Monographs of the Society for Research in Child Development*, 61, 2, serial no. 246, 1996.
- Koschamann, T. (ed.), *CSCL: Theory and Practice of an Emerging Paradigm*, Mahwah, NJ: LEA, pp.249–68, 1996.
- McGilley, K. (ed.), *Classroom Lessons: Integrating Cognitive Theory and Classroom Practice*, Cambridge, MA: MIT Press, 1994.
- Popper, K. R., *Objective Knowledge: An Evolutionary Approach*, Oxford: Clarendon Press, 1972.

（デイヴィッド・R・オルソン）

[その他の邦訳文献]

カール・ベライター『教育のない学校――全米を席巻した衝撃の脱学校論』下村哲夫訳、学陽書房、一九七五年

ピエール・ブルデュー　*1930—2002*

Pierre Bourdieu

社会学には実社会における認知の社会学が盛り込まれるべきである。つまりこの世界の創出に貢献する世界観の構造に関する社会学が必要である。★1

ブルデューは学者としての生活のなかで、哲学、文化人類学、社会学、教育、文化、政治における理論的で実証的な研究を行ってきた。一九六〇年代、ブルデューは彼が教育を受けたフランス構造主義の学派から距離を取りはじめた。それ以来彼は、社会科学を研究するための概念的で方法論的な道具を開発することに没頭した。ブルデューは自身の研究を社会学的であると考えていたが、彼の概念や方法論は世界中の社会科学と教育科学の学者たちにますます使用されるようになっている。ブルデューの研究は、自然科学が、リアリズムの伝統のなかで哲学的である自然科学へと向かう相関的概念における革新的な転置であると考えられている。★2

ブルデューは教育専門家たちの間で、「教育を受けた社会集団（専門分野に属する集団または社会階級）はどのように文化資本を地位や名声を維持／獲得するための社会的戦略として使用するか」という表現でよく知られている。『遺産相続者たち——学生と文化』（パスロンと共著）、『ディスタンクシオン——社会的判断力批判』、『ホモ・アカデミクス』、『国家貴族Ⅰ・Ⅱ』は殊に有名な著作であるし、『実践理論の概要（仮）』、『実践理性——行動の理論について』、『リフレクシヴ・ソシオロジーへの招待——ブルデュー、社会学を語る』（ヴァカンとの共著）や、その他の様々なエッセイ（例えば『他なる言語で——リフレクシヴ・ソシオロジーへのエッセイ（仮）』）のなかで、社会を研究するための相関的な手法を展開させている。読者はこれらの研究のなかで、ブルデューがどのようにフランスとヨーロッパ大陸におけるそれぞれの社会学、言語学、そして哲学がもつ複数の考え方を創造的に織り合わせ、社会学のための革新的で生産的な知的研究へと発展させているのか探求することができる。(例えば、バシュラール、デュルケム、マルクス、モースやウェーバー。)

ブルデューの「理論」は実践的なもので、彼と彼の同僚たちがフランスで過去四十年に渡って行った広範囲にわたる研究に基づいている。ブルデューは彼自身の手法を再帰的社会学／リフレクシヴ・ソシオロジーと呼んでいる。この言説において、彼は、社会を映し出すのみでなく、社会的、言説的な枠組みのなかで個人について客観的であると同様、主観的な状況を考慮することを反映する手法の要素をつかんでいる。その「理論」は包括的な概念的枠組みで形成されており、資本(文化的、社会的、経済的、象徴的)、正統化原理、ハビトゥス、社会的戦略が最も使用される概念である。認識的再帰と認識的個人もブルデューの再帰的社会学／リフレクシヴ・ソシオロジーのなかで重要な概念である。

ブルデューの理論的立場を的確に理解するために、われわれは彼の理論的研究に関して二つの点を考察する必要がある。先ず彼の理論は認識論的である点である。彼の理論は、緻密に世界を考えたり整理したりするための方法へ導いてくれるが、運用概念の実証主義理論ではない。

二つ目に、ブルデューの研究は、社会学的また歴史的双方の「事実」としての相関的なフィールド内における社会の包括性と排他性を介し、社会的再生産の課題へ向かう教育とそのメカニズムの関係を考慮するために実質的な方法を提供している点である。

ブルデューの再帰的社会学は、社会学、自然科学、教育学の分野における知的実践を理解するためのアプローチの仕方を提供している。この理論の中心にあるものは、ブルデューが呼ぶところの認識的再帰(epistemic reflexivity 認識の反省性)と認識的個人(epistemic individuals)という概念である。研究者にとって認識的再帰の目的は、「彼の学問分野における認識論的な無意識」を掘り出すことであった。★3 この再帰の区分は、次の決定的な三点において、他の評論とは異なっている。「第一に、その主要目標は個人のアナリストではなく分析の手法と作業のなかに組み込まれた社会的、知性的無意識である。第二に、この研究は孤立した研究者の仕事ではなく集合的な研究である。第三に、この区分は学問分野における認識論的安全性を非難するためのものではなく、強化することを目的としている」。★4

認識的個人は、個人が認識論的特性からつくられているという点において、生物学的個人と異なっている。つまり学問分野における認識的無意識は、歴史的そして社会的に構築され、権力闘争を説明するための隠喩である社会フィールドのなかで働く正統化原理を介して研究される。例えばブルデューがホモ・アカデミクスで研究をしたフランスの大学の現場では、個人が取る立場は、ある二つの競合する原理により構造化されていた。そこでブルデューと彼の研究者らはこの件に関連する以下の指標を集めた。指標はそれぞれ、アクセスできる機会、通う学校での教育に関する決定、学術的権力資本、科学的権力資本、翻訳や引用等の科学的名声、知識的名声、政治・経済的権力資本、大学教授の政治的配置に関連するものであった。その結果ブルデューは、フランスの大学の現場は相対するヒエラルキーの原理によって構造化されていることに気づいた。

相続された資本と実際に有されている経済的・政治的資本に相当する社会的ヒエラルキーと、科学的な権限や知識的な名声の資本に相当する特定の文化的ヒエラルキーの対立が大学の現場で相続され、二つの正統化原理の対立の中心となっている。[★5]

認識的再帰の考え方と方法論は、研究者の認識論的、社会的な立場を省察するための戦略を提供する。伝記的でなく、私たちの信念との関係を表現していない主観的な慣行には立ち入らず、私たちがある立場(信念とともに生まれたかどうか、あるいは、信念を成し遂げたかにかかわらず)に適応した仕方において、認識的再帰の考えにおける主要概念は、ハビトゥスと社会的戦略である。ブルデューはハビトゥスを、個人が第二の自然としての考えや行動を身につけることを介して、構築化されたもの、あるいは構築する精神構造であると説明している。ハビトゥスは静止したものではなく、変化のプロセスのなかで継続的に具現化された構造であり、個人の状況のなかの変化と、ある与えられた社会フィールド内部の資本としての重要な関係における変化へ導く社会的軌道の効果である、と説いている。[★6]その構造には、世界と戦うための信念を理解するための「真実」が内在化している。さらにブルデューは、個人個人の存在が入手可能な資本と相対的に関与する社会的世界を、ダイナミックな活動体と考えている。そしてハビトゥスは世界が生産され再生産される集合体であると説明している。

ブルデューは個人が象徴的資本に関与し葛藤する有様

を、社会的戦略を用いて説明している。社会的戦略とは、私たちが私たちの信念を実現するために選択する、同時発生的、意識的、「理性的」方法のことであり、それらの信念を無意識的に用いることを意味する。例えばフランスの大学の現場（その他いかなる現場も含め）において影響力をもつ人々は、採用可能なある特定の学術的テーマや文化的研究を自分たちのものとしている。採用する理由は自分たちが正しいと信じているからであり、自分たちが資本というかたちで権力を掌握するために競争のなかにいると考えているからではない。同時発生的で意識的、また無意識的である社会的戦略のあり方、おそらくブルデュー自身が語る次の言葉で最も良く表現されるだろう。「職務を行う者たちが行っていることが、彼らが知っているよりももっと意味のあることであるのにもかかわらず、自分たちが何を行っているのか全く分かっていない点にある。」★7

社会的戦略の考え方は、科学的学問の研究分野における賞与を拒否する科学者たちが常にいるという事実に関しても、詳しく説明している。しかしそういった革新的な科学者たちも、現場において資本とされるものに対する争いに関わっているうちは、現場で影響力をもつものたちである。これは研究の「目的」が（いかなる社会の現場においても）正統化原理が終わる際の影響に終始するからである。ブルデューの考え方は、ある構造や手段がこれらの関係を理解するためにより重要かどうかという問題を迂回している。構造が手段を決定づけるのか、手段が構造を決定づけるのかという問題を飛び越えている。これは彼の研究目的が個人と社会構造の相関関係にあり、社会フィールドが関係性の場所となっており、所定の人々の集団から成り立っている訳ではないからだ。正統化原理と、現場の象徴資本と見なされるもののため競争する個人の関係を対象化することで、隠喩としての社会フィールドが構築されている。ブルデューの概念を歴史的に見ると、現在の彼の研究の理論的な天蓋は、彼の理論的な「構成要素」が継続的に問題にぶつかり、解釈を発展させるプロセスにおいて実証的研究と相互に作用し合いながら、長年に渡りゆっくりと展開してきたことを知ることができる。さらに、社会フィールドの概念は資本の概念より後に発展したものだ。彼の最後の概念は権力のフィールドであり、社会全体を見渡すための隠喩である。この概念を用いて、ブルデューは社会のヒエラルキーの生産を考える方法を提示している。権力のフィールドとは、様々な種類の資本（文化的、経済的、社会的）の持ち主たちが、誰が象徴的に、または正統性のある一番大きなチャンスを掴めるかという競争をするための競技場のことである。ほとんどの社会において最も共通の競争は、経済的資本と文化的資本の持ち主たちの間で起こる。彼らはそれらの種類の資本間の「為替レート」に関して競争をする。★8

教育におけるブルデューの研究は、他の研究者の研究と交差するので、現代の他の研究者のものと比較することができる。一つの比較として、社会の集団と知識、社会的文化における関係の問題を研究するバジル・バーンスティンが挙げられる。二人の研究の重要な違いは、バーンスティンが、関係という考えを追求するうえで、解析的で哲学的な英国知識人の伝統に強く影響されている一方で、ブルデューが大陸の哲学的伝統に則っている点である。二つ目の比較はフーコーの研究となされる。両者とも知識が社会的、歴史的審問を受けるべき「社会的事実」であることを示すことに興味がある。ブルデューのハイデッガーの政治的存在論や、理性という植民地化についての最近の著作は、ブルデューの系譜学的調査の使用において、二人の研究をより緊密なものにしている。両者の違いは、ブルデューの省察が常に、知識と関係者の社会的位置の関係に的を絞った社会学的フィールドに基づいているという点である。★10

ブルデューの概念は社会を包括的に理解するための方法を提供する。再帰的社会学の初心者が彼の考えを「身に付ける」ための簡単な方法がある。彼の概念はしばしば複雑で難解に思え、曖昧で捉えどころがない。その理由はとても単純である。それは世界が常にそれを理解しようとする概念の方法よりずっと複雑であるからである。★10またブルデューの研究は「消費できる」準備が整っていないにも関わらず、彼の研究の遊び心（そしてユーモア）は、彼の研究をする研究生たちにある種の影響を及ぼす。何故なら研究生たちはそれらを使用することで、その考え方と戯れるからである。ブルデューの研究を学びはじめるための良い方法は、例えば『ディスタンクシオン——社会的判断力批判』や、『他なる言語で』に集められた彼の論説や、彼の芸術に関する研究論文を読むことである。これらの研究は、個人がどのよう文化的慣行を社会的戦略として利用し象徴資本を獲得するのか、また象徴資本を獲得するためでなければ、利害関係によって個人が他人から区別されるために社会的戦略としていかに文化的慣行が用いられるのかを実際に学ぶ可能性を発展させる助けとなる。そのような視点から経験的観察を始める研究者は、ブルデューの概念を用いて人々の文化的行動（研究者たちのそれでさえ）を理解しようと努めることで、概念と戯れることが知的な厳格さと相反しないことを理解するだろう。何故ならそれがブルデューの概念を再帰的社会学と呼ばれる一貫した概念的アプローチへ発展させた方法であるからである。

★注

★1 Bourdieu, *In Other Words*, p.130.

★2 Frédéric Vandenberghe, '"The Real is Relational": An Epistemological Analysis of Pierre Bourdieu's Generative Structuralism', *Sociological Theory*, 17, 1, pp.32–6, 1999.

★3 Loïc J. D. Wacquant, 'Toward a Social Praxeology: The Structure and Logic of Bourdieu's Sociology', in P. Bourdieu,with L. J. D. Wacquant, *An Invitation to Reflexive Sociology*, p.41.

★4 Ibid, p.36. Original emphases.

★5 Bourdieu, *Homo Academicus*, p.48. Original emphasis.（ピエール・ブルデュー『ホモ・アカデミクス』石崎晴己、東松秀雄訳、藤原書店、一九九七年、九四頁）

★6 Bourdieu, *In Other Words*, p.116.

★7 Bourdieu, *The Logic of Practice*, p.69.

★8 Loïc J. D. Wacquant, 'Foreword', in Bourdieu, *The State Nobility*, p.xi.

★9 See, e.g., Pierre Bourdieu and Loïc J. D. Wacquant, 'On The Cunning of Imperialist Reason', *Theory, Culture, and Society*, 16, 1, pp.4–58, 1999; Pierre Bourdieu, 'The Social Conditions of the International Circulation of Ideas', in Richard Shusterman (ed.), *Bourdieu: A Critical Reader*, Oxford: Blackwell, pp.220–8, 1999.

★10 Loïc J. D. Wacquant, 'Toward a Social Praxeology: The Structure and Logic of Bourdieu's Sociology', in P. Bourdieu, with L. J. D. Wacquant, *An Invitation to Reflexive Sociology*, p.23 (n.41).

参照項目

本書の**ハイデッガー**、**フーコー**の項
『教育の主要思想家50人』所収、**デュルケム**の項

ブルデューの主要著作

ブルデューの主要著作のリストは、数ページにわたり、彼の全著作リストは小さな本になるでしょう。私たちは、エッセイ集のような、英語でアクセス可能な少数のものに加えて、本文で言及した著作を記載します。フランス語の原著の出版日は英語版の後に記載されます。

- Bourdieu, P., with Passeron, Jean-Claude, *The Inheritors: French Students and Their Relations to Culture*, Chicago, IL: University of Chicago Press, 1979, 1964.（ピエール・ブルデュー、ジャン＝クロード・パスロン『遺産相続者たち――学生と文化』戸田清訳、藤原書店、一九九七年）
- Bourdieu, P., with Passeron, Jean-Claude, *Reproduction in Education, Society and Culture*, London: Sage, 1977, 1970.（ピエール・ブルデュー、ジャン＝クロード・パスロン『再生産――教育・社会・文化』宮島喬訳、藤原書店、一九九一年）
- *Outline of a Theory of Practice*, Cambridge: Cambridge University Press, 1977, 1972.
- *Distinction: A Social Critique of the Judgement of Taste*, London: Routledge & Kegan Paul; Cambridge, MA: Harvard University Press, 1984, 1979.（ピエール・ブルデュー『ディスタンクシオン――社会的判断力批判（1・2）』石井洋二郎訳、藤原書店、一九九〇年）
- *The Logic of Practice*, Cambridge: Polity Press; Stanford, CA: Stanford University Press, 1990, 1980.
- *Homo Academicus*, Cambridge: Polity Press; Stanford, CA: Stanford University Press, 1988, 1984.（ピエール・ブルデュー『ホモ・アカデミクス』石崎晴己、東松秀雄訳、藤原書店、一九九七年）
- *In Other Words: Essays Towards a Reflexive Sociology*, Cambridge: Polity Press; Stanford, CA: Stanford University Press, 1990, 1982–87.
- *The Political Ontology of Martin Heidegger*, Cambridge: Polity Press; Stanford, CA: Stanford University Press, 1991,1988.（ピエール・ブルデュー『ハイデガーの政治的存在論』桑田礼彰訳、藤原書店、二〇〇〇年）
- *The State Nobility: Elite Schools in the Field of Power*, Cambridge: Polity Press, 1996, 1989.（『国家貴族――エリート教育と支配階級の再生産（Ⅰ・Ⅱ）』立花英裕訳、藤原書店、二〇一二年）
- *Language and Symbolic Power*, John B. Thompson (ed.), Cambridge: Polity Press; Cambridge, MA: Harvard University Press, 1991.
- Bourdieu, P., with Loïc J.D. Wacquant, *An Invitation to Reflexive Sociology*, Chicago, IL: University of Chicago Press, 1992.（ピエール・ブルデュー、ロイック・J・D・ヴァカン『リフレクシヴ・ソシオロジーへの招待――ブルデュー、社会学を語る』水島和則訳、藤原書店、二〇〇七年）

・*Acts of Resistance: Against the Tyranny of the Market*, New York: The New Press, 1998.

関連図書

・Broady, Donald, *Sociologi och Epistemology. Om Pierre Bourdieus författarskap och den historiska epistemologin* (in Swedish), Stockholm: HLS Förlag, 1991.

（インゴルフル・アスギア・ヨハンソン、トーマス・S・ポプケウィッツ）

ニール・ポストマン　*1931—*　Neil Postman

話すことは根源的にして必須のメディアである。話すことは私たちを人間にし、人間でありつづけさせ、そして実際に人間が何を意味するかを定義しもする。（中略）言語が自らの思想を導く道具であるとすると、意味から逃れることはできず（中略）意味は理解されることを要求する。★1

ゴールデン・タイム。オンエア、スタート。『思想の悪戦苦闘』。面白そうな新番組だ。「今日のゲストは？もちろん、この素晴らしい夜をみなさんと一緒に楽しむために、たくさんの素敵なお友達をゲストにお呼びしています。それでは最初のゲストはニール・ポストマン教授。最も著名な教育哲学者、コミュニケーションの哲学者です。よりよい教育とは何かを提唱するだけでなく、クリスチャン・リンドバック賞をエクセレンス・イン・ティーチング部門において受賞しています。二十冊を超える本と、二百本を超える論文の著者でもあります。私たちのいるニューヨーク在住です。ニューヨーク大学においていくつも最高の栄誉を受けています。一九九三年に教授に任用され、またポレット・ゴッダード・メディア生態学教授にも任命されています。最初の質問にうつる前に、コマーシャルです。」

「さあ、最初の質問です。シンプルな、人間の言葉で、説明いただけますか。なぜあなたはテレビに反対なのでしょう。」深呼吸をしてポストマン教授はこたえる。「テレビを敵にした戦争をしたい、というわけではありません。私が関心をもっているのは、人間のコミュニケーションの様式と、文化の質との関係です。ライティングというマジックから、エレクトロニクスというマジックへの変化を理解したいと思っているのです。」「すごいですね！」インタビュアーは声を張り上げて言う。「テレビはたしかに電子工学の魔術です。」がまんづよくポストマンは続ける。「そしてテレビは、ほかのすべてのメディアと同様、私たちがどのように考え、どのように学び、どのように自分を表現するのかを、変容させることに関わっているのです。」「いいですね」とインタビュアーはすばやく相づちをうち、たずねる。「私たちは死に至るまで自分たちを楽しませるであろう、と先生は書かれていますね。」（ポストマンの一九八五年の著書『死ぬほど私たちを楽しませ続けること（*Amusing Ourselves to Death*）』についての言及である。）「私たちはまだ死に至ってはいませんが、脳みそをからっぽにして一生を終えることになるでしょう。」そうポストマンは手短に答える。テレビで用いられるサウンドバイトの速いペースをよく考えてのことだ。「さて、今日のニュース、よいニュースも、そうでないニュースもあります……」

ここで空想上のインタビューは終わりにしよう。実際にどこかで行われたものだったかもしれないし、あるいは行われていたかもしれないものだった。そのようなインタビューは、ポストマンの見解を反映している。すなわち、テレビとは「まさにレトリックの哲学である。」[★2]「テレビが捨てた部分こそがテレビの最良の部分である。」[★3]「その日のニュースはテクノロジーの想像力の産物である」といった見解である。[★4]

ポストマンは次のように主張する。近代的エレクトロニック・コミュニケーション・システムは、距離と時間をないものとし、「ショービジネスの時代」をうちたてた。それは印刷技術による「展覧会の時代」の貧困な代替物である。そうした時代とは、思考のモードであり、学びの手法であり、そして表現の手段でもある。そしてこの「ショービジネスの時代」は、言説というものの本質として連想される特徴のほとんどすべてを失っている。「ジョービジネスの時代」は、私たちに、物事を概念的、推論的、連続的に考えるための洗練された能力を失わせる。理性と秩序についての高度な査定も失わせる。矛盾に陥ることへの嫌悪も。孤立や客観性といったものを可能にする広範な能力も。遅延される返答への寛容性も。そして私たちは『死ぬほど私たちを楽しませ続けること』を、教育がシフトしたことの警告として読むべきである。教えることは対話のプロセスとしてあったが、楽しませるための活動へとシフトしたことの警告として。

このことは「メディアはメッセージである」というマーシャル・マクルーハンのテーマの奥深くにある内容と洞察であるし、人によってはポストマンはこれを極限まで押し進めたと考えるむきもあろう。[★5]

ポストマンが、最も著名な哲学者の一人にして「エレクトロニック・エデュケーション」に対する教育分野の主要なチャレンジャーという、この最も影響力のある位置に至るまでには長い道のりがあった。ポストマンのアカデミックなキャリアは、一九五九年、アメリカン・イングリッシュ・グラマーという英語教育のクラスにおいて始まった。一九六一年にはなおまだニューヨーク大学の英語教育の准教授であった。ＮＹＵ（ニューヨーク大学）のカルチャー・アンド・コミュニケーション学部の学部長就任の前から、ポストマンは、テレビがもつ教育への先例のない影響力をすでに理解しており、テレビが最も永続的かつ魅力的な情報の源泉であり、識字経験の最も重要な源泉であることに気づいていた。『死ぬほど私たちを楽しませ続けること』に連なる彼のアイデアの萌芽はしかしすでにそこにあった。『英語教授とテレビ（*Television and the Teaching of English*）』[★6]において彼は、テレビを活用したいと思っている英語教師に向けて動機づけや援助、励ましを提供しているが、学識や識別力をもつクリエイティブなものとしてのテレビに対して私たちはいかに応答するかという条件のもとでテレビの有用性を語ったことは明らかである。

　ポストマンは小学校の教師として仕事を始め、彼はいまだに教育のロマンチックな信者であることを自認している。最近の文化に端を発する、教えるという行いを先細りさせるような影響にもかかわらず、楽観的な精神を保ちつづけている者である、と。実際に彼の近著、『教育の目的＝終焉[★7]（*The End of Education*）』は、次のような著作である。同書を記した功績によって彼はサルバドル・ヴァリチュッティ・インターナショナル・プライズ、イタリア語翻訳部門の受賞のためにイタリアへ招かれることになる。同書は、学校に固有の目的《パーパス》、その「目的《エンド》」を、学校に再導入することによって学校を変化させるという希望のもとに記されている。しかし目的をめぐる真剣な対話なしには学校教育は「終焉《フィニッシュ》」を迎えることになるとの警告とともに。これは次のような理由に基づく。「意味なしには、学びは目的をもたない。目的がなければ、学校は思いやりの家ではなく、勾留の家屋でしかない。」[★8]「そしてそのようなものはすぐに終わらせてしまった方がましである。」[★9]

　しかし、確かに、ポストマンが激しく批判しているのは学校そのものではない。そのことは、社会や近年の文化や、大きくなりすぎたテクノロジーそのものに彼が着目しているわけではないことと同様である。学校は社会の考えをうつす鏡でしかなく、市民がその前においたものを照らしかえしているにすぎないのであるから。したがって、学校はふたつの互いに矛盾する考えに直面している。その考えのひとつは、クリティカル・シンキングに向けて教育することを目的としている。すなわち、独立の精神を伸ばすこと、間違ったことに抗い、それを正すに十分な技能を伸ばすことに向けて、ということである。これはポストマンが言うところの『破壊活動としての教育

(*Teaching as a Subversive Activity*)』である。[10] もうひとつの考えとは、生徒が世界をあるがままに受け入れることを教える手段として学校をみることである。あるいは文化のルールや束縛や偏見にさえも自らを服従させることすら教える手段として。彼の言う『保護活動としての教育(*Teaching as a Conserving Activity*)』がこれにあたる。[11] こういったことは実際のところポストマンと、そして彼と五冊の執筆を共に行った近しい著述仲間のチャールズ・ワインガートナーとが提唱する対話的アプローチを反映している。それは、すべての「正しい」考えには、まったく逆の「正しい」考えでもって代替案を提出することができる、というものである。教育とは学校教育のことではない。ニール・ポストマンにとって、学校教育とは破壊活動であり、保護活動である。しかしそれはたしかにひとつのまとまりをもつ活動である。ポストマンはいくばくかの皮肉をこめて学校教育のタイムスケジュールなるものを記している。「遅くに始まり、早くに終わりを迎える。始まりと終わりの間には、夏休みや祝日による中断があり、病気のときには寛容なことに欠席が許される。[12]」一九七一年、ニューヨーク・タイムズ・マガジンが彼を「教育分野における指導的急進派」と称したが、ニール・ポストマン本人はこれに同意しない。[13] しかしその一年間、ポストマンとチャールズ・ワインガートナーは十五歳から二五歳の生徒・学生にむけて学校を方向転換させるためのハンドブック、『柔らかな革命(*The Soft Revolution*)』を出版している。[14]

一九八〇年代の初頭、ポストマンは次のことに気づくよう教育界に迫った。『子どもはもういない(*The Disappearance of Childhood*)』こと。[15] そして『子ども時代は失われずにすむか(*Childhood: Can It Be Preserved?*)』という問いとに。[16] ポストマンのこたえは明快だ。もし私たちが、自ら造り出したテクノロジーやテレビに捕われつづけるのであれば、社会構造としての子ども時代は滅亡の運命をたどる。ポストマンは子ども時代の歴史を追跡する。近代的な子ども時代・大人時代が、印刷技術の発明に促されつつ、どのように概念化され、また社会的に台頭してきたのか、その歴史的展開を記述する。彼はテレビがどのようにして子ども時代と大人時代の境界を消し去ろうとしているかについて指摘している。彼の論はこうだ。社会的圧力、特にエレクトロニクスによるメディアは、社会構造としての子ども時代を終焉へと導いている。さらにアメリカン・カルチャーは子ども時代の敵にみえる。「いなくなる子ども(The Disappearing Child)」(一九八三年)へと導くものとして。そのとき子どもたちは、大人のように見たり、着飾ったり、話したり、ふるまったりする。そして同時に大人は子どものようになるだろう、とポストマンは再び若干の皮肉をこめて付け加える。

子ども時代の凋落に抗う強さと決意をもった社会的機関はないのだろうか。ポストマンの楽観的なこたえは、然り、家族と学校がそれにあたる、だ。こんにち私たちが知るところの学校は、印刷技術の発達の産物であり、生みの親への襲撃にそう簡単に加わることはない。どのようなかたちであれ、どこまでその取り組みが弱まろうとも、学校制度は子ども時代の消滅に対して最後の砦としてたちはだかるだろう。しかしそう述べた十五年後には、すでに見たように、ポストマンの楽観的な見解は、『教育の目的＝終焉』[★17]という二重の意味をもった警告へと変化した。そこにおいて彼は、教育的存在としての学校に対するほとんど最後の弁護として、学校教育がもつ価値の再定義を呼びかける。しかしそれでもなお、ポストマンは次のように同書のエピローグをしめくくる。

> 学校がもちこたえるということを、私は信じている。なぜなら若者を学びの世界へと誘うことにおいて、学校以上によい方法を何人も発明してはいないから。公立学校がもちこたえるということを、私は信じている。なぜなら公というものをうち立てることにおいて、公立学校以上によい方法を何人も発明してはいないから。子ども時代が生き延びることを、私は信じている。なぜなら子ども時代のないところでは、私たちは大人であることが何を意味するのかについての感覚を失わざるをえないから。[★18]

信じる教師が、まだそこにはいた。

文化に対するテクノロジーの抑圧に気づくことを通し、ポストマンは次のことを問うことになる。子ども時代の凋落は、アメリカン・カルチャーの全体的な凋落を示しているのか、と。この問いを言い換えるならば、近代的なテクノロジーに、それ自身の運命をコントロールするにあたり可能なかぎり十全な権威を与えたうえで、文化は人間の価値を保ち、かつ新たな価値を創造することができるだろうか、となる。この問いに対するこたえは、それゆえ、単純なものではなく、問いはいまだ開かれてある。しかし難しいのは「アメリカはいまだに考えはじめていない」ことである。[★19]アメリカはいまだに二〇世紀のテクノロジーのショッキングな影響のもとにある。

十年後に出版された『テクノポリー——テクノロジー

への文化の降伏[★20]（*Technopoly, The Surrender of Culture to Technology*）』(一)を、さきの問いへのこたえとして見ることができる。確かに、ポストマンは、テクノロジーこそが友であるとはっきりと認めている。しかしこの友には暗い一面があるということも。『テクノポリー』においてポストマンは、テクノロジーがとりわけ危険な敵になったのは、いつなのか、どのようにしてか、なぜなのか、を分析している。テクノポリーとは、ポストマンの見解によれば、文化の状態であるのみならず、こころの状態でもある。「テクノポリーは、テクノロジーの定義のなかで形成される。それはすなわち、文化が自らの権威をテクノロジーのなかに見出そうとしていることを意味する。また、文化がテクノロジーから命令を受けている、ということも。[★21]」テクニカライゼーションは、用語と問題の技術的かつ官僚主義的混合を表し、情報と言語をコントロールする危険をはらんだ形態として理解される。ポストマンは次のように記している。

> もし私たちがイデオロギーを、私たちがほとんど意識することのない想定の、しかし私たちが世界にかたちや一貫性を与えるための努力を方向づける想定の、あるまとまりであるとするならば、イデオロギーに関し私たちのもつ最も力強い道具は言語のテクノロジーそのものである。[★22]

ゆえにそれは、象徴の甚大な消耗である。テクノポリーは、安定や秩序を示す伝統的な物語や象徴をすべて押し流す。そしてそのかわりに、技能の人生を物語り、技術の専門知識や消費の恍惚を語る。テクノロジーの発達が多くのメリットをもたらさなかったということではなく、「テクノロジーの変化とはすべからくファウスト的契約なのである」とポストマンは述べる[★23]。新たなテクノロジーにひそむ教育の病を治癒する方法を探さぬように、と彼は教育者たちに申し立てを行う。なぜならそうした問題は、技術的性質というより、社会的かつ道徳的、精神的性質をもつものであるから。そのうえ、教えるために資源とエネルギーの多くを教育のテクノロジーに集中することは、何を教えるべきなのかという問題点を回避することになる[★24]。

　文化一般あるいはことさら教育におけるテクノロジーがもたらしたインパクトに対してポストマンが行う挑発的な攻撃を真に理解するためには、ポストマンの批判的分析の言語的な概念基盤を把握しなければならない。一般記号論を取り扱う雑誌『エト・セトラ』の編集委員でもあるポストマンは、全国英語教師評議会（National Council of Teachers of English）により授与される、ジョージ・オーウェル賞言語明瞭部門（George Orwell Award for Clarity in Language）の受賞者でもある。『言語とシステム[★25]（*Language and Systems*）』あるいは『言語学[★26]（*Linguistics*）』といった著作において、ポストマンとその共著者は、言語学を「人が情報を発見したり言語について知識を獲得したりしようとするときのふるまいの方法[★27]」とみなしている。さらには、もし私たちが科学的探究の方法を人間精神の働きにおける不可欠なモードの表現としてみるのであれば、それは言語の企てを概念化する研究の継続的な過程であり、ゆえに言語的象徴の重要性は看過されてはならない。もし実際に言語学が、私たちのこころをかたちづくり、思考方法を枠づけるという、そうした象徴への接点であり、かつ象徴の利用であるとすれば、本を読むということとテレビを観ることとの違いは、非常に明らかである。そしてポストマンの議論の中心は、より深く理解されるであろう。興味深いことに、ヘブライ語では学校を「beit seffer」という。「beit」は家を、「seffer」は本を表す。つまり学校は「本の家」（「ブック・ハウス」あるいは「ハウス・オブ・ザ・ブック」）である。

テレビが要求するのは、概念ではなく知覚である[★28]。それに対し、「読むことは、考えることや、論理づけること、想像すること、判断することを伴う[★29]。」読み物は、建造物の青写真のようなものであり、読者はそれぞれその青写真をもとに構造を組み立てる。その構造は細部において比類なくその人自身のものである。

> 読むことができるようになるということは、複雑で論理的かつ修辞学的な伝統のルールを遵守するようになることである。それは人に注意深いやり方で文章を検討することを要求する。そして、もちろんのこと、文章において新しい要素が明らかになるにしたがって意味を意識的に修正することも。識字能力のある人は次のようであらねばならない。反省的かつ分析的であること。忍耐強くかつ自信をもっていること。そしていつでもしかるべき考慮の後には、テキストに対しNOという覚悟をもつこと[★30]。

さかのぼって一九七三年には、『ザ・スクール・ブック[★31]（*The School Book*）』において、ポストマンは述べている。コミュニケーションのメディアとしての学校、情報の発信地としての学校は、破綻していると。さらに、従来型の学校は電子メディアとの競争のなかで経済的に長く生き残ることはできない、とも。ゆえに千年紀の終わりについて――それを私たちはすでに通り過ぎているが――彼は次のように予言した。学校は誰かが学びたいと思ったことのすべてに対してのアクセスを可能にする中継点のようなものになっているはずだ。それは公立学校のカリキュラムに定められた（一九七一年時点で）現存する教科を含むかもしれないし、また含めることもできるだろう。しかしそれ以外のものがはるかに多い。学校は地域住人に向け散開し、一日二十四時間開放される。誰もが必要に応じて何度でもレッスンを繰り返すことができるようになり、どのようなテストでも不合格になることはなく、できのわるいことでもって教師やほかの生徒からのからかいにさらされることもなくなる。★32 ポストマンの予言が示す冒険的な道筋に同調するに際し、私は次のように論じたい。コンピューターが、すべての人の必需品となり、また安価で使いやすく、アクセス可能なものとなるとき、コンピューターは確かに学校の代わりとなるだろう、と。しかしそれは大衆、あるいは貧しい者にとっての話である。選ばれし者、富める者、エリートは、小さな学校で教育を受け、学ぶ余裕をもつだろう。なぜなら真の学びは、人と人との間に交わされる直接的かつ生きた対話の結果である、ということは、かつてそうであったし、また今でもそうであり、これからもそうであるだろうから。

ポストマンの著作は、大学教職員会館の住人のみならず、幅広い聴衆に議論をもたらした。その著作を、関心あるすべての人たちにとっての思慮に富む論点としながら。

人々は、もしポストマンが教育への解決策を示していてくれたなら、と問うかもしれない。もっともポストマンの視点からすれば、間違えようのないほど簡明な解決策などあるはずがないのだが。しかしポストマンが持続的な議論を喚起していることは疑いようながない。私たちの思考に挑みつつ。教育界に、思考すること、違う考え方をすることを迫りつつ。そのほかに何を求めることができよう？（二）

★注

★1 Neil Postman, *Amusing Ourselves to Death, Public Discourse in the Age of Show Business*, New York: Penguin, p.9 and 50, 1985.

★2 Ibid., p.17.

★3 Ibid., p.16.

★4 Ibid., p.8.

★5 Robin Barrow, *Radical Education, A Critique of Freeschooling and Deschooling*, London: Martin Robertson, 1978.

★6 Neil Postman and the Committee on the Study of Television of the National Council of Teachers in English, *Television and the Teaching of English*, New York: Appleton-Century-Crofts, 1961.

★7 Neil Postman, *The End of Education: Redefining the Value of School*, New York: Alfred A. Knopf, 1997.

★8 Ibid., p.7.

★9 Ibid., p.xi.

★10 Neil Postman and Charles Weingartner, *Teaching As a Subversive Activity*, New York: Delacorte Press, 1969.

★11 Neil Postman, *Teaching as a Conserving Activity*, New York: Delta, 1979.

★12 Postman, *The End of Education*, op. cit., p.ix.

★13 Postman and Weingartner, *Teaching As a Subversive Activity*, p.4.

★14 Neil Postman and Charles Weingartner, *The Soft Revolution, A Student Handbook for Turning School Around*, New York: Delacorte Press, 1970.

★15 Neil Postman, *The Disappearance of Childhood*, New York: Delacorte Press, 1982.

★16 Neil Postman, 'Childhood: Can It Be Preserved?', *Childhood Education*, 61, 4, pp.286–93, 1985.

★17 Postman, *The End of Education*, op. cit.

★18 Ibid., p.197.

★19 Ibid., p.146.

★20 Neil Postman, *Technopoly, The Surrender of Culture to Technology*, New York: Alfred A. Knopf, 1992.

★21 Ibid., p.71.

★22 Ibid., p.123.

★23 Ibid., p.192.

★24 Neil Postman, 'Making a Living, Making a Life: Technology Reconsidered', *College Board Review*, 76–77, pp.8–13, 1995.

★25 Neil Postman and Howard C. Damon, *Language and Systems*, New York: Holt, Rinehart and Winston, 1965.

★26 Neil Postman and Charles Weingartner, *Linguistics, a Revolution in Teaching*, New York: Delacorte Press, 1966.

★27 Ibit., p.14.

★28 Postman, *The Disappearance of Childhood*, op. cit., p.78.

★29 Postman and Weingartner, *Linguistics, a Revolution in Teaching*, op. cit., p.182.

★30 Postman, *The Disappearance of Childhood*, op. cit., pp.76-7.

★31 Neil Postman and Charles Weingartner, *The School Book, For People Who Want to Know What All the Hollering is All About*, New York: Delacorte Press, 1973.

★32 Ibit., p.116.

ポストマンの主要著作

・'The Politics of Reading', *Harvard Educational Review*, 40, 2, pp.244–52, 1970.

・'Curriculum Change and Technology', Report to the President and the Congress of the United States by the Commission on Instructional Technology, Academy for Educational Development, Inc., Washington, DC, 1970.

・'Media Ecology: A Growing Perspective', *Media Ecology Review*, 3, 3, pp.10–11, 1973. 'The Ecology of Learning', *English Journal*, 63, 4, pp.58–64, 1974.

・Postman, Neil and Weingertner, Charles, 'Two Tests To Take—To Find Out If Yours Is a "Great" School', *American School Board Journal*, 161, 1, pp.23–6, 1974.

・'Whatever I Call It, It Is', *A Review of General Semantics*, 31, 1, pp.37–44, 1974.

・'What An Educator Means When He Says...', *Journal of the International Association of Pupil Personal Workers*, 20, 3, pp.153–6, 1976.

・'Landmarks in the Literature: Where Have All the Critics Gone?', *New York University Education Quarterly*, 9, 1, pp.28–31, 1977.

・'The First Curriculum: Comparing School and Television', *Phi Delta Kappan*, 61, 3, pp.163–8, 1979.

・'The Information Environment', *A Review of General Semantics*, 36, 3, pp.234–45, 1979.

- 'Teaching as a Conserving Activity', *Instructor,* 89, 4, pp.38–42, 1979.
- 'Order in the Classroom!', *Atlantic,* 244, 3, pp.35–8, 1979.
- 'Landmarks in the Literature: The Limits of Language', *New York University Education Quarterly,* 11, 1, pp.29–32, 1979.
- 'Language Education in a Knowledge Context', *A Review of General Semantics,* 37, 1, pp.25–37, 1980.
- '"The Ascent of Humanity": A Coherent Curriculum', *Education Leadership,* 37, 4, pp.300–3, 1980.
- Postman, Neil and Fiske, Edward B., 'Fine Tuning the Balance between Education and a Media Culture', *Teacher,* 98, 1, pp.28–30, 1980.
- 'Disappearing Childhood', *Childhood Education,* 58, 2, pp.66–8, 1981.
- 'The Day Our Children Disappear: Prediction of a Media Ecologist', *Phi Delta Kappan,* 62, 5, pp.382–6, 1981.
- 'Childhood's End', *American Educator: The Professional Journal of the American Federation of Teachers,* 5, 3, pp.20–5, 1981.
- 'Disappearing Childhood', *Childhood Education,* 58, 2, pp.66–8, 1981.
- 'The Disappearance of Childhood', *Children's Theatre Review,* 32, 1, pp.19–23, 1983.
- 'The Disappearing Child', *Educational Leadership,* 40, 6, pp.10–17, 1983.
- 'Engaging Students in the Great Conversation', *Phi Delta Kappan,* 64, 5, pp.310–16, 1983.
- 'The Disappearance of Childhood', *Childhood Education,* 61, 4, pp.286–93, 1985.
- 'The Educationist as Painkiller', *English Education,* 20, 1, pp.7–17, 1988.
- 'The Re-Enchantment of Learning', *Youth Theatre Journal,* 5, 2, pp.3–6, 1990.

関連図書

- Barrow, Robin, *Radical Education: A Critique of Freeschooling and Deschooling,* London: M. Robertson, 1978.
- Kincheloe, L. Joe, 'Wait a Minute Mr. Postman: TV Content Does Matter', *International Journal of Instructional Media,* 10, 4, pp.279–84, 1982/1983.
- Levinson, A Bradley, 'The End of Education, Book Review', *Harvard Educational Review,* 66, 4, pp.873–8, 1966.
- Olson, Renee, 'Postman Always Thinks Twice, Augmented Title: When it Comes to Technology, Interview with Neil Postman', *School Library Journal,* 42, pp.18–22, 1996.
- Robinson, Sandra Longfellow, 'Childhood: Can it be Preserved? An Interview with Neil Postman', *Childhood Education,*

61, 5, pp.337–42, 1985.
・Trotter, Andrew, 'Are Today's Kids Having Too Much Fun in Your Classroom?', *Executive Educator*, 3, 6, pp.20–4, 1991.

（ダン・インバー）

訳注

（一）「テクノポリー」はポストマンによる造語。概ね、権威や満足の源泉がテクノロジーに独占《モノポリー》されてしまっている社会・文化を示す。

（二）本項目を訳すにあたり、ニール・ポストマン『子どもはもういない』（小柴一訳、新樹社、二〇〇一年）を参照した。

セオドア・R・シザー　*1932—*

Theodore R. Sizer

学校は若者が自らの精神をうまく活用する習慣をのばせるよう援助することに焦点をあてるべきだ。……学校における学問的な目標ははっきりしている。それぞれの生徒が、限られた数の必要なスキルと、限られた領域の知識とを修得することだ。「レス・イズ・モア（より少ないことがより多いことだ）」との警句がそびえたっているべきだ。[★1]

カリキュラムのモットー、「レス・イズ・モア」は、セオドア・シザーによる、有名で、注文のきつい格言である。それは、彼の教育改革の取り組みについての中心的な知覚概念を表している。そして彼が、教えの質よりも学びの質を強調していたことも。慎重に限定された、しかし決定的に重要な課題について、非常に高い水準に達するように生徒を励ますこと――「モア・ウィズ・レス（より少ないことについてより多くのことを）」――は、学校は教育の目的と実践のための優先順位を再考すべきとするシザーの異議申し立ての典型をなしている。すなわち、知的能力ならびに想像力の育成に集中すること。それは生徒がより多くの知識にアクセスすることを可能にするのであり、より少量になることはない。受動的な学び手と反対に、活動的な学び手となること。無関心ではなく、動機をおもてにだすこと。浅さをではなく深さを大事にすること。そして、思慮を欠いた人間の対極にある、慎みをもち懐疑的かつ注意深い人間へと発達すること。

セオドア・シザー、あるいは親しみを込めてテッドとして知られる人物は、多くの賞賛につつまれた教育改革論者であり、彼の主な役目は、新たな学校ないしは学校教育のヴィジョンを前進させ、そしてそれを精力的に実現させたことにある。シザーは一九三二年の六月二三日に生まれ、コネチカット州ニューヘイブンのすぐ北にある農場で育った。彼は現在ブラウン大学名誉教授であり、同大では自身が一九八四年から一九八九年まで教育学部長を務めていた。彼はエッセンシャル・スクール連合（CES）の名高き創設者であり、アネンバーグ教育改革機構の初代理事（一九三三年）でもある。理事の任には一九九六年まであり、多くの大学から名誉学位を授与されている。そのうちのいくつかを挙げるとすれば、ブラウン大学、ウィリアムズ大学、コネチカット・カレッジ、グッゲンハイム助成金、ジェームズ・ブライアント・コナント賞、カウンシル・オブ・ステート・スクール・オフィサー顕彰、といったものである。

英文学を専攻しイエール大学を一九五三年に卒業の後、シザーは陸軍に入った。砲兵将校として働き、彼は軍隊が新兵のすべてを訓練しようとする決意に感銘を受けた。学校を退学になった者をも含め、全員を訓練するという目標は達成可能であるという信念がそこにあった。復員の後、シザーはロックスバリー・ラテン語学校で英語と数学を教えた（一九五五―五六年）。続けてハーバード大学において社会科教育の修士号を取得する（一九五七年）。学位取得はオーストラリアでの教職につながった。メルボルンにある男子校のグラマー・スクールにて歴史と地理を教えることとなった（一九五八年）。この厳格な伝統校での教師経験は、シザーの発想に深い影響を与えた。学校を設立するなかで、文化や、学校共同体や、家族の期待が果たす役割と影響力についての発想に、である。

米国に戻り、シザーはハーバード大学において教育と米国史の博士号を取得する（一九六一年）。ハーバード大学にて助教授・修士課程の責任者を短期間務め（一九六一―六四年）、ハーバード大学大学院教育学研究科長に任命される（一九六四―七二年）。教育における平等という問題についての彼の関心は、この時期に顕在化する。ヴァウチャーを低所得家庭にのみ与えるという、彼の名高い提案とともに。一九六八年、都市部に関するホワイトハウス特別委員会の一員だった際、すべての公立学校をチャーター・スクール化し、生徒が公教育の費用を自らとともにどのような公立学校へももち込み、それをすべて利用することができるようにする、という彼の理念は、初期の学校選択政策に消えることのない目印を残した。当時にしてみれば急進的なアイデアであったその政策は、結局は保守的な指針の一部として受け取られた。チャーター・スクールとは、シザーが信じるところでは、競争と平等なアクセスの両方をもたらす――選択という意味をもって。しかし選択とは、彼が主張するに、「隔離を覆い隠すものではなく、家族や、生徒、教師にとっての強力な動機づけである。[2]」

一九七一年の終わりでもって、シザーはハーバード大学を去る。それはマサチューセッツ州アンドーヴァーにあるフィリップ・アカデミーで歴史を教え、かつ校長の職につくためであった（一九七二—八一年）。ハーバード大学を去るという決断は、若くして成功した教授としては異例の選択であり、そのことは、世紀の変わり目に立つ若者のニーズ、そして彼・彼女らの学校教育のニーズに対する彼の深い関心と関与を示すものである。彼は言う。「私の世界は高校の世界である——高等学校と中等学校の。[3]」同アカデミーですごした九年間はシザーに非常に大きな影響を与えた。シザーは、いかなる生徒も、彼・彼女の文化的・社会的背景にかかわらず、適切な環境において、適切な種類の援助があれば、成果をあげることができる、との思いをより強くした。

現行の学校システムに挑むという彼の決意は、彼の経験により大きく展開していった。そしてそれは「高校の研究」と名付けられたリサーチへと続いた。[4]これはシザーが何人かの同僚と企画したものである。この研究は高い評価を得ることになる彼の著作『ホーレスの妥協——アメリカの高校のジレンマ（*Horace's Compromise: The Dilemma of the American High School*）』（一九八四年）へとつながってゆく。同書は有名な中等学校批判であり、ホーレス三部作の初巻でもある。[5]

意義ある学校の性質をつきとめることや、幾多の学校における日常的実践に彼の理念を適用してゆくことへのプレッシャーから、彼はエッセンシャル・スクール連合（CES）を創設するに至る。「連合《コアリション》」と「本質的要素《エッセンシャル》」との語は、この組織の本質と、そしてシザーが最も大事にしている価値と目標とを表現している。本質的要素、すなわち学校教育の知的な核心部分に集中するという約束を共有する学校間のパートナーシップによる施設、ということである。その連合は、シザーのリーダーシップのもと、高校十二校から始まって、公立・私立含め一二〇〇校の参加へと急成長し、国内三十八州と海外二カ国へと広がっていった。生徒数のうち、すくなくとも三分の一はマイノリティーから迎えた。[6]改革の試みをさらに発展させるため、シザーとコアリションは、リ・ラーニングとして知られるプロジェクトにおいて、エデュケーション・コミッション・オブ・ステーツ（ECS）に力をあわせて取り組み、[7]またアトラス・コミュニティー・プロジェクトを共同ですすめた。[8]

シザーは、学校教育に関しての、そして学校教育にアプローチをめぐる彼の最も根本的な価値観、理念、信念を、九つの原理として明確に示した。その理念は、一九八三年に出版され、一九八五年にはコアリションの共通原理として知られるようになった[★9]。それらは年月を経て若干の修正がなされ、十番目の原理がリストに加えられたのはつい最近のことである。つまるところ、シザーのビジョンは、アカデミックな本質的要素に知性を集中することを維持せよとの学校への要求である。本質的要素は、学校で学ぶすべての生徒が修得しなければならないものである。それはすなわち以下のようなことである。彼らの学びや、指導や評価を、重要かつ普遍的で、個人的にやりがいのある問題に集中させることによって、すべての生徒の多様なニーズを認めること、あるいはそれに適うこと。授業で取り扱う情報をむやみに探し求めるのではなく、思慮深い心の習慣を培うカリキュラムを設定すること。指導と学びを、文脈と生徒、両者に依拠するものとして見ること。生徒の知識とスキルの習得を、彼・彼女らが取り組んでいることの「表出」を組織化することにより判断すること。教師―生徒の負荷を減らし、教師と生徒が彼・彼女らの関係を進展させるうえで助けとなるようなスケジュールと日課を設計するため、教師を、（教科の専門医としてではなく）一般医として扱うこと。支出を以前の費用の一〇％におさえること。高い期待、信頼、学校・教員・生徒・保護者に対する敬意、といったものにみちた雰囲気のなかで業務を行うこと。民主的な振る舞いを手本とし、多様性を賞揚すること。

　多くの教育改革論者とは異なり、シザーは、「実行」すべきいかなる特定の「モデル」を処方するわけもない。標準化された解決法や、一定の手引きを提供するわけでもない。彼がなしたのは、一連の思考を喚起させる理念を示すことであり、それは広く普及している学校の日課に異議を申し立てるものであった。彼の学校改革へのアプローチは、すべての学校がもつ独自の資質への強い信念に基づいていた。独自の資質とはすなわち、その学校における特定のニーズ、そしてその学校自身のアイデンティティを前進させることに向けた意志と責任、である。シザーは学校の「リノベーション」をローカルな現象とみなしている。それは各学校ごとに、自らの優先順位を再考することへの参与や、それゆえ原理のうちにはっきりと述べられたヴィジョンにいのちを吹き込むことへの参与とともに取り組まれなければならない。そしてまた、その学校の最も重要な価値を反映したかたちで、原理を実践へと移しかえることへの参与とともに。一人の人間が学校をデザインすることはできない。そうシザーは述べる。「学校は成長する。たいていゆっくりと、そしてほとんどいつも痛みをともなって。それも、難しい問題に立ち向かうにしたがって。」[10]

個人の尊重と多様性の価値は、シザーの哲学全体を通してのテーマである。これらのテーマは、システムが個人（生徒、教師、保護者、教育者）あるいは集団（学級、学校、家族、コミュニティー）に関係する際、すべてのレベルにおいて反映されている。「人はそれぞれ異なる。本当に、確かにそうなのだ。人類の進歩の多くは、ありきたりの型から一歩とびだした人たちの、絶えず変化を求める気持ちによってもたらされた」[11]と彼は言う。「若者が発達するには型がある」と彼は論評する。「しかしその型のなかでの個人的差異は、型そのものと同じように重要である。」[12]「私は人と違う。私は特別だ。私はひとかどの人物だ」といった言葉をシザーは引用し、それぞれの生徒がもつ独自の価値を強調する。「いかなる二人の生徒も、いかなる二人の教師も、いかなる二つの学校も、いかなる二つのコミュニティーも、かつてまったく同じであったということはない。ある年と次の年とが似ていたことすらない」[13]のだから、彼・彼女らをまったく同じようなかたちでもって待遇するべきではない、とシザーは主張する。そして彼・彼女らは次のようなものに基準としていては力を発揮しない、とも。すなわち、唯一にして最高のカリキュラム、唯一にして最高の教育学、唯一にして最高の学習速度、あるいは唯一にして最高のテスト、といったものである。「標準化することは「非効率的であり、また同じくらいむごいことでもある」と彼は論じている。そして、それはひどく差別的なことである、とも。

しかし、シザーが信じるところでは、個人あるいは個人の問題とは、その者の環境と分けて捉えるべきではなく、全体としてまとまっているものの一部とみなされるべきである。生徒の価値観や目標が重要であるのとちょうど同じように、学校を全体として考えることの必要性もまた重要であるし、さらには保護者やコミュニティーの価値観や関心についても同様である。「学校は集合的な文化をもつべきである。『道徳的秩序』といってもいい。それは個人の自律性との間で均衡を保っている」[14]。それは、ある特定のコミュニティーの、教師、生徒、生徒の家族とによる協力によってつくりだされる文化である。そのようなローカルかつ集合的な文化は、適度に小さく、まとまりと意図をもった友人同士のコミュニティーである。それはシザーが呼ぶところでは「小さな民主主義」であり、外部からの作用でもってつくりだすことのできないものである。それはむしろ探究と対話を通して達成される。部外者、シザーの言葉をかりれば「批判的な友人」は、この過程に影響を及ぼすことはあるかもしれないが、過程をコントロールすることはできない。こうした古典的な主張は、彼が一般にひろまっているシステムを完全に拒否していることを表している。すなわち、次のような特徴をもつシステムである。中央集権的な構造、トップ・ダウンの戦略、官僚的かつ機械的で、冷ややかな、ひとつの目的だけをもつ権威。

シザーはシステマティックな教育の見方を提案する。それは、システムのすべての構成部分とレベルを含む。カリキュラム、指導、学習、評価、組織構造、教育政策、職員研修、学校の外側の現実を含めたすべては、まとまりある全体を構成するために、共協的にむすびついている。そこにおいて体現されているのは、人々や集団、組織の、新しい関係性である。それはすべて、現在進行中の対話に根ざしている。変化のなかにある出来事、ニーズ、希望にひらかれた対話に。統合と相互関係は、ゆえにシザーの考えをかたちづくる主要な建築材である。彼の考えは、従来ひと組のものとして扱われてきた、伝統的な対立概念、すなわち感情と思考、知的なものと道徳的なもの、挑戦と安住、そして教育の実践と評価ツールを、互いに関わりあいつつ、互いのうちに埋め込まれたものとしてあつかう——互いに排除するものとしてではなく。同様に彼は知識を全体的に理解する。知識を、知識自身の過渡的かつ文脈的、本来的性質に基づくものとして理解している。一方で、固定的な学問上の構成への排他的依存に基づくものとして知識を理解することは拒否している。

硬直した境界線を教育からとりのぞくことによって、シザーは地域的かつ普遍的なもの、個別的かつ集合的なものを探し求めている。こうしたバランスへの探求は、不確実性への寛容性と、妥協の必要性とに内在していることから本来的なものであり、それはナショナル・スタンダード（教育内容に関する全国共通基準）という非常に議論の分かれる問題に対するシザーのアプローチのうちに、あらわれている。彼の主張するところでは、スタンダードは価値観に基づいている。価値観は、多様で、曖昧、変わりやすく、文脈依存的である。一方ではまた同時に、広く分配され、深く心のうちに抱かれ、共有されているものでもある。シザーは確信する。スタンダードは、非常に明確でもなければ、はっきりと個別的なものでもない。また、地元の学校なり国家権力なりが単独で決められるようなものでもない。彼は、生徒の「表出」[★15]は、ナショナル・スタンダードを構築するにあたっての基盤として役立つことができる、と信じている。それは、国家的な対話を通してなされる。それぞれの学校と、生徒・教師・保護者との間の対話、そして、より広い職業的コミュニティーとの対話を通して。

多くの研究活動がシザーの学校改革の取り組みを受け継いでいる。そのことにより有益で、かつ励みとなるような発見が豊富にうみだされている。★16 そうした研究は通常、次のようなことを証明する。学校がシザーの理念に、教室自体のなかにおいてと、学校全体を通してとの、両方においてコミットすると、その結果、生徒のアカデミックな勉強への取り組みは増え、生徒の成績や、保護者・教師・生徒の満足度のレベルは上昇し、生徒の素行に前向きな影響がみられ、異なる生徒集団間において成績面でのさらなる平等が達成される。

一九九九年、シザーはハーバード大学に、客員教授として戻る。一方でCESの理事は務めつづけた。彼と、一九九八年にブラウン大学を退職してから、一九五五年以来の伴侶にして同僚、かつ彼の新刊(一九九九年)の共著者でもあるナンシー・ファウスト・シザーとは、パーカー・チャーター・スクールの共同校長として働いた(一九九八―九九年)。ゆえに、学校で過ごす時間に編み込まれての一貫した学問的活動、というパターンは維持された。それは、テッド・シザーのキャリアの特徴をあらわしている。

彼は人にインスピレーションを与える、疲れ知らずの学者―活動家であり、一貫してキャリア全体を通し、不変の関係をあちこちへとひろげていった。その関係とは、理論的・学問的世界と、学校・学校教育・教育の現実世界で特別にやりがいがあり、かつ影響力をもつキャリアとをむすぶ関係である。シザーはひとまとまりの根本原理でもって、教育理論を提供した。教育の質について彼が心の奥底で抱いていた信念と、同時代の教育理論家の見識とを統合した理論を。彼の希望はこうだ。私たちが学校文化を発展させること。それは、すべての子どもにとっての意義ある教育を、社会的平等の風土とともに、私たちの社会に約束することを可能にする文化である。若者のニーズにたいする彼の例外的な感受性のよさと、それと相まっての前向きさ、世界のダイナミズムと複雑さについてのヒューマニスティックな認識とでもって、シザーは、ひとりひとりの子どもを「思慮深い自由」へと招くよう、私たちすべてに促す。彼の学問的著作は彼の努力を物語っている。違いと、多様性の価値を尊重することを説き聞かせる努力を。それは、深い、心からの関心によって鼓舞され、彼の著述がもつきわだって人間的なトーンと明朗な気品とに支えられている。

自らの説くところに従い行動し、自らの信じるところにコミットし、またそのために辛抱強く戦う、そのような教育者であるシザーは、研究者や、実践家、政策決定者にたいし、力強い考えを実現へとこぎつけるよう挑む。全生徒への高度にアカデミックな期待に的を絞った学校教育の組織的ヴィジョンは、やりがいがあり、フレキシブルで、信頼のおける、人間的な学習環境によって駆動されるならば、いかに手の届くところに位置づけることができるものであるかを彼は示している。しかし、教育にかんする私たちの思考と実践にたいする彼の提言は次のようなものである。「必須の重要要素《ビー・オール・アンド・エンド・オール》」、すなわち教育の核心であり私たちの知的・感情的努力と配慮に値するゴールとは、人間である――とりわけ私たちの生徒である。ゆえに私たちは生徒にたいし次のようである必要がある。彼・彼女らを知り、信じ、信頼し、敬意を払うこと。そして生徒が思慮深く、責任感のある、創造性に富み、思いやりのある、信頼のおける人々へと育ちゆくことを助けること。そのような人々は自己や他者にたいする感受性に富み、知恵を心から学び求める。そのような目標に向かう上での鍵は、思考の習慣、価値観、ふるまいにあることをシザーは私たちに思い出させてくれる。それらは、私たちが、他者――若者であろうと年配の人であろうと――との関係へともち込むものである。さらに彼は、私たちの仕事の本質が、真に深く道徳的なものであるということをもまた思い出させてくれるのである。

★注

★1　本質的原理の最初のふたつから引用。最もよく知られ、かつ最もしばしば批判にさらされる彼の考えについては以下を参照。*Horace's School*, p.109; *Horace's Hope*, p.87; and K. Cushman, 'Less is More: The Secret of Being Essential,' *Horace*, 11, 2, 1994.

★2　Sizer, *Horace's School*.

★3　テッド・シザーとの会話のビデオ、*Reinventing Our School: A Conversation with Ted Sizer* より。(ビデオは、主要な教育改革家との会話で構成された六本のシリーズから。一九九四年。以下にて入手可能。www.ed..psu.edu/insys/esd/sizer/PromPrac.html.)

★4 R. Hample, *The Last Little Citadel*, Boston, MA: Houghton Mifflin, 1986. A. G. Powell, E. Farrar and D. K. Cohen, *The Shopping Mall High Schools: Winners and Losers in the Educational Marketplace*, Boston, MA: Houghton Mifflin, 1985.

★5 ホーレス三部作は、シザーの研究・概念化・高校改革の取り組みへの長年の活発な参与と反省、といったものの過程を描いている。架空の教師、ホーレス・スミスの目を通して、シザーは同時代の学校実践と、その原因や前提、成り立ちが語られ（*Horace's Compromise*）、そしてエッセンシャル・スクールをめぐるビジョンが描かれ（*Horace's Schools*）、さらには彼の取り組みの影響が示される（*Horace's Hope*）。

★6 ほとんどの学校が当初の計画どおり中等学校である一方、一九九六年以降多くの初等学校もＣＥＳに加わった。

★7 ‘From Schoolhouse to Statehouse’, National CES/ECS teleconference, 1991.

★8 ATLASとは、Authentic Teaching Learning and Assessmentのことを示し、次のような取り組みを受け止めつつ、それらと連携しての努力である。ガードナーのハーバード大学での仕事、イエール大学におけるカマーの仕事、マサチューセッツ州ケンブリッジのエデュケーショナル・ディベロプメント・センター（the Educational Development Center）におけるウィットラの仕事。詳しくは以下を参照のこと。Cynthia J. Orrell, ‘ATLAS Communities: Authentic Teaching Learning for All Students’, in S. Stringfield, S. Ross and L. Smith, *Bold Plans for School Restructuring: The New American School Designs*, Mahwah, NJ: Erlbaum, pp.53–74, 1996.

★9 もともとの九つの原理は*Horace's Hope*, pp.154–5に記されている。そして十になってからの原理はＣＥＳのウェブサイトに掲載されている。http://www.essentialschools.org/aboutus/phil/10cps.html 参照。生徒によって編集された九原理はおそらく以下で知ることができる。‘Empowering Students: Essential Schools’ Missing Links’, *Horace*, 11, 1, 1994.

★10 Sizer, *Horace's Compromise: The Dilemma of the American High School*, 1984.

★11 以下の論文から引用。‘No Two Are Quite Alike’, *Educational Leadership*, 57, 1, 1999.

★12 以下より引用。*Horace's School*, p.31.

★13 Ibid.

★14 以下より引用。Sizer, *The Students are Watching*, p.17.

★15 詳細は以下を参照。Joseph P. McDonald, ‘Dilemmas of Planning Backwards: Rescuing a Good Idea’, Coalition of Essential Schools Studies on Exhibitions no. 3, *Teachers College Record*, 94, 1, 1992.

★16 詳細は以下を参照。Kathleen Cushman (ed.), ‘What Research Suggests About Essential School Ideas’, *Horace*, 11, 3, 1995; そして、標準化テストにおける成功については以下を参照。‘Ten by Ten: Essential Schools that Exemplify the Ten Common Principles’, *Horace*, 16, 1, 1999.

シザーの主要著作

- *Secondary Schools at the Turn of the Century*, Westport, CT: Greenwood Publishing Group, 1976.
- *Horace's Compromise: The Dilemma of the American High School*, Boston, MA: Houghton Mifflin, 1984.
- *Horace's School: Redesigning the American High School*, Boston, MA: Houghton Mifflin, 1992.
- *Horace's Hope: What Works for the American High School*, Boston, MA: Houghton Mifflin, 1996.
- Sizer, T. R. and Sizer, Nancy Faust, *The Students are Watching: Schools and the Moral Contract*, Boston, MA: Beacon Press, 1999.

関連図書

- McDonald, J. P., Rogers, B. and Sizer, T., 'Standards and School Reform: Asking the Essential Questions', Coalition of Essential Schools, or its version in *Stanford Law & Policy Review*, 4, 1993.
- McQuillan, P. J. and Muncey, D. E., 'Change Takes Time —A Look at the Growth of the Coalition of Essential Schools', *The School Ethnography Project*, 10, 1992.
- Sizer, T., *Places for Learning, Places for Joy: Speculations on American School Reform*, Boston, MA: Harvard University Press, 1973.

（テーマー・レヴィン）

エリオット・アイズナー　*1933—*　Elliot Eisner

クラシック音楽の演奏会に一年中でかけている人よりも、人気クイズ番組「ファミリー・ヒュード」を一晩観る人の方が多い文化において、芸術が周縁的な場におかれていることは合点のゆくことである。しかし、教育者ならよりよいことをしてくれるだろうと期待する者もある。教育の場で働く私たちが、少数の者しか知らず、かつ少数の者しか愛していないものを知り、あわよくば愛するチャンスを、私たちの子どもに与えるべく知的なリーダーシップを発揮することはできるのだろうか。私の情熱のひとつはそれを実現することである。★1

エリオット・アイズナーのキャリアをまとめることは難しい作業である。彼のかつての教え子のひとりとして、私は彼を紹介することをいくつかのスピーチの場において求められてきた。その度に、「手短に」話すよう指示を受けた。私はすぐに気づいた。非常に幅広く、かつすぐれた貢献と功績のある人がなしとげたことを要約するのがいかに困難であるのかを。最後に数えたときには、エリオット・アイズナーの教育・研究業績表は九十二ページにもおよび、そこには特筆すべき達成の指標が明らかにされていた。スタンフォード大学のリー・ジャックス・プロフェッサー・オブ・エデュケーション・アンド・アートの職にあること。一九六二年にシカゴ大学で博士号を取得して以来、五つの名誉学位を与えられたこと。欧州にあっては二つの王立機関と、米国では全米教育アカデミーの会員に選ばれたこと。数多くの学会において会長職を務めたこと。それは、全米芸術教育協会からアメリカ教育学会［AERA］にわたって。彼の業績にたいして、グッゲンハイム助成金を含む、いくつもの賞が与えられたこと。

彼は二五八本の論文と十五冊の著作を書いており、平均すると一九七〇年以来一年に七本の論文を発表している。この大量の業績に関し、必読のアイズナー著作リストを私があげるとすれば次のようになる。『教育評価の技術（*The Art of Educational Evaluation*）』（彼の初期の思想が記された論文集）、『教育評価（*The Educational Imagination*）』（カリキュラムの仕事をしている人々は必読）、『教育課程と教育評価再考（*Cognition and Curriculum Reconsidered*）』（心と表象をめぐる彼の著作として決定的な一冊）、『ひらかれた目（*The Enlightened Eye*）』（質的調査に関する彼の主著）、『美術教育と子どもの知的発達（*Educating Artistic Vision*）』（すべての美術教師に）、『私たちが必要とする種類の学校（*The Kind of Schools We Need*）』（学校改革についての彼の諸論文を収録）。

アイズナーが教育に関してこのように多産な書き手になることは、かつての彼からは想像できないことであった。アイズナーが小学校三年生のとき、教師はアイズナーの母親にたいし、彼の芸術的才能をほめた。すると母はアイズナーを、シカゴ美術館の土曜朝のコースに編入させた。母はアイズナーが商業デザイナーになることを望んでいた——その職にあってよい稼ぎがえられることを。彼は実際に長じて芸術（と教育）を専攻した。しかし大学に通っている間に、彼は教職についた。アメリカ少年連邦（Boys Commonwealth）にて、アフリカ系アメリカ人の少年に教える職である。同校は彼が育ったシカゴの街の西側の地域にあった。そこでの経験を通し、彼の関心は芸術から芸術教育へとシフトしてゆくことになる。その時点から、世界中の教師に影響を与えることになる着想がはぐくまれはじめた。アイズナーが認識するに、芸術のことを忘れた学校で行われている教育は、バランスを欠いた、不公平な種類のそれである。さらに、彼は次のようなことに気づきはじめる。芸術的思考様式を欠いた認識の概念は不適切である、と。

学校教育の文脈において……私たちは、こころの発達が、芸術と、芸術が教育の発達にたいして潜在的に有している貢献とにとって、邪魔であるという考えを抱いている。★2

彼がたどってきたキャリアの道のりを通して、アイズナーは私たちが教育をどのように見ているかを再定義している。一九七〇年代まで、教育評価ならびにプログラム評価は主に量的な観点でなされていた。アイズナーが現れるまでは、カリキュラムに関する取り組みは、行動面での目標に焦点を合わせることを意味していた。そこには、人間の行動がもつ社会—科学的法則をつきとめることが含意されていた。どのような教師においても目標が達成されるようなカリキュラム、といったものに重点がおかれていた。アイズナー以前、芸術は情動的あるいは創造的な試みにすぎなかった——決して認知的なそれではなかったのである。現時点におけるアイズナーの遺産の最たるものは、科学的・技術的思考様式の支配から教育を自由にしたことである。研究や評価、学校改革、教育における芸術の役割といったことについて、多くの見方を付け加えてくれた。ほかにも何人もの教育者が似たような知的領域で活躍してはいる。しかし彼が、実践家と学者の両者にむかってそうしたときのような、説得力と雄弁さでもって説明をする者はほかになかった。さらに、彼ほどの鋭敏さと想像力とでもって、非常に多くの物事に、新しい手法でもって取り組む者となると、それ以上に稀であると言える。

芸術教育は、アイズナーが不適切なものとして指摘した多くの前提のうえに安住していた。彼は、自分の道具を与えて放っておけば自発的に芸術的感受性を発達させうるという考えを排することに協力した。また、教師はただ生徒に一連の芸術活動の場を与えたら、彼らの邪魔にならないように離れているべきだとか、芸術は単に感情や想像力のはけ口にすぎないだとかいった考え方を排することにも。アイズナーは強調する。環境が才能をつくるのであり、美術教育は子どもの成長に対し独自の貢献をすることができるのだ、と。たぶんにアイズナーの主張によって、美術教育は内容重視の分野となった。

一九六七年に、アイズナーはケタリング・プロジェクトをたちあげた。それは、新米の小学校教師たちに、ビジュアル・アートの教材を提供するためのものである。★3 プロジェクトは二つの鍵となる前提をもとにしている。ビジュアル・アートが子どもの教育に対してなしうる最も重要な貢献は、芸術に固有の貢献であるということ。そして、カリキュラムは生産という領域のみならず、美的、批判的、歴史的領域にもまた心を傾けるべきであるということ。こうした考えは、一九九〇年代に主流となる芸術的アプローチ——学問分野に基づいた美術教育(discipline-based art education)(ＤＢＡＥ)——の先駆けをなすものであった。ＤＢＡＥを推進するにあたっての最も強力な組織はゲティ・センター・フォー・エデュケーション・イン・ジ・アーツである。アイズナーは、一九八二年の創設時から顧問を務め、その目的に関する最初の全体報告書を執筆した。こんにち、全米芸術教育協会はＤＢＥＡのアプローチを、カリキュラムのことを考えるための、そしてそれを組織するうえでの、手本として採用している。DBAEモデルは、米国のほとんどすべての州において採用され、オーストラリアや英国でも利用されている。

アイズナーはまた芸術批評からヒントを得て、「教育的鑑識眼と教育批評」を考案した。これは、実際に学校や教室で起こっていることに焦点を合わせた評価・研究の様式である。鑑識眼とは、基本的に、鑑賞の技法であり、それはものごとを明らかにする技法である批評をとおして、彼・彼女がもなっている。批評は、鑑識眼をとおして、彼・彼女が何を学んだのかを表現する。描写や、解釈や、評価や、主題をつかって。描写は、何が語られているのかについて、自分以外の人が生き生きとしたイメージを手に入れることを可能にする。そしてそこに自分のことのように参与することを。解釈は、何が描写されたのかを記述する過程である。そこには出来事の意味も含まれる。評価は、吟味されていることの教育的意味について、価値判断を行う。主題は、「物語の道徳」を提供する――これは、どれくらいの教訓が学ばれたかを数え上げる。一般的に、教育批評は、ある学校のカリキュラムについて、そのイデオロギー（学校は何を教えるべきかについての信念、そして何のためにそれを教えるべきかの信念）を吟味する。学校がもつ主だった要素（意図、カリキュラム、教育学、学校組織、評価）に焦点をあてて。こんにち教育的鑑識眼と教育批評は、世界中の教育家により、研究および評価の両面において活用されている。[★4]

アイズナーの取り組みから派生したものとして高まりつつあるのが、芸術に基づいた探究の運動（arts-based inquiry movement）である。この運動の支持者はアイズナーの考えを採用する。それぞれの表象の形式は、私たちの経験に影響を与える潜在的な力を有しており、それは後に私たちが世界をどのような方法でもって理解するかについても影響を与える。こういった洞察を研究に応用しつつ、支持者は次のように主張する。書かれた言葉では、私たちが教育を理解し解釈する、その方法のすべてについて適切にあらわすことはできない、と。それゆえ、認知や表象の形式についてのアイズナーの考えは、絵画やインスタレーション・アートの作品やそのほかの芸術に基づいて何かを知る方法を正当視するものである。それは教育の文脈における意味と理解を推進する。[★5]

子どもは……何かを考えることなく……世界に足を踏み入れる。こういうと、すこし奇妙に聞こえるということは、承知している。子どもは頭脳をもたずに世界に足を踏み入れるわけではない。頭脳は生物的なものである。心は文化的なものである。心は文化的獲得の様式である。そして子どもがどのような種類の心をもった子になるかは、その子が人生においてどのような種類の機会をもつかに多分に影響を受ける。さらに機会の種類は、その子が子ども時代に、どのような計画や選択肢を選ぶことが可能であったかに多分に影響を受ける。★6

アイズナーはまた、学校改革に三通りの方法で貢献した。一つ目は、彼がテクノクラート的・官僚主義的な思考様式を超えるよう主張したことがあげられる。例えば教育者が計画をたてる際、教育目標と平行して、「表現的成果（expressive outcomes）」――カリキュラム活動の帰結――を考慮することを、アイズナーは提案する。アイズナーはこう指摘している。特定の、幅の狭い成果を明確に述べることのみを行う授業案をおしすすめることは、予想しなかった発見をもとに成長する余地を教師にも生徒にも与えることがない（例えば、思いがけない反応という領域を招き入れつつ、遊びを観察すること）。

二つ目は、アイズナーはスローガンや教育界の流行に頼ることに対して警鐘を鳴らしたこと。彼は基礎への関心を復興させた。教育に不可欠なのは何か。リテラシーとは何か。心とは何か。アイズナーは米国における支配的な理論的枠組みを、工場や流れ作業の枠組みであるとして批判する。そのような枠組みは、教えることと学ぶことの複雑さを誤認し、過小評価するものである。アイズナーはその代わりに、人間理解から出発した生物的な暗喩（デューイ、スザンヌ・ランガー、ハーバート・リード、ネルソン・グッドマンらの美学理論家による知識をもとにした）を奨励する。

端的に言うと、このアプローチは以下のことを強調するものである。人間はおもに感覚を通して環境と相互に交流する。感覚は、情報を入念に選んで受け取るように設計されている。そのような相互交流から、概念が生じる。概念形成は言語に先立ち、知覚によるデータから得られたイメージに基づく。人が自分を表現するとき、自らがもつ概念を表現の形式へと変換する。それは言語的な表現かもしれないし、例えば音楽的あるいは視覚的なそれである場合もあろう。それぞれの表現の形式は、ある物を表現できれば、別の物を表現できなくもあり、明らかにもすれば覆い隠しもする。

こうしたことを土台とし、アイズナーは、教育における多くの中心的な概念を再考する必要がある、と主張する。リテラシーを例にあげるならば、それは単に文字を読むことのみを意味するものとすべきではない。むしろ、多様な表現の形式に包含されている内容を、符号化ならびに復号化する能力を指し示すものとすべきである。合理性は通常、本来的に論理的なものとして理解されているが、次のように解釈することができる。すなわちそれは、「構成要素をつくりだす過程、あるいは知覚する過程における、知性の行為である。構成要素は、自らが加わっている全体との関わりのなかで、つくりだされたり知覚されたりする」、と。[★7] ゆえに論理は合理性の対象である。認知は、言葉において知るということに還元されているが、今や有機体が彼・彼女の感覚を通して気づきを得る過程として考えられる。アイズナーが強調するのは、感覚は本来的に知るということに結びついている、ということである。さらに、彼はこう示唆する。学校は、知るということを、命題言語や数学（大学進学適正試験によって計測可能なもの）に限定すべきではない。生徒は、多様な表現の形式を通して学ぶべきであるし、自らを多様な形式において表現すべきである。

アイズナーの主要な貢献の三つ目は、認知多元主義者（心は社会的に創造されるものであると考える者、知識は多くの方法で表現されると考える者）として彼が果たした役割にある。アイズナーは、貧弱になった心とは、自由に使える記号体系や表現の形式をもたないそれであるとした。学校は、アイズナーによれば、子どもが経験から意味をつくりだすことを援助しなければならない。そしてそうするためには、以下のことを大事にした教育を必要とする。諸感覚、数多の表現の形式を通じての概念形成、意味をつくりだす活動、そして想像力、である。結局のところアイズナーは、子どもが自らのもつ独自の潜在能力を実現することの支援に関心を寄せてきた――「生産的な特異性」の育成に。

ここにいるすべての人にとって、道を歩く馬をしばし想起することは、まず可能なことであろう。ではその馬を、青く翼のついたそれにしてみよ。青く翼のついた馬を見かけることはまずなかろうが、しかし私たちは、日常生活において決して出会うことのない可能性を、自らのために生み出すため、概念化することができる。想像力を駆使するその特殊な能力――想起において物を転換するそれ――は、教育における「基礎」と私が呼ぶものの一部である。ある文化が成長可能でありつづけるために、文化が文字通り成長するために――子どもや大人が、想起した物からそのような転換を起こす能力をもっていない場合には、文化は静

的なものとなってしまう。★[8]

今も続くアイズナーの貢献は、芸術についての私たちの考え方と教育についての考え方を、改変することである。彼の見方からすれば、芸術と教育の両者は、満たされ、高潔で、やりがいのある人生のために必要不可欠である。アイズナーの努力は、教育を芸術で満たすのみならず、芸術を学校の使命の中心にすえるために力を尽くした。

芸術作品は何かを告げるだけでなく、刺激を与えるものである。私たちを満足させるだけでなく、私たちに挑みもする。芸術作品の居場所は美術館やコンサート・ホールや劇場にかぎらない。それらの住処は、人間が注意深く生き生きと人生そのものと関係をもとうと決めた場所でなら、どこにでも見出すことができる。このことはおそらく、教育において芸術が与えてくれる最大の教えであり、ひとつの芸術作品としての人生そのものにとって指針とすることができる教えであろう。そうすることにおいて、作品の作り手自身がつくり直されることになる。このつくり直されるということ、再び創造されるということは、教育の過程の中心である。★[9]

アイズナーはたしかに教育のアーティストである。その大きな成功と達成は、二〇世紀の最後の数十年間における教育の試みを表現するものである。

★注

★1 Elliot Eisner, 'My Educational Passions', in D. L. Burleson (ed.), *Reflections: Personal Essays by 33 Distinguished Educators*, Bloomington, IN: Phi Delta Kappa Educational Foundations, p.137, 1991.

★2 以下より引用。A speech ('Minding the Arts') given at the University of Denver, Denver, Colorado in January 1998.

★3 Elliot Eisner, Teaching Art to the Young: A Curriculum Development Project in Art Education, November 1969, Stanford University.

★4 G. Madaus and T. Kellaghan, 'Curriculum Evaluation and Assessment', in P. Jackson (ed.), *Handbook of Research on Curriculum*, New York: Macmillan, pp.119–54, 1992.

★5　以下を参照。Elliot Eisner, 'The Promise and Perils of Alternative Forms of Data Representation', *Educational Researcher*, 26, 6, August-September, 1997. Also, 'The Eisner-Gardner Debate: Should a Novel Count as a Dissertation in Education', *Research in the Teaching of English*, 30, 4, 1996.

★6　以下より引用。A speech ('Minding the Arts') given at the University of Denver, Denver, Colorado in January 1998.

★7　Elliot Eisner, *The Enlightened Eye: Qualitative Inquiry and the Enhancement of Educational Practice*, New York: Macmillan, 15, 1991.

★8　以下より引用。A speech ('Minding the Arts') given at the University of Denver, Denver, Colorado in January 1998.

★9　Elliot Eisner, *The Kind of Schools We Need*, Portsmoush, NH: Heinemann, p.56, 1998.

参照項目

『教育の主要思想家50人』所収、デューイの項

アイズナーの主要著作

- *Educating Artistic Vision*, New York: Macmillan, 1972.（『美術教育と子どもの知的発達』仲瀬律久他訳、黎明書房、一九八六年）
- 'Examining Some Myths in Art Education', *Studies in Art Education*, 15, 2, pp.7–16, 1973–74.
- *Conflicting Conceptions of Curriculum*, E. W. Eisner and E. Vallance (eds), Berkeley, CA: McCutchan Publishing Corporation, 1974.
- *The Educational Imagination: On the Design and Evaluation of School Programs*, New York: Macmillan, 3rd edn 1994 (prior editions 1985, 1979).
- *Cognition and Curriculum Reconsidered*, New York: Teachers College Press, 1994 (original edition *Cognition and Curriculum: A Basis for Deciding What to Teach*, London: Longman, 1982［『教育課程と教育評価——個別化対応へのアプローチ』仲瀬律久監訳、建帛社、一九九〇年］).
- 'The Art and Craft of Teaching', *Educational Leadership*, 40, 4, January, pp.4–13, 1983.
- *The Art of Educational Evaluation: A Personal View*, London: The Falmer Press, 1985.
- *Learning and Teaching the Ways of Knowing*, Elliot W. Eisner (ed.), Eighty-fourth Yearbook of the National Society for the Study of Education, Chicago, IL: University of Chicago Press, 1985.

- *The Role of Discipline-based Art Education in America's Schools,* Los Angeles, CA: The Getty Center for Education in the Arts, 1987.
- 'The Primacy of Experience and the Politics of Method', *Educational Researcher,* 17, 5, June-July, pp15–20, 1988.
- *Qualitative Inquiry in Education: The Continuing Debate,* Elliot W. Eisner and Alan Peshkin (eds), New York: Teachers College Press, 1990.
- 'Taking a Second Look: Educational Connoisseurship Revisited', *Evaluation and Education at Quarter Century,* National Society for the Study of Education Yearbook, Denis Phillips and Milbrey McLaughlin (eds), Chicago, IL: Illinois: University of Chicago Press, 1991.
- *The Enlightened Eye: Qualitative Inquiry and the Enhancement of Educational Practice,* New York: Macmillan, 1991.
- *The Kind of Schools We Need,* Portsmouth: Heinemann, 1998.

関連図書

- 'An interview with Elliot Eisner', *Educational Leadership,* 45, 4, December 1987-January 1988.
- Barone, T. E., 'From the Classroom of Stanford to the Alleys of Amsterdam: Elliot Eisner as Pedagogue', in C. Kridel, R. Bullough Jr and P. Shaker (eds), *Teachers and Mentors: Profiles of Distinguished 20th Century Professors of Education,* New York: Garland Publishing, 1996.
- Jackson, P. (ed.), *Handbook of Research on Curriculum,* New York: Mcmillan, 1992.
- Jaeger, R. (ed.), *Complimentary Methods of Educational Research,* New York: Macmillan, 1997.
- William Pinar, W., Reynolds, W., Slattery, P. and Taubman, P., *Understanding Curriculum,* New York: Peter Lang, 1995.

（P・ブルース・ウールマッハー）

ジョン・ホワイト 1934—　John White

教師と保護者のみが、教育の目的が何であるべきかについての省察を行う責任を負っているわけではない。すべての市民がこのことに関わりがある。「私たちの社会はどのようなものであるべきか」とは、市民にとって避けることのできない問いである。この問いは教育についての問いとおおいに重なっているがゆえに、両者を明確にわかつことは不可能である。★1

ジョン・ホワイトが教育研究における名声にむけ表舞台に登場してきたのは、一九六〇年代に、リチャード・ピーターズがロンドン大学教育研究所で呼び集めた教育哲学の際立ったグループのひとりとしてであった。ピーターズのリーダーシップのもと、その一団は、教育問題に分析哲学の手法を適用することでイギリスの教育哲学を再活性化した。ホワイトは彼のキャリア全体をとおしロンドン大学教育研究所に留まり、二〇〇〇年に名声あるポジションから退いた。彼はパトリシア・ホワイトの夫であり、彼女もまた、ピーターズが引き合わせたグループのメンバーの一員であった。夫婦は似通った哲学的関心をもち、彼らの出版物にはお互いが強く影響を与え合っていることが証明されている。

イギリスの教育哲学界におけるホワイトの知的リーダーシップはひろく認められている。イギリス教育哲学会の創設メンバーならびに現在の名誉副会長として、彼はながく学会誌『ジャーナル・オブ・フィロソフィー・オブ・エデュケーション』の編集委員をつとめている。また同誌の発刊以来、常連の執筆者でもある。彼は多産な書き手であり、その著作の幅は広く、心の哲学や美学の最先端における教育問題から、イギリスの新聞紙面での教育政策議論にまでわたる。彼はまたピーター・ゴードンと共著を執筆した。それが賞賛をえた書物、『教育改革者としての哲学者（*Philosophers as Educational*

Reformers)』である。同書はイギリス観念論と、それが第一次大戦前の教育政策に与えた影響をとりあげた。彼の最近の著作のテーマは多岐にわたっている。教育と国家アイデンティティ、評価、仕事の未来、ハワード・ガードナーの多重知性理論、といったものである。

関心の範囲の大変な広さにもかかわらず、ホワイトの主要著作からは、知的な連続性においてある明確な一貫性を見て取ることができる。彼が変わることなく没頭しつづけてきたのは、教育の目的をつきとめることであった。倫理的な知識や権威へ訴えかけはもはや維持できず、リベラルな政治の規範が構築され、市民は流動的な文化と複雑化したテクノロジーの世界において意味ある人生を見出していかなければならない。そうした社会に益する教育の目的を。

ホワイトの初期の論文は、慎重な分析の手法が特徴的であった。それはピーターズがその世代のイギリスの学者に与えた影響でもあった。ホワイトの初期論文はそのようなジャンルの見本でもあった。創造性、知性、教化に関する彼の著作は、主に概念分析の行為であった。しかしそれぞれの場面において、彼の描く概念の境界の見取り図は、ピーターズのそれのように、いかに分析は機能不全を招く教育実践の混乱を解決することができるかということへの鋭敏な感覚を兼ね備えていた。ホワイトの最初の著作、『必修カリキュラムをもとめて（*Towards a Compulsory Curriculum*）』（一九七三年）は、こうしたイギリスの分析的教育哲学からの方法論的別離を表している。そして彼のキャリアの中心を占めつづけることになるテーマのふたを開けたことも。

この著作において、概念分析はみられない。この本は独特の必修カリキュラム——一連の必修教科と生徒による一定の自由な選択とをあわせもったカリキュラム——を、人格の自律性という理想に基づいて擁護するものであった。この際そのような理想の根拠となったのは倫理的主観主義であった。（すなわち、行為の主体の要望や選択から抽出した概念のなかで、本質的な価値をもったものはなにもないという考え方。）選択する対象としての諸活動を認識論的に区別することにより（すなわち、直接的な経験なしに知ったつもりになって選択することができる活動と、そのような選択はできない活動との区別により）、ホワイトが自らの支持するカリキュラムを自律性の発達にとっての顕著な貢献として擁護することが可能となった。必修カリキュラムは、直接的な経験なしに知ったつもりになって選択することはできないような、そうした活動に集中すべきである。なぜなら、生徒がやがて自律的な大人としてどのように生きるかを選択するようになった際、彼・彼女が利用可能な望ましい選択肢の範囲を拡大するために、それが最も効率的な方法であるから。

カリキュラムの構造と内容にとっての哲学的原理的な根拠を見出そうとする試み一般は、当時の分析的教育哲学の中核をなしていた。しかし『必修カリキュラムをもとめて』にあっては、ピーターズやP・H・ハーストをはじめとする人々によって展開されていた対抗理論と、ある面において決定的に意見を異にしていた。それは、認識論的理論がホワイトのカリキュラム理論において必須の前提として目立ってはいたものの、彼の議論を究極的に基礎づけていたのが倫理であったことによる。人間の価値の特質と善い人生とをめぐる問いは、教育全般、とりわけ学校の役割を理解するための鍵である。ピーターズやハーストは知識や理性の特質に執心し、それらを教育の内容を決めるうえでの最優先の哲学的課題として捉えていた。ホワイトは違う道筋を描きはじめていた。

自律性、人間にとっての善きこと、学校のカリキュラム、こういったことはホワイトが次に手がけた主要著作、『教育の目的再説（*The Aims of Education Restated*）』において再び取り扱われることになる。彼の自律性概念はこのとき、ジョン・ロールズの『正義論』において展開されている議論に基づきうちたてられた。『正義論』において善さとは、人が利用可能な選択肢をめぐり、知識に裏づけられた熟慮の後に選択するものとして定義されていた。ホワイトは次のように主張する。自律性は個人の幸福にとって必要不可欠である。なぜなら自律性が欠けては、子どもは、葛藤する欲望のぬかるみにはまるか、自らの葛藤を解決してくれる権威を恣意的に当てにするかしかなくなってしまう。こうした状況では、権威はどうしても恣意的になる。倫理的知識なくしては、すべての人の違いに利するような倫理的専門的知見も存在しえないのだから。しかしホワイトは炯眼にも善さを定義づけることの問題に気づいていた。それはすべての個人にとっての善さを定義する、という意味において、熟慮の価値を誇張することになる。彼は次の点を一番の問題と考えた。このような定義づけは、比較的熟慮を伴わない生き方をしている多くの人々によって見出される達成感をみえにくくしてしまう、と。この論点はホワイトのカリキュラムの議論に示されている。彼の議論においてカリキュラムは「熱意を育む」ことと思慮の深まりを励ますこととのバランスをとっている。

『教育の目的再説』においては、善き人生と善き社会との関係にもまた、それ以前のホワイトよりもさらにはっきりと、さらに深いかたちで焦点をあてている。個人の自律性にむけた教育が、幅広い設定において吟味されている。その設定には、学校教育の経済的・市民的目標、そして自律的な生における利己心と、利他の精神の統合の必要性、といったものが含まれている。利他の精神は、教育の目標を追求するための背景をなす公共善や、生涯学習、共同体といったものを維持するうえで必要となる。基準を定めることにつながる困難な問いに正面から向き合おうという一途な大望と熱意において、『教育の目的再説』はピーターズの権威のもとにあったイギリスの分析的伝統のくびきの多くを打ち砕くものであった。一方において同書は、教育哲学者の役割という大きな概念を暗黙のうちに採用している。その役割は、理論的に吟味された規範的判断を生み出すことにあるとしている。そうした概念は、分析が支配的になる前の教育哲学において正統的であった。また他方では、理想主義的な倫理的―政治的原理から教育実践を理解しようとするホワイトの試みは、道徳哲学・政治哲学における近年の革命的進展と共鳴している。そうした進展のなかで、ロールズをはじめとした人々が次のことを明らかにしていた。分析のもつ厳格さは、哲学が古くから没頭してきた、正しきもの、善きものの本質についての関心を放棄することを要求しているわけではまったくない、ということを。

『教育と善き生（*Education and the Good Life*）』は、ホワイトがかつて出版した著書における主要な見解を再考するものである。同書は一九八〇年代になされた道徳哲学・政治哲学の最も重要な研究のいくつかからの影響をあらわすやり方において、上記の見解に向き合っている。重要な研究のなかでも特別なものとしては、ジョセフ・ラズの『自由の道徳性』とバーナード・ウィリアムズの『生き方について哲学は何が言えるか』があげられる。しかし同書はそれが教育哲学への貢献でもあると同時に、雄弁な政治的議論でもある。同書の副題――「国家カリキュラムを超えて」――が示すのは、教育についての公的な言説が底の浅い論争を超え、そこから抜け出せるよう導きたいというホワイトの関心である。イングランドとウェールズの学校に当時導入されたばかりのカリキュラムを取り巻いてそうした浅薄な議論がなされていたのである。そのカリキュラムは一九八八年に保守党政権によってもち込まれた。ホワイトはそれを恣意的で強制的な押しつけであると考えた。それが示すのは、数多くの特定の指示と、指示への原理的説明の欠如であった。原理的説明は自由でかつ民主的な政府のもつ原理から導き出すことのできるものである。ゆえに同書の目的は、現行のナショナル・カリキュラムを批判することであり、自由な社会の中核にある価値に根ざし、別の道を構築することであった。

ホワイトの初期の著作における自律性の議論は、普遍的な適用が可能とされている理性を軸に展開されていた。倫理的権威への服従が恣意的にみえること。思考を麻痺させるおそれのある、葛藤する欲望に影響を受けやすいこと。自由とは選択肢についての理解に依存するものであること。こういったことを考えるとそれはすべて、自律性が、すべての人間にとって、いかなる場所においても、いかなる時であっても、望ましいものであることを立証するはずであった。しかしラズやウィリアムズの影響からホワイトは、自律性のための主張を新たに作り直した。より歴史的で、より文脈に依拠した、教育的・政治的重要性の感覚を示しつつ。ホワイトによると、技術的に進歩したリベラルな民主主義のもつある構造的特徴は、「環境を支える自律性」をつくりだす。そのような自律性にあっては、個人の幸福と自律性とがひとつにまとまる傾向をもつ。伝統的な社会では、自律的な生と善き生とは互いにまったく異なるものであった。しかし伝統的社会の硬直性は、取り戻すことのできない過去に属するものであった。現代社会のもつ強力な趨勢は、私たちをそこからはるか遠い地点へと動かしてしまったのである。

ホワイトは、自律的な生は社会学的な必然性である、とのウィリアムズやラズの論点に共感しているだけというわけではない。昨今の社会状況が思慮の足りない生に関してたいへん寛大である、ということに彼は注意をむけている。そのような生において、あまり考えることなく従来の構造に固執することは可能であり、また広く行われてもいる。彼が主張するのはむしろ、自律性の理想は、現在の社会・政治構造にもともと備わっているものである、ということである。現在の社会・政治構造のもとで生きていくなかで私たちが直面する責任とは、自律性を養うことなしには果たすことのできないものである、という意味において。ここにおいて自律性は必要なものであると考えられる。自己に関わる理由（個人的に充実した人生は、自律性を伴わない環境においては獲得しづらいものであろうこと）において必要であるのみならず、他者に関わる理由（自律性なくしては、他者の充実に適切に貢献することはできないこと）においても必要である。実際、自律性に向けた教育では、自己に関わる理由と他者に関わる理由とを明確に分けようとするいかなる区別にもホワイトは疑問を投げかける。彼は、自律性に向けた教育の過程とは、利己心と利他心とを高度に統合することであり、同時に、自と他という競合する理由を個人が判断するために必要となる反省的能力を明らかにすることであると考える。

しかしもし自律的な幸福が自由主義社会における重要な教育的価値であるならば、ナショナル・カリキュラムは、反自由主義的なもの、非民主的なものとして、その土台から非難されるべきものである。なぜならそれは狭い意味での功利主義的価値体系に基づくものであるから。高度に階層化された経済における仕事への適合を最高の目的とした価値体系に。ホワイトはそうではないカリキュラムの概要を描いた。そこでは、個人の特質への貢献という観点に基づいて知識が選択される。個人の特質は、自律的な人格を構成する。このカリキュラムでは芸術に特別な地位が与えられる。芸術の力は価値間の葛藤をより豊かに理解させることができるからである。宗教的な権威や理想の政治の不在にあって、芸術のみが提供することができる力である。特にこのテーマはその後、ホワイトの教育研究所教育哲学教授就任講義『信仰なき世界における教育と個人的幸福(*Education and Personal Well-Being in a Secular Universe*)』において詳しく語られることとなる。

『ナショナル・カリキュラムを超えて(*Beyond the National Curriculum*)』では、学校は労働市場に隣接した控えの間にすぎないという考えを攻撃している。しかし同書は生徒が大人として引き受ける仕事に、自律性にむけた教育がいかに関わるべきかについて問うことはしていない。この問いは『教育と仕事の目的=終焉(*Education and the End of Work*)』にて取り上げられる。ポスト産業社会における仕事の未来と、そのような未来にむけて子どもを準備させることになる教育という、その両方の面に関しての挑発的な論文である。ホワイトは、自律的な仕事と、仕事における自律性とを有益にも区別する。前者は、最終製品を生産するために執り行われる活動のことを言う。仕事をする者は、最終製品を強固にかつ本質的に価値あるものと見なしている。後者は、仕事をする者が最終製品に付与する価値とは関係がなく、その者がその役割において許されている自己の方向づけの範囲を意味している。この場合、自律的な仕事はホワイトにとって重要な概念であり、彼の「仕事の目的=終焉」の議論は、他律的な仕事の終わりを告げるものであり、そのような仕事は自律的な繁栄と両立しない行いであることが語られている。ゆえに私たちに必要な仕事にむけた教育は、狭い意味での職業教育ではありえない。また、長期的キャリア・プランニングの訓練でもありえない。ポスト産業主義経済のもつ流動性によって、そのような計画立案をすることの多くの部分が不要となっているのだから。仕事にむけた教育にふさわしい概念が必要としているのは、子どもと大人を自律的な仕事のもつ可能性の領域へと誘うことである。そしてまた、自律的な仕事のもつ倫理的、経済的、技術的な背景へと。

おそらくホワイトによる不朽の貢献とは、道徳哲学・政治哲学における規範的な革命を、かつてピーターズが変革した学問領域にもたらしたことだろう。一九六〇年代に、分析的な変革の起こった学問領域に。教育哲学は、その二度目の革命により、イギリスやアイルランドの多くの地域において卓越した生命力をたもち、ホワイトはそのなかで主要な代表的人物であり続けている（一）。

★注

1　John White, *The Aims of Education Restated*, London: Routledge & Kegan Paul, p.1, 1982.

参照項目

本書の**ハースト**、**ピーターズ**の項

ホワイトの主要著作

・*Towards a Compulsory Curriculum*, London: Routledge & Kegan Paul, 1973.
・*The Aims of Education Restated*, London: Routledge & Kegan Paul, 1982.
・*Education and the Good Life: Beyond the National Curriculum*, London: Kogan Page, 1990.
・*Education and Personal Well-Being in a Secular Universe*, London: University of London Institute of Education, 1994.
・*Education and the End of Work*, London: Cassell, 1997.

関連図書

・Callan, Eamonn, *Autonomy and Schooling*, Montreal and Kingston, 1988.

- Clayton, Mathew, 'White on Autonomy, Neutrality and Well-Being', *Journal of Philosophy of Education*, 27, pp.101–12, 1993.
- Thompson, Keith and White, John, *Curriculum Development: a Dialogue Between Keith Thompson and John White*, London: Pitman, 1975.

（イーマン・キャラン）

訳注

（一）本項目を訳すにあたり、宮寺晃夫『現代イギリス教育哲学の展開』（勁草書房、一九九七年）を参照した。

リー・S・シャルマン　1938—

Lee S. Shulman

われわれはアリストテレスとともに宣言する——理解に関する究極の試金石は教えるうえで自らの知識を教授に変質させる能力にかかっている。できるものはそれをする。理解しているものが教えるのである。★1

研究は驚きと好奇心によって始まるが、教えることによって終わる。★2

リー・S・シャルマンは彼の職業人生をあらゆるレベル——幼稚園から大学まで——において教育の重要性を提唱することに費やしてきた。彼は教師の認知についての理論／実証的研究、教育的な内容を含む知識の構築を基盤にした教育、そして高等教育における奨学金を広めたことで最もよく知られている。ミシガン州立大学とスタンフォード大学で教鞭をとった後、現在はカーネギー教育振興財団の会長を務めている。

リー・シャルマンは小さなデリカテッセンを営むユダヤ系移民の一人息子としてシカゴで生まれ育った。（神聖な学びと世俗的な学びが混合した）イェシーヴァ高校で学び、彼はシカゴ大学で学ぶための奨学金を獲得した。

彼は自らのキャリアを通して、教育について議論する主題の重要性を見失うことはなかった。教育における主題と異なる分野における含意に対するシャルマンの関心は、彼のシカゴ大学での哲学に傾倒した学部教育へとつながり、のちに、ベンジャミン・ブルームやジョセフ・シュワブといった師のもとでシカゴ（大学）教育学部で博士課程の学生として学ぶことになった。シャルマンは、特にシュワブの異なる分野の構造——概念、伝統、そしてその分野が主張を形成し、知識を確認し、貢献（結果）の質を決定するために使う手段——に関する考え方に影響を受けた。★3 文学の解釈は科学的な論証と同じものではない。すなわち、生物学における因果関係的な考え方は歴史における因果関係の概念とは同一ではない。この学際的な差異に対する初期の紹介は、シャルマンのキャリアを通して一貫性のある共通テーマであることが証明された。

シャルマンの最初の学術的な仕事はミシガン州立大学でのものであった。そこでは、教育学部に所属していた。発見によって学ぶ会議の記録係を含む助教授が彼の最初の仕事の一つだった。その会議にはデイヴィッド・ホーキンス、リー・J・クロンバック、ジェローム・ケーガン、ジェローム・ブルーナーなどの著名人が参加していた。シャルマンはこの会議から生まれた書物を編集し、これが実践知に対する彼の気づきをはじめてもたらしたと考えられている。[★4]

最もよく知られている彼の初期の寄稿論文は医学部の同僚で、以前、大学のルームメイトだったアーサー・エルスタインとの共同研究である。広範囲に引用された研究で、シャルマンと同僚は臨床診断に従事する熟練の診断専門医の思考について研究した。[★5] この研究の二つのテーマが後のシャルマンの研究と共鳴している。(一)不確実な状況下で専門的な実践をする際の認知に焦点を当てたこと、(二)専門知識の領域特異性である。熟練した診断専門医は心理学者が予測したり、医学部の教員が学生に教える時のようには行動しない。仮説を作り出すために膨大な量の過去のデータを集める代わりに、外科医は仮説を比較し、そのうちの一つを確認するようにつとめる。シャルマンと彼の同僚は、医師が課題の複雑さに応じて、彼ら自身を導くために彼らの知識と経験に頼っていることを理解した。この研究は、心理学者の理解とは逆に働くものであっても、開業医の知恵を確認するかたちになった。シャルマンはこのように述べている。

この試金石は開業医の頭のなかのこと、彼らが見ている世界、それから専門家が問題の空間を作り出す方法、状況への意味づけ、したがって、彼らがそのように行動することの可能性を明らかにするものである。[★6]

シャルマンが関心を寄せ、重要視していたのは、彼の業績において顕著な特徴としてあらわれている実践知である。研究で見出された二つ目に重要な発見は、医師の専門化が診断結果に影響するという点である。これは「一般的に」見られるもので、熟練した診断専門医についての何らかの「分類」のようなものはない。むしろ医師はそれぞれの専門分野の範囲内で診断を説明しようとする。教育と医療における対象に特有の見立てというテーマは彼の研究に一貫して反映されている。

シャルマンは、教育は医学ほど複雑ではないし、教師は医師のようにデータを集め、彼らの実践を知らしめることに積極的に取り組んでいると信じていた。シャルマンの教えることとの認知的な複雑さに対する関心は非常に強い影響力をもつパネル調査に基づく報告書を形作った——このレポートは教育委員会の国立研究所（the National Institute of Education commission）での将来の方向性に関する教育的調査で「臨床的な情報の処理過程としての教育(Teaching as Clinical Information Processing)」[7]と題されたものである。このレポートは個々のスキルや行動のチェックリストを通して理解されることが可能なものとしての教育の一般的な見方とは相反するものであった。NIEレポートは、教育を複雑で多面的な議論活動——教育に関する認知の転換を促進した形式として位置づけた[8]。シャルマンとジュディス・ラニエールがスタンフォード大学を相手に、アメリカの教育省が資金提供する教育研究センターのことで競っていたのがこの頃である。すなわち、シャルマンと彼の同僚がこの競争に勝ち、教育研究所はミシガン州立大学に移動した。

シャルマンは教師の認知に関する新たな研究を賞賛する一方で、内容の問題に関心を寄せ、追求するためのフィールドを探していた。シャルマンの初期の成果で、より多くの被験者特定の研究プログラムを詳細に計画した研究は彼の一九七四年の「教科の心理学——早すぎる死亡記事」という文章にあらわれている。この先見の明に満ちた評論で、学校のカリキュラムにおいて教科内容を無視することによってのみ一般性を達成しようとする学習の原理を一掃しようとするソーンダイクの夢をあきらめた教育研究者たちにとって、今がそのときである、とシャルマンは主張した。ロバート・キング・マートンの〈ミドルレンジ〉概念を取り入れる代わりに、特に、若者はどのように分数をマスターするのか、青少年はどのように歴史的な視点を獲得するのか、あるいは、教師はどのような方法を用いて若者の関心を文学に向けさせるのかというような教育的な問題に対するより慎重で柔軟性のある理論を作り出した。シャルマンのアプローチは、当時の一般的な精神に反するもの、あるいは、行動に関するアプローチ——すべての思考を拒絶し、あるいは主題の区別を解体した総括的な問題解決アプローチ——たとえば、ロバート・ガニエの学習心理学のようなもの、として完全に悪口を言われた。シャルマンは、教育と学習の複雑さを理解するため、同僚に対して観察と民族誌学的なアプローチをとることを促し、教育学研究における方法論的折衷主義を求めた。

この評論からは、シャルマンが教育に関する研究のためのより適切な方法に対して継続的な関心をもっていたことも分かる。教育の複雑さの認識と相まって、現象を研究する方法がパズルのように複雑化してくる。騒々しく混乱しているなかで、教室での教育を研究者たちはどのように研究するのだろうか？　教育に関する研究において、伝統的な規律の役割とは何なのか？　彼らの問いを焦点化するためにどのようなレンズを用いるのか？初期の論文「教育研究の再構築」において、シャルマンは教育研究のためのより適切な方法のための将来的に考慮すべき事項についての基礎を築いた。教育に関する研究の初期のレビューでは、シャルマンは研究者たちが環境要因の重要性に注目することを求めていた。「環境を中心とした研究は、行動科学者たちが人間の学習が行われる設定のなかで教育関連の属性を説明するための用語を開発する唯一の方法である。」[9]この論文はより多くの観点から、教育心理学だけでなく、実践知研究の初期の解釈に関する伏線でもある。彼のキャリアを通して、シャルマンは教育研究における研究の目的、問い、設定、研究方法の間の関連性に関して疑問を提起し続けていた。[10]

彼の章題「教育研究におけるパラダイムと教育プログラム」で、シャルマンは教育研究分野の概要を提供している。彼の批評では、シャルマンは主題の区別に関するテーマに立ち戻り、その分野には「失われたパラダイム」が存在すると批判している。『教育研究に関するハンドブック（*Handbook of Research of Teaching*）』第三版には教育研究に関する何百もの研究が収められており、そのなかには内容の特定の部分を教えることの要求や挑戦を真剣に取り上げたものもあった――小学校の教師は、どのように負の数の反直観的な概念を取り扱うのか、あるいは、歴史の教師は歴史的解釈において「正しい答え」を追い求めようとする子どもの傾向とどのように対抗するのか。――シャルマンは、教育研究におけるこの失われたパラダイムを取り戻すためにこの分野に挑戦した。[11]

シャルマンは一九八二年にスタンフォード大学に異動し、そこでチャールズ・E・デュコマン教育学教授になった。スタンフォードでの最初の年に、シャルマンは教師の主題に関する知識について、教師教育プログラムを終えた時点と常勤で教えはじめたときとの変化を追跡するという教育における知識発達に関する縦断的研究に取り組んだ。それはシャルマンと同僚たちが教育内容に関する知識概念を開発した縦断的研究の一環であった。[12]

この構造は主題に関する知識と一般的な教育学に関する知識の架け橋となった。一九八五年の米国教育研究協会での会長演説で、シャルマンははじめに教育（学）に関する内容の知識の本質を定義した。

教育（学）に関する知識というカテゴリーに私が含めるのは、その主題領域のなかで最も徹底して教えた話題、それらのアイデアを表現するのに最も有効な形式、最も強力な比喩、イラスト、例示、説明やデモンストレーション――ことばや表現方法、他者に理解可能な主題の設定である。……教育（学）に関する知識はまた、特定の話題に関する学習を容易にしたり困難にしたりするものは何かを理解することでもある――年齢や背景の異なる生徒たちが、学習することに持ち込んだ諸概念や先入観は、頻繁に話題や教訓を与えた。もしこれらの先入観が誤りであり、それがしばしばもたらされるものであるならば、教師たちは学習者たちの理解を再編成する際に実り多いものは何かという戦略についての知識を必要とする。なぜなら、学習者たちは、教師たちの前に「白紙状態」であらわれることはまずないからである。[13]

この構造の中心には、教師だけが所有する知識の専門的な集合体の概念、あるフィールドにおける研究者と、教えることに責任を負っていた者を区別するかもしれない知識のカテゴリーの概念が存在した。歴史家と歴史の教師は、どちらも歴史的な解釈を構築する主要なソース資料としての役割を理解しているかもしれないが、生徒たちが主要な典拠資料としてもたらすテキストに関する信念の類型を知っているのは、おそらく歴史の教師のみである。科学者と科学の教師が光合成に関して有している知識は似たようなものであろうが、幼い子どもたちが光合成に対して抱いている様々な誤解について詳しく説明できるのは小学校の理科教師だけであろう。教育学に関する内容の知識を構築することは、主題に関する知識があれば教えるのには十分であるというのと同じように、良き教師は何もかもうまく教えられるという確信への挑戦であった。

教師の知識に関するシャルマンの関心は教えるということを専門的な職業にしていきたいという彼の願望と関連していた。専門的な知識基盤の存在は、伝統的な職業の特徴のひとつであり、教えることの知識基盤についての議論は明らかに実践に傾いていた。もうひとつの専門的職業の特徴は、彼ら自身を統制し評価するためのそのメンバーの能力である。この時までに、教えることは大抵、教えることの行動面を反映したチェックリストを用い、管理者によって評価されていた。一九八六年にシャルマンと友人であり同僚であるゲイリー・サイクスがカーネギー法人に教育に対する国内委員会に関する最初の青写真のレイアウトを提案している。その後カーネギーから開始された助成金により、教師の評価プロジェクト――スタンフォードで計画された行為に基づく教育の評価について研究・開発プロジェクトが立ち上げられた。教師の知識の代理としての多肢選択式テストを信頼するというよりも、シャルマンと同僚たちは評価演習――教えることの複雑さに近似するよう試みられた複雑で、多面的な課題を開発した。[14] これらの演習を完了するために、シャルマンたちの研究チームは、教師が自分の教室で時間をかけて完了させるような、現場に基づいたポートフォリオの試作品をデザインした。この取り組みは、伝統的な評価の目的（レベルの異なる行為に差異をつける能力のようなもの）と、教師が働いている文脈における無数のバリエーションに対する感受性とを結びつけた。シャルマンの教師評価プロジェクトは専門的教育基準に関する国家委員会による財源で行われており、その委員会は、教師の自主的な資格に関するシステムとしては北米で最も大きく、最も成功しているものであった。

シャルマンは一九九七年にスタンフォード大学を退職し、カーネギー教育振興財団の総裁に就任した。そこで彼は、彼の業績を高等教育の分野に広げた。彼は、教育のポートフォリオや人工的な産物、巧妙に作られた例などを通して、教育を周縁ではなく、中心に位置づける文化の創出をするために単科大学や総合大学に促した。シャルマンはまた、カーネギー財団における彼の前任者、アーネスト・ボイヤーが用いた用語である教育の学術に関する概念を精緻化し、記述した。シャルマンは学術的である教育と個々の教えることにおける学術的探究を区別しようと試みた。カーネギー財団総裁として彼が初期に創設したのは「教育と学習の学術のためのカーネギー・アカデミー」（ＣＡＳＴＬ）である。このプログラムは、研究者たちを彼ら自身の教えることを探究し、彼らの調査成果を公にする方向に向けた。このプログラムの目的は学生の教育と学習の実践の発展のみならず、「教育に学術的な仕事のその他の形態に十分な認識を教えることにもたらす」ことであった。[15] シャルマンはまた、専門教育における比較研究を始めていた。これは学生たちが専門的な実践への準備をどのように行うのかという点に関する共通点と多様性を見るためであった。

彼の「理論、実践と専門家による教育（'Theory, Practice, and Education of Professionals'）」のなかで、シャルマンは専門性を特徴づける六つの属性、あるいは共通点について説明している。[16]

これらの共通点には（一）他者へのサービスの義務（二）学術的もしくは理論的理解（三）熟練した実践領域（四）不確定な状況下での判断の行使（五）経験から学ぶ必要性（六）一定の基準を維持し、知識を蓄積するための専門家のコミュニティーが含まれる。シャルマンはこれらの共通点が専門家の準備のために生み出すジレンマと格闘することになる。

シャルマンは、彼の研究を彩る壮大なアイデアとヴィジョンによって教育の現場に非常に大きな影響を与えた。彼は自身について実践家や政策立案者の仕事を検証（テスト）することによって、理論を研ぎ澄ます理論家として位置づけた。しかし、彼は先の先を見ていた。彼は役者であり、クリエーターであった。大学の外の世界や政治の世界、実践の世界に関心を向けつづけることを通して、シャルマンは自身のアイデアを専門的な教育基準に関する国家委員会の範囲からカーネギー財団のＣＡＳＴＬプログラムや就職面接時の教育学に関するコロキウムに至るまで具現化した。今やティーチング・ポートフォリオや教育学に関する知識、学術教育について語るうえで、彼のヴィジョンは教育に関する日常的な言説として浸透している。シャルマンの天賦の才は、彼の創造的なエネルギーを研究のみならず、実践の世界に彼の可能性のビジョンを移して研究所や構造物をつくることに転換するという思考と行動の世界とを統合した彼の能力にある。

★注

★1 L. S. Shulman, 'Those Who Understand: Knowledge Growth in Teaching', *Educational Research*, 15, 2, p.14, 1986.

★2 L. S. Shulman, 'Disciplines of Inquiry in Education: A New Overview', in R. M. Jaeger (ed.), *Complementary Methods for Research in Education*, Washington DC: American Educational Research Association, p.6, 1997.

★3 Schwab's work, or more precisely Shulman's interpretation of it, paved the way for a host of distinct research programmes by Shulman, as well as by his students and colleagues who were influenced by his approach.

★4 L. S. Shulman, and E. R. Keislar (eds), *Learning by Discovery: A Critical Appraisal*, Chicago, IL: Rand McNally, 1966.

★5　以下参照。A. S. Elstein, L. S. Shulman and S. A. Sprafka, *Medical Problem Solving: Analysis of Clinical Reasoning*, Chicago, IL: University of Chicago Press, 1978.

★6　L. S. Shulman, 'The Wisdom of Practice: Managing Complexity in Medicine and Teaching', in D. C. Berliner and B. V. Rosenshine (eds), *Talks to Teachers: A Festschrift for N. L. Gage*, New York: Random House.

★7　National Institute of Education, *Teaching as Clinical Information Processing*, Report of Panel 6, National Conference on Studies in Teaching, Washington, DC: National Institute of Education, 1975a.

★8　以下参照。C. Clark and P. L. Peterson, 'Teachers' Thought Processes', *Handbook of Research on Teaching*, New York: Macmillan, pp.255–98, 3rd edn, 1986, for a discussion of early research that focused on teacher cognition.

★9　L. S. Shulman, 'Reconstruction of Educational Research', *Review of Educational Research*, 40, p.376, 1970.

★10　L. S. Shulman, 'Disciplines of Inquiry in Education: A New Overview', in R.M. Jaeger (ed.), *Complementary Methods for Research in Education*, Washington, DC: American Educational Research Association, pp.3–31, 1997, for a discussion of the relationships among these dimensions of research endeavours.

★11　以下参照。L. S. Shulman and K. Quinlan, 'The Comparative Psychology of School Subjects', in D. C. Berliner and R. C. Calfee (eds), *Handbook of Educational Psychology*, New York: Macmillan, pp.399–22, 1996, for a mapping of recent research in this area. Far from an obituary, this chapter heralds the rebirth of a psychology of school subjects.

★12　以下参照。for example, W. C. Carlsen, 'Subject Matter Knowledge and Science Teaching: A Pragmatic Perspective', in J. E. Brophy (ed.), *Advances in Research on Teaching: Vol. 2. Teachers' Subject Matter Knowledge and Classroom Instruction*, Greenwich, CT: JAI Press, pp.115–43, 1991; P. L. Grossman, *The Making of a Teacher: Teacher Knowledge and Teacher Education*, New York: Teachers College Press, 1990; S. Gudmundsdottir, 'Values in Pedagogical Content Knowledge', *Journal of Teacher Education*, 41, 3, pp.44–52, 1990; S. M. Wilson and S. S. Wineburg, 'Peering at History Through Different Lenses: The Role of Disciplinary Perspectives in Teaching History', *Teachers College Record*, 89, pp.525–39, 1988, for descriptions of this programme of research.

★13　In Shulman, Paradigms and Research Programs in the Study of Teaching', pp.9–10.

★14　以下参照。S. M. Wilson and S. S. Wineburg, 'Wrinkles in Time: Using Performance Assessments to Understand the Knowledge of History Teachers', *American Educational Research Journal*, 30, pp.729–69, 1993.

★15　P. Hutchings and L. S. Shulman, 'The Scholarship of Teaching', *Change*, 31, 5, p.10, 1999.

★16　L. S. Shulman, 'Theory, Practice, and the Education of Professionals', *Elementary School Journal*, 98, pp.511–26, 1998.

参照項目

本書のブルーム、ブルーナー、クロンバック、シュワブの項

シャルマンの主要著作

- 'Reconstruction of Educational Research', *Review of Educational Research*, 40, pp.371–96, 1970.
- The Psychology of School Subjects: A Premature Obituary?', *Journal of Research in Science Teaching*, 11, pp.319–39, 1974.
- Shulman, L. S. and Elstein, A.S., 'Studies of Problem Solving, Judgment, and Decision Making: Implications for Educational Research', in F. N. Kerlinger (ed.), *Review of Research in Education*, vol. 3, Itasca, IL: Peacock, 1976.
- 'Knowledge and Teaching: Foundations of the New Reform', *Harvard Educational Review*, 57, 1, pp.1–22, 1987.
- 'Paradigms and Research Programs in the Study of Teaching: A Contemporary Perspective', in M. C. Wittrock (ed.), *Handbook of Research on Teaching*, New York: Macmillan, 3rd edn, 1986. Shulman, L. S. and Quinlan, K., 'The Comparative Psychology of School Subjects', in D. C. Berliner and R.C.Calfee (eds), Handbook of Educational Psychology, New York: Macmillan, pp.399–422, 1996. 'Theory, Practice, and the Education of Professionals', *Elementary School Journal*, 98, pp.511–26, 1998.

関連図書

- Elstein, A. S., Shulman, L. S. and Sprafka, S. A., Medical Problem Solving: *An Analysis of Clinical Reasoning*, Chicago, IL: University of Chicago Press, 1978.
- Hutchings, P. and Shulman, L. S., 'The Scholarship of Teaching', *Change*, 31, 5, pp.10–16.
- Schwab, J. S. 'Education and the Structure of the Disciplines', in I. Westburg and N. J. Wilkof (eds), *Science, Curriculum, and Liberal Education*, Chicago, IL: University of Chicago Press, pp.229–72, 1978.
- Shulman, L. S. and Keislar, E.R. (eds), *Learning by Discovery: A Critical Appraisal*, Chicago, IL: Rand McNally, 1966.

（パム・グロスマン&サム・ワインバーグ）

マイケル・W・アップル　*1942—*　Michael W. Apple

人間の基本的権利の否定、環境破壊、人々が（かろうじて）生き残る命がけの状況、私が書き留めた何千の子どもたちの意味ある未来の欠如、（中略）これらは、多くの人々が毎日、みずからの身体で経験している現実なのである。これらの現実の力強い理解に深く関っていない教育の仕事は、命を失わせる危険をもつ。私たちの子どもたちの命が要求することは言うまでもない。
（マイケル・W・アップル『記憶する資本』）

マイケル・W・アップルは、指導的教育理論家であり、現代の進歩主義的・批判的教育学における重要な代弁者である。★1 パウロ・フレイレ、ヘンリー・ジルー、ピーター・マクラーレンそして他の教育学者と同様に、アップルは批判的な教育学研究を、本質的に教師教育からカリキュラムや試験（検査）、教育財政そして教育管理まで、すべての重要な教育問題に関して、全国的に広く行き渡る論争にすることを促進してきた。★2

アップルは一九四二年八月二〇日に労働者階級の家庭に生まれた。彼の両親は左翼の政治活動に熱心に参加していた。彼の家庭の経済状況のゆえに、大学教育を受けることが困難だったので、彼は若い時から自活しなければならなかった。労働組合の印刷工、トラック運転手として働きながら、アップルは二つの小さな教員養成大学で学んだ。数年後、それは大学での一年分の単位を取得した後でもあったが、彼は徴兵された。陸軍で、彼は羅針盤の読み方と応急処置を教えた。彼はこれらの経験が教師としての能力形成の役割を果たしたと考えた。ニュージャージー州のパターソンの公立学校で教師が大量に不足したため、そして陸軍での教師経験が評価されたために、彼は十九歳で学位がなかったにもかかわらず常勤の代理教師として雇われることとなった。

パターソンのアフリカ系アメリカ人、そしてヒスパニック系の共同体との密な関与があったために、彼は通常、下層階級の人々が通うしばしば一クラス四十六人の子どものいる教室の学校に配属されることになる。アップルは人種的、社会階級的政治活動のなかで、彼の積極的行動主義のために、民族平等会議（ＣＯＲＥ）のパターソン支部の創設メンバーとなる。次にアップルは教員政策に没頭しはじめ、ある期間、教員組合の代表を務めた。この経過を通してアップルは、一人の活動家として彼の実践を吟味することによって、そして家族の広範囲にわたる政治的伝統のなかに身を置くことによって、自分自身を政治的に確認することとなる。アップルは、パターソンでの教職の仕事の間に学士を修了した。その後、アメリカではベトナム戦争や市民権運動が湧き起こり政治的な激動の時期であったがその間、それにつきものの急進的な文学や知的滋養を享受しつつ、彼はコロンビア大学の大学院で研究を始めた。

コロンビア大学でカリキュラム研究と哲学で修士号（一九六八年）を取り、カリキュラム研究で博士号（一九七〇年）を取得した後、彼はウィスコンシン大学マディソン校に就職した。採用試験の面接の間、陸軍の戦車が大学キャンパス内で執拗な反戦の抗議に対峙しており、催涙ガスが建物に充満していた。アップル自身の言葉によると、ここここそが自分が望んでいた場所であると面接のときに悟ったそうである。現在、アップルはウィスコンシン大学マディソン校のジョン・バスコム・カリキュラムおよび教授《インストラクション》および教育政策教授である。彼の教授は、カリキュラム理論と調査とカリキュラムの社会学に焦点づけられている。アップルは、著述と調査研究に時間を捧げたのみならず、広く世界を旅行した。彼は合衆国と外国で講義をし、民衆に根差した政治的な活動に従事した。彼は、オーストラリア、スペイン、ニュージーランドのオークランド大学で、ブラジルのサンパウロのポンティフィカル大学で、ノルウェーのトロントハイム大学で、そしてメキシコのＵＮＡＭ（国立自治大学）で、訪問教授の資格を有し、またそこに滞在もした。

アップルは、情熱的な態度でアメリカ合衆国（とその他の国々）における教育制度を綿密に調べ、評価し、再構築している。彼の仕事は、文化と教育における力の間の関係を探求することである。彼は、ほとんどの学校の地域でビジネス的／企業的な動機に基づき営まれているカリキュラムの特質の危険性と責任を強調する。民主的な実践は、公立学校がより大きな社会の民主的な理想の典型となるという方向でそこに広がらなければならないとアップルは信じている。彼はまた（単に技術的問題としてではなく）文化的かつ社会・経済的観点から技術的リテラシーを調査している。

アップルは、イデオロギー的にあまりに折衷的であるため、限られた教義あるいは特定の思想学派への結びつきへと還元することができない。それにもかかわらず、彼はいわゆる批判理論のフランクフルト学派の、より顕著な支持者である。フランクフルトの社会調査研究所から出発しつつ、第二次世界大戦間のドイツで、この学派は、いかに資本主義社会の変化しつつある特徴が彼らの市民と組織の関係、すなわち個人的自己決定の水準とこの経過を通して出現する支配の新しい形態という関係に作用するかについて強調している。[★3] 初期のフランクフルト学派は決して正確に定義づけられた哲学ではないのだけれども、それはカント、ヘーゲル、マルクス、モダニズムそして現代科学分析の核となる要素に相当量で知的な借りを負うている。考察のためのこの観点をもたらした理論家は、少なくとも二つの点で「批判的」である。〈1〉彼らは調査のプロセスとして批判を利用する。そして〈2〉個人（特に社会のなかで従属させられた人々あるいは周辺に追いやられた人々）に関する資本主義の本質的に不釣り合いで抑圧的な影響力について、彼らは十分に確立された非難をする。

アメリカ合衆国のなかで批判的な学者たちは、初期フランクフルト学派の範囲を広げている。ほとんどの部分でこれらの学者たちは、社会理論は、すべてその表出において、分析と事実の集積を超え出てゆく必要があり、そして社会変革のなかで直接的に参加する必要があると結論づけている。アップルのような批判的教育者は、このような変化のプロセスとして教育を促進する。そして（社会－経済的、政治的、文化的、そして歴史的）な社会における学校のより広い文脈《コンテキスト》を探求する。これらの教育者らは、彼ら自身と、社会において従属させられているグループの自意識と変化を追い求めている。おそらく最も有名であり、崇敬されている批判的教育者であるパウロ・フレイレは、このプロセスの初めから終わりまで、生成する「希望」の重要性を巧妙に要約している。「熱心で正確な政治的分析を通し、進歩主義的教育者の課題の一つはたとえ障害が起ころうとも希望の機会を明らかにすることである。私たちが希望のないあるいは絶望している人として戦うときには、私たちの努力は自滅的なものになるだろう。[★4]」

批判的な教育者によって取り扱われるトピックないし領域は次のようなものである。社会再生産理論（なぜ学校が、上方への流動を促進する代わりに、現状を再生する傾向にあるのか)、消費者としての生徒たちの学校の社会化すなわち、学校教育の隠れた《ヒドゥン》カリキュラム(暗黙の内に教えられる事柄)、生徒側の敵対的あるいは反抗的行為の社会的ルーツ、学校のサブカルチャー(ピアグループ、ギャング、徒党)、そして「学校教育」(社会化)と教育(価値、展望、知識、技量の獲得)との区別などである。

アップルの貢献の重要性を理解するために、私たちはそれらの貢献が生みだされたコンテキスト(文脈)を熟視しなければならない。カリキュラムはアメリカ合衆国では絶え間ない優先事である。民族、経済、言語と文化に加えて、カリキュラムは国民の議論の主要な部分を構成している。この国の異種混交のために、ほとんどの論争点の結論に関して合意に達することは困難を極める。社会的、政治的、経済的、宗教的そして民族的な背景は、教授するうえで何が重要な事柄であるのかについての意見に影響を与える。また、どのような理由で、どのような目的に向かい、誰の見解が「公式の」ものであり、誰の見解に固執するべきか、についても影響を与える。

このような討論(ディベート)のなかで、アップルは「すべての人々のための教育」の概念を提供する意味を提起した。彼がアメリカ合衆国と他の資本主義国の公教育における社会的、政治的そして経済的不均衡を明らかにするとき、おそらく彼の最も偉大な貢献の一つは、信頼のできるそして率直な議論の筋道である。(しばしば実践から孤立した理論を熟考するか、もしくは地元あるいは全国的ではあるが、その他の社会から縁遠い教育問題を説明する)多くの他の教育理論家もしくは著述家とちがって、アップルは、理論、実践、学校、政治、そして経済と社会を関連づけるのである。教育の過程に対して本質的である事柄に関して集めた結果を例証するために、彼は「地方を伴った世界」を統合する。[★5]その途中で、アップルは、保守的なイデオロギーの押しつけやカリキュラム・教科書採択政策に関わる戦略といった問題を注視する。たんなる「いかに」よりもむしろ教育技術の「なぜ」、利益追求型の機関が自らの利益を学校に浸透させようとする試み、支配者と従属者の社会的グループの間の選択された知識の不釣り合いな配分、そして教育政策とその適用に関するこうしたすべての物事によってもたらされる結果、といった問題である。

アップルの中心的関心の一つは、(資本主義のもとで)知識が生産され、「和らげられ」、特定の社会集団に違ったかたちで配分されることであり、そして(究極的に)権力をもつ人々によって蓄積されることである。彼の著作（単著および共著）で編集されている次の概要は、この点について説明している。

カリキュラムは、どういうわけか国民のテキストや学級のなかに現れてきたというような、たんなる知識の中立的な集合体では決してない。カリキュラムは、いつも選択された伝統、ある者による選抜、ある社会集団にとっての正統な知識の理想像の一部なのである。ある社会集団の知識を、公的に認定された知識として、最も正統なものとみなす判断は、別の社会集団の知識はほとんど日の目をみることがない一方で、その社会において誰が権力をもつのかについて大変重要なことを語ることになる。[★6]

近年、「公教育は右派勢力による一致した攻撃にさらされている。彼らは私利追求の倫理と会計士の損益計算書とを、公益にとってかわるものとすることを望んでいる。[★7]」もっと正確に言えば、「右派」[★8]は市場のスタイルである「消費者志向」のシステムを好み、それは暗黙の内に、ビジネスや産業のニーズを教育の目標としてしまうのである。[★9]このような圧力のもとで、学校は民主主義と平等性の代理人としての役割の大部分を失うのである。[★10]事実、民主主義の思想は政治的概念から、消費というしみ込んだ習慣にほとんど排他的に焦点づけられた経済的概念へと改造されてきた。[★11]その結果は、営利目的の企業（チャンネルワン、コカコーラ、教科書会社）の利己主義に有利になるように、公共の利益が主流から排除される学校やカリキュラムの「市場化」もしくは「商業化」ということになった。[★12]知識は、教育施設が経営し生徒に分配するある種の資本となった。それはある意味で、経済施設が財政的な資産を分配するものと類似している。[★13]歴史的に観察してみるならば、これらの他の価値もしくは「社会的価値は特に学校の価値になりはじめ、今や価値の後ろに数十年の受け入れの重みをもつようになった。[★14]」本質的にそれゆえ、アメリカ合衆国の教育的・文化的システムは、「文化的再生産」のために構築され意図されているのだ。[★15]すなわち、現存する社会的な模範・原型と、支配と従属の関係を保護するために、特殊な社会団体は不均衡のまま文化的資本の配分を拡大する。通常、このような利益は、彼らの階級、もしくは民族、性役割に自然に由来する「文化的贈り物」の結果としてとして獲得される。[★16]

学校の役割はここでは明らかでないかもしれない。どのようにして学校は文化的再生産に貢献しているかを明らかにするためには、学校が個人の成功をいかに奨励しているかを精査し、そしてどの社会集団あるいは個人が学校の努力の結果、実際に成功をおさめたかを観察しさえすればよい、とアップルは提案している。他の社会的再生産や批判的理論家がするように、アップルは異議申し立てを行う。アメリカ合衆国の公立の学校は、社会的階級の平等化のために尽しており、またすべての子どもたちは彼らの生まれた社会的・経済的地位を超えて前進する機会をもっている、という前提に対しての異議申し立てである。

カリキュラムを具体化するに当たっての私的企業とビジネスの関わりあいについて、アップルは、この関わりは生徒の福利厚生の関連よりもむしろ利己主義の結果生まれたものであると考えている。きわだち、自分の方向づけを行える生徒を育成するプログラムを支援する代わりに、企業は労働者や消費者として生徒を訓練することを強調する。アップルは、「チャンネルワン」[17]を教室でみるという経験を、若者を受け身の消費者として捉えようとする企業の欲望の一例であると指摘している。[18]「民主主義における自由は、もはや公益を形成することにおいて参加することと定義されるのではなく、束縛されない商業化された市場において生きることとして定義されるために、教育的システムは今や市場のメカニズムのなかへ統合されるにちがいない。[19]」

同様にアップルは、政策が第二次世界大戦後に形成された社会民主主義の調和が崩壊した事例について調べている。これらの政策は新保守主義の知識人によって攻撃されている。彼らは、女性や他の従属させられている団体、もしくは貧困階級や労働者階級のために状況を改善することより以上に、増加する国際競争、利益、訓練そして「理想の」家、家族、学校というロマンチックな過去への回帰、といった状況をつくりだすことに、一層興味をもっている。[20]それに応じて私たちは、「学校が構造的に搾取的な社会関係のより大きな枠組みの一部分であることにではなく、論争点として学校を過度に重要視してしまっている」と、アップルは主張する。[21]共著者のクリストファー・ゼンクとともに、アップルは、公教育が被る多くの社会的病理のための非難は不当なものであると主張する。なぜなら、学校の実践をめぐる良いことも悪いことも、ほとんど社会的、政治的、もしくは経済的諸問題を引き起こしはしないからである。[22]

最も右翼的な連合の目標の一つが、来歴や民族性から国民的アイデンティティ（同一性）を分離することであると、アップルは信じている。歴史を政治から区分することによって、社会的経験から社会意識を引き離すことによって、そしてすべてのものが個人的であるという共通の超越的文化を伴った無階級かつ同質な社会像を押しつけることによって、このことは成し遂げられるのである。[★23] 同様に、個人に対して起こるすべての事柄は、彼・彼女自身の選択の結果であり、社会階層、人種差別、性差別あるいはそれに類似したものの結果ではないということが、最も右翼的な連合の目標の一つである。[★24]

同様に狡猾なものとして、税額控除（私学に子どもを通わせる親のために）そしてスクール・ヴァウチャー（私学に子どもを送る両親が使用する切符）[★25] 等のメカニズムを通じて、この保守的な連合は（「選択」という外観を纏って）教育を私的なものにしようという試みを隠している。多くの「物分かりのよい」親たちは、すでに枯渇した状況にある公教育の財源をさらに使い尽くしながら、子どもたちを私立の学校に送りだすだろう。ほとんどの貧しいそして労働者階級の家庭は、ヴァウチャーもしくは税額控除が供給するものと私学の実際の授業料の間の違いを埋め合わせることはできないだろう。公教育は、可能な他の選択をもたない生徒のために本来存在する。徹底的に財源が減少しているにもかかわらず、公教育はカリキュラムと教育内容に対して増大する中央集権化された規制におそらくほとんど従属させられているし、そして経済的・社会的問題の責任を負わされている。この傾向はすでに国家的に標準化された教科書のなかに見ることができる。そしてまた全国統一カリキュラムやハイレベルの全国標準化テストの予備交渉にも見ることができるし、教師や、生徒の熟達度や、学習成果の監視を継続することへの要請にも見ることができよう。[★26]

学校における技術の使用と「技術リテラシー」は、アップルの他の重点事項である。彼は、教育のためにコンピューターを使用したり他の技術を使用することは、単に技術的な事柄ではないことを警告している。そして技術は内容的に中立ではないということを警告している。反対に、教育者は、教育的、倫理的、経済的、イデオロギー的そして政治的問いに直面させられる。もし私たちが教育において技術の目的を定義するとき、単に技術的問題だけを追跡するならば、私たちは「なぜ」そして「どのような代償を払って」という問いよりもむしろ「ハウツー」の議論に終始することになる。[★27]

新しい技術は、まさに機械やそれに伴うソフトウェアの寄せ集めにすぎないのではない。それはある一定の方法で世界にアプローチするべく人を方向づけるような思考形態を具体化する。コンピューターは現在の教育条件のもとで、本来的に技術的なものとなっている思考方法を必然的に含むのである。新しい技術が教室をそれ自身のイメージに変質させればさせるほど、技術的な論理が批判的な政治的・倫理的理解に置き換わるだろう。教室の議論が技術中心になり、中身の実質がより少なくなっていくだろう。[28]

アップルが確認する教育的危機にいかにアプローチするかという彼の観点は広範囲であり、そして一つあるいは他の「政党の構想」に対して歪められているというよりも、むしろよく均衡のとれたものである。アップルは以下のことを明らかにしている。すなわち、保守的な政策と提案とによって誰が利益を得て、誰が被害を被るのか。そして生徒たちが知識を獲得するに伴い、いかに彼・彼女らが階級、人種、性によって今以上に階層化されていくのか。しかしアップルは現状維持を擁護しない。その代わりに、彼は多くの学校区の無関心、適応性の欠如、鈍感な官僚主義が実際、多くの選挙民を政治的右派へと駆り立てていると断言する。[29]

最終的な分析結果から、教育における議論とは、民主主義の発展と、そこにつきものの葛藤や不確定性を価値付け、かつそれとわたりあってゆく市民を準備することとにおいて教育がどのような役割を果たす（べき）かをめぐるものであるとアップルは確信している。今日のアメリカ合衆国における教育の諸問題は、「競合する社会像」を軸に展開されている。その軸においては、新自由主義的なあるいは新保守主義なカリキュラム改革が「民主的教育とより民主的な社会」というより広い文脈を考慮することはない。[30] 彼は、政治教育と社会的正義の研究の必要性を強調する。そしてそれらは生徒たちによって学校のなかで、これらの議論に欠けている学校によって生みだされる決定論もしくは社会的再生産に対する解毒剤としてみなされる。[31] アメリカの公教育を防衛するなかで、アップルは、教育の過程において、彼は「非革新主義者の改革」と呼んでいる政治的そして教育的戦略の調和を提案している。[32] このアプローチのなかで、社会的平等と正義としての諸問題は、日常の批判的相互作用を通して、教室の実践と経験の原理原則を伴って説明される。一方で同時に「より大きな社会的ビジョンと、より大きな社会的運動」に対してこれらを結びつけているのである。[33]「教育における批判的学問に従事している人々は、教師・生徒そして親の現実世界に対して不断のそして緊密な絆をもつべきである。★[34]」彼らは、民主化された教育のなかで作られてきた利益を「保持する努力をいま現にしている人々とともに結合する必要性がある。そして、私たちの学校やカリキュラムや教授実践が、人種・性そして階級といった諸事項に反応することを確かなものにするための努力をしている人々とともに結合する必要性がある。★[35]」

アップルの専門用語は、陰謀説を説く理論家（「右派」、ネオリベラル、新保守主義《ネオコンサヴァティブ》、ネオグラムシ主義者）のそれのように感じうるけれども、保守的な理論は、アメリカにおいて「能力本位の」分類階層を守る必要性についてのなじみ深く、非常に根深い信念に根拠づけられる、ということを彼は明確に論証している。この広い理解は、アップルが重要とみなしている問題の批判的な吟味を強化する。その問題とは「選択」の外観の下にある教育のマーケティングであり、全国標準化テストであり、そして全国統一カリキュラムのための計画である。★[36]

アップルの業績は、特にアメリカや他の資本主義社会の現代教育の環境のなかで実態があるばかりでなく意義深いものでもある。アップルは広く議論されていなかったり、教育者や一般大衆が知らずにいたり検証してこなかったりしたような重要な問題に焦点を当てている。これに関連したアップルの著作の強みは、多くのポストモダン論者やポスト構造主義者が学校時代につきもののありふれた物事に関心を払ってこなかったことを追求した点である。アップルは通常、彼が確認する諸問題と取り組む、明確で功利的な改善策を提供しない。しかしながら、彼の努力の主要な価値は、効果的で信頼のおける首尾一貫した態度にある。彼はこれらの問題の厳しさと適合性、それらが有する進歩的教育政策と実践への含意、そして保守的な協議事項の源泉と魅力を確かめることを私たちに強いている。

マイケル・アップルの教育における影響は、明確に確立されはじめている。彼の業績は、多くの著名な哲学者や理論家や実践家（パウロ・フレイレ、リンダ・ダーリング＝ハモンド、マキシン・グリーン、キャメロン・マッカーシー、ダイアナ・ラビッチ、ジーニー・オークス、ピーター・マクラーレン、ヘンリー・ジルー、パウル・ウィリス、その他）によって引用されたり、論評されたりしている。またアップルの業績は、無数の学術誌やその他の重要な専門的出版物のなかでも議論されてきた。一九九九年十二月には『エデュケーション・ウィーク』（おそらく最も卓越したアメリカ合衆国における教育に関するニュースソース）が一九七九年の著書『イデオロギーとカリキュラム（*Ideology and Curriculum*）』をブックス・オブ・ザ・センチュリーの一冊として選択した。★37 一九九一年の十二月の『教育思想（*Journal of Educational Thought*）』は、この書籍は「法律的に公立学校のカリキュラムを制定する責任を負うすべての人々、特に州議会議員と教育委員会の成員にとって必要不可欠な読み物である」と賞賛した。

一九九五年、アップルは、ジョン・デューイ・レクチャーをする人物に選ばれた。★38 この講演会は、『文化的政治と教育（*Cultural Politics and Education*）』の出版の結果であった。アップルの重要な書物である『教育と権力（*Education and Power*）』（初版は一九八二年に出版、改訂版は一九九五年）に関して、『ハーバード教育評論』は次のように述べている。「これは重要な書籍である。これは議論を引き起こす問いと観察と解釈を含む書籍である」。『図書館ジャーナル（*Library Journal*）』はこの書籍を「思慮に富み、注意深く理路整然とした注目せずにいられないもの」として賞賛している。『教師と教科書――教育における階級と性役割関係の政治的経済（*Teachers and Texts: A Political Economy of Class and Gender Relation in Education*）』に関して、ジルーは再び、アップルは「学校教育の政治的経済に関する並はずれた洞察力をもたらしている。これは、そうした事例を明確にしかも非常に明晰にはっきりと述べている書籍である」と宣言している。ピーター・マクラーレンは、その本を「挑発的な専門書」と呼んでいる。

『公務の知識（*Official Knowledge*）』の論評において、ポール・ウィリス、マキシン・グリーン、そしてパウロ・フレイレは、おそらく彼の仲間のほとんどによってアップルの業績が支持されていることについて、典型的な関心を示している。ウィリスは、それは「解放的であり、個人的であり、啓蒙的である。そして政治的であり、パノラマ（概観）的である。私たちの実証主義的な教育の世代にあって人文主義的な文献である」と述べている。

グリーンは真剣に、「この本を楽しくそしてかなり興奮して読んだ」と宣言している。フレイレは、飾り気なく次のように断言している。「『公務の知識』が論証しているように、マイケル・アップルは、批判的教育と民主的教育を創設するための努力を惜しまなかった世界のなかの最も著名な学者の一人である。」

注

この著者に対して、時間と労力を惜しまずに対処していただいた寛大な態度に、私はクエ・レイズ（Xae Reyes）博士（コネチカット大学ストーズ校）とニール・エドワーズ（Neill Edwards）氏に深く感謝します。

★1 この伝記風の節は、チャールズ・トレスとレイモンド・モローとによるマイケル・アップルへのインタビューの内容に負うところが多い。（最初に公表されたのは一九九〇年であるが）『公務の知識——保守時代の民主主義教育』（ニューヨーク、ラウトレッジ、第二版　二〇〇〇年）の付録として掲載されている。

★2 C. A. Torres, *Education, Power, and Personal Biography: Dialogues with Critical Educators*, New York: Routledge, 1998.

★3 H. A. Giroux, *Theory and Resistance in Education: A Pedagogy for the Opposition*, New York: Bergin & Garvey, p.7, 1983.

★4 P. Freire, *Pedagogy of Hope*, New York: Continuum, p.9, 1998.

★5 Michael W. Apple, *Cultural Politics and Education*, New York: Teachers College Press, Columbia University, p.115, 1996.

★6 Michael W. Apple, 'The Politics of Official Knowledge: Does a National Curriculum Make Sense?', *Teachers College Record*, 95, 2, 1993, pp.222–41. Also see: Michael W. Apple, *Ideology and Curriculum*, New York: Routledge, 2nd edn, 1990; and *Official Knowledge: Democratic Education in a Conservative Age*, New York: Routledge, 1993.

★7 Landon E. Beyer and Michael W. Apple (des), *The Curriculum: Problems, Politics, and Possibilities*, Albany, NY: Stake University of New York Press, p.4, 2nd edn, 1998.

この言明は、元来、この書物の一九八八年版の序文のために書かれたものだった。興味深いことに改訂版がだされるまでの十年間、ここに描かれている事態の状況はただ深まるばかりで、記述の内容を書き換える必要は生じなかったのである。

★8 保守主義、新保守主義、新リベラル主義の運動と団体の、ときに不安を呼び起こすような、連合（政治的な領域におけるで様々な点で）が「右翼」として集合的に言及される。

★9 Michael W. Apple, *Cultural Politics and Education*, chap. 4, with Christopher Zenk, New York: Teachers College Press, Columbia University, p.99, 1996.

★10 Michael W. Apple, *Education and Power*, New York: Routledge, 1995.（マイケル・W・アップル『教育と権力』、浅沼茂・松下晴彦訳、日本エディタースクール出版部、一九九二年）

★11 Ibid.

★12 Ibid. Also see, Michael W. Apple, 'Cultural Capital and Official Knowledge', in M. Berube and C. Nelson (eds), *Higher Education Under Fire: Politics, Economics, and the Crisis of the Humanities*, New York: Routledge, pp.91–106, 1995.

★13 Michael W. Apple, 'Cultural Capital and Official Knowledge', in M. Berube and C. Nelson (eds), *Higher Education Under Fire: Politics, Economics, and the Crisis of the Humanities*, New York: Routledge, pp.91–106, 1995.

★14 M. W. Apple and N. R. King, 'What do Schools Teach?', in A. Molnar and J. A. Zahorik (eds), *Curriculum Theory*, Washington, DC: The Association for Supervision and Curriculum Development, pp.108–26, 1977.

★15 Michael W. Apple, *Education and Power*, New York: Routledge, p21, 1982.

★16 Michael W. Apple, 'Cultural Capital and Official Knowledge', in M. Berube and C. Nelson (eds), *Higher Education Under Fire: Politics, Economics, and the Crisis of the Humanities*, New York: Routledge, pp.91–106, 1995.

★17 「チャンネルワン」は、全米で毎日およそ三分の一の学校に放映されている営利目的のための商業的放送局であり、簡潔で軽いニュース番組を扱っている。中学校と高等学校の生徒の四〇%以上によって視聴されている。放送を制作している企業は広告部分の視聴者が保証されることの代価として、学校に電気機器を提供している。

★18 Michael W. Apple, 'Selling our Children: Channel One and the Politics of Education', in Robert W. McChesney, Ellen Meiksins Wood and John Bellamy Foster, *Capitalism and the Information Age: The Political Economy of the Global Communication Revolution*, New York: Monthly Review Press, pp.135–49, 1998.

★19 Ibid., p.146. (For more この点については次のアップルの著作を参照のこと。Apple, *Cultural Politics and Education and Education and Power*.)

★20 Michael W. Apple, *Official Knowledge: Democratic Education in a Conservative Age*, New York: Routledge, 1993.（マイケル・W・アップル『オフィシャル・ノレッジ批判――保守復権の時代における民主主義教育』野崎与志子、井口博充、小暮修三、池田寛訳、東信堂、二〇〇七年）

★21 Michael W. Apple, *Education and Power*, New York: Routledge, p.9, rev. edn 1995; 1st edn, 1982.

★22 アップルはこのように危機的状況にある若者と学校の「中退」のような関心事のみに焦点を当てることによって、「右派」は症状のみを書きたてることによりそれらの核心的な問題から関心をそらそうとしていると主張している。

★23 Michael W. Apple, *Education and Power*, New York: Routledge, 1995.

★24 ここでアップルは、ポストモダン論者とポスト構造主義者とに類似性があることを提起する。両者はともに言説の循環を強調するからである。アップルはそれを新グラムシ主義と評している。

★25 Michael W. Apple, *Cultural Politics and Education*, chap. 4, with Christopher Zenk, New York: Teachers College Press,

Columbia University, p.98, 1996. また次を参照。Michael W. Apple, 'Cultural Capital and Official Knowledge', in M. Berube and C. Nelson (eds), *Higher Education Under Fire: Politics, Economics, and the Crisis of the Humanities,* New York: Routledge, pp.91–106, 1995.

★26 Michael W. Apple, *Cultural Politics and Education,* chap. 4, with Christopher Zenk, New York: Teachers College Press, Columbia University, p.99, 1996.

★27 Michael W. Apple, *Teachers and Text: A Political Economy of Class and Gender Relations in Education,* New York: Routledge & Kegan Paul, 1988.

★28 Michael W. Apple, 'The New Technology: Is It Part of the Solution or Part of the Problem in Education?' *Computers in the Schools,* 8, 1/2/3, p.75, 1991.

★29 Michael W. Apple, *Cultural Politics and Education,* New York Teachers College Press, Columbia University, 1996.

★30 Ibid., p.97.

★31 Michael W. Apple, *Education and Power,* New York: Routledge, p.9, 1995.

★32 Michael W. Apple, *Cultural Politics and Education,* New York Teachers College Press, Columbia University, p.107, 1996.

★33 Michael W. Apple, *Cultural Politics and Education,* New York Teachers College Press, Columbia University, p.109, 1996.

★34 Michael W. Apple, *Education and Power,* New York: Routledge, p.204, 1995.

★35 Ibid.

★36 Michael W. Apple, *Cultural Politics and Education,* New York: Teachers College Press, Columbia University, 1996.

★37 *Education Week,* 19, 16, 15 December, p.41, 1999.

★38 ジョン・デューイ・レクチャーは、ジョン・デューイ協会の年次会議にて一年に一度開催され、さらにはティーチャーズ・カレッジでの年報で再度行われた（それはアメリカ教育研究協会との共同で行われた）。

参照項目

本書の**ダーリング＝ハモンド**、**フレイレ**、**ジルー**、**グリーン**の項

『教育の主要思想家50人』所収、**カント**、**ヘーゲル**の項

アップルの主要著作

- *Ideology and Curriculum*, Boston, MA: Routledge & Kegan, 1979.
- *Education and Power*, New York: Routledge, rev. edn 1995; 1st edn, Boston, 1982.（『教育と権力』浅沼茂・松下晴彦訳、日本エディタースクール出版部、一九九二年）
- *Teachers and Texts: A Political Economy of Class and Gender Relations in Education*, New York: Routledge, 1988.
- *Official Knowledge: Democratic Education in a Conservative Age*, 2nd edn, New York: Routledge, 2000. 1st edn, 1993.（『オフィシャル・ノレッジ批判——保守復権の時代における民主主義教育』野崎与志子・井口博充・小暮修三・池田寛訳、東信堂、二〇〇七年）
- *Cultural Politics and Education*, The John Dewey Lecture, New York: Teachers College Press, 1996.

関連図書

- Apple M. W., *Power, Meaning, and Identity: Essays in Critical Educational Studies*, Counterpoints, vol.109, New York: Peter Lang, 1999.
- Bromley, H. and Apple, M. W., *Educational Technology/Power: Educational Computing as a Social Practice*, Albany, NY: SUNY Press, 1999.
- Freire, P., *Pedagogy of the Oppressed*, new rev. 20th-anniversay edn, New York: Continuum Publishing Co., 1998.
- Torres, C. A., *Education, Power, and Personal Biography: Dialogues with Critical Educator*, New York Routledge, 1998.

（カルロス・アントニオ・トーレ）

【その他の邦訳文献】

- マイケル・アップル『右派の／正しい教育——市場、水準、神そして不平等』大田直子訳、世織書房、二〇〇八年
- マイケル・アップル『学校文化への挑戦——批判的教育研究の最前線』長尾彰夫・池田寛他訳、東信堂、一九九三年

ハワード・ガードナー　*1943*—　Howard Gardner

教育は究極的に、人間の理解を高めるという観点から教育自身を正当化するべきである。[1]

ハワード・ガードナーは、新たな千年紀を迎えるアメリカにおいて教育思想家のなかで最もよく知られた人物であるものの、この役割を担わされるべく運命づけられているようには思われなかった。事実、彼は、専門分野の教育者や芸術教育以外の研究者たちから多くの評価を受ける以前、認識発達および神経心理学に関する六冊の著書と百を超える学術論文を出版していた。ガードナーの七冊目の著書『精神の枠組み――複数の知性の理論』[2]でさえ、教育に焦点づけられている著作ではなかった。事実、教育実践に対するガードナーの「複数の知性理論」（ＭＩ）の応用は、わずか二頁に圧縮されて含まれているだけだった。しかしながらこの著作は、今や十二カ国語以上に翻訳されており、アメリカにおける教育理論と教育実践の中心にガードナーが位置付けられ、そして彼のために世界規模の卓越した役割が確定されたのである。

『精神の枠組み』より以前のガードナーの生涯と作品の探究およびその後の彼の知的研究は、ガードナーの偉大な影響を説明することに役立つだろう。

ガードナーはペンシルヴァニア州のスクラントンで一九四三年に生まれた。彼の両親はドイツのナチスから逃れてきてひどく貧乏だった。彼の両親は、才能のある長男を八歳で、そり滑りの事故で亡くした。それはガードナーが生まれる直前のことだった。ホロコーストの恐怖に加えて、この事実はガードナーの子ども時代には話題からはずされてしまった。それにもかかわらず、これらの出来事は「私の発達と思考形成に、長く永続する影響を及ぼすものとなった。」[3]若きガードナーは、自転車や激しいスポーツ等の肉体的に危険な活動について抑制するようにされた。彼の初期の性向として、音楽や読書、作文は熱心に育まれた。ガードナーは徐々にこれらの口に出して語られない影響を知るようになってきて、彼は広い親族のなかで一番年長の生き残った息子として、彼がこの新しい国で成功することが期待されていることを認識した。そして思春期になる前にすでに、ガードナーはそのようにふるまうことに支障を感じていたのである。ガードナーはドイツやオーストリア出身の他のユダヤ人思想家——アインシュタイン、フロイト、マルクス、マーラー——が「ヨーロッパの知の中心地に居住したことを認識していた。そして彼らは勉学し、彼らの世代の指導的人物と競争していたが、一方私は退屈な、知的には停滞し、経済的にも抑圧されていたペンシルヴァニアの谷に投げ捨てられていた。」[★4]

スクラントンの居住地でガードナーが過ごした時間は、そんなに長くは続かなかった。彼は近隣の進学校で、食事つきの下宿をするために送り出された。そこでは養育係の教師たちが彼に大きな関心を示した。そこからハーバードに入学することになるのは一九六一年のことであり、すなわちそれまでのすべての時間、といってもたった二年間であるが、そこで過ごした。

ガードナーは法律の専門家になる準備のため、歴史を学ぶ予定でハーバードに入学した。学部生の間、何人か当時の指導的思想家との出会いがあったが、しかしチューターであるカリスマ的な心理学者で、ライフサイクル全体の発達を考える学者であるエリック・エリクソンの影響で、「おそらく学者になる大志を抱くことになった。」[★5]

学部を卒業するとすぐにガードナーは認知心理学者であり教育心理学者であるジェローム・ブルーナーのために働きはじめた。ブルーナーの影響は注目すべきものがあった。彼は「完璧なキャリアのモデル」[★6]であった。この書物のなかで、ガードナーはブルーナーの一九六〇年の著作『教育の過程』[★7]を教育に対する究極的な魅力のあるものとして研究した。ブルーナーのカリキュラム開発計画『人間——コース・オブ・スタディー』に関する彼の仕事についても調査した。カリキュラムは三つの「精神をひらく問い」に焦点を当てた。すなわち、「何が人間を人たらしめるのか?」「いかにして人間はその道を獲得するのか?」「人間をより人間らしくするのは何であるか?」[★8]これらの問いは、ガードナー自身の仕事に反響している。ある程度、ガードナーの人間における認識に関する調査は、ブルーナーの三つの問いのうちの最初のものに焦点をあてている。ガードナーの記号体系の発達に関する調査は、第二の問いへの応答として考えられるかもしれない。そして人はいかにして賢くそして思いやりをもって働くかということを吟味する彼の最も最近の調査研究は、最後の問いによって鼓舞されたものとして見出される。

ガードナーの人間の認識に関する実験的な仕事は、ブルーナーのプロジェクト中、ジャン・ピアジェの著作と接することによって、ますます拍車がかかってきた。ピアジェの洗練された実験は、ガードナーのすぐれて論理的な精神に訴えかけた。それと同時にガードナーは、ピアジェの人間の発達段階理論が不十分であることを認識した。ピアジェの研究の核心は、幼い科学者としての子どもの概念だった。しかしガードナーは幼少期に受けた音楽教育から、そしてまた他のすべての芸術様式に魅了された経験から、科学者は必ずしも人間の認識の最も高い形態を例示する必要はないということを指摘した。「発達した」ということが意味することは、以下のようなことにより説明される必要がある。

画家や作家、音楽家、舞踏家そしてその他の芸術家の技術や能力への配慮によって、認識の定義を広げる可能性によって（脅されたというよりは）刺激されつつ、私は以下のことを快く受け止めている。芸術におけるこれらの能力で十分に認知的であると考えることを、である。——私の仲間である発達論者によって考察されうるところの、数学者と科学者の技術に劣らず認知的である。[★9]

ガードナーは、芸術の創造性と認識に興味があって大学院に入学したが、その分野には、心理学部の教授陣で実際の指導者は存在しなかった。この研究に従事する彼の機会は、哲学者のネルソン・グッドマンが「ハーバード・プロジェクト・ゼロ」を作った一九六七年にやってきた。その調査団体では芸術教育を強化することが予定されていた。彼のその後の大学院時代の教育から現在に至るまで、「プロジェクト・ゼロ」は、ガードナーの知的な生活の中心でありつづけた。それは、「私自身の考えが発展した場所であるし、私が特にくつろいでいられる知的な共同体であった。[★10]」グッドマンが退職した一九七一年以来、「プロジェクト・ゼロ」はガードナーと、彼との長い付き合いのある同僚のデビッド・パーキンスの管理下に置かれることになった。この組織は、アメリカ合衆国の教育研究の主要なセンターの一つに成長した。この間、ガードナーは多数の若手研究者の助言者となった。そしてこの組織は、芸術における認知を吟味する機関から、学術領域、年齢集団、教育環境を越え、学習、思考、創造性といったことを研究する場へと姿を変えてきた。

「プロジェクト・ゼロ」において、ガードナーは最初に、視覚的芸術、音楽そして象徴的言語における子どもの発達の研究に従事した。ガードナーは成人の芸術の創造的過程もまた研究したけれども、ガードナーは特に芸術において使用されることに伴う子どもの記号体系の発達に関心をもった。ガードナーはこれらの論題（トピックス）を実証的に研究した。すなわち、ピアジェ的な方法を適用し、芸術的な象徴システムを伴った子どもの推論についての発達を研究した。一九七〇年代から一九八〇年代の初期の間に、彼はこの方面のおよそ四十本の論文と著作の共同執筆を担当している。これらの著作は、線画のスタイルに対する子どもの感受性[★11]、象徴的な言語の子どもの使用法[★12]、そして芸術家としての手腕の発達[★13]といった問題を取り扱っている。

脳はいかに異なった象徴体系を処理するのかを理解する取り組みにおいて、一九六九年に「プロジェクト・ゼロ」は、卓越した神経学者のノーマン・ガシュヴィントを招聘して、彼の研究について話してもらった。脳に損傷を受けた患者の象徴の使用と崩壊に関するガシュヴィントの研究はとても「おもしろいものであった。」[★14]その後まもなく、ガードナーはボストンにある退役軍人のための行政病院で脳神経についての実証的研究を始めた。次の二十年間に渡って、彼は六十以上の論文と著作の分担執筆を出版した。その内容は、主として脳に損傷を受けた個人や、しばしばそのような損傷を負った芸術家の記号処理に関して焦点づけられたものであった。[★15]

経験的な研究のこれらの二重の方向性は、一つの魅力ある点に集中していた。ガードナーは次のように述べている。

> 子どもや脳に損傷のある成人とともに活動する日々の機会のなかで、私は人間の本性の一つの素朴な事実を感じた。それは、人々は幅の広い能力をもっているという事実である。一つの領域の遂行能力の強さは、単に他の領域のいかなる類似の強さをも予測することはできない。[★16]

一九七〇年代の中頃までに、ガードナーは、ピアジェ理論以前の卓越した科学者たちと、さらには一般的な知性あるいはいわゆる「g」(general intelligence) の根本原理となる心理測定法理論の両方に反論する人間の認知理論を構築しはじめていた。ガードナーのモデルで、人間の思考と遂行能力の十分な可能性は説明されるかもしれない。この理論を発展させるための機会は、一九八〇年代初期の間に実現されていた。その間、ガードナーは、人間潜在能力計画の指導的メンバーであった。この計画は、「人間の潜在力とそれの実現に関する科学的な知識の状態を評価するために」、ベルナード・ヴァン・リー基金によって考案され資金が提供されていた[★17]。ガードナーのこの計画の成果は、彼の独創的な著作『精神の枠組み』[★18]であった。その本のなかで、彼は多様な知能の理論を詳細に説明している。

伝統的な計量心理学によって生み出された理論とは異なり、ガードナーの理論は、暗黙の問いに対しての反応ではなかった。つまりIQテストの優れた点数の基礎をなす認識能力とは何なのか？　その代わりに、MIは明示的な問いへのガードナーの応答であった。つまり究極的に人間にとって、諸文化を横断して見出される成人の役割（あるいは「最終的な状態」）の範囲を遂行することを可能にする認識的な能力とは何なのか？

この問いを理解するために、ガードナーは候補となるべき知能のために、自然科学的かつ社会科学的な文献を幅広い領域で探し回った。彼は候補となるべき知能は、すべてではないけれども、彼が開発した八個の基準のほとんどと一致するべきであると主張している。つまり知性は、脳に損傷のある個人に、特異なかたちで見出される可能性が高い。知性はまた天才児、自閉症の学者あるいはその他の例外的な人々のうちに比較的特異なかたちで見られる可能性がある。知性は、明確な発展的足跡をもつはずである。（たとえば、幼児から成人の専門家まで発達の速度は、音楽、言語あるいは対人関係能力に関して、同一ではない。）ガードナーはまた、知性は発展的な生物学の観点から妥当であるべきだと主張する。すなわち知性は人間の祖先が生き残りにおいて必要としたものであり、また他の哺乳類においてもそれは明らかである。加えて、知性は記号体系において符号化可能なものであるべきである。二つの追加的基準は、知性が単に心理測定テストによってだけでなく、実験的な心理学的作業の証拠によってもまた支持されるべきであることを意味する。最後に知性は、処理操作の核をなすまとまりを明示するものでなければならない。たとえば、音楽における調子《ピッチ》の発見あるいは言語における統語法等で、それらはこうした知性の側面と密接な関連がある情報によって刺激されるのである。

これらの基準を使用することによって、ガードナーは究極的に八つの比較的独立した知性を認定した。すなわち言語的、論理・数学的、空間的、音楽的、肉体・運動感覚的、対人関係的、個人の心の内的、そして自然主義的なものの八個である。[19] 後者は人間に環境についての特徴を認識させ、範疇化し、そして探り出すことを可能にする。ガードナーはさらに、追加的な知性は、もしそれらが彼の基準の大半に適合するならば、追加されるかもしれないと述べている。知性の数が重要なのではない。大事なのは知性には多様性があり、それぞれの人間が知性の強さと弱さの独自の調合（あるいは「プロフィール」）をもつということである。

学術的な心理学は依然として理論が生ぬるいままである。[20] 教育者にとって、MIは莫大なアピールを保持している。その理論は北アメリカ、南アメリカ、そしてオーストラリアからヨーロッパやアジアの一部において、教師によって幅広く奉じられている。MIは、就学前教育から成人教育まで、教育のすべてのレベルで適用されている。MIは学術的な訓練を超えて、職業教育においても使用されている。またMIは身体障害者や天賦の才能のある子どもの世話をする人々の役に立つのと同時に、主として典型的な生徒たちに役立ちつつ、教室のなかで、住む場所（市民権）をもつことになった。

どうしてMIが教育において支持されているかという理由がいくつかある。これらの理由の間に、その理論が教育者の日々の経験の正しさを証明するものがある。生徒は、多くの異なった方法で思考し学習する。MIはまた、カリキュラムや評価それに教育実践を組織し反映する概念的な枠組みを、教育者に提供している。同様にこの反映は、教室にいる広範囲の学習者のニーズにより適合するかもしれない新しい接近方法を開発することを、多くの教育者に導いてきた。[21]

ガードナー理論の教育的適応性は広範であり、これらの適応の質は幅広く拡大している。『精神の枠組み』は、理論をいかに適応させるかという詳細な説明をしていなかったがゆえに、教師、行政官、多くの独立したコンサルタントは、彼ら自身のアイデアでこの問題に向き合ってきた。これらの着想のうちのいくつかは、子どもたちの発達や訓練の理解を可能にすると思われた一方で、他の多くの着想は、すべての話題が七つか八つのなかで焦点づけられるのであるが、それはしばしばうわべのやり方で焦点づけられることが単に要求されるだけであった。この理論を適用することの不規則性は、この理論への賞賛[22]と非難[23]を同時に導くものである。

ガードナーはMIの適用における流動性を認識した一方で、彼はこの状況の誤りを正すことは、理論家としてまた心理学者としては、自らの領域を超えていると最初に感じていた。その代わりに、彼は教育評価[24]、訓練に関する理解[25]と創造性[26]の開発の新しい魅力的な考えを生み出すことに焦点づけた。しかしながら、彼は彼の著作『無教育の精神[27]』のなかで、そしてより明確には『組み立て直された知能[28]』と『訓練された精神[29]』において、MIの教育的適用を導く任務を引き受け始めた。

これらの著作のそれぞれには、ガードナーの信念、つまり教育の核心の使命は、理解の開発であるべきだという信念が強調されている。「私の教育的理想像ははっきりとしている。深い理解が、私たちの中心の目標であるべきだ。私たちは、文化的なコンテキストの範囲内で、何が真偽であり、美醜であり、善悪であると考えられているのかを理解することを教えようと努力するべきである[30]。」これらのテーマは、「個々人が世界について学習しそして理解することを動機づける……」ものである[31]。

生徒たちが特殊な環境のなかで収集した知識を獲得し、未知の問題あるいは環境に対して知識を適応することによって、理解が特徴づけられるとガードナーは主張した。こうしたことが起こるためにも、教師は広さよりも深さを選択しなければならないのである。生徒たちは、論題について勉強する機会を広げるにちがいない[32]。生徒たちが多くの方法で与えられた論題を表現し探究する機会を認めるとき、ある程度、知能の領域に没頭することによって、理解が育つのである、とガードナーは主張している。プロジェクト・ゼロで着手された最近の調査では、このことに関していくつかの証拠が提供されている[33]。

理解力についてのガードナーの見解は、学級での教授を広範囲かつ詳細にわたる、州当局により義務化されたカリキュラムのくびきにつなごうとする現代のアメリカの傾向と調和しないものである。それにもかかわらず、ガードナーの見解は、ソクラテスやジョン・デューイ、そしてジョン・ヘンリー、カーディナル・ニューマンの伝統にしっかりと基礎をおくものである。さらにガードナーの見解はまた、実証的に認識の理解に基礎づけられていることと矛盾がないばかりか、現代の教育システムがますます多民族的かつ技術に駆り立てられた社会に存在しているという現実とも矛盾しない。

教育者は、人類の重要な発明品であると彼がみなしている訓練における理解を教え込まなければならないと、少なくともこの十年間、ガードナーは強調してきた。しかし訓練の理解が重大であると同様、教育は訓練以上の何ものかを目指さなければならないということが、ガードナーにとって明白になってきた。「新千年紀の課題」は、「いかにして知能と道徳性がともに、実に様々な人々が住みたいと望む世界を創造するために共に働くことができるかを解決することである。」[★34] 結局、「賢い」人々によって導かれる社会は、依然として、今でもその社会自体やその社会以外の世界を台なしにしてしまうかもしれない。この課題と一致して、一九九四年にガードナーと彼の同僚であるミハリー・シゼンハルイそしてウィリアム・ダーモンは「グッド・ワーク・プロジェクト」を設立した。この計画の究極の目標は、いかにしてその職業の最前線で活躍する個人が仕事を生産するのかを確認することである。その仕事とは職業の基準に従えば模範的であり、そしてまたより広い社会の善に対して貢献することができるものである。この計画において発見されたことを教育の場面に注ぎ込むことにより、後に続く世代の学問上の、そして同時に人道上の、功績を高めることが可能になるかもしれない。それはガードナーが来るべき多くの年月において追求しようとする希望であり、そしてまた研究プロジェクトである。

★注

★1 Howard Gardner, *Intelligence Reframed*, New York: Basic Books, p.178, 1999.
★2 Howard Gardner, *Frames of Mind: The Theory of Multiple Intelligences*, New York: Basic Books, 1983.
★3 Howard Gardner, *To Open Minds: Chinese Clues to the Dilemma of Contemporary Education*, New York: Basic Books, p.22, 1989.
★4 Ibid., p.23.
★5 Ibid., p.47.
★6 Ibid., p.56.
★7 Jerome Bruner, *The Process of Education*, Cambridge, MA: Harvard University Press, 1960.
★8 Gardner, *To Open Minds*, p.50.
★9 Gardner, *Intelligence Reframed*, p.28.

★10　Gardner, *To Open Minds*, p.65.

★11　たとえば、Howard Gardner, 'Children's Sensitivity to Painting Styles', *Child Development*, 41, pp.813–21, 1970. Howard Gardner, 'The Development of Sensitivity to Artistic Styles', *Journal of Aesthetics and Art Criticism*, 29, pp.515–27, 1971. Howard Gardner, 'Style Sensitivity in Children', *Human Development*, 15, pp.325–38, 1972. Howard Gardner and Judith Gardner, 'Development Trends in Sensitivity to Painting Style and Subject Matter', *Studies in Art Education*, 12, pp.11–16, 1970. Howard Gardner and Judith Gardner, 'Development Trends in Sensitivity to Form and Subject Matter in Paintings', *Studies in Art Education*, 14, pp.52–6, 1973.

★12　たとえば、Howard Gardner, 'Metaphors and Modalities: How Children Project Polar Adjectives onto Diverse Domains', *Child Development*, 45, pp.84–91, 1974. Howard Gardner, M. Ellen Winner, David Perkins, 'Children's Metaphoric Productions and Preferences', *Journal of Child Language*, 2, pp.125–41, 1975. Howard Gardner, Ellen Winner, R. Bechhofer and Dennie Wolf, 'The Development of Figurative Language', in K. Nelson (ed.), *Children's Language*, New York: Gardner Press, pp.1–38, 1978.

★13　たとえば、Howard Gardner, 'Unfolding or Teaching: on the Optimal Training of Artistic Skills', in E. Eisner (ed.), *The Arts, Human Development, and Education*, Berkeley, CA: McCutchan Publishing Company, pp.100–10, 1976; Howard Gardner, 'Entering the World of the Arts: The Child as Artist', *Jounal of Communication*, Autumn, pp.146–56, 1979; Howard Gardner, Donnie Wolf and A. Smith, 'Artistic Symbols in Early Childhood', *New York Education Quarterly*, 6, pp.13–21, 1975; Donnie Wolf and Howard Gardner, 'Beyond Playing or Polishing: The Development of Artisry', in J. Hausman (ed.), *The Arts and the Schools, New York*: McGraw-Hill, 1980.

★14　Gardner, *To Open Minds*, p.83.

★15　たとえば、Howard Gardner, 'Artistry Following Damage to the Human Brain', in A. Ellis (ed.), *Normality and Pathology in Cognitive Functions*, London: Academic Press, pp.299–323, 1982; Howard Gardner, J. Silverman, G. Denes, C. Semenze and A. Rosenstiel, 'Sensitivity to Musical Denotaiton and Connotation in Organic Patients', *Cortex*, 13, pp.22–256, 1977; Howard Gardner and Ellen Winner, 'Artistry and Aphasia', in M.T. Sarno (ed.), *Acquired Aphasia*, New York: Academic Press.

★16　Gardner, *Intelligence Reframed*, p.30.

★17　Gardner, *Frames of Mind*, paperback edition, New York: Basic Books, p.xix, 1985.

★18　Gardner, *Frames of Mind*, New York: Basic Books, 1983.

★19 Gardner, *Frames of Mind*, 1983; Howard Gardner, 'Are There Additional Intelligences? The Case for Naturalist, Spiritual, and Existential Intelligences', in J. Kane (ed.), *Education, Information, and Transformation*, Upper Saddle River, NJ: Prentice Hall, pp,111–31,1999.

★20 たとえば' Richard Herrnstein and Charles Murray, *The Bell Curve*, New York: Free Press,1994; Sandra Scarr, 'An Author's Frame of Mind: Review of Frames of Mind by Howard Gardner', *New Ideas in Psychology*, 3, 1, pp.95–100, 1985.

★21 Mindy Kornhaber, 'Multiple Intelligences Theory in Practice', in J. Block et al (eds), *Comprehensive School Improvement Programs*, Dubuque, IA: Kendall/Hunt, 1999.

★22 たとえば' Richard Knox, 'Brainchild', *Boston Globe Magazine*, 5 November, 1995, pp.22–3, 38-9, 41-2, 45-8. Elaine Woo, 'Teaching that Goes Beyond IQ', *Los Angeles Times*, 20 January 1995, pp.A1, A22.

★23 James Collins, 'Seven Kinds of Smart', *Time Magazine*, 19 October 1998, pp.94-6; James Traub, 'Multiple Intelligence Disorder', *The New Republic*, October, pp.27, 77–83, 1998.

★24 たとえば' Howard Gardner, 'Assessment in Context: The alternative to Standardized Testing' in B. R. Gifford and M. C. O'Connor (eds), *Changing Assessments: Alternative Views of Aptitude, Achievement, and Instruction*, Boston, MA: Kluwer, pp.77–120, 1991. Mara Krechevsky and Howard Gardner, 'Approaching School Intelligently: An Infusion Approach', in Deanna Kuhn Basel: S. Karger, pp.79-94,1990; C. Wexler-Sherman, Howard Gardner and David Feldman, 'A Pluralistic View of Early Assessment; The Project Spectrum Approach', *Theory into Practice*, 27, pp.77-83, 1988.

★25 たとえば' Howard Gardner and Veronica Boix-Mansilla, 'Teaching for Understanding Within and Across the Disciplines', *Educational Leadership*, 51, 5, pp.14–18; Howard Gardner and Veronica Boix-Mansilla, 'Teaching for Understanding in the Disciplines- and Beyond', *Teachers College Record*, 96, 2, pp.198–218, 1994; Howard Gardner, 'Educating for Understanding', *The American School Board Journal*, 180, 7, pp.20–4, 1993.

★26 Howard Gardner, *Creating Minds: An Anatomy of Creativity Seen Through the Lives of Freud, Einstein, Picasso, Stravinsky, Eliot, Graham,and Gandhi*, New York: Basic Books, 1993; Howard Gardner, 'How Extraordinary was Mozart?' in J. M. Morris, On Mozart, Washington, DC: Woodrow Wilson Center Press,1994;Jin Li and Howard Gardner, 'How Domains Constrain Creativity: The Case of Traditional Chinese and Western Painting', *American Behavioral Scientist*, 37, 11, pp.94–101, 1993.

★27 Howard Gardner, *The Unschooled Mind: How Children Think and How Schools Should Teach*, New York: Basic Books, 1991.

★28　*Gardner, Intelligence Reframed*, 1999.
★29　*Gardner, The Disciplined Mind*, 1999.
★30　*Gardner, The Disciplined Mind*, p.186.
★31　Ibid,p.24.
★32　Gardner, *The Unschooled Mind*, 1991; Gardner, The Disciplined Mind, 1999.
★33　Kornhaber, 'Multiple Intelligences Theory in Practice' 1999; Mindy Kornhaber, Edward Fierros and Shirley Veenema, Multiple Intelligences: *Best Ideas from Practice and Project Zero*, Needham, MA: Allyn & Bacon, forthcoming.
★34　Gardner, I*ntelligence Reframed*, p.4.

参照項目

本書の**ブルーナー**、**ピアジェ**の項
『教育の主要思想家50人』所収、**ニューマン**の項

ガードナーの主要著作

・*The Quest for Mind: Jean Piaget, Claude Levi-strauss, and the Structuralist Movement*, New York: Knopf, 1973.
・*The shattered Mind*, New York: Knopf, 1975.
・*Artful Scribbles: The Significance of Children's Drawings*, New York: Basic Books, 1980.
・*Art, Mind, and Brain: A Cognitive Approach to Creativity*, New York: Basic Books, 1982.
・*Frames of Mind: The Theory of Multiple Intelligences*, New York: Basic Books, 1983.
・*The Mind's New Science: A History of the Cognitive Revolution*, New York: Basic Books, 1985.
・*To Open Minds: Chinese Clues to the Dilemma of Contemporary Education*, New York: Basic Books, 1989.
・*The Unschooled Mind: How Children Think and How Schools Teach*, New York: Basic Books, 1991.
・*Creating Minds: An Anatomy of Creativity Seen Through the Lives of Freud, Einstein, Picasso, Stravinsky, Eliot, Graham, and Gandhi*, New York: Basic Books, 1993.
・*Leading Minds: An Anatomy of Leadership*, New York: Basic Books, 1995.
・*Extraordinary Minds: Portraits of Exceptional Individuals and an Examination of our Extraordinariness*, New York: Basic Books, 1997.

・*Intelligence Reframed: Multiple Intelligences for the 21st Century*, New York: Basic Books, 1999.（ハワード・ガードナー著、松村暢隆訳、『MＩ——個性を生かす多重知能の理論』、新曜社、二〇〇一年）
・*The Disciplined Mind: What All Students Should Understand*, New York: Simon and Schuster, 1999.

関連図書

・'Harvard Project Zero', *Harvard Graduate School of Education Alumni Bulletin*, 39, 1, December, Cambridge, MA: Harvard University, 1994.

（ミンディ・L・コルンハーバー）

【その他の邦訳文献】

・ハワード・ガードナー『子どもの描画——なぐり描きから芸術まで』星三和子訳、誠信書房、一九九六年
・ハワード・ガードナー『知的な未来をつくる〈五つの心〉』中瀬英樹訳、ランダムハウス講談社、二〇〇八年

ヘンリー・ジルー　*1943—*　Henry Giroux

急進的教育学は理想像を必要とする。すなわち——それは存在するものではなく、なり得るものを祝福することである。またそれは目の前のものを越えて未来をみつめることであり、また人間の新しい一連の可能性への努力につながるものである。★1

最近の教育の歴史のなかでは、ジルーのように衝撃的で人を鼓舞する論争を、厳密でアカデミックな学問と結合させることに成功した大学研究者は少ない。ジルーのような、人を引き付ける議論、感嘆させる言語、格言的な力を使うニーチェ主義者は、彼が思うに近年世界中で危機にさらされている平等性、民主主義そして人間性といった事項を押し進める進歩的で批判的な教育学の可能性を提供する。

ヘンリー・ジルーは、社会学と教育社会学に基づいたカリキュラム理論の論文をカーネギー＝メロン大学に提出して、一九七七年に博士の学位を取得した。彼は一九七七—八三年までボストン大学で教鞭をとり、その後一九八三年から一九九二年まではマイアミ大学で教育学教授およびリナウンド・スカラー・オブ・レジデンス（滞在型特別研究員）として在籍した。一九九二年からは、ペンシルヴァニア州立大学のウォーターベリー・チェア中等教育教授を歴任している。

彼の主要著作のなかのいくつかのキーワードとなるものは、たとえば、平等性、民主主義、文化政治、批判的教育学、変化を導く知識人としての教師、人間の尊厳についての普及促進と、様々な形態の抑圧の減少があげられる。注目すべきこととしてジルーは、著作のなかで繰り返しキーワードに立ち返るのみならず、彼はやがてそれらが抱える領域を拡大した。彼は、教育とその他数多くの文化生産、文化闘争の現場との関連を認識することへと向かいながら、それらの領域を拡大した。ジルーにとって、教育とは学校教育という限定を超え出て行かねばならないものであった。そのことはただちに教育を公的な領域に組み込み、強烈かつ不可避的に政治に関わるものへと変えることになる。

　ジルーの初期の著作は、フランクフルト学派、特に、ホルクハイマー、アドルノ、マルクーゼ、そしてハーバーマスの思想に深く依拠していた。ジルーは、管理を強め人間性を失わせる、道具的理性という思考方法の支配を批判する。それは社会における不平等を永続させるものであるからだ。教育とは単に文化的な再生産の場以上のものである、とジルーは述べている[★2]。すなわち、社会においてすでに権力をもつものに権力を与え、権力をもたぬ者を周縁へとおしやるような、そうした場以上のものであるのだ、とジルーは述べている。学校とはむしろ抵抗の場であり、主張や媒介、文化的努力の場であるべきだと彼は主張する。また、住民のかなりの部分を非難したり排斥したり、抑圧したり迫害したりする文化的支配《ヘゲモニー》に対して挑戦する場であるべきだ、とも主張する。ジルーは、たとえばボウルズ、ギンティス、ブルデュー[★2]などの再生産理論家たちに対して反論をしている。ジルーは彼らの教育を通した社会的再生産の機械的な見方を批判する。それは彼らが再生産に干渉したり再生産の循環を破壊したりすることへの可能性を見落としていることによる。

　ジルーの見解にしたがえば、学校とは再生産というよりも文化的生産と変容の場であるべきであり、また公正な社会の内にある個人や集団に権限が与えられ解放される場であるべきである。参加型民主主義において奨励されるべき、個人や集団の自律性を可能にしつつ。そのような民主主義は文化や社会集団の多様性や複数性を包含している。これは、力強い少数派もしくはイデオロギー、エリートの指針に奉仕するものとしてよりもむしろ、差異と多様性を祝福するものとしての民主主義の考え方である[★3]。実際にジルーは、民主主義はイデオロギー批判の機能を含むと指摘する。この意味において、民主主義は批判的民主主義と一致する。批判的に参加する民主主義は「苦境」をただす真の平等性をもたらすべく設計されている。ジルーは至るところに「悪い時代」を目撃する。――貧困、落胆、絶望、失業、汚名、若者世代の消耗、大衆文化の凡庸、強欲、商業化、偏狭な愛国心、性差別、民族差別、物質主義、非人間化、国家主義の軍国的イデオロギー、そして都市の植民地主義で満ちている[★4]。

　フランクフルト学派の何人かについてイーグルトン[★5]が批判したような、嘆き悲しむエレミヤ［旧約聖書時代の預言者」とは違い、ジルーは「可能性の言語」を「批判の言語」と結合させる必要性についての議論に骨を折っている。すなわち、いかにして社会的再生産の場としての学校の「よろいのすきま」[★1]が突破され拡げられうるかを指し示すかという議論に骨を折っている。ハーバーマスを思わせる権力の誤った行使に対するイデオロギー批判は、変革の計画と結合している。こうした取り組みのなかで、ジルーの文化的政治の形態としての批判的教育学＝進歩的教育学の擁護は、彼の名声を世界規模のものに打ち立てたのである。ジルーにとって、批判的教育学は、単に学級の方法論的事柄[★8]だけを扱うのではなく、フレイレの業績に見られるように、学校以上により広いものであり、解放された一般市民の発展の一部分でもあった。[★7]このことは同様に、制度的不平等を、能力を与えられた生徒あるいは共同体と取りかえることを意味する。

　ジルーにとって[★8]教育におけるまた教育を通した解放的市民性の発展とは次の事柄を包含する。（1）非歴史的かつ超越的概念としての真理や権威の拒否。なぜなら承認、権利、そして「声」への苦闘はいまここで繰り広げられているものであり、またその苦闘は抑圧を実際に生きた経験に深く関わるべきであるから。（2）「急進的な多元論」における連帯を増加させるための個人間の関係の政治理解。（3）批判と可能性の両方の言語における市民性を掘り起こすこと。（4）参加と民主主義が「急進的な民主主義社会」のための努力においてはぐくまれうる公的領域としての学校の再定義。批判的民主主義を達成することは、意味、意見、権利、自由、解放のための闘争を呼び起こす。そしてハーバーマスの「理想的発話状況」と共鳴しあうそれらの闘争は以下の三つの要素を呼び起こす。[★8]（1）すべての集団が教育の言説に参与する権利の受諾。（2）学校における教育実践をより広い社会に関連づけてゆくことの必要性（たとえば、社会における民主的な行為を準備するために、学校において民主的な行動を促進すること）。（3）協調と連帯を創造するために、学校の外側で他の進歩的社会的グループと教育者がつながってゆくことの必要性。

　それゆえジルーにとっての課題とは、教育的なものをより政治的なものに変え、そして政治的なものをより教育的なものに変えることである。[★1]ジルーにとって急進的な教育学は、ひとまとまりの技術ではなく、学校の特質、内容、目的に関する前提を問うてゆくことなのである。[★6]この意味で、教育において誰の文化が表象されているのか、そしてまたそれはいかほどに妥当であるのかについて疑問を呈するときに、急進的教育学は「文化的政治」

の形態を有するのである。急進的教育学は異分野にまたがり、学問領域の基本的カテゴリーや状況を問い直すものである。それは社会をより民主主義的なものにするという意図的な目的をもつ。その過程において急進的教育学は、いまある社会と学校（例えば経済的効率性に奉仕する学校）への歴史的かつイデオロギー的批判から、あるべき社会と学校（例えば生活の様式を問題化し、平等主義に立脚する社会における個人の自律性を発達させる学校）に対しての見解へと移行してゆく。このことがマルクス主義に由来することは、ジルーによって承認されている。[★9] 学校、カリキュラムそして教育的諸関係は争われるものであり、イデオロギーに浸っており、頻繁に社会における既存の（非対称的な）権力や関係性構造を補強する。ジルーにとって、このことは暴露され、正当性の光で照らしだされる必要がある。

　教育者と生徒は次のような事柄を調査する必要がある、とジルーは示唆する。学校において、誰のカリキュラムが重視され、また誰のものが軽視されているのか。そうしたカリキュラムが誰の利益に基づき扱われているのか。そして学校におけるそのようなカリキュラムや教育の枠組みはどの程度正当なものであるのか、といった事柄である。[★7]

権力を与えられず抑圧された集団の権利を、教育において、そして教育を通し、承認することへのジルーの力強い擁護は、フェミニズム、反性差別、反人種差別、反搾取といったより広い知的な関与を含む。このような観点から、ジルーは、現代のアメリカ社会とその教育政策を辛辣に批判することを躊躇しないのである。ジルーはそれらを、新しい保守主義の台頭が証明しているように、本国における植民地主義の憂慮すべき表出として理解している。

　ジルーは、[★10] 批判的教育学の原理を明確に述べている。

・伝統的な学問や、民主主義的な公共空間として学校を（再）構築することに向けられるのと同等の注意が、教育学に払われる必要がある。
・倫理学は、不平等、搾取そして人間の苦難を永続させる教育上の実践を問う批判的教育学の中核の性質をもつものである。
・民主主義的な社会において相違点を賛美する政治的な関わり合いに焦点があてられなければならない。
・連帯と政治に関する様々な型を包含する言語が開発される必要がある。
・たった一つの処方箋もしくは大きな物語は存在しない

が、ちょうど社会において、お互いがお互いの媒体となっているような、搾取や抑圧の様々な型と領域が存在するように、むしろ批判的に吟味される必要のある、様々な処方箋、カリキュラムそして教育の型が存在する。
・カリキュラムのなかの文化的代表陳述は、権力の言説としてまた権力の不均衡な関係としてみなされなければならない。
・カリキュラムは、その主張が批判の影響を受けやすい状態にあるべき「文化的台本／スクリプト」である。
・声の政治は、教育における認識を必要とする抑圧された集団の相違点や権利を容認することを要求する。

教育実践とより広い社会とを結びつける批判教育学の発展のなかで、教師や教育家たちは「変化させる力のある知識人」[★11]として行動しなければならない。こうした人々が教えることや学ぶことを政治的な活動に変える知識人である。ジルーにとって学校とは意味と権力のための闘争の場である。変化させる力のある知識人は、生徒のこれらの論争的な問題点の気づきを向上させる。彼らは生徒を批判的な行為者として以下のように取り扱う。いかにして……そして誰の……知識が生み出され配分されてゆくのか。そして誰の利益においてこうしたことが執り行われているのか、との問いを取り扱う。ジルーの意図は、生徒たちを、自分たちの解放への見通しをもち、イデオロギーに対してより批判的であるように変えてゆく、という点にある。教師たちは生徒が教育的な出会いをもたらすような、そして生徒がイデオロギー的なメッセージのためにこれらの経験を問いただし批判することが可能になるような経験に取り組み、またそうした経験を使って仕事をする。ここでの意図とは、社会のなかの異なった集団の権力の不均衡な関係の内部にある抑圧や不平等や社会的アイデンティティの構造を暴露することである。そこには生徒が自らの人生、生活状況、人生の可能性といったものを見るやり方を変えるという見通しも伴う。そしてそれは生徒たちが、多様な文化と共同体のメンバーとして力づけられ、解放される、という目的をもつ。彼らは参加する民主主義の範囲内の「声」を発展させるのである。

トレンド[★12]は次のように言う。教育に関する著作におけるジルーに固有の力強さは、民主主義的な実践に対しての彼の道徳的な関わり合いによるものである。それは包摂的なものであり、参加する者の文化的経験や背景がどれほど異なったものであろうとも、すべての市民を自分たちの政府に関わらせるものである。ジルーはすべての異なる集団に、変化は権限が与えられた集団にもそうでない集団にも関係すると語りかけている。
集団の文化的、社会的位置づけにおける「差異」概念、そして参加型民主主義の範囲内での「差異」概念は、イデオロギー的に中立でもなければ無害なものでもない。権力の差異、ある言説に特権を与えること、そして他者を沈黙させること、といったものごとに射抜かれている。もし社会における平等が達成されるならば、そのとき権力の働き（教育、カリキュラム、社会の範囲内で）は暴露され変質される必要があるだろう。このことは、ジルーの「境界教育学」★6概念の表現のなかに見出される。そこでは教師や生徒は、権力の伝統的な境界線（境界）、認識論、意思決定、カリキュラムにおける文化的社会的陳述について尋問したり、それらを横断したりする。その際、「支配が築かれる」現存するカリキュラムの境界は、異議申し立てにさらされたり、再定義されたりする。境界教育学において、異なった組織構造における不平等、権力、沈黙、抑圧、苦難等の諸問題は、議論を喚起される必要がある。たとえばジルー★6は次のように考えている。白人は差異を無視することに多大な時間と労力を投入してきたが、このことは、隠された不均衡な権力の関係を偽ることである。そこでは白人でないこと、男性でないこと、中間層でないことでもって権力や影響力への接続が否定されることを意味する。実際、ジルー自身も平等の反対は不均衡であり、たんなる差異ではないと、書いている。★13
ジルー★6は、教育が作用しなければならない文化的所産のいくつかの領域が存在すると考えている。「差異」と「境界教育学」が言及しているいくつかの社会の断片が存在する。しかも自己同一性と権力の社会的構築を説明する唯一の壮大な物語などは存在しないのである。このような観点から、ジルーの後期著作★6は、フランクフルト学派の近代的批判理論をよりどころとしていた彼の比較的初期のルーツから離れて、ポストモダンの方へ向って明確に立場を移してゆくことになる。実際にジルーはポストモダニズムのなかに、「従属的な集団のための権力と自己同一性を開拓する」方法を見出したのであり、そのポストモダニズムはヨーロッパ中心の合理主義★6の権力を破壊した。他方、近代主義者の文化は、ジルーにとって、多様性や声、そして「越境」（たとえば、社会における権力構造を強化するカリキュラムとカリキュラムの意志決定における既存の境界線を打ち破ること）の可能性、といったものにふさわしい根拠を与える可能性を否定するものである。合理主義に対するモダニズムの信頼は、不平等を永続させることを許すものである。ジルーにとって合理主義それ自体がイデオロギーから自由ではありえないし、価値中立性などというものは想像上のものにすぎないのである。ジルーの並はずれた業績の一つは、イデオロギー批判と結びついた倫理学的言説をたもち続けたことであり、そうした言説や批判を、ポストモダニズムにおいて頻繁に取り上げられる相対主義の問題を避ける傾向にあるポストモダニストの文脈のなかに位置づけたことである。

　ジルーがポストモダニズムと協調する姿勢は、彼の対象とする範囲や領域が拡大していること、また中心の領域が拡大していることとつながっている。ジルーは次のように言う。彼は初期に学校教育にのみ限定して主に著作を発表してきたが、その学校教育とは、批判的な市民性の発展にとって決定的な場である一方、教育の任務は必然的にたんなる学校教育の領域を超えて移動するのである[★6]。教育を学校教育《スクーリング》に縮小することはあまりにも狭量なことであり、学校の外側で行われている文化的生産と再生産のいくつかの領域において、文化的政策としての批判的教育を発展させる可能性を制限することでもある。それゆえ一九九二年の分岐点となる著作のなかで示されたポストモダニズムへの共感において彼は、理論的枠組みの多様性を受け入れ、そして同時に様々な領域において影響を与えることの必要性を認識している（そしてポストモダニズムは時間を連続する現在へと押し込めることも認めている）[★14]。社会生活の複雑さ、そしてそれに付随する社会理論に取り組むために、教育における、そして教育を超えての、建設的な協調が形成されるべきであるとするならば、との仮定においてジルーは考察している。

　ポストモダニズムのいくつかの主義主張をジルーが支持していることを考慮しても、より最近は彼の著作のなかでも批判的文化的教育学を拡大しているが、このことはおそらく驚くに値しないだろう。しかも批判的文化的教育学は学校で行われているものを簡単に超え出ており、社会や教育に関する新しい技術の影響力や大衆文化を含めた文化的かつメディア的な諸問題におおいなる配慮を含んだものとなっている[★15]。これはジルーの一九八九年と一九九二年の比較的初期の著作のなかに兆しが見えており、そこでは特定の映画や芸術家に関して、拡張された議論が提供されている。

　ジルーのモダニズムからポストモダニズムへの移行は、彼の知的ルーツからの実験的出発と、従属的な集団の解放へ向けた大規模な可能性の出発を示しているのか否か。

あるいは彼の移行は、教育を通して解放を求める闘争が生じるにちがいない、多様かつ複雑な文化的現場を、より現実的に認識することだったのか否か。こうした問いには、未だ答えはでていない。さらには、ジルーの著作が、「心地よい」要素——そのおおげさな散文体と思想がガッツに火をつけはするが、しかし日常実践への貢献は乏しい——によって恍惚とした状態になっているだけのもの、単に世に広まった思弁的なもの、であったと判明することになるのか否か（批判教育学は死産の子どもであるというミーダマとワーダカーの主張★16を述べる者もいる）は、今後の議論を待たねばならない。

それにもかかわらず、彼の業績は私たちすべてのより良い人生の希望を提供しているのである。彼の業績は深く人道主義的であり、それは楽観主義と同じように人を惑溺《わくでき》させる。教育には教育の夢を描く者が必要なのである。

注

★1 Giroux, *Theory and Resistance in Education*, p.242.
★2 Giroux, *Ideology, Culture and the Process of Schooling and Theory and Resistance in Education.*
★3 Giroux, *Border Crossings*, p.11.
★4 Giroux, *Schooling for Democracy*, p.26; *Border Crossings*, p.4.
★5 Eageton, *Ideology.*
★6 Giroux, *Border Crossings.*
★7 Giroux, *Schooling for Democracy.*
★8 Giroux, *Schooling for Democracy*, pp.28–33.
★9 *Schooling for Democracy.* p.13.
★10 Giroux, *Border Crossings*, p.73–82.
★11 Giroux and Aronowitz, *Education Under Siege*; *Schooling for Democracy.*
★12 Trend's interview with Giroux is reported in Giroux, *Border Crossings*, p.149.
★13 Giroux, *Border Crossings*, p.69.
★14 Jameson, *Postmodernism, or the Cultural Logic of Late Capitalism.*

★15　For example, Giroux, *Disturbing Pleasures, Fugitive Cultures, Channel Surfing and The Mouse that Roared.*

★16　Miedama and Wardekker, 'Emergent Identity versus Consistent Identity', p.68.

参照項目

本書のアップル、フレイレ、ハーバーマス、グリーンの項

ジルーの主要著作

- *Ideology, Culture and the Process of Schooling,* London: Falmer Press, 1981.
- *Theory and Resisitance in Education,* London: Heinemann, 1983
- Giroux, H. and Aronowitz, S., *Education Under Siege: The Conservative, Liberal and Radical Debate over Schooling,* London: Routledge & Kegan Paul, 1986.
- *Teachers as Intellectuals: Toward a Critical Pedagogy of Learning,* Granby, MA: Bergin and Garvey, 1988.
- *Schooling for Democracy: Critical Pedagogy in the Modern Age,* London: Routledge, 1989.
- *Schooling and the Struggle for Public Life,* Granby, MA: Bergin and Garvey, 1989.
- Giroux, H. and McLaren, P., *Critical Pedagogy, the State, and the Struggle for Culture,* New York: State University of New York Press, 1989.
- Giroux, H., *Postmodernism, Feminism, and Cultural Politics,* New York: State University of New York Press, 1991.
- Border Crossings: *Cultural Workers and the Politics of Education,* London: Routledge, 1992.
- *Disturbing Pleasures: Learning Popular Culture,* London: Routledge, 1994.
- *Fugitive Cultures: Violence, Race and Youth,* London: Routledge, 1996.
- *Channel Surfing: Race Talk and the Destruction of American Youth,* Basingstoke:Macmillan, 1997.
- *The Mouse that Roared: Disney and the End of Innocence,* Lanham, MD: Rowman and Littlefield, 1999.

関連図書

- Eagleton, T., *Ideology,* London: Verso, 1991.
- Freire,P., *Pedagogy of the Oppressed,* Harmondsworth: Penguin, 1972.
- Jameson, F., *Postmodernism, or the Cultural Logic of Late Capitalism,* London: Verso, 1991.

- Leistyna, P., Woodrum, A. and Sherblom, S. A. (eds), *Breaking Free,* Cambridge, MA: Harvard Educational Review.
- Miedama, S. and Wardekker, W. L., 'Emergent Identity versus Consistent Identity: Possibilities for a Postmodern Repoliticization of Critical Pedagogy', in T. Popkewitz and L. Fendler (eds), *Critical Theories in Education: Changing Terrains of Knowledge and Politics,* London: Routledge, pp.67–83, 1999.

（キース・モリソン）

リンダ・ダーリング＝ハモンド　*1951—*

Linda Darling-Hammond

教育のためのこの変化した使命は、学校改革のための新しいモデルを要求する。そのモデルにおいて、政策策定者が彼らの努力を学校のためのデザインコントロール（中略）から受け入れ能力の発展に変化させてしまうことが課題として扱われる。またそのモデルにおいては生徒に学習させる責任があり、生徒や地域社会が必要とし興味をもち、関係することに応答する。★1

知識と資産にアクセスするうえでの構造上の不平等の結果として、人種的、民族的「少数」派のグループの生徒たちは、繰り返される深い教育的機会に対する障害に直面するのである。これらの継続的な組織的不平等に対する真剣な政策的配慮は、教育の質と結果を向上させるために欠くことのできないものである。★2

スタンフォード大学教育学部チャールズ・E・ドコモン教授であり、教育とアメリカの未来に関する中央委員会の常任理事でもあるリンダ・ダーリング＝ハモンド教授は、まちがいなく今日のアメリカ合衆国の最も影響力のある教育政策立案者であり教育改革者である。彼女の業績は連邦政府の法律、政府の政策、地方の学校の管区それに教師の実践に影響を与えている。彼らの注意を、公平性の問題点の熱心な配慮と結び付けられた教授の質に振り向けたのである。彼女は単にアメリカ合衆国でひじょうに明瞭で重要な教育政策立案者であるだけでなく、きわめて重要な政策に関する研究者であり活動家なのである。いかにしてこの二つのうわべは正反対の立場——教育政策立案者と研究・活動者を一人の婦人のなかに見出すことができるのかという点が、実際に彼女の名声と影響の物語なのである。しかしいかにしてそれが生じたのだろうか。どのようにして、これらの考えが一人の女性のなかで極めて若くして学ばれ形成されたのだろうか。しかもアメリカ合衆国の公立学校の政策と実践においてひじょうに力強く影響を与えることができたのだろうか。

教育における公共政策と実践に関する彼女の影響を最も理解するためには、彼女の社会的、政治的、知的発展を描写することが大切である。子どものとき、ダーリングの家族は子どもたちをよりよい学校に通わせるためにしばしば引っ越しを繰り返していた。一九五〇年代後半から一九六〇年にかけて、オハイオ州クリーブランドで成長して、学校では、より生徒の選択が与えられ、より学習課題が与えられ、機械的な学習はより少なく、生徒のより活動的な参加が奨励された。一九六〇年代の「カリキュラム改革運動」はカリキュラムに対してのより深い注意を教育者たちに要求した。また歴史家とは何を意味するか、科学者とは何を意味するか等を生徒たちに経験させるための方法の見つけ方を教育者たちに求めた。それは、生徒たちがカリキュラムの内容に深く関わるためのより広い経験を与えようと試みた「新しい数学・算数」やたくさんのカリキュラム改革の時代であった。突出した生徒として、ダーリングは多くの思慮深い有能な教師たちからよい教育を受けた。友人が大学に進学することはほとんどないような、労働者階級の家庭ならびに共同体の出身であったことから、進路カウンセラーはダーリングにイエール大学を受験するように勇気づけた。


というのはイエール大学は女性や相当数の「マイノリティー」、そして公立高校出身の生徒たちをその歴史が始まって以来はじめて、受け入れていたからである。ダーリングは合格し、女性を受け入れたはじめてのクラスのメンバーとして、一九六九—七三年の間イエール大学に通った。

この時代はアメリカ合衆国においても混乱の時代であった。反ベトナム戦争集会が開かれたりして、多くの大学では学生のデモが教育の官僚主義化を減らし、学生により大きな関心を払うよう要求していた。この時代は来るべき市民権運動がまだ目覚めの時期にあり、それへの準備期間でしかなかった。イエール大学、時代の文脈、そして学生団体は、若きリンダ・ダーリングにとって目もくらむような教育であった。私学出身の多くの学生と、公立出身の学生との差異は明確であった。裕福で特権的で上流階級に属する私立学校出身の男子学生は、裕福な地域ではない公立学校に通っていた「少数」の女子学生とはまったく対照的であった。民族や階級のちがい、知識への接近《アクセス》の差異は、イエール大学ではただちに明確になる。

彼女自身の経験によれば、いかに人生の機会が良質の教育や学校教育を入手することによって決定づけられるかという認識をするなかで、彼女はその頃からキャンパスの至るところに存在した争いに対して活動的になっていった。すべての学生が良質な教育に平等に接近できるというテーマが彼女の仕事と後に続く著作の領域の一つとなりはじめた。学生として彼女は勤勉に学び、結局イエールを「優等」で卒業したのである。

しかしこれだけでは終わらなかった。公立学校での教授法に興味をもちはじめた彼女は、卒業後の夏に代理の教員免許を取得して、経済的に貧困な地域である大都市のニュージャージー州カムデンで見習い教師となった。彼女が担当した学校は、都市部の他の多くの学校と同様に生徒や教師用の教材やテキスト等はほとんど揃っていなかった。彼女は指導主事から図書分類システムを教えるように言われた。しかしながら観察していると、彼女の多くの生徒たちは読書することも書くこともできていなかった。そこで彼女は、高等学校の生徒たちに魅力のある著者の本を取り扱うことにした。また彼女は著作のテーマを生徒の経験に関連づけるようにしたり、また世界とそこでの自分の居場所を理解するという思春期の生徒たちの苦しみと著作のテーマとを関連づけようとした。もしルールに従わないのであれば反抗的な人間となる、と教師としての彼女は学んでいた。しかし感受性豊かな大人としては、彼女は、クライエントに対して責任を負いかつしっかり反応をするプロであるとはどのようなことかを練り上げていったのである。

そののち、フィラデルフィアの地域で、彼女は実業コースの生徒たちを教えた。そして彼女は、学校における官僚主義的文脈のなかで人種差別と能力別学級編制とが次のような事態をいかに確たるものにしているかについて、自ら目の当たりにすることになった。すなわち、下位の能力別学級に振り分けられた生徒にとって学習はめったに深められない。それは単にカリキュラムのせいだけでなく、新任の、経験の乏しい教師が多くの場合最も援助を必要としている生徒たちに割り当てられているからである。どのように生徒たちに文字の読み方を教えたらいいのかについて彼女自身の知識が不足していたことが、彼女に次のようなことを気づかせることになった。それはシステムそのものがでたらめであるということ。また、教師が手に入れることのできる知識が非常に少ないというまさにそのことにより、教師という職業は教師を従順にさせるように仕組まれているということ、である。適性能力よりも従順さへのコンプライアンスが規範であった。政策は明確に教師のコントロールを超えたものであった。状況の不正についての激しい感情と、もっと多くの事を知りたいという欲求から、彼女は博士課程のプログラムに進学した。
都市教育学を主専攻に選んでテンプル大学の大学院生となったダーリングは、ベルナード・ワトソン教授を信頼のおける指導者として見出した。あるインタビューでワトソンは次のように語った。彼はダーリングを合格させた。そして彼女に奨学金を与えて、調査の助手として彼女を雇ったのだとワトソンは語った。彼女が、賞を獲得することになる博士論文は、低所得者層の学生および支出における不平等の度合いの経済的分析についてであった。博士論文の一部は、ペンシルヴァニア州の法律制定のモデルのある部分を形成することになった。彼女は恩師ワトソンから、人は同時に実証的かつ厳密かつ情熱的であり得るのだという考えを学び、また間もなくそれを内面化していった。そのことはワトソンが次のように情熱的に述べていることからも分かる。「教えることへの情熱と献身、そして共同体への積極的な関わりと驚くべき著作を執筆することを統合する能力において、私たちの領域では彼女の右にでる者はいない。」[★3]
全国都市連合の学校財政改革プロジェクト計画で働いた後、ダーリング＝ハモンド（現在は結婚している）は、ランド・コーポレイションというよく知られた一流のシンクタンクで社会科学者、政策研究者となった。彼女の同僚のアーサー・ワイズが設立し導いた、教授と政策研究のためのセンターを通じて、彼女は調査を始め、政策を策定し、そして教授について新しい思考方法を発展させた。アーサー・ワイズとともに働いた十年の間に彼女は、教師の需要と供給、教職員の募集、教師の資格、有能な教師の評価の実施について研究と著述を行い、多数の他の論文や専門書も書き上げた。最も重要なものとして、彼女は教師についての政策の異なった見解、つまり官僚化ではなく専門職化を土台とする見解、を形づくることを援助する一連の著作をうみだした。
一九八九年ダーリング＝ハモンドは、生徒のための民主的教育の先見性で長らくよく知られているコロンビア大学のティーチャーズ・カレッジに赴任した。そこで彼女は教えることと学校教育について考えることになる。それは経験豊かな教師である彼女の学生、ティーチャーズ・カレッジの同僚、ニューヨーク市の改革的かつ活動的な教師たちのグループとの出会いによる。ティーチャーズ・カレッジでの日々を過ごすなかで、ダーリング＝ハモンドは考えたり、ニューヨーク市の小さな学校を設立していた革新的な教育者たちから学んだり、彼らとともに学習する機会をもつ余裕があった（たとえば、ダーリング＝ハモンドとジャックリーヌ・アンセス、一九九四年を参照のこと）。[★4] これらの学校は、世界のなかの最も多様で複雑な環境の一つとして、すべての生徒たちのために良い教育を提供するための方法の生きた事例なのである。[★5]

アン・リーバーマンとともに、彼女はティーチャーズ・カレッジで教育・学校・教授の再構築のための国立センター（NCREST）を設立した。この組織は、学校改革者と改革組織を結びつけたり、見込みのある新たな実践を提供したり、こうした知識を広く行き渡らせたりすることを通して、政策開発と職業開発のための新しい構築を創造し理解するために作り出されたのである。この過程において、新しい形態の資料の活用が創造されたのである。彼女が同僚と執筆した出版物が学校改革とその推進に必要な政策についての新しい見解を明確にすることを助けた。[★6] 同時に彼女は、これらの地方の職業的実践を、ニューヨーク市カリキュラムと評価審議会の議長としての彼女の業績を通じて、改革された地方の実践を支持する州の諸政策と結合させたのである。そこでは彼女は、官僚的な説明責任よりもむしろ職業的な説明責任について考える方法を促進することを援助した。ダーリング＝ハモンドの政策立案機関での経験は、ニューヨーク市の小さな進歩主義学校への情熱的な関わりや、彼女のティーチャーズ・カレッジの共同体や刷新的なNCRESTでの関わりと合わせ、強い職業的構造基盤《インフラ》の必要性について考える機会と経験とを彼女に与えた。そのインフラは、教師教育、大学において行われる職業開発、そして職業的説明責任のシステムを結合することができる。このような職業的システムを構築したことによる潜在的な影響は、政府、ビジネス界、議員、地域共同体、教育指導者、教師を一同に集め、アメリカ合衆国における教授の未来に焦点をあてた超党派的委員会を創設するというロックフェラー財団からの招待によって可能となったのである。

文字通り、多数の論文や著作の分担執筆、あるいは専門書を生み出しつつ、彼女は単にティーチャーズ・カレッジでの自身の学生に教授するのみならず、民衆や政策立案者にも新しくより職業的な実践を支援する政策を創造する必要があることを教授しているのである。ダーリング＝ハモンドは、ノースカロライナ州の知事ジェームズ・フントが議長を務めた教授とアメリカの未来に関する国立委員会を監督した。そしてその委員会は、国じゅうの政治的指導者・ビジネス界の指導者、共同体の指導者や教育界の指導者を含むものである。

二年のうちに彼女は（様々な有権者の代表によって署

名された）報告書を生みだした。それはいかに教師と校長が準備され、募集され、選択され任命されるか、そしていかにして学校が彼らの仕事を支え、評価し、報いるかについての変換のための青写真を地域に与えるためのものであった。その報告書はすぐに成功を収めた。なぜならそれは単に学校で何が問題となっているかだけでなく、何がこうした諸問題を解決するのかということのデータや具体例を統合することに向けた、多くの政策立案者や専門家のまとまっていなかった願いをつかんだからである。五つの表面上は単純な勧告は六年後も教育界の注目を集めつづけている。五つとは

1　生徒と教師の両方の基準について真剣になれ。
2　教師の準備と職業開発を作りかえよ。
3　教師の報酬を是正し、すべてのクラスに質の高い教師を配置せよ。
4　教師の知識と技術を勇気づけ報いろ。
5　生徒と教師の成功が組織化された学校を創造せよ。

この報告書は、教授を改善するための多くの連邦政府や州の立法、ずらりと並んだ地方の発議に刺激を与えた。少なくとも二つの連邦政府が基金を出した調査と改善発議権を、そして国内外で優に一五〇〇を超える条文が刺激を受けた。少なくとも十八の州と九の都市学校区が、この委員会を支持するパートナーとして働いた。そして、委員会の報告に含まれる考えを実行するために、広い支持者（知事、州の教育部局、立法府の指導者や教育者を含む）の参加があった。

この委員会報告は、一九九六年に刊行された。一九九七年、彼女の著作『学ぶ権利（*The Right to Learn*）』が出版された。委員会報告は、すべての子どもに質の高い教師を供給するために機能しうることが必要な政策の独創力・イニシアチブを描いたが一方、その著作は民主的な学校を建設するための調査、実践、政策そして理由を提供した。その著作は完成に十年を要した後、「学習者中心かつ学習中心の学校」を創造するために必要とされる知識を提供したのである。アメリカ合衆国内外の民衆、政策立案者、研究者のコミュニティー、そして学校で活躍する教育者を含めた幅広い読者に影響を与え続けたこれらの出版物の両方はダーリング＝ハモンドの達成の力強い効果を示している。教育者、研究者そして政策立案者に指導性を提供しつつ、ダーリング＝ハモンドはより公正で平等な社会に存在する民主的な共同体を建設することに参加する学校と教師という理想像

をもった真の開拓者であった。

研究と著作を通して学校改革の基礎的プログラムに対して、学問的知識を利用する彼女の能力、そしてすべての生徒を成功に導く実践を支持する政策を創造することを助けるリーダーシップと疲れを知らない働きぶり、これらは、ダーリング＝ハモンドの保持する五つの名誉学位のうちの一つをクレアモント大学の学長が彼女に授与したときに述べたように、ハモンドを二一世紀のアメリカの学者の模範にするだろう。

★注

★1 Linda Daring-Hammond, 'Reframing the School Reform Agenda: Developing the Capacity for School Transformation,' *Phi Delta Kappan*, June, p.754, 1993.

★2 Linda Daring-Hammond, 'New Standards, Old Inequalities: The Current Challenge for African-American Education,' in L. A. Daniels (ed.), *The State of Black America*, New York: National Urban League, pp.109–71, 1998.

★3 ベルナード・ワトソンとのインタビューから。一九九六年三月

★4 たとえば以下を参照のこと。*Graduation by Portfolio at Central Park East Secondary School*, with Jackqueline A. Ancess, New York: National Center for Restructuring Education, Schools and Teaching, Teachers College, Columbia University, 1994; and *Authentic Teaching, Learning, and Assessment with New English Learners at International High School*, with Jacqueline A. Ancess, New York: National Center for Restructuring Education, Schools and Teaching, Teachers College, Columbia University, 1994.

★5 たとえば以下を参照のこと。Ann Lieberman, *Visit to a Small School (Trying to do Big Things)*, New York: National Center for Restructuring Education, Schools and Teaching, Teachers College, Columbia University, 1996.

★6 たとえば以下を参照のこと。'Reframing the School Reform Agenda: Developing the Capacity for School Transformation,' *Phi Delta Kappan*, 74, 10, June, pp.753–61, 1993; 'Policy for Restructuring,' in A. Lieberman (ed.), *The Work of Restructuring Schools: Building from the Ground Up*, New York: Teachers College Press, pp.157–75, 1995; 'Policies that Support Professional Development in an Era of Reform,' with Milbrey W. McLaughlin and Ida Oberman (eds), *Teacher Learning: New Policies, New Practices*, New York: Teachers College Press, pp.202–35, 1996.

ダーリング＝ハモンドの主要著作

ダーリング＝ハモンドは今日までに二百以上の論文、専門書、章（分担執筆）そして雑誌の原稿を執筆する多作の著述家である。彼女は、実践家のための雑誌はもちろん政策や研究雑誌において論を公にしている。彼女はまた八冊の著作の執筆者もしくは編集者でもある。

・*Beyond the Commission Report: The Coming Crisis in Teaching,* Santa Monica: CA: RAND Corporation, 1984.
・*What Matters Most: Teaching for American's Future,* New York: National Commission on Teaching and American's Future, Teachers College, Columbia University, September, 1996.
・*The Right to Learn,* San Francisco, CA: Jossey-Bass, Inc, 1997.
・'New Standards, Old Inequalities: The Current Challenge for African-American Education,' in L. A. Daniels (ed.), *The State of Black America,* New York: National Urban League, pp.109–71, 1998.

関連図書

・Lieberman, A. (ed.), *The Work of Restructuring Schools: Building from the Ground Up,* New York: Teachers College Press, 1995.
・McLaughlin, M.W., 'Leaning from Experience: Lesson from Policy Implementation,' *Educational Evaluation and Policy Analysis,* 9, 2, pp.171–8, 1987.
・Meier, D., *The Power of their Ideas: Lessons from American from a Small School in Harlem,* Boston, MA: Beacon Press, 1987.

（アン・リーバーマン）

【その他の邦訳文献】

・リンダ・ダーリング＝ハモンド、J・バラッツ‐スノーデン編、『よい教師をすべての教室へ——専門職としての教師に必須の知識とその習得』、秋田喜代美・藤田慶子訳、新曜社、二〇〇九年

訳者あとがき

本書は *Fifty Modern Thinkers on Education: From Piaget to the Present*, Edited by Joy A. Palmer, advisory Editors: Liora Bresler and David E. Cooper, Routledge, 2001 の全訳である。元来、対になる巻『教育の主要思想家50人——孔子からデューイまで』(*Fifty Major Thinkers on Education: From Confucius to Dewey*, 未邦訳) の続編としての位置にある。本書翻訳の意義は、現代の教育に関する思想家五〇人を選択したその斬新さにある。いわゆる教育思想家だけでなく、西洋教育史の入門書・啓蒙書にはほぼ登場しない思想家、たとえば、ハイデッガーやウィトゲンシュタイン、リード等も含めて紹介されているのが、大きな特徴であるとともに本書翻訳の意義であると言えよう。

たとえばハイデッガーは、元来、彼の「存在論」を中心に紹介されることが多いのであるが、本書では、ハイデッガーを教育思想家として位置づけている。ハイデッガーが教育という論題それ自体にはっきりと焦点を当てて取り組むことはほとんどなかったものの、人間の状況や、学習・思考・理解の本質に対して深い洞察がなされているため、ハイデッガーの思想のなかでも教育という領域が、教育思想に大きな影響をもたらしうると、現在では認められはじめている。また同様の特徴がウィトゲンシュタインの把握の際にも見出せる。

各論文の執筆者陣は、英米語を母国語とする世界のなかで、トップレベルの研究者が集結しており、本書の学術レベルの高さが伺える。出版社もイギリスのラウトレッジ社という信用ある老舗である。

各論文の構成も斬新である。冒頭の引用はそれぞれの論文でとりあげられる人物の性格を特徴づける象徴的なものである。そのために、読者は主要著作の概観と基本的な自伝的情報がすみやかに与えられる。それぞれの執筆者はその後、当該の思想家の影響力と重要性に光を当てることを目的とした、問題提起的な論述を展開する。また、それぞれの人物の人生や思想そして作品が作った知的あるいは実践的な影響力の本質についての議論を提供すると同時に、当該思想家の教育実践等について取りまとめてくれている。

さらに、それぞれの論文の最後には、興味ある読者のためにさらなるそしてより詳細な研究を導くための情報が提供されている。第一に、取り上げた人物についての参考文献が豊富に存在する。第二に、主題の適切な諸著作の目録が存在し、そして最後に、主題に関してさらに深い読書を追求することを望む人々のための参考文献の目録が存在する。この意味で本書は入門書であると同時に、教育学を専門に学びたい人のための専門分野への橋渡しの役割を果たしているとも言えよう。

現代は変化の激しい時代である。教育についても特定の見解をもつに至るには困難を極めているのが読者の多くの実感ではなかろうか。そのような際にこそ、本書の各執筆者が取り上げた人物の業績を眺めていただきたい。不易流行とは松尾芭蕉の俳諧の用語ではあるが、私たちは絶えず立ち寄るべき基礎に目を向け、そして常に時代とともに改革しつづける時代への挑戦の気概をもたねばならない。教育における望ましさとは何であるか、多くの読者はこの点について共通認識を得ているが、だがその内容についいては多くの議論があるだろう。また私たちは最近の論者による学問的動向や新たな試みを知っていただろうか。ここに翻訳された各論文は、時代を創造する開拓者としての内容を有している（たとえば、雑誌『教育哲学研究』や佐藤学氏の著書などにも頻繁に取り上げられている）。その意味で本書を繙くことは、教育理念、教育哲学、教育制度、教育方法、教育評価等における各人物の教育学への貢献や特徴、独自性を改めて窺い知ることができるだろう。だが、本書のさらに良いところは、各人物の業績の課題とすべき点、問題とすべき点も併せて示し、私たちに引きつづき良き教育とは何であるかを、問いつづけている点である。

なお、本書の翻訳者はすべて、大学で活躍されている現役の教育学研究者であることも申し添えておきたい。現代における教育状況を一瞥するならば今後の教育学研究の課題も多く、翻訳者たちはさらなる自己研鑽に取り組むつもりである。これを機会に十分な反省を踏まえつつ、大方のご批判、ご叱正、ご教示を賜り、さらにこの方面でのいっそうの精進に努める所存である。
また本書の刊行にかんして、青土社編集部の水木康文氏からいつも暖かいご配慮をいただき、衷心より感謝いたします。出版事情の厳しい折にもかかわらず、快く引き受けてくださった青土社の御厚意に、この場を借りて改めて御礼を申し上げます。

二〇一二年八月

訳者代表　広岡　義之

教育思想の50人

2012 年 10 月 25 日　第 1 刷印刷
2012 年 11 月 5 日　第 1 刷発行

編著者――ジョイ・A・パーマー、リオラ・ブレスラー、
デイヴィッド・E・クーパー
訳者――広岡義之、塩見剛一、津田徹、
石﨑達也、井手華奈子、高柳充利

発行者――清水一人
発行所――青土社
東京都千代田区神田神保町 1-29 市瀬ビル　〒 101-0051
［電話］ 03-3291-9831（編集） 03-3294-7829（営業）
［振替］ 00190-7-192955
印刷所――双文社印刷（本文）
方英社（カバー・扉・表紙）
製本所――小泉製本

装幀――戸田ツトム

ISBN978-4-7917-6673-4　Printed in Japan

編著者紹介

ジョイ・A・パーマー　Joy A. Palmer
イギリス・ダーラム大学教育学部教授。教育心理学と心理的発達および教育上の諸問題を教育研究の主たる対象としている。これまで環境問題と教育との関係について業績を残してきた。得意とするテーマは、環境教育、環境に関する認知、環境への自覚・関心の発達から、教育の国際的動向にまで至っている。

リオラ・ブレスラー　Liora Bresler
アメリカ・イリノイ大学アーバナ・シャンペーン校教育課程および教育方法学科教授。同大の音楽学部の教授も兼任。これまでの主要研究テーマは、カリキュラムと教育方法であるが、特に①教育学上の芸術の位置づけ、②質的調査における諸問題の二点であり、これらを学際的視点で検討することを特徴としている。

デイヴィッド・E・クーパー　David E. Cooper
イギリス・ダラム大学哲学教授。アリストテレス協会、マインド・アソシエーション、F・ニーチェ学会、イギリス教育哲学会の各会長。王立哲学協会の常任委員でもあり、アメリカ、カナダ、ドイツ、マルタ共和国、南アフリカ共和国の諸大学の訪問教授を務めている。また彼は多くの研究に対する顕彰を受けている。彼の哲学的関心は哲学史（西洋ならびに東洋)、美学、環境倫理学、言語哲学に及んでいる。

執筆者一覧

エリオット・W・アイズナー　Elliot W. Eisner　アメリカ、カリフォルニア州、スタンフォード大学教授（教育学および人文科学)

マイケル・W・アップル　Michael W. Apple　アメリカ、ウィスコンシン大学マディソン校教授（教育課程、教育方法および教育政策学科)

アレクサンダー・アルディチーヴィリ　Alexander Ardichvili　アメリカ、イリノイ大学アーバナ・シャンペーン校、教育学部・人材教育学科助教授

ジェイムズ・D・アンダーソン　James D. Anderson　アメリカ、イリノイ大学アーバナ・シャンペーン校教授、教育学部・教育政策学科長

ダン・インバー　Dan Inbar　イスラエル、エルサレム・ヘブライ大学、教育学部教授

P・ブルース・ウールマッハー　P. Bruce Uhrmacher　アメリカ、コロラド州デン

バー大学、教育学部准教授（教育学）

イアン・ウェストベリー　Ian Westbury　アメリカ、イリノイ大学アーバナ・シャンペーン校、教育課程および教育方法学科教授

マージェリー・D・オズボーン　Margery D. Osborne　アメリカ、イリノイ大学アーバナ・シャンペーン校、教育学部・教育課程および教育方法学科准教授

アンソニー・オヒアー　Anthony O'Hear　イギリス、ブラッドフォード大学教授（哲学）

デイヴィッド・R・オルソン　David R. Olson　カナダ、オンタリオ州トロント大学ユニバーシティカレッジ言語学部教授、応用認知科学センター局長

ハワード・ガードナー　Howard Gardner　アメリカ、マサチューセッツ州ケンブリッジ、ハーバード大学大学院教授

デイヴィッド・A・ガッバード　David A. Gabbard　アメリカ、ノースカロライナ州グリーンビル、イーストカロライナ大学教育学部准教授

ルイス・アーマンド・ガンディン　Luís Armando Gandin　ブラジル、ポルトアレグレ、リオグランデドスール連邦大学教授（教育社会学）

イーマン・キャラン　Eamonn Callan　アメリカ、スタンフォード大学教授（教育学）

デイヴィッド・E・クーパー　David E. Cooper　→編著者紹介を参照

K・ピーター・クチンカ　K. Peter Kuchinke　アメリカ、イリノイ大学アーバナ・シャンペーン校、教育学部・人材教育学科助教授

アイヴァー・F・グッドソン　Ivor F. Goodson　イギリス、ノリッジ、イーストアングリア大学、教育応用研究センター教授

パム・グロスマン　Pam Grossman　アメリカ、カリフォルニア州、スタンフォード大学教授（言語学）

ミンディ・L・コルンハーバー　Mindy L. Kornhaber　アメリカ、ペンシルヴァニア州立大学助教授、ハーバード大学公民権プロジェクト客員研究員

ハーヴィー・シーゲル　Harvey Siegel　アメリカ、フロリダ州コーラルゲーブルズ、マイアミ大学教授（哲学）

ジンピン・シェン　Jianping Shen　アメリカ、ミシガン州カラマズー、ウェスタンミシガン大学教育学部、教育・学習・リーダーシップ学科助教授

ダナ・L・ストゥシュル　Dana L. Stuchul　アメリカ、ケンタッキー州ベレア大学、教育研究学部助教授

リチャード・スミス　Richard Smith　イギリス、ダーラム大学教授（教育学）

レスリー・スミス　Leslie Smith　イギリス、ランカスター大学教育研究学部教授（心理学および発達認識論）

ミカリノス・ゼンビラス　Michalinos Zembylas　アメリカ、ミシガン州立大学、教員養成学部助教授（社会教育学科）

ステファン・J・ソーントン　Stephen J. Thornton　アメリカ、ニューヨーク、コロンビア大学ティーチャーズカレッジ准教授（社会研究および教育学）

カルロス・アントニオ・トーレ　Carlos Antonio Torre　アメリカ、サザンコネティカット州立大学教授（教育学）、イェール大学特別研究員
ステファン・マーク・ドッブス　Stephen Mark Dobbs　アメリカ、バーナード・オッシャー財団副会長、サンフランシスコ州立大学外部教授（人文科学）
クリスティーン・トンプソン　Christine Thompson　アメリカ、ペンシルヴァニア州立大学准教授（芸術教育）
アンドリュー・ハーグリーブス　Andrew Hargreaves　カナダ、トロント大学、教育変動国際センター副局長、教授
ニコラス・C・バビュラス　Nicholas C. Burbules　アメリカ、イリノイ大学アーバナ・シャンペーン校、教育政策学科教授
ジョイ・A・パーマー　Joy A. Palmer　イギリス、ダーラム大学副学長代理、教授（教育学）
ロバート・ハインシェルウッド　Robert Hinshelwood　イギリス、エセックス大学精神分析研究センター客員教授、精神分析医
マイケル・ピーターズ　Michael Peters　スコットランド、グラスゴー大学教育学部教授、ニュージーランド、オークランド大学教育学部教授（教育学）
アラバロ・モレイラ・ヒポリト　Álvaro Moreira Hypolito　ブラジル、ペロタス連邦大学教授（教育学）
マーティン・ヒューズ　Martin Hughes　イギリス、ブリストル大学教育学部大学院教授
ウォルター・ファインバーグ　Walter Feinberg　アメリカ、イリノイ大学アーバナ・シャンペーン校、教育学部・教育政策学科教授
エレノア・ファインバーグ　Eleanor Feinberg　アメリカ、公認心理士（個人開業）、自己心理学特別利益団体（本部イリノイ）
キャロル・テイラー・フィッズ－ギボン　Carol Taylor Fitz-Gibbon　イギリス、ダラム大学教授（教育学）、カリキュラム・評価・マネジメントセンター局長
トーステン・フーセン　Torsten Husén　スウェーデン、ストックホルム、国際教育研究所名誉教授
デブラ・D・ブラッグ　Debra D. Bragg　アメリカ、イリノイ大学アーバナ・シャンペーン校、教育学部准教授
デイヴィッド・J・フリンダース　David J. Flinders　アメリカ、インディアナ州ブルーミントン、インディアナ大学教育学部准教授
リオラ・ブレスラー　Liora Bresler　→編著者紹介を参照
T・ネヴィル・ポスルスウェイト　T. Neville Postlethwaite　ドイツ、ハンブルク大学名誉教授（教育学）
マイケル・ボネット　Michael Bonnett　イギリス、ケンブリッジ大学・ホーマートンカレッジ、上級講師（教育学）
トーマス・S・ポプケウィッツ　Thomas S. Popkewitz　アメリカ、ウィスコンシン大学マディソン校、教育課程および教育方法学科教授

ピーター・ホブスン　Peter Hobson　オーストラリア、ニューサウスウェールズ州アーミデール、ニューイングランド大学、教育研究学部准教授

ジョン・ホワイト　John White　イギリス、ロンドン大学教育研究所教授（教育哲学）

テレンス・H・マクラフリン　Terence H. McLaughlin　イギリス、ケンブリッジ大学セント・エドマンズ・カレッジ上級講師（教育学）、特別研究員

キース・モリソン　Keith Morrison　マカオ大学教授（教育学）

インゴルフル・アスギア・ヨハンソン　Ingólfur Ásgeir Jóhannesson　アイスランド、アークレイイリ大学准教授（教育学）

フランキー・S・ラーナン　Frankie S. Laanan　アメリカ、イリノイ大学アーバナ・シャンペーン校、教育学部助教授

アン・リーバーマン　Ann Lieberman　アメリカ、カリフォルニア州スタンフォード大学客員教授、カーネギー教育振興財団上級研究員

スーザン・レアード　Susan Laird　アメリカ、オクラホマ大学、教育リーダーシップ学部・教育政策研究学部准教授

テーマー・レヴィン　Tamar Levin　イスラエル、テルアビブ大学教授（教育学）

サム・ワインバーグ　Sam Wineburg　アメリカ、シアトル、ワシントン大学教授（教育心理学）。歴史学部准教授

翻訳者紹介

広岡義之（ひろおか・よしゆき）　訳者代表
1958年生まれ。関西学院大学大学院文学研究科博士課程（教育学専攻）単位取得満期退学。兵庫大学健康科学部教授。博士（教育学）。専攻：教育学（教育哲学・教育思想史）。
著書：『ボルノー教育学研究』（上・下巻）（創言社、1998）。『フランクル教育学への招待』（風間書房、2008）。『ボルノー教育学入門』（風間書房、2012）。編著：『教育の制度と歴史』（ミネルヴァ書房、2007）。『教育用語付教育法規』（ミネルヴァ書房、2012）。翻訳：V.E. フランクル『制約されざる人間』（共訳、春秋社、2000）。アレクサンダー・バッチャニー「ヴィクトール・E・フランクルの生涯とロゴセラピーおよび実存分析の発展」（前篇）（兵庫大学論集、2012）他多数。
担当項目：A・S・ニイル、スーザン・アイザックス、マイケル・W・アップル、ハワード・ガードナー、ヘンリー・ジルー、リンダ・ダーリング＝ハモンド

塩見剛一（しおみ・こういち）　訳者代表
1977年生まれ。関西学院大学大学院文学研究科博士課程（教育学専攻）単位取得満期退学。名古屋女子大学文学部児童教育学科児童教育学専攻講師。修士（教育学）。
共著：塩見愼朗・長尾和英編著『愛の子育て』（昭和堂、2005）。広岡義之編著『新しい教職概論・教育原理』（関西学院大学出版会、2008）。広岡義之編著『新しい道徳教育—理論と実践—』（ミネルヴァ書房、2009）。論文：「ヘーゲルの喜劇論に関する教育学的考察」関西学院大学人文学会『人文論究』第54巻第1号（2004）。「K. ローゼンクランツの教育の一般的概念について—ヘーゲル教育論の体系化として—」関西教育学会『関西教育学会年報』第34号（2010）他。
担当項目：ルートヴィヒ・ウィトゲンシュタイン、マルティン・ハイデッガー、ハーバート・エドワード・リード、レフ・セミョーノヴィチ・ヴィゴツキー、ジャン・ピアジェ、マイケル・オークショット、ラルフ・ウィニフレッド・タイラー、バラス・フレデリック・スキナー、ハリー・ブラウディ、シモーヌ・ヴェイユ、ジョセフ・J・シュワヴ

津田徹（つだ・とおる）　訳者代表
1970年生まれ。京都大学大学院文学研究科修士課程（思想文化学専攻）修了。関西学院大学大学院文学研究科博士課程（教育学専攻）単位取得満期退学。神戸芸術工科大学デザイン教育研究センター准教授。専攻：教育学（教育哲学・教育思想史）、西洋哲学史。
共著：『教育の制度と歴史』、ミネルヴァ書房、2007年。『新しい教育原理』、ミネルヴァ書房、2011年。論文：「アリストテレスのピリアー論— egoism と altruism

検討―」、京都大学編『古代哲学研究室紀要』第7号、1997年。「アリストテレスの教育哲学―人間形成の目的としての幸福（エウダイモニア）をめぐる諸問題について」『芦屋大学論叢』第42号、2005年他。翻訳：メガン・ラバティ著「子どもの哲学序説―哲学的実践として―」*International Journal of Applied Philosophy*, 2004より訳出、兵庫大学論集、2011年。
担当項目：ハロルド・ラッグ、ベンジャミン・S・ブルーム、ジェローム・ブルーナー、R・S・ピーターズ、ミシェル・フーコー、ローレンス・コールバーグ、ポール・H・ハースト、ネル・ノディングス、ユルゲン・ハーバーマス、カール・ベライター

石﨑達也（いしざき・たつや）
1975年生まれ。京都大学大学院教育学研究科博士後期課程（臨床教育学専攻）研究指導認定退学。東京福祉大学教育学部助教。修士（教育学）。専攻：教育学（教育哲学・臨床教育学）。
編著：『小・中学校　子どもが優しくなる秘けつ―3つの質問（内観）で心を育む』教育出版、2007年。論文：Tatsusuya Ishizaki. "Critical Consideration of the Notion of 'Language' and 'Beyond': 'Beyond the Self' and the Issue of 'Transcendence' in E. Levinas.", 京都大学大学院教育学研究科臨床教育学講座『臨床教育人間学年報』第9号、2007年。Tatsusuya Ishizaki. "On the revelation of the subject through hospitality in the thought of Emmanuel Levinas."（特集 臨床教育学と国際交流）―（「大学院生主体の教育研究国際会議」英語発表論文）京都大学大学院教育学研究科臨床教育学講座『臨床教育人間学年報』第8号、2006年他。
担当項目：クラーク・カー、トーステン・フーセン、ジャン＝フランソワ・リオタール、マーガレット・ドナルドソン、イヴァン・イリイチ、フィリップ・ウェスレイ・ジャクソン、ジェーン・ローランド・マーティン、ピエール・ブルデュー、リー・S・シャルマン

井手華奈子（いで・かなこ）
イリノイ大学アーバナ・シャンペーン校（教育政策学科・教育哲学専攻）2008年卒業。創価大学教育学部児童教育学科講師。Ph.D.（教育哲学）。専攻：教育学（教育哲学）。
論文："The Debate on Patriotic Education in Post World War II Japan" In *educational Philosophy and Theory* 41, no.4: 441-452 (2009). "A Symbol of Peace and Peace Education: The Genbaku Dome in Hiroshima." In *The Journal of Aesthetic Education* 41, no.4: 12-23 (2007). "A Case of Qualitative Educational Research: Walter Feinberg, Japan and American Identity." In *The Proceedings of the Midwest Philosophy of Education Society 2004-2005*: 127-143. Bloomington: AuthorHouse Publishers (2007). 他
担当項目：カール・ロジャーズ、リー・J・クロンバック、ドナルド・トーマス・

キャンベル、マキシン・グリーン、ジョン・I・グッドラッド、パウロ・フレイレ、セイモア・B・サラソン、イズラエル・シェフラー、ローレンス・A・クレミン、バジル・バーンスティン・F

高柳充利（たかやなぎ・みつとし）
1974年生まれ。京都大学大学院教育学研究科（臨床教育学専攻）博士後期課程研究指導認定退学。信州大学教育学部助教。文学修士（教育哲学）。
論文：Transforming the Profession of Teaching in a Changing Society: Teaching as Philosophical Inquiry and Stanley Cavell's *The Senses of Walden, Educational Studies in Japan: International Yearbook,* 2, 95-105 (2007). Voicing Again: Education of Teachers in Crises, 信州大学教育学部研究論集、4, 47-60 (2011). Teaching in a Crisis and in the Ordinary: Knowledge and Acknowledgement in Teacher Education, 信州大学教育学部研究論集、5, 29-41 (2012).
担当項目：ニール・ポストマン、セオドア・R・シザー、エリオット・アイズナー、ジョン・ホワイト

50音順目次（姓の50音順）

スーザン・アイザックス *1885—1948* 22
エリオット・アイズナー *1933—* 408
マイケル・W・アップル *1942—* 434
イヴァン・イリイチ *1926—2002* 301
レフ・セミョーノヴィチ・ヴィゴツキー *1896—1934* 71
ルートヴィヒ・ウィトゲンシュタイン *1889—1951* 38
シモーヌ・ヴェイユ *1909—43* 130
マイケル・オークショット *1901—92* 89
クラーク・カー *1911—2003* 146
ハワード・ガードナー *1943—* 448
ドナルド・トーマス・キャンベル *1916—96* 187
ジョン・I・グッドラッド *1920—* 214
マキシン・グリーン *1917—* 198
ローレンス・A・クレミン *1925—90* 262
リー・J・クロンバック *1916—* 182
ローレンス・コールバーグ *1927—87* 312
セイモア・B・サラソン *1919—* 229
イズラエル・シェフラー *1923—* 243
セオドア・R・シザー *1932—* 398
フィリップ・ウェスレイ・ジャクソン *1928—* 330
リー・S・シャルマン *1938—* 425
ジョセフ・J・シュワブ *1909—88* 137
ヘンリー・ジルー *1943—* 460
バラス・フレデリック・スキナー *1904—90* 112
リンダ・ダーリング＝ハモンド *1951—* 470
ラルフ・ウィニフレッド・タイラー *1902—94* 105
マーガレット・ドナルドソン *1926—* 293
A・S・ニイル *1883—1973* 13

ネル・ノディングス *1929—* 346
ポール・H・ハースト *1927—* 320
ユルゲン・ハーバーマス *1929—* 355
バジル・バーンスティン・F *1925—2000* 272
マルティン・ハイデッガー *1889—1976* 54
ジャン・ピアジェ *1896—1980* 78
R・S・ピーターズ *1919—* 207
ミシェル・フーコー *1926—84* 284
トーステン・フーセン *1916—2009* 174
ハリー・ブラウディ *1905—98* 121
ジェローム・ブルーナー *1915—* 164
ベンジャミン・S・ブルーム *1913—99* 157
ピエール・ブルデュー *1930—2002* 378
パウロ・フレイレ *1921—97* 222
カール・ベライター *1930—* 370
ニール・ポストマン *1931—* 386
ジョン・ホワイト *1934—* 417
ジェーン・ローランド・マーティン *1929—* 336
ハロルド・ラッグ *1886—1960* 30
ハーバート・エドワード・リード *1893—1968* 62
ジャン=フランソワ・リオタール *1924—98* 253
カール・ロジャーズ *1902—87* 97

索引

サ行

タ行

ナ行

ハ行

マ行

ヤ行

ラ行

ワ行